ヘイト・スピーチ法 研究原論

――ヘイト・スピーチを受けない権利――

前田 朗

三一書房

はしがき

表現の自由を守るためにヘイト・スピーチを刑事規制する。それが日本国憲法の基本精神に従った正当な解釈である。国際人権法もヘイト・スピーチ規制を要請している。ヘイト・スピーチ処罰は国際社会の常識である――本書は以上の結論の前提となる基礎情報を紹介することを主要な課題とする。

右の一節は前著『ヘイト・スピーチ法研究序説』はしがきの冒頭の一文である。本書も同じ課題への取り組みの到達点である。前著あとがきに記したように、出発点に立ったことがないのにゴールで颯爽とガッツポーズを決めている議論の時代を終わらせ、まともな議論を始めなければならない。

二〇一六年六月、ヘイト・スピーチ解消法が成立した。「ヘイト・スピーチを許さない」という形だけのポーズを示したが、許さないための措置は何も講じないことにしたため、ヘイト・スピーチ容認法に終わりかねない。各地の地方自治体でヘイト・スピーチ条例制定の動きがみられ、徐々に前進しているが、具体的内容はまったく不十分である。

二〇一八年八月、国連人権高等弁務官事務所で開催された人種差別撤廃委員会は、日本政府に対して、①「適法居住要件」を見直し、「ヘイト・スピーチ解消法」を改正すること。②包括的な人種差別禁止法を採択すること。③集会中に行われるヘイト・スピーチ及び暴力煽動を禁止し、加害者に制裁を科すこと。④インターネットとメディアにおけるヘイト・スピーチと闘うための効果的措置をとること。⑤公人によるヘイト・クライム、人種的ヘイト・スピーチおよび憎悪の煽動を調査し、適切な制裁を科すことなど多くの勧告を出した。

日本におけるヘイト・クライム／スピーチの実態が国際社会にも知られ、改善の必要性が強く指摘されるようになってきた。ヘイト被害を直視し、民主主義、人間の尊厳、法の下の平等を確保し、マイノリティの自由と人権を守るためにヘイト・スピーチを処罰する必要がある。

Ⅰ部「歴史の中の差別」では、第1章「歴史的課題と本書の構成」において現代日本のヘイト状況を点検し、第2章「植民地主義と人種差別」において植民地主義、人種主義、排外主義、ヘイト・クライム／スピーチの連環を問い直す。第3章「『慰安婦』へのヘイト・スピーチ」では日本軍性奴隷制をめぐる多様な歴史修正主義を批判的に検討する。

Ⅱ部「差別と闘う法理」では、第4章「ヘイト・スピーチの憲法論」において、日本国憲法におけるレイシズムの正体を探り、あるべき憲法論を展開した。第5章「地方自治体とヘイト・スピーチ」では公共施設利用問題を中心に、地方自治体がヘイトの共犯にならない方法を提示した。

Ⅲ部「反差別の比較法」では、第6章「反差別の法と政策」において人種差別撤廃条約第二条関連情報を紹介する。第7章「ヘイト・スピーチ法の制定状況」及び第8章「ヘイト・スピーチ法の適用状況」において人種差別撤廃条約第四条関連情報を提供し、今後の法的議論の手掛かりとする。

以上を通じてヘイト・スピーチ法に関する重要情報を詳細に提示し、まっとうな議論を始める出発点としたい。

〈目次〉

〈細目次〉

Ⅰ　歴史の中の差別

第2章　植民地主義と人種差別

Ⅲ　反差別の比較法　325

第8章　ヘイト・スピーチ法の適用状況……431

〈凡例〉

一　用語について

1　本書には多くの類語が登場する。ヘイト・クライム／スピーチに関連する用語は日本語文献においても多様な意味合いで用いられている。諸外国の制定法や理論研究においても必ずしも用語の統一がされていない。本文で示すように、ヘイト・クライムとヘイト・スピーチの異同についてさえ共通の理解が存在するとは言えない。

2　人種差別、民族差別、部落差別――人種と民族は相対的に区別されて用いられてきた。日本民族と朝鮮民族という呼称が用いられてきたように、朝鮮人差別は民族差別である。部落差別は日本民族内での差別である。人種差別撤廃条約における人種差別の定義には世系（門地、家系）に基づく差別が含まれるので、部落差別も人種差別撤廃条約の適用対象である。

3　人種主義、人種差別、外国人嫌悪――レイシズムに関する言葉も実に多様である。国連人権高等弁務官事務所が主催した人種主義に反対するダーバン会議の成果文書「ダーバン宣言」では、人種主義、人種差別、不寛容、外国人嫌悪などの言葉が用いられた。さらにナショナリズム、排外主義など関連する用語は多様に存在する。

4　人種差別禁止法、ヘイト・クライム法、ヘイト・スピーチ法――人種差別撤廃条約第二条は人種差別禁止法制定を要請し、条約第四条はヘイト・スピーチ法制定を要請している。ヘイト・スピーチ法は刑法に規定されることが多いが、人種差別禁止法の中に位置づけられる場合もある。イギリスではヘイト・クライム法にヘイト・スピーチ規定があるが、アメリカではヘイト・クライム法は暴力犯罪の刑罰加重規定が中心である。

5　朝鮮人、韓国人、コリアン――在日朝鮮人、在日韓国・朝鮮人など様々の用例が知られる。本書では、朝鮮半島の分断を持ち込まないために、朝鮮半島出身者とその子孫を在日朝鮮人と総称するが、在日コリアンという表記を排除しない。

二　略語

本書で主に用いる略語は例えば次のようなものである。その他、一般に用いられる略語を用いる。

『序説』――前田朗著『ヘイト・スピーチ法研究序説』
人種差別撤廃条約――International Convention on Elimination of Racial Discrimination（ＩＣＥＲＤ）
人種差別撤廃委員会――Committee on Elimination of Racial Discrimination（ＣＥＲＤ）
国際自由権規約――International Covenant on Civil and Political Rights（ＩＣＣＰＲ）
国際自由権委員会――Human Rights Committee（ＣＣＰＲ）
国際社会権規約――International Convention on Economic, Social and Cultural Rights（ＩＣＥＳＣＲ）
国際刑事裁判所――International Criminal Court（ＩＣＣ）

三　資料と訳語

1　本書では多数の諸国のヘイト・クライム／スピーチ法関連情報を紹介する。基本資料は人種差別撤廃委員会及び国連人権高等弁務官事務所の英文資料である。

2　法律用語の訳語選定は厳密ではない。膨大な諸国を対象とするため各国憲法や法体系について調査を行っていない。これらの多くについて日本には先行研究がほとんど存在しない。各国法体系が異なり、用いられる語は多種多様である。本書で利用したのは国連関連の資料のうち英訳されたもので、重訳の場合が少なくないため訳語を的確に検討することは困難である。例えば刑法における共犯、教唆、煽動、幇助、共謀、陰謀、共同正犯などに相当する用語がさまざまであるため、訳し分けることは不可能である。

3　地名、人名、団体名など固有名詞の表記は必ずしも現地語によらない。右に述べた理由から正確な発音の調査は困難である。英文資料をもとにカナ表記をしたが、正確な発音を調査していない。

四　文献註

著書・論文からの引用に際する文献註における頁数表記は煩瑣にわたるため、特に重要な場合を除き、割愛した。

I　歴史の中の差別

第1章　歴史的課題と本書の構成

第1節　朝鮮人に対する差別とヘイト

ヘイト・スピーチを論じる際、ヘイト・クライムとヘイト・スピーチの関係を適切に把握すること、ヘイト・クライム／スピーチが差別と暴力の文脈で生じること、ヘイトを放置しておくと深刻な大規模人権侵害事件に発展しかねないことの認識は必須不可欠である。本章では、在日朝鮮人、被差別部落、障害者に対する差別とヘイトについて簡潔に整理しておく（＊1）。

本書ではヘイト・クライム、ヘイト・スピーチ、及びヘイト・クライム／スピーチといった表記を用いる。ヘイト・クライムは主に差別的動機による暴力犯罪を指し、ヘイト・スピーチは主に差別的表現や差別の煽動に焦点を当てた言葉であるが、これらについて国際的に統一された定義があるわけではなく、また両者は重なり合う（図表1「ヘイト・クライムとヘイト・スピーチ」参照）。ヘイト・スピーチをめぐる議論の中で、しばしばこれが差別の一形態であることが忘れられる。国家には差別をなくす努力義務があるはずだが、ヘイトについてはその義務を見失った議論が目立つ（図表2「差別とヘイト・スピーチ（1）」参照）。差別、暴力、煽動の関連を的確に把握しながら、その定義、被害実態、行為類型を論じていく必要がある（図表3「差別とヘイト・スピーチ（2）」参照）。

図表1　ヘイト・クライムとヘイト・スピーチ

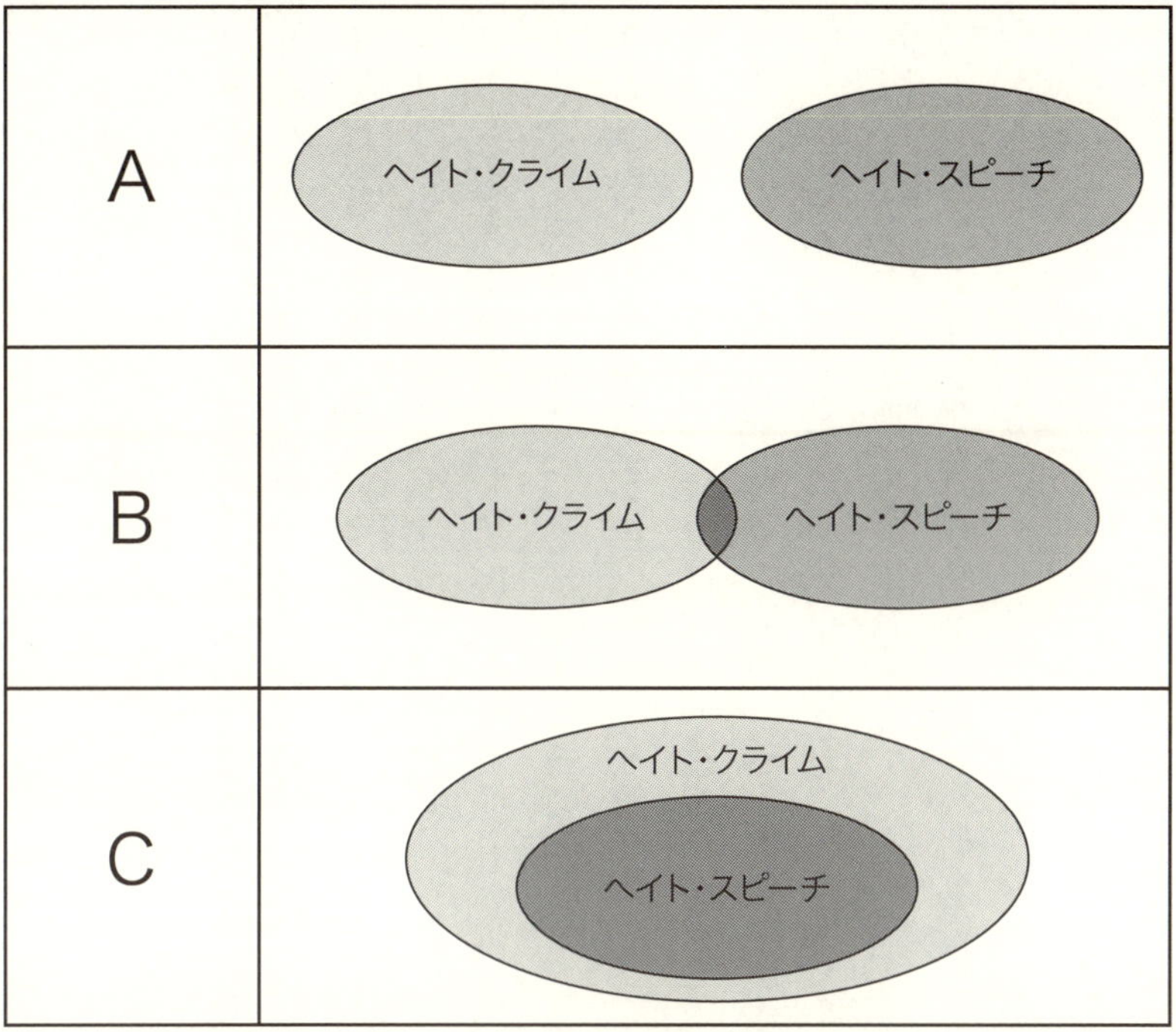

図表3　差別とヘイト・スピーチ（2）

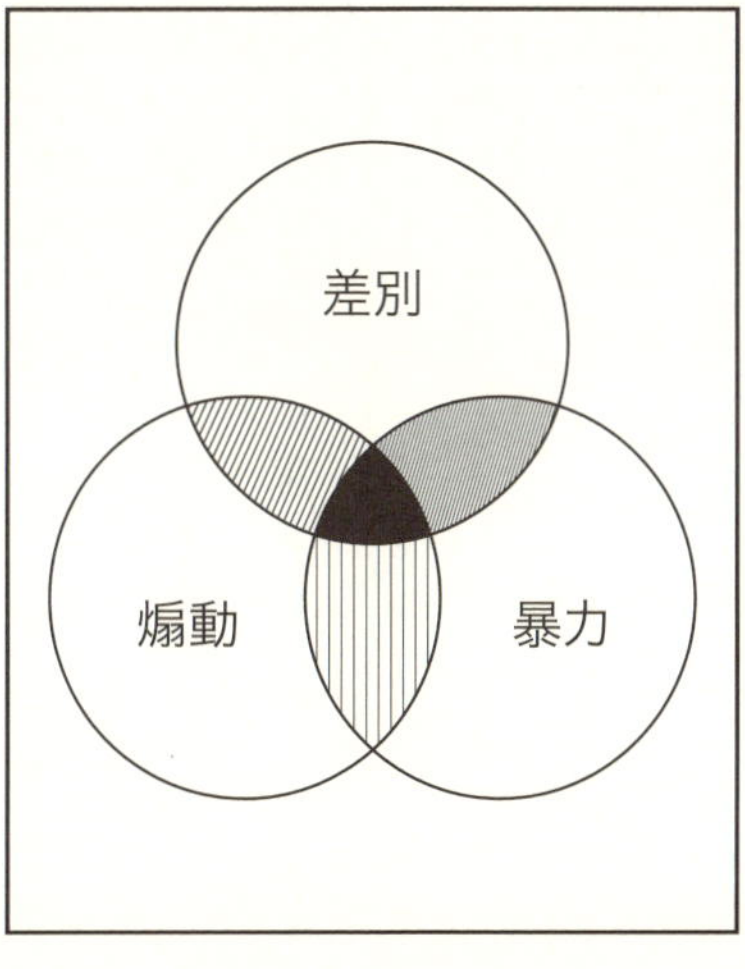

図表2　差別とヘイト・スピーチ（1）

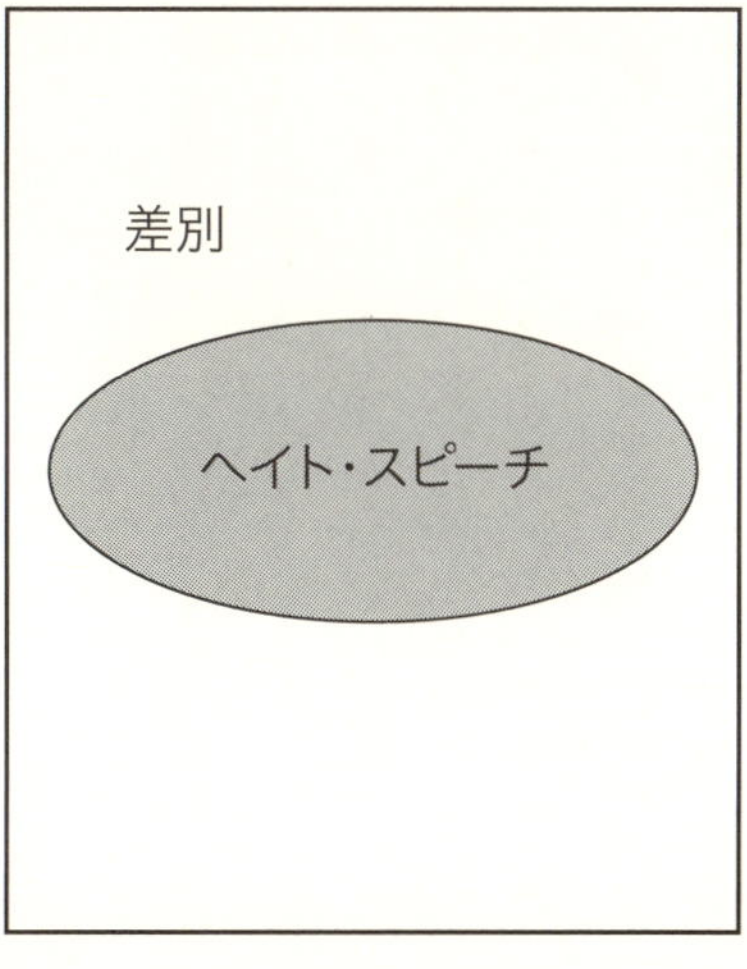

一　朝鮮人に対するヘイト・スピーチ小史

新大久保や鶴橋などのデモや集会における公然たる差別煽動発言や、京都朝鮮学校襲撃事件におけるように被害者方へ押しかけての威嚇的街宣など、差別と排外主義が悪化し、ヘイト・スピーチが流行語となった。その実態は暴行、脅迫、迫害であって、ヘイト・スピーチという呼称は誤解を招きかねないが、本書でもヘイト・スピーチをヘイト・クライムとともに用いる。

ヘイト・スピーチをめぐるもう一つの誤解は、それが近年の経済の停滞や生活条件の悪化に由来するとか、インターネットの普及によって始まったという理解である。経済の停滞や沈滞気分の中で声高なナショナリズムが煽られ、排外主義が蔓延したのは事実であるし、そうした活動にインターネットが活用されたのも事実である。しかし、現在ヘイト・スピーチと総称されている事態は、二〇〇七年頃の「在日特権を許さない市民の会（在特会）」の活動によって始まったわけではない。朝鮮人に対する差別、排外、暴行、脅迫、迫害はずっと以前から一貫してこの社会に存在した。このことをきちんと認識しておく必要がある。

アメリカ合州国でも同様の視点が提起されている。ヘイト・クライム／スピーチという言葉は一九八〇年代につくられ、一九九〇年代に普及した。だが、研究者はアメリカ史を総点検し、アメリカ建国期から現在までのヘイト・クライム／スピーチ史を描き出している（＊2）。注目すべき最大のポイントは、公民権期になってヘイト・クライム／スピーチという言葉が必要とされたことである。公民権以前は、国家が法律に基づいて公的に黒人差別を堂々と行っていたので、一般の白人は差別を国家に委ねておけばよく、自ら攻撃するまでもなかった。差別や暴力が起きても、わざわざヘイト・クライムなどと名指す必要もなかった。黒人差別は当たり前であり日常であったからだ。公民権運動によって状況が変わった。現実が先に存在して言葉は後からつくられた。言葉がつくられることによって、歴史全体が新しい容貌で見えて来る。日本におけるヘイト・スピーチ現象をいかに把握するかにとって参考になる。

1　時期区分

本来なら近現代日本における朝鮮人差別とヘイト・クライム／スピーチの歴史全体を総括するべきであるが、到底それだけの余裕はない。大がかりな共同研究が必要である。本節では問題の所在を確認し、今後の議論のための手がかりを探るために、朝鮮人差別とヘイト・スピーチの歴史を整理するための時期区分を行った上で、比較的最近のヘイト・スピーチ現象を概観する。その際、現代日本では国家による「上からのヘイト・スピーチ」と、社会における「下からのヘイト・スピーチ」が連綿と存在し、競合し、しかも国家がヘイトを意図的に煽ってきたことを忘れてはならない。

一九八七年の「大韓航空機事件」に続いて日本各地で発生した朝鮮学校生徒に対する暴行・脅迫事件、及び一九八九年の「パチンコ疑惑」に続いて同様に発生した暴行・脅迫事件は、民族衣装であるチマ・チョゴリを着用した女子生徒に攻撃が集中したこともあって、当時一部で「チマ・チョゴリ事件」と呼ばれた。本節でもその時期の現象を取り上げるが、一連の事件を調査し、日本社会に差別と暴力の中止を呼びかけた市民グループの研究を基に、戦前について五つの時期区分をしておこう（＊3）。

①**「日韓併合」に始まる一九一〇年代**——朝鮮人の日本への「移住」が容易になり、朝鮮総督府の「武断政治」と「土地調査事業」によって、朝鮮人の土地が奪われ、仕事を求めて出稼ぎを余儀なくされて日本に渡った時期である。

②**「産米増殖計画」による窮乏の一九二〇年代**——日本本土の食糧問題解決のために朝鮮で行われた産米増殖計画により、日本への米の「移出量」が飛躍的に増加し、農村窮乏が進んだ。農業不振と生活苦が朝鮮人に海を越えさせる原因となった。この時期早くもコリアン・ジェノサイド（関東大震災朝鮮人虐殺）が発生した。

③**中国侵略とともに加速した一九三〇年代**——一九三一年の「満州事変」以後、戦争遂行のため資源の収奪が徹底的になされた。根こそぎの収奪が要因となって朝鮮人の日本流入が激増した。

④**戦争と強制連行の一九四〇年代**——戦時の労働力不足を解消するための「朝鮮人労務者内地移住」計画が発動され、徴用、軍人軍属、そして炭鉱や工事現場への強制連行が全面化した。

⑤**戦後の在日朝鮮人の形成**——日本の敗戦時、二三〇万人に及んだ朝鮮人のうち一七二万人が一九四六年三月までに祖国へ帰郷したが、約六〇万人が日本在住を余儀なくされた。日本在住が長期にわたったこと、日本から持ち出せる財産が制限されたことから在住を余儀なくされた一世とその子孫が在日朝鮮人となる。日本はかつて押し付けた日本国籍を剥奪し、ＧＨＱは「解放民族」でありながら同時に「敵国民」として扱った。民族教育への弾圧も最初期から始まっている。

以上を前提として、右の戦後混乱期（新しい差別の創設・再編期）に続く戦後の時期区分は、例えば次のように考えることができる。

⑥日韓条約による南北分断の持ち込み――一九六五年の日韓条約により、日本は韓国を正統政府とし、朝鮮民主主義人民共和国に対する敵視政策を取り始めた。在日朝鮮人にも「韓国籍」「朝鮮籍」の分断が押し付けられ、在留資格も差別された。一九六五年文部次官通達は朝鮮民族の教育権を否定した。その中でも全国に多数の朝鮮学校が設立された。

⑦朝鮮敵視政策の公然化と民族団体・教育弾圧――日韓条約から二五年を経た「一九九一年問題」以後、在留資格の安定化が図られた。他方で、東西対立終結後、日米安保条約体制の軍事的政治的確立により、朝鮮敵視政策がいっそう強化され、朝鮮総連や関連団体に対する弾圧が激化し、同時に朝鮮学校に対する「上から」と「下から」の猛攻撃の時代となる。

2　チマ・チョゴリ事件

右の時期区分を基に、それぞれの時期の朝鮮人処遇（法制度、在留資格、外国人登録、民族学校等々）と、ヘイト・クライム／スピーチの実態を解明することが必要だが、本節では右の第7期に当たる時期のヘイト・スピーチの特徴を整理する。

一九八七年の「大韓航空機事件」に続いて各地で朝鮮学校生徒に対する暴行・脅迫事件が続発した。例えば同年一二月一一日、東京都日野市で、チマ・チョゴリの制服姿の朝鮮中高級学校女子生徒（高校三年）が、登校途中、中年男性にヒモのようなもので首を絞められ全治二週間の傷害を負った。白昼堂々の殺人未遂事件であるが、警視庁は本件を立件せず、犯人を検挙しなかった（＊4）。

一九八九年の「パチンコ疑惑」では、公安調査庁長官が国会で「朝鮮総連は危険な団体」と非難する発言を行い、これに続いて各地で朝鮮総連、関連団体、そして朝鮮学校に対する差別と迫害が悪化した。一九九〇年五月、居住地変更届をしなかったという形式的理由だけで、外国人登録法違反容疑の強制捜査が行われ、本人の自宅だけでなく、勤務先である同胞生活相談所、東京朝鮮中高級学校など八カ所に及んだ。

「大韓航空機事件」と「パチンコ疑惑」に際してのチマ・チョゴリ事件は、その後の日本社会における朝鮮人への差別とヘイト・スピーチの「序章」だった。マスコミは「嫌がらせ」と報じたが、具体的に中身を見れば、暴行、傷害、器物損壊、名誉毀損、侮辱、脅迫のオンパレードであった。朝鮮学校には脅迫電話が続いた。とりわけ女子生徒に被害が集中し、チマ・チョゴリがナイフやカッターで切られた。

一九九四年春、マスコミは「北朝鮮核疑惑」で騒然とした。アメリカが朝鮮に対する攻撃の脅しを続けたので、反発した朝鮮が核開発に向かう姿勢を示したためである。その後、朝鮮学校への脅迫電話が始まり、生徒への暴力・暴言事件が多発した。弁護士やジャーナリストが結成した「朝鮮人学生に対する人権侵害調査委員会（代表・床井茂弁護士）」は、東京及び神奈川での聞取り調査を中心に報告書（一九九四年七月）を作成した（＊5）。同調査委員会（筆者）は、同年八月一一日、ジュネーヴの国連欧州本部で開催された国連人権委員会・差別防止少数者保護小委員会にNGOとして出席して、事件の状況を紹介する発言を行った。朝鮮人に対するヘイト・クライム／スピーチが国際人権機関に初めて報告された。

一九九八年九月、ふたたび朝鮮学校に対する差別と暴力事件が多発した。同年八月三一日、朝鮮が人工衛星を打ち上げたと発表すると、メディアは連日、制裁騒動に明け暮れた。「在日朝鮮人は人質だ」などと朝鮮人攻撃を予告・煽動する政治家の無責任発言がメディアによって拡散され、チマ・チョゴリを着用した朝鮮学校生徒への襲撃事件が始まった（＊6）。同事件調査委員会は、一連の事件を「ヘイト・クライムであり、明らかな犯罪である」と特徴づけた。刑法犯として脅迫罪、暴行罪、侮辱罪、威力業務妨害罪、器物損壊罪などを指摘・検討し、人種差別撤廃条約や子どもの権利条約に言及している。さらに一九九七年の人種差別撤廃委員会に提出されたノルウェー及びデンマーク報告書における処罰事例を紹介している（＊7）。

3　ヘイト・クライムの常態化

以上のように一九八〇年代後半から九〇年代にかけて、日本社会は朝鮮人に対する暴行・暴言事件を繰り返した。その背景や特徴をまとめておこう。

第一に、朝鮮半島と日本列島における政治的軍事的緊張関係である。冷戦終結後も朝鮮半島は軍事的緊張のもとに置かれた。アメリカは朝鮮の政権転覆を公言し、核兵器の使用をほのめかし、日本海で米韓軍事演習を続けた。アメリカの戦略に追随する日本はいまだに国交正常化を行うことなく、朝鮮敵視政策を続けている。朝鮮と韓国、朝鮮と日本の間に様々な緊張と対立が積み重ねられてきた。

第二に、日本政府、一部の政治家、メディアは朝鮮叩きに励み、朝鮮政府を非難し、制裁騒動を引き起こし、政治家は朝鮮人の基本的人権を否定する発言を公然と行い、メディアはそれを全国に拡散した。文科省は朝鮮学校差別政策を採用してきた。植民地支配のもとで形成された朝鮮人差別意識の上に、冷戦構造のもとで、より強固な差別意識が塗り固められた。

第三に、政治的緊張が高まると、政府や政治家が朝鮮叩きの発言を繰り返し、「在日朝鮮人は人質だ」といった形で、差別と暴力のターゲットを名指した。差別の煽動であり、ヘイト・スピーチである。その結果、路上や駅頭という公共の場において、在日朝鮮人に対する暴行・暴言事件や差別の煽動が続発した。

第四に、暴行・傷害、器物損壊、放火など歴然たる犯罪が繰り返されたにもかかわらず、犯人がほとんどつかまっていない。ごく一部の暴力犯人が逮捕されたにすぎない。暴行・暴言を受けた朝鮮人生徒を助けた少数の日本人がいたが、白昼公然と行われた犯罪の実行者が見逃された。一九九八年の「テポドン騒動」の際、日本人による人権団体である在日朝鮮人・人権セミナー代表（筆者）が法務省人権擁護局に申し入れに行った。人権擁護局は新聞記事を切り抜いて、各地の法務局に形ばかりの通知を出しただけである。「被害の聞取り調査を行うべき」との筆者の要請に対して、人権擁護局は「調査する予定はない」と回答した。

以上のように日本社会は定期的と言っても良いほど、朝鮮人に対するヘイト・クライム／スピーチを引き起こしてきた。ところが、二一世紀に入って状況に変化が出始めたように見える。朝鮮人に対するヘイト・クライムが常態化しているからである。第一に、二〇〇二年九月、朝鮮政府が日本人拉致事件を認めたことにより日本列島に激震が走り、朝鮮人に対する猛烈な攻撃が始まった。第二に、二〇〇〇年代後半、在特会という自覚的なヘイト団体が登場し、ヘイト・クライムを組織的に煽動するようになった。

4　朝鮮学校高校無償化除外問題

高校無償化からの朝鮮学校排除は、文部科学省と自民党政治家の連係プレーの下、公然と強行された。これは悪質な差別であるが、差別一般ではなく、差別を煽るヘイト・スピーチである。文部科学大臣や文科官僚の朝鮮学校排除正当化発言が繰り返し大きく報道された。つまり政府が「朝鮮人は差別してもよい」と大々的に宣伝した。国家が「差別のライセンス」を発行し、社会において堂々と差別が行われる。国家公認、国家煽動によるヘイト・スピーチが続いている。国際人権機関からは何度も是正勧告が出ている。二〇一〇年の人種差別撤廃委員会、二〇一三年の社会権規約委員会、二〇一四年及び二〇一八年の人種差別撤廃委員会から、日本政府に対して差別是正の勧告が出された。

二四九人の朝鮮高校生の闘いの記録である著書『高校無償化裁判』は、差別是正を求める高校生、卒業生、教員、父母たち、そして弁護士や支援の会の人々の協働による、差別との闘いのドキュメントである（＊8）。同書第1章「無償化の始まりから省令改悪まで」は、本件問題が浮上した時期の経過を明らかにする。第2章「二〇一三年、無償化裁判闘争へ」では、愛知、大阪に始まった無償化裁判闘争が九州や東京でも続いた経過が示される。第3章「無償化差別と日本社会」では、日本社会の実態を、差別する側と差別に反対する側の双方に視線を送りながら鮮やかに浮き彫りにしている。

同書第4章「民族教育をめぐる権利闘争の歩み」は五つの時期区分を設定している。

第一期は一九四五〜四九年であり、「産声上げた朝鮮学校、吹き荒れる弾圧の嵐」と特徴づけられる。日本の敗戦後、祖国解放を迎えた在日朝鮮人が全国各地に設立した「国語教育所」、これに続く「初等学院」などに対して、一九四八年、ＧＨＱと日本政府は次々と閉鎖令をだし、これに対して教育闘争が展開された。ＧＨＱは「非常事態宣言」に踏み切り、米軍憲兵隊主導により徹底弾圧した。一九四九年の第二次学校閉鎖令により、民族団体も学校も解散・閉鎖に追い込まれた。

第二期は一九五〇年代であり、「受難の時代を経て、新たな出発と発展」とされる。学校閉鎖令以後、在日朝鮮人は①行政の認可を受けない自主学校（兵庫、愛知）、②日本の公立学校としての学校（東京）、③公立学校の分校としての学校（神奈川、愛知、大阪、兵庫）、④公立学校の中の特設学級・民族学級（大阪、京都、滋賀、茨城）という形で民族教育の維持・継続を模索した。一九五五年には朝鮮総連が結成され、民族教育事業に力を注ぐことになった。

第三期は一九六〇～七〇年代であり、「法的認可の獲得、『外国人学校法案』、広範な闘争で廃案に」とされる。朝鮮総連を中心に民族教育の発展が目指され、都道府県における各種学校としての認可を得ていった。日本政府が認可に否定的な姿勢を維持したが、各地で徐々に認可が進んだ。その象徴となったのが朝鮮大学校認可問題であり、一九六八年の東京都による認可に結び付いた。

他方、日本政府は一九六五年の日韓条約以後、韓国籍の子どもたちの日本学校就学を進めるため、一九六五年文部次官通達を発して朝鮮学校への敵意を改めて確認した。その上で「外国人学校法案」の国会提出に至った。法案は、外国人学校を文部省が管轄し、授業の変更、中止命令、学校閉鎖命令などを制度化しようとするものであった。外国人学校法案は繰り返し国会上程されたものの、朝鮮学校関係者はもとより、日本人の中からも大きな批判運動が起きて、廃案となった。上からのヘイトが典型的だった時代である。

5　社会的差別の解消

第四期は一九八〇～九〇年代であり、「進む社会的認知、各方面で差別是正」と特徴づけられる。ＪＲ通学定期券差別、朝鮮高校の高体連加盟などの差別解消が進んだ。その背景には、第一に国際人権法の影響、第二にその下での人権意識の高まりと差別是正運動の展開があった。すなわち一九七〇年代から八〇年代にかけて、日本政府は二つの国際人権規約、難民条約、女性差別撤廃条約を批准した。これにより国内における人権問題が国際社会の注目するところとなり、日本政府は一定の是正を図ることとなった。さらに、条約に基づいて設置された国際自由権委員会、女性差別撤廃委員会などに日本政府が報告書を提出し、委員会での審査を経て、改善勧告が出されるプロセスが始まった。「特例永住」の容認や、社会保障における国籍条項の撤廃など、在日朝鮮人の法的地位が一定の向上を見ることになった。

政府による差別の是正だけではなく、社会的差別の是正も課題として意識されるようになった。JR定期券差別問題はその一つである。定期券差別はもともと国鉄時代に始まったが、一九八七年に国鉄分割・民営化がなされJR各社が誕生した。この時、千葉朝鮮初中級学校のオモニ会が差別の解消を訴えた。通学定期券は通勤定期券に比較して割引率が高かったが、学校教育法を基準としたため、いわゆる「一条校」以外にはほぼ通勤定期並みの割引率とされてきた。千葉に始まった運動は神奈川、広島、東京、大阪に広がり、全国的な署名運動も行われた。一九九四年二月二一日、JRグループ六社は、一部の専修学校と外国人学校児童・生徒の通学定期券の割引率を日本学校と同じにすると決定した。同年四月から定期券差別は解消した。

他方、朝鮮高校の高体連加盟問題は一九九〇年に始まった。同年六月、大阪朝鮮高級学校の女子バレーボール部について大阪府高体連が新規加盟を認めたので、チームは春季大会に参加し予選を勝ち進んだ。ところが後に「朝鮮高校は高体連に加盟できない。本選に出場させない」という高体連の決定が届いた。これに対して全国の朝鮮高校が各都道府県高体連に加盟申請書を提出した。全国高体連理事会は、同年一一月、朝鮮学校の加盟も参加も認めないと決定した。朝鮮学校が日弁連に人権侵害救済申立てを行い、日弁連が差別是正を勧告した。日教組なども署名運動に取り組んだ。結局、一九九三年五月、高体連理事会は朝鮮学校のインターハイ参加を認める決定を行った。

6　差別と排除の激化

社会的差別は一部是正を実現したが、第五期の二〇〇〇年代以後に差別と排除の逆流が激化することになった。音頭を取ったのは日本政府である。『高校無償化裁判』第4章は第五期を「変わらぬ差別と排除の論理、闘いの中で新たな連帯も」と呼んでいる。特徴的な事件としては、第一に朝鮮学校卒業生の国立大学受験資格問題、第二に枝川朝鮮学校土地裁判、第三に京都朝鮮学校襲撃事件を挙げることができる。

朝鮮学校卒業生の国立大学受験資格問題は一九九三〜九四年頃から自覚的に取り組まれた。それまで公私立大学は受験資格を認める例が増えていた。入試の成績が悪ければ不合格とすれば足りるのだから当然のことである。ところが文科省の指導の下、国立大学は受験資格を認めなかった。国立大学教員から疑問を指摘する声が上がり、国連人権委員会・人権小委員会で差別是正を求める運動が展開された。一九九六年、川崎市立看護短大が受験資格を認定し、一九九八年には京都大学大学院が受験資格を認定した。二〇〇三年三月、文科省は欧米の評価機関による認証を受けた外国人学校だけを認め、アジア系学校を排除する方針を出したが、猛反対の声に出会い、同年八月、一部の外国人学校に学校単位で受験資格を認め、朝鮮学校については各大学の個別審査に委ねた。この結果、ほぼすべての国立大学が朝鮮高校卒業生の受験資格を認めた。

二〇〇三年一二月、東京都は江東区枝川の東京朝鮮第二初級学校の校地の一部返還と四億円の損害賠償を求めて東京地裁に提訴した。一九四一年頃から枝川地区に朝鮮人の集住地域ができていたので、一九四六年、東京朝鮮第二初級学校が設立された。当初は東京都から一部有償・一部無償、後に有償で借り受けていたが、一九七二年から一九九〇年までは一部無償で校地を使用してきた。一九九〇年の契約満了後、東京都と学校は断続的に話し合いを続けたが、二〇〇三年八月、東京都は交渉を打ち切り、土地使用料を請求し、明け渡しを求めた。裁判では当該契約がいかなる性格の契約であったか、契約は継続しているかなどが争点となったが、大きく問われたのは在日朝鮮人の民族教育権であった。枝川裁判支援連絡会、枝川朝鮮学校支援都民基金が立ち上がった。韓国でも「枝川朝鮮学校問題対策会議」が結成された。

7　拉致事件と差別激化

差別被害が文字通り恒常的に続くようになったのは、二〇〇二年九月一七日、平壌における日朝政府会談において、朝鮮政府が「日本人拉致事件」を認めて日本社会に衝撃を与えて以来である。日朝両政府の間の「平壌宣言」は、日本による植民地支配の清算を前提として、日朝政府の国交正常化に向けた交渉の開始を意味したが、拉致事件に対する日本社会の激烈な反応はそれを不可能にしてしまった。

事件はすぐに起きた。全国各地の朝鮮学校には激しい抗議電話、嫌がらせ電話が殺到した。朝鮮学校生徒は通学の路上で、電車で、猛烈な差別と暴力に遭遇することになった。若手弁護士の会は、東京朝鮮第一初中級学校、同第二初級学校、同第三初級学校、埼玉朝鮮初中級学校、川崎朝鮮初中級学校、横浜朝鮮初級学校など関東地方所在の二一の朝鮮学校生徒にアンケート調査を行った（＊9）。

8　二〇〇二年のヘイト・クライム

報告書は「圧倒的に多いのは、言葉による嫌がらせであった。大人による暴言だけでなく、初級学校・中級学校の子どもが放課後通っている学童保育や塾などで、同年代の子どもに『朝鮮人とは遊ばない』と言われたり、『俺のことも拉致するの? おまえ朝鮮人だろ』といった心ない言葉をはかれるケースも多く見られた。嫌がらせの態様が、見た目には派手ではなくても、日常生活に密接に入り込み、かつ子どもの心には確実に傷を負わせるであろう形で陰湿化している印象を受ける」とまとめている。

具体例をいくつか引用しておこう。「日本から出ていけ、俺はお前らを許さない」。「朝鮮学校なんてやめちまえ」。「朝鮮学校のバスだ逃げろ」。「おまえら殺してやろうか。殺せるぞ」。「馬鹿、死ね、気持ち悪い」。

暴力を伴った例は次のようなものである。「おまえ朝鮮人だろ」と言われ、ものすごい力で押された。電車から降りるところで後ろから頭をぶたれた。ランドセルを強く引かれた。「拉致される」と言われながら蹴られた。石を投げられて、「朝鮮人はいらねーよ」。階段で突き飛ばされた。チョゴリの腕のところをカッターで三センチほど切られた。駅のホームで突き飛ばされて転んだ。缶を投げつけられた（＊10）。

このように二〇〇二年にヘイト・クライム／スピーチが激化した。最低限次のことは確認しておこう。第一に、ヘイト・クライム／スピーチは日本社会で長年にわたって繰り返し起きてきた。第二に、ヘイト・クライムとヘイト・スピーチが同時並行的に起きた。第三に、社会における差別とヘイトに対して、日本政府は無策であり続けた。それどころか差別とヘイトを煽った。朝鮮学校に対する差別には、上から日本政府によって行われる差別政策と、下から日本社会によって行われる差別行為とがある。両者の関係は必ずしも明確に分析されてきたわけではないが、政府による差別政策が社会における差別行為を煽動・助長することは疑いない。また、社会における差別意識が政府による差別政策を支える面もあるだろう。

学校教育法は日本国民（その実体は大和民族）を育てるための民族教育を掲げているため、朝鮮学校は学校教育法第一条校に該当しない。日本政府は一条校とその他の学校とを区別し、政策的に差異化してきた。当然、一条校はその他の学校よりも優遇されることになる。一条校に該当しない朝鮮学校は必然的に優遇策から除外される。朝鮮人も納税の義務を負わされてきたのに、税金は日本人だけのために使われた。挙句の果てに朝鮮学校の高校無償化からの除外である。高校無償化除外問題では、政府がメディアを通じて何度も朝鮮学校除外を宣伝した。朝鮮学校差別を煽るヘイト・スピーチである。国家による差別が堂々となされてきたから、朝鮮人差別が社会に深く根付いている。何かのきっかけでそれが噴出し、ヘイト・クライム／スピーチとなる。

二　朝鮮高校無償化除外裁判判決

二〇一七年七月～九月、朝鮮高級学校生徒に対する日本政府による無償化除外決定の違法性を問う裁判のうち、広島地裁、大阪地裁、東京地裁の三つの判決が出た。広島地裁及び東京地裁は原告の請求を退けたが、大阪地裁は原告の請求のほとんどすべてを認める画期的な判断を示した。いずれも敗訴した側が控訴したため、各高裁に係属している。他にも名古屋地裁及び福岡地裁でも同様の訴訟が続いている。

朝鮮高級学校生徒に対する日本政府による無償化除外決定は、日本国憲法第一四条の定める法の下の平等に反し、不当な差別である。また、世界人権宣言をはじめとする国際人権法にも違反する。とりわけ、人種差別撤廃条約第一条の人種差別に当たり、同条約第二条に定める条約当事国の義務に違反する。このことは二〇一四年八月に行われた日本政府報告書審査の結果として、人種差別撤廃委員会が日本政府に対して出した勧告においても明示されている。二〇一三年五月一七日、国連社会権規約委員会も「無償化除外は差別にあたる」と懸念を表明し、無償化適用を求めた。

日本政府による無償化除外決定は、それ自体が差別であると同時に、ヘイト・スピーチと言うべきであった。日本政府が朝鮮学校に対する差別宣伝を行い、マスメディアがこれを繰り返し大々的に報道したので、朝鮮学校に対する差別とヘイトが長年にわたって続いたからである。人種差別撤廃委員会は二〇一〇年三月一六日、「子どもの教育に差別的な影響を与える」と、無償化除外論議が差別的効果を生じることを指摘した(＊11)。それにもかかわらず日本政府はあえて無償化除外決定を行った。二重三重に差別的な措置であった。

1　広島地裁判決

二〇一七年七月一九日、広島地裁は、原告の請求をすべて退けて、朝鮮学校無償化除外決定を全面的に容認した。朝鮮学校だけを除外するために策定された規程第一三条が憲法第一四条の法の下の平等に反するかについて、広島地裁は「高等学校の課程に類する課程であることが、当該外国の大使館等を通じて、あるいは、当該団体の認定を受けているという事実を通じて制度的に担保されると考えられる」要件を満たさない学校が、それを満たすための要件として求められたことが認められるところ、規程第一三条の要件は「『高等学校の課程に類する課程』の判断の当然の前提となっていると認められることを踏まえると、合理的な理由ということができ、不合理な差別に該当せず、憲法一四条に違反するものとはいえない」とした（＊12）。

広島地裁判決の特徴は、朝鮮学校に対する差別を積極的に擁護する姿勢に貫かれているのではないかと疑われるほどの判決理由を堂々と提示していることである。

第一に、「高等学校の課程に類する課程」の要件論は、一九九〇年代以降、文部科学省が朝鮮高級学校卒業生の大学受験資格を否定するために持ち出した論点であった。しかし、当時の国連人権委員会、同差別防止少数者保護小委員会に事実が報告され、さらには子どもの権利委員会、国際社会権委員会、人種差別撤廃委員会にも情報が伝わった結果、受験資格否定が朝鮮学校に対する差別であるとの国際的評価が確立し、国内における権利擁護運動の高まりもあって、文部科学省自身が見解を改めざるをえなかった。それにもかかわらず、文部科学省は、過去のものとなったはずの要件論を性懲りもなく持ち出した。

第二に、広島地裁判決は、朝鮮総聯が朝鮮学校に指導したことを不当視し、「不当な支配」論を援用する。しかし、民族団体が民族学校を指導するのは当たり前のことである。朝鮮総聯はもともと民族教育を実施することを目的の一つとして結成され、初期においては朝鮮総聯が朝鮮学校を各地に設置し、支えていた。広島地裁は歴史的経過を無視し、法廷外の事情に基づいて朝鮮総聯を敵視する判決を書いた。

第三に、国際人権法に違反するか否かについても、無償化除外問題は、二〇一〇年二月の人種差別撤廃委員会でも子どもの権利に影響を与えると指摘され、二〇一四年八月の人種差別撤廃委員会によって是正の勧告が出された。その内容を具体的に検討するべきであるのに、広島地裁は検討を拒否した。

2 大阪地裁判決

二〇一七年七月二八日、大阪地裁は、朝鮮学校を無償化から除外する決定を覆す判決を言い渡した（＊13）。判決は主に二つの争点をめぐって判断を示した。第一に、本件規定の削除の違法性、第二に、大阪朝鮮学校の本件規程第一三条適合性である。いずれについても原告の主張・請求をすべて認めた（＊13）。大阪地裁判決の特徴は、朝鮮学校を無償化から除外するために行われた行政行為の適法性を正面から問い、法による委任の趣旨を逸脱したか否かを判断したことである。広島地裁が肝心の点に目を塞ぐ判決を下したのに対して、大阪地裁は、事実経過に照らして外交的、政治的理由に行政が不当に左右されたことを確認した。

第一に、「高等学校の課程に類する課程を置くもの」に該当する各種学校の範囲をどのように定めるかは、「専門的、技術的な観点からの一定の裁量権が認められるものの、上記の文部科学省令の制定は同号の委任の趣旨を逸脱しない範囲内においてのみ許されるものである」とし、下村文科大臣は教育とは関係のない拉致問題等を持ち出して省令を定めたので、「本件規定を削除することは不合理というほかない」とした。

第二に、大阪朝鮮学校が「高等学校の課程に類する課程を置くもの」に該当するか否かについて、大阪地裁判決は、他の諸学校についてなされたのと同じ基準と資料に基づいて判断するという当たり前の方法によって判断を下した。広島地裁判決が朝鮮学校だけを別基準で判断することを容認したのと対照的である。

第三に「不当な支配」論について、大阪地裁判決は、教育基本法の趣旨及び最高裁判例を踏まえつつ、「不当な支配」とは「教育が国民の信託に応えて自主的に行われることをゆがめるような支配」をいうのであって、「教育への関与等の行為が同項の『不当な支配』に該当するか否かは、教育の自主性を侵害するものか否かによって客観的に判断され得るものであり、必ずしも教育上の観点からの専門的、技術的判断を要するものではない」とする。

第四に、朝鮮学校と朝鮮総聯が一定の関係を有していることについて、大阪地裁判決は、「特定の団体が私立学校の教育方針ないし教育目的に賛同して同校に寄付等を行うことは特異なことではなく、在日朝鮮人の民族教育を行う朝鮮高級学校に在日朝鮮人の団体である朝鮮総聯等が一定の援助をすること自体が不自然であるということはできないことからすると、上記の程度の寄付を受けていることをもって直ちに朝鮮学校と朝鮮総聯及び教育会との関係が適正を欠くものであるということはできない」と判断した。

第五に、大阪地裁判決は、朝鮮総聯と民族教育について一歩踏み込んだ判断を行った。長いが、重要なので引用しておこう。

「朝鮮総聯は、第二次世界大戦後の我が国における在日朝鮮人の自主的民族教育が様々な困難に遭遇する中、在日朝鮮人の民族教育の実施を目的の一つとして結成され、朝鮮学校の建設や学校認可手続きなどを進めてきたのであり、朝鮮学校は、朝鮮総聯の協力の下、自主的民族教育施設として発展してきたということができるのであって、このような歴史的事情等に照らせば、朝鮮総聯が朝鮮学校の教育活動又は学校運営に何らかの関りを有するとしても、両者の関係が我が国における在日朝鮮人の民族教育の維持発展を目的とした協力関係である可能性は否定できず、両者の関係が適正を欠くものと直ちに推認することはできない。また、朝鮮高級学校は、在日朝鮮人子女に対し朝鮮人としての民族教育を行うことを目的の一つとする外国人学校であるところ、母国語と、母国の歴史及び文化についての教育は、民族教育にとって重要な意義を有し、民族的自覚及び民族的自尊心を醸成する上で基本的な教育というべきである。」（傍点引用者）

大阪地裁は、在日朝鮮人の民族教育について「民族教育」としての特徴づけを行うにとどまらず、朝鮮総聯と民族教育の歴史に言及した。民族団体が民族教育に関わるのは当然のことであって、これをことさらに取り上げる文部科学省の決定が不合理であることを明らかにした（＊14）。

3　東京地裁判決

二〇一七年九月一三日、東京地裁は、原告の請求をすべて退けて、朝鮮学校を無償化対象外とする決定を全面的に容認した。判決は主に二つの争点について判断を示した。第一に、本件不指定処分の裁量権の逸脱、濫用の有無、第二に、不指定処分に至る手続きの規程第一五条適合性である。判断の大半は第一の争点に集約され、広島地裁や大阪地裁が複数の争点として把握した争点が一つの争点にまとめられている（＊15）。

判決当日、東京朝鮮高校生「高校無償化」国賠訴訟弁護団は次のような声明を出した。

「第一に、本判決は、本訴訟の重要な争点について判断を回避しています。すなわち、本判決は、『規定ハの削除が無償化法による委任の趣旨を逸脱したものであり無効であるから、規定ハの削除による不指定処分は違法である』との原告の主張について判断を回避しています。しかし、審理の過程で明らかになった文科省の決裁文書には『規則一条一項二号ハの規定の削除に伴う朝鮮高級学校の不指定について』と明記されており、本件不指定処分は、規定ハが削除されたことに基づくものであることは明らかであり、規定ハの削除の違法性について判断を回避した本判決は明らかに不当です。」

「次に、本判決は、不指定処分の理由について明白な事実誤認を犯しています。下村文部科学大臣（当時）

が閣僚懇談会等で明言したとおり、朝鮮学校に対する不指定は、『拉致問題に進展がないこと』等によって決められたものであり、これが政治的外交的配慮であることは明らかです。」

日本政府だけではなく、東京地裁にも法治国家の基本的理解が欠落していることがわかる。

4　上からのヘイト・スピーチ

広島地裁及び東京地裁は、事実認定を結論に合わせるために歴史的経過を無視し、文部科学大臣の裁量権を極端に押し広げて解釈し、原告敗訴とした。大阪地裁は、民族教育の歴史と意義について言及しているように、事実の重みを踏まえてこれに対する法の適用の在り方を論じる手法を採用した。いずれも控訴されたため審理は上級審に移った。名古屋と福岡でも同種訴訟が係属している。ここではヘイト・スピーチとの関係に絞って無償化問題の意味を押さえておきたい。

日本政府には人種差別撤廃条約第二条に基づいて「個人、集団又は団体に対する人種差別の行為又は慣行に従事しないこと並びに国及び地方のすべての公の当局及び機関がこの義務に従って行動するよう確保する」義務があると同時に、条約第四条ｃに基づいて政府がヘイト・スピーチをしないようにする義務がある。

二〇一〇年三月一六日、人種差別撤廃委員会は、無償化除外論議が「子どもの教育に差別的な影響を与える」と指摘した。二〇一四年九月六日、人種差別撤廃委員会は同様に、無償化除外の政治論議が子どもの教育に否定的な影響を与えると指摘したにもかかわらず、日本政府は朝鮮学校無償化除外を政治論議化し、メディアがこれを大々的に取り上げた。これは日本政府による上からのヘイト・スピーチと呼ぶべき事態である。日本政府は朝鮮学校を差別するにとどまらず、「朝鮮学校は差別しても良い」というメッセージを出し続けた。広島地裁と東京地裁も政府に盲従して「差別のライセンス」を発行した。

三　徳島事件高裁判決の意義

1　「人種差別的」と認定

二〇一六年四月二五日、高松高裁は徳島事件民事訴訟において、ヘイト団体の活動を「人種差別的思想の現れ」として、被害者の精神的苦痛を一審より重く判断し、被告に一審判決の倍近い四三六万円の賠償を命じた(＊16)。徳島事件民事訴訟は、被害を受けた原告が一審で勝訴したが、一審判決は建造物侵入罪や威力業務妨害罪に当たる行為を認定したものの、直接の被害者が県教職員である日本人であったことから、人種差別に該当しないと判断した。原告が控訴し、高裁の審理では人種差別の成否をめぐる議論を闘わせた。

二〇一〇年四月、在特会の会員ら十数人が、日教組が集めた募金の一部を徳島県教組が松山市の四国朝鮮初中級学校に寄付したことを攻撃するため、徳島市の県教組事務所に乱入した。そして、女性書記長の名前を連呼しながら拡声機で「朝鮮の犬」「非国民」などと怒鳴り、その動画をインターネットで公開した。『朝日新聞』は次のように報じた。

「判決は、在特会の行動を『人種差別的』と訴える原告側が、その悪質さを踏まえて賠償の増額を求めた主張を検討。在特会側が朝鮮学校を『北朝鮮のスパイ養成機関』と呼び、これまでも同様の言動を繰り返してきた経緯から、『在日朝鮮人に対する差別意識を有していた』と指摘した。

さらに、一連の行動は『いわれのないレッテル貼り』『リンチ行為としか言いようがない』とし、在日の人たちへの支援活動を萎縮させる目的があり、日本も加入する人種差別撤廃条約上の『人種差別』にあたるとして強く非難。昨年三月の一審・徳島地裁判決が、攻撃の対象は県教組と書記長であることを理由に『差別を扇動・助長する内容まで伴うとは言い難い』とした判断を改めた」(＊17)(＊18)。

2　事実認定

高松高裁は、次のような事実を認定した。被告は「日教組が連合に一億円寄付」という産経ニュース記事を目にして、当該「記事の他には何らの的確な資料の調査もしないまま、第一審原告組合が『あしなが育英会』への寄付金名下に集められた募金を朝鮮学校へ送金した」として、組合事務所に「雪崩れ込むように侵入し、「詐欺罪」「朝鮮の犬」「国賊」「あほ、募金詐欺じゃ」「売国奴」「非国民」「死刑や、死刑」「腹切れ、お前、こら」「メンタはええわい」「おいババア」「こらお前、ちょめちょめするぞ」などと罵声を浴びせ、シュプレヒコールを行い、拡声器でサイレンを鳴らすなどして、「事務所を喧騒に陥れた」。それらの様子を撮影した映像をインターネットにアップするとともに、原告組合に対する抗議活動を呼びかけた。これらの違法行為によって、原告らは恐怖心に駆られ、震えや嘔吐といった身体の異変を生じた。映像のインターネット公開後は、嫌がらせ電話や誹謗中傷が殺到するなどの被害を生じた。

3　人種差別とその損害

判決は「被告らは、かねてから、在日朝鮮人が過去に日本社会に害悪をもたらし、現在も日本社会に害悪をもたらす存在であるとの認識を持ち、在日朝鮮人を嫌悪し、在日朝鮮人を日本人より劣位に置くべきである、あるいは、在日朝鮮人など日本社会からいなくなればよいと考えていたこと、つまり、在日朝鮮人に対する差別意識を有していた」と認定し、「被告らは、自らの考えを表明するための示威活動を行」い、そのために映像をインターネットにアップしたと認定した。さらに「事実確認を行えば事実無根であることが容易に明らかであるにもかかわらず、ことさらに『募金詐欺』などといういわれのないレッテルを貼り、……、四国朝鮮初中級学校について『北朝鮮のスパイ養成機関』であり、覚醒剤の密輸や拉致問題に関与しているかのような印象を与える発言や下品かつ侮蔑的発言など在日朝鮮人に対する差別的発言をした上、これを支援した第一審原告らについて、『朝鮮の手先』『朝鮮の犬』と呼んで攻撃批難し、あろうことか、第一審原告に対しては、……リンチ行為としか言いようのない狼藉に及び、しかも、これらの映像をインターネット上に公開したものである。これらの一連の第一審被告らの行動は、以上の経緯に照らすと、第一審被告らが差別の対象とする在日朝鮮人らを支援する者は第一審被告らから攻撃を受け、さまざまな被害を蒙るということを広く一般に知らしめ、その支援活動に委縮効果をもたらすことを目的としたものと認めることができる」とした。

そのうえで判決は、①人種差別撤廃条約第一条一項の「人種、皮膚の色、世系又は民族的若しくは種族的出身に基づくあらゆる区別、排除、制限又は優先であって、政治的、経済的、社会的、文化的その他のあらゆる公的生活の分野における平等の立場での人権及び基本的自由を認識し、享有し又は行使することを妨げ又は害する目的又は効果を有するもの」という定義を引用し、②人種差別撤廃条約第二条一項柱書きの「締約国は、人種差別を非難し、また、あらゆる形態の人種差別を撤廃する政策及びあらゆる人種間の理解を促進する政策をすべての適当な方法により遅滞なくとることを約束する」を引用するとともに、③人種差別撤廃条約第六条の「締約国は、自国の管轄の下にあるすべての者に対し、権限のある自国の裁判所及び他の国家機関を通じて、この条約に反して人権及び基本的自由を侵害するあらゆる人種差別の行為に対する効果的な保護及び救済措置を確保し、並びにその差別の結果として被ったあらゆる損害に対し、公正かつ適正な賠償又は救済を当該裁判所に求める権利を確保する」も引用して、④「人種差別を撤廃すべきものとする人種差別撤廃条約の趣旨は、条約が『人種差別』として禁止し終了させる措置を求める行為の悪質性を基礎付けることになり、当該不法行為の違法性、非難可能性の程度を評価するにあたって十分に考慮しなければならない」とする。⑤そして、被告らの行為は、「人種差別撤廃条約第一条に定義する、少数者の『平等の立場での人権及び基本的自由を認識し、享有し又は行使することを妨げ又は害する目的又は効果を有するもの』に該当し、強い非難に値し、違法性の強いものと言うべきである」と判断した。

損害については「原告は、本件事件後、事件当時のことを捜査官や支援者に話す度に頭痛、動悸、血圧上昇、虚脱、抑うつ状態となり、夜間不眠、食欲不振が続き」、外傷後ストレス障害を発症し、被害が長期にわたって継続していることを認定し、「不法行為により、私生活の平穏・人格権を侵害されるとともに、謂れのない『募金詐欺』などと誹謗中傷されてその名誉を毀損され、外傷後ストレス障害にり患した」と認定した。

4 主要な論点——京都朝鮮学校事件との関連

徳島事件高松高裁判決の意義を検討するためには、いくつかの重要な論点を整理する必要がある。その全体を論じる余裕がないので、本節では、①京都朝鮮学校事件との関連、②人種差別撤廃条約の解釈、③ヘイト・クライムとヘイト・スピーチ、の三点に絞って検討しておこう。

二〇一〇年七月に生じた徳島事件は、前年の二〇〇九年一二月から続いた京都朝鮮学校事件と密接なつながりを有する一連の不法行為であった。第一に、行為の呼びかけ及び実行行為の中心的役割を果たしたのは、当時、「在特会チーム関西」と略称された集団に属する者たちであり、共通していた。奈良県における水平社博物館事件も含めて、同一人物（集団）による不法行為が連続的に行われた。

第二に、それゆえ刑事事件としては、検察も行為主体の共通性に着目して、主要メンバーを威力業務妨害罪等により同時に訴追することになり、京都事件及び徳島事件を京都地裁で審議することになった（有罪確定）。もっとも、徳島事件では「チーム関西」に属さない者も実行行為に関与したため、別途、刑事訴訟が徳島地裁で審理され、やはり有罪判決が出た。

第三に、社会的意味としては、京都事件及び徳島事件は一括して語られ、近年の悪質なヘイト・スピーチとして議論を呼ぶことになった（両事件はヘイト・クライム事件であり、ヘイト・スピーチとしてだけ議論することは不正確であるが、この点は後述する）。

第四に、民事事件としては、被害者がそれぞれ提訴したのであって直接の共通性があるわけではないが、先行した京都事件判決を踏まえて本件判決が出されたと言える（なお、原告側弁護団メンバーは一部共通である)。本件判決は、被告らが朝鮮人に対する差別意識を有していたことを京都事件の事実をもとに推認した。京都事件被害者が泣き寝入りをすることなく、懸命に立ち上がってヘイト・スピーチ訴訟を闘ったことは画期的な勝訴判決につながったが、さらに徳島事件における本件判決にも影響を及ぼしたと言えよう。

5　人種差別撤廃条約の解釈

本判決は人種差別撤廃条約第一条一項、第二条一項柱書き、及び第六条を引用して、被告らの行為が条約の定義する人種差別に該当し、それゆえ条約当事国である日本の司法機関として人種差別の抑止に責任を有することを確認し、そのための法解釈を提示した。京都事件民事訴訟第一審判決が人種差別撤廃条約を積極的に引用して以後、同高裁判決も（適用の仕方に若干の変更を加えつつ）積極的な姿勢を明らかにした。本判決もその流れを受け継ぎ、発展させようとしたものと言える。

本件では、原告らが乱入して喧噪状態を生じさせた場所は朝鮮学校ではなく、県教組事務所であった。被告らの行為が向けられた直接の標的も朝鮮学校教員や生徒ではなく、県教組職員であった。日本人が日本人に攻撃を加えた事件である。このため徳島地裁は、被告らの行為を人種差別に該当しないと判断した。しかし、被告らの行為の動機は、原告組合が朝鮮学校に寄付をしたことをきっかけとして、原告組合を攻撃すると同時に、朝鮮学校及び朝鮮人に対する差別発言を投げつけること、及び朝鮮人に対する差別を社会に広めることにあったことは明らかであった。これまでの議論を踏まえると、いくつかの認定方法がありうる。

第一に、実行行為者の主観面に即して、その動機が人種差別であることをもって人種差別行為と認定する方法である。実行行為の客体が日本人であるため、この論理は違和感を残すかもしれない（なお、被害者が日本人であるのに朝鮮人であると誤信して差別やヘイト・スピーチを行った場合は、錯誤の問題として処理されるが、フランスなど諸外国ではヘイト・スピーチとして明文で可罰的とされている）。

第二に、犯行の性格や保護法益を前提に考察する方法である。ヘイト・スピーチでは、人間の尊厳を保護法益とみるか、公共の平穏を保護法益とみるかにより解釈が分かれる可能性がある。威力業務妨害部分については直接の客体である原告が保護法益の主体であるが、同時に、名指しされた朝鮮学校及び朝鮮人の保護法益として尊厳が害されたということができる。被害者が現場にいたか否かを問わないとしたスイス最高裁判決も知られる。すなわち、アルメニア・ジェノサイドの歴史的事実を否定した「アウシュヴィッツの嘘」型のヘイト・スピーチ事件において、スイス最高裁は公共の平穏を保護法益とする立場から、ヘイト・スピーチがなされた現場にアルメニア人が現在しなくても犯罪は既遂となるとした（『序説』七一四頁）。

第三に、実行行為と結果の関係が一段階であるか、二段階であるかで区分する方法もありうる（奈須祐治説）。行為者の発言が被害者に直接向けられた場合を一段階とし、メディアを通じるなどして伝達された場合を二段階と考えるならば、映像をインターネットにアップした本件では、二段階の被害も生じたと言える。

本判決は、被告らの行為を「人種差別撤廃条約第一条に定義する、少数者の『平等の立場での人権及び基本的自由を認識し、享有し又は行使することを妨げ又は害する目的又は効果を有するもの』に該当し、強い非難に値し、違法性の強いものと言うべきである」と判断した。実行行為が「妨げまたは害する目的又は効果を有するもの」に該当する以上、被害者が直接標的であったか間接的に被害を受けたかは問わないという趣旨であろうか。「目的」では行為者の主観面が関連するが、「効果を有する」点では主観面は問われない。

また、保護法益に準拠した論理にはなっていない。推論方法は多様でありうるが、妥当な結論を導いたものと言えよう。

6　ヘイト・クライムとヘイト・スピーチ

本判決はヘイト・スピーチという言葉を用いていないが、社会的にはヘイト・スピーチに関する判決として受け止められた。現に右に引用した『朝日新聞』記事の末尾には「表現の自由に詳しい曽我部真裕・京都大教授（憲法）の話」として「京都でのヘイト・スピーチをめぐる大阪高裁判決を一歩進めた感じがする」とのコメントが掲載されている。京都事件をヘイト・スピーチ事件とする憲法学者は珍しくない。インターネット上の記事でも京都事件・徳島事件のいずれもヘイト・スピーチ事件として位置付けられている。

しかし、京都事件や徳島事件をヘイト・スピーチ事件として議論することには慎重な留保が必要である。京都事件は威力業務妨害罪、器物損壊罪、侮辱罪で有罪が確定した。侮辱罪に当たる部分を除けば、実力行使がなされた暴力事件であって、全体としてヘイト・クライムである。徳島事件でも建造物侵入罪と威力業務妨害罪が問題となったのであり、ヘイト・クライムであり、典型的なヘイト・スピーチ事件とは言えない。

それゆえ、ヘイト・クライムとヘイト・スピーチをそれぞれどのように定義するかが問われることになる。憲法学説を見ると、アメリカ法の影響のもとに、刑法上の犯罪にヘイトの動機が加わったために刑罰加重事由となるのがヘイト・クライムであり、表現行為としてのヘイト・スピーチとは概念的に区別してきた。この立場からは、京都事件も徳島事件もヘイト・クライムとしての基本性格を有すると判断するはずである。

にもかかわらず、この立場の論者が京都事件や徳島事件をヘイト・スピーチとして論じている。

本来的には「ヘイト」を動機とするすべての犯罪をヘイト・クライムと呼ぶべきであり、ヘイト・クライムとヘイト・スピーチは重なると考えるべきである。京都事件も徳島事件もヘイト・クライムであり同時にヘイト・スピーチでもあると言える。ただし、重なり合いの程度をどのように考えるかはなお検討が必要である（図表1・本書一九頁）。いずれにしても、京都事件及び徳島事件の基本はヘイト・クライムであるので、両事件を主な素材としてヘイト・スピーチの法規制について議論することは適切とは言い難いのではないか。

第2節　部落差別とヘイト・スピーチ

友永健三は、二一世紀に入って反差別・人権擁護の運動が迎えている現状を総攬し、差別と闘うために次のステップを探る（＊19）。

①部落差別の現状について、「特別措置法」後の部落差別の実態はどうなっているかを問い、「部落地名総鑑差別事件」は終わっていないとして、その歴史と現在を考える。

②部落解放の思想と運動について、まず水平社宣言の現代的意義を問い直し、「同対審答申」五〇年と部落差別の撤廃や、反差別国際運動創立二五周年をふまえて差別なき世界の構築をめざした部落解放運動の役割を論じる。

③人権確立にむけた法整備の課題として、人権条例制定の意義と課題を考えるとともに、人種差別撤廃条約と部落問題について、日本政府見解の問題点と今後の方向を探る。

④部落解放にむけた取り組みの広がりとして、「同和教育」の成果と課題を検討し、「二一世紀と人権――宗教者への期待」「部落差別撤廃と企業――九〇年の歴史から考える」「食肉業・食肉労働に対する偏見と差別の撤廃をめざして」など、各分野に応じた理論と実践を説く。

⑤最後に、現在の部落差別をどうとらえるか、部落解放をどう考えるかを論じる。

以上のように、差別の現場での闘いを通して培った理論と実践、生きる仲間との交流を通して得られた共感とともに苦痛を踏まえて、国際人権法の世界で活躍しながら、日本政府との対話を継続してきた友永の人生を凝縮した珠玉の論集である。「部落差別とヘイト・スピーチ」というテーマも、地名総鑑事件、連続差別ハガキ事件、インターネットにおける差別など様々に広がっている。同書を手掛かりに「部落差別とヘイト・スピーチ」についてさらに考えたい。友永は「特別措置法」後の部落差別の実態は、どうなっているかと問い、いまも続く悪質な差別事件を列挙・検討する。

①あいつぐ戸籍謄本等の不正入手事件、②新たな「部落地名総鑑」、③戸籍謄本等の不正入手事件と「部落地名総鑑」の関係、④土地差別調査事件、⑤連続大量差別はがき事件、⑥愛知県差別サイト作成事件、⑦インターネット上での差別宣伝、差別煽動、⑧水平社博物館差別街宣事件。

このうち戸籍謄本等の不正入手事件と土地差別調査事件を除くと、いずれも表現に関わる事件であり、それゆえヘイト・スピーチとの関係を問う必要がある。部落差別の歴史と現在をヘイト・スピーチの観点から点検する必要がある（＊20）（＊21）。

一　「部落地名総鑑」事件

「部落地名総鑑」事件は一九七五年一一月に発覚し、問題の所在が判明した。

就職調査用紙や履歴書には、現住所、本籍地、家の所有関係や大きさ、親の仕事などの家族情報といった項目が含まれていた。本人の能力や適性とは関係のない事項の記載が求められていた。部落出身者その他のマイノリティを排除するために使われていた。差別につながる情報の記載をやめるために統一応募用紙が使用され、履歴書記載方法も変化した。ところが一九七五年、「部落地名総鑑」が販売されていることが判明した。その後の調査により、一九八九年七月までに八種類の「部落地名総鑑」が販売され、購入企業は二〇〇社を超えた。企業が採用に当たって部落出身者をチェックするために購入していたのである。個人の購入者は、家族の結婚相手が部落出身者でないかどうかを調べるためであったと考えられる。部落解放同盟の確認会・糾弾会により個別企業、企業連絡会が事実を認め、差別を反省し、再発防止に取り組んできた。大阪府では部落差別調査等規制条例が制定され、熊本、福岡、香川、徳島もこれに続いた（＊22）。

就職や結婚に際して相手が部落出身者でないかどうかを知りたいと考えるのは、部落差別が基礎にあるからである。それゆえ差別のある限り「部落地名総鑑」も続く恐れがある。しかも、インターネット上で流通し始め、誰でも容易にアクセスすることができるので、陰湿な差別がいっそう再生産される恐れがある。インターネット上に差別情報が流され、差別落書きや差別の煽動が行われていることは周知のことであるが、「部落地名総鑑」の流布も差別助長につながり、深刻な問題となる。

人種差別撤廃委員会は、二〇〇二年八月二二日、「世系に基づく差別に関する一般的勧告二九」をまとめた。カーストやその他の類似の差別を対象に、差別是正のための適切な措置をとるよう勧告した。勧告は「インターネットを媒介としてなされるものを含む、当該集団に対する差別または暴力のすべての煽動に対する厳格な措置をとること」、「メディアに従事する者に対して、世系に基づく差別の性格及び発生状況に関する自覚を促進する措置をとること」を掲げている。

人種差別撤廃委員会は、日本政府報告書の審査結果としての勧告を繰り返してきた。二〇一四年八月一九日の三回目の勧告は、「(a)集会における憎悪および人種主義の表明並びに人種主義的暴力と憎悪の扇動に断固として取り組むこと、(b)インターネットを含むメディアにおけるヘイト・スピーチと闘うための適切な手段を取ること、(c)そうした行動に責任のある民間の個人並びに団体を捜査し、適切な場合は起訴すること、(d)ヘイト・スピーチおよび憎悪扇動を流布する公人および政治家に対する適切な制裁を追求すること、そして、(e)人種差別につながる偏見と闘い、異なる国籍、人種あるいは民族の諸集団の間での理解、寛容そして友好を促進するために、人種主義的ヘイト・スピーチの根本的原因に取り組み、教授、教育、文化そして情報の方策を強化すること」を勧告した(＊23)。

また、人種差別撤廃委員会は「部落民を世系に基づく条約の適用から除外している締約国の見解を遺憾に思う。委員会は、締約国が以前の総括所見で委員会が挙げたように、部落民の統一した定義を未だ採択していないことに懸念する」とした上で、「世系に関する委員会の一般的勧告二九を念頭に置き、委員会は世系に基づく差別は条約で完全にカバーされていることを想起する。委員会は、締約国が部落の人びととの協議により、その見解を変え、明確な部落民の定義を採択するよう勧告する。委員会はまた、二〇〇二年の同和対策特別措置の終了時にあたってとられた具体的措置、とりわけ部落民の生活状況に関する情報と指標を提供するよう勧告する。委員会はさらに、部落民を差別行為に曝すような戸籍情報への不正なアクセスから部落民を守るために法律を効果的に使い、戸籍の不正な乱用に関するすべての事件を調査し、責任者を罰するよう勧告する」とした。部落差別とヘイト・スピーチに関する本格的研究と対策が必要である。

二　連続大量差別はがき事件

ヘイト・スピーチは通常は公然と行われる。煽動表現であるから、他者に差別や暴力を煽動する公然表現が問題となる。ただし、ノルウェーやフランスの立法例には公然性を要件としない例も見られる。他方、差別表現という言葉は、二者関係においても使用可能だが、従来やはり表現の自由との関連で議論されてきたから、公然性のあるものを想定してきたと考えられる。公然性の判断には文書、口頭、電磁的手段による場合の区別や、言葉、身振り・動作、インターネット上の表現などを列挙する立法例も見られる。そうした手段・方法を例示しない立法例もある。日本刑法の名誉毀損罪や侮辱罪は手段・方法を例示していない。

差別はがき事件とは、何者かが被差別部落出身者に対して、あるいはその周辺の人物に対して、差別と差別煽動の葉書を連続的に送り付けた事件である。被害者は多数いるが、そのうちの一人である浦本誉至史の著書『連続大量差別はがき事件』により事件の概要を見ていこう(＊24)。

さまざまな差別はがき・封書が発送された。形式的に分類すると、例えば、①被害者本人に対する差別はがき、②被害者の周辺の人物に送られた差別はがき、③被害者の名前を騙った商品注文はがき、④菊池恵楓園への差別はがき、である。いずれも悪質な差別はがきであり、これらを形式的に区別して議論することは適切とは言いがたい。被害者が受けたダメージは精神的被害だけでなく、社会的信用を低下させられ、差別加害者に仕立て上げられ、加えて経済的被害も生じているので、総合的な差別事件である。被害の全体像は第三者には見えにくいが、極めて大きなものである。ここではヘイト・スピーチという観点に絞って議論するために、右のような形式的区別を行った。というのも、①は明白な差別はがきであるが、公然性があるわけではないので、形式論からするとヘイト・スピーチとは言えないことになる。③は、もしそれだけが単独で行われて、商品注文情報だけが書かれていたならば、ヘイト・スピーチに当たると判定しがたい。

公然性という観点から言えば、②被害者の住居周辺住民に多数送られた差別はがき、④恵楓園に送られた差別はがき、この二者については、被害者の悪評を振りまき、社会的信用を失わせ、被害者が同所に居住し続けることを妨害しようとするものである。街頭演説や印刷・出版による公然差別煽動とは異なる面もあるが、やはり公然性があると見るべきではないだろうか。その意味でヘイト・スピーチと密接な関係があると考えられる。実際には①～④のすべてが同一犯人によって同一被害者をターゲットとして出されたのであるから、全体として悪質な差別事件であり、ヘイト・スピーチ事件であったと言うべきであろう。浦本によると、事件が報道されるや、インターネット上で猛烈な差別書き込みがなされたと言う。

三　水平社博物館事件

二〇一二年六月二五日、奈良地裁は二〇一一年一月二二日に水平社博物館に対して差別街宣を行った被告

（在特会元副会長）に対して名誉毀損の成立を認め、一五〇万円の損害賠償を命じる判決を言い渡した（＊25）。民事訴訟（不法行為訴訟）において差別発言による被害を認定したことは重要である。「言論は被害を生まない」という憲法学説が誤りであることが確認できる。差別動画は視聴できなくなったが、事件から約一年半の間は誰でもアクセスできる状態であった。そして、視聴した者が書き込んだ内容は、「よくやった」など被告の行為を推奨・是認するものが多かった。インターネットによるヘイト・スピーチの害は、その伝播、拡散が急速で、不特定多数に及ぶことから、まさに差別煽動の効果が絶大となる。近年、国際的にも重要課題として取り組まれているが、日本では対応が困難とされ、放置されている。

人種差別撤廃委員会勧告にもかかわらず、日本政府はヘイト・スピーチ法も人種差別禁止法も必要ないとし、法制定以外の措置も講じることなく、差別とヘイト・スピーチを放置してきた。このような状態を続けるべきではない。NGOからはさまざまな提案がなされてきたし、大阪市のように地方自治体レベルで一定の対処をする例も出てきた。その意味で、今後もヘイト・スピーチの予防・抑止のためにさまざまな議論と実践が続けられる必要がある。その中で、「部落差別とヘイト・スピーチ」というテーマも再浮上するだろう。

四　部落差別解消促進法

二〇一六年一二月九日、部落差別の解消の推進に関する法律案が可決され、同法が成立した。同法は二〇一六年一二月一六日、公布され、即日施行された。「部落差別」の言葉を冠した初めての法律で、国や自治体の責務として相談体制の充実や教育・啓発、実態調査の実施を明記した（＊26）。

「解消法」という法律は、障害者差別解消法、ヘイト・スピーチ解消法に続くもので、「理念法」とも呼ばれ、新しい法類型として注目される。もともと人権擁護法案、人権委員会設置法案、人種差別撤廃施策推進法案など各種人権法案が国会に上程されたが、二〇一二年一二月の衆院選に際して、自民党は総合的な対策法案に反対して、「個別法による人権救済」を公約とした。その結果がこれら解消法となったと言える。

部落差別については、自民党総裁選で安倍晋三再選を支えた二階俊博総務会長（当時）の派閥が、政策提言で「同和人権対策に関する法整備」に言及した。また自民党は「差別問題に関する特命委員会」に「部落問題に関する小委員会」を設置した。二〇一六年三月、部落解放同盟や自由同和会の幹部らの意見を聴き、「部落地名総監」問題で「全国部落調査」復刻版の出版が計画されていることや、インターネット上に地名リストが掲示された問題などを検討した。被差別部落出身を理由として家族が結婚に反対する「結婚差別」が残っていることも指摘された。こうした経緯を経て、自民、公明、民進の三党が二〇一六年五月、衆議院に共同提案したのが今回の法案である。

●部落差別を明記

同法第一条は「この法律は、現在もなお部落差別が存在するとともに、情報化の進展に伴って部落差別に関する状況の変化が生じていることを踏まえ、全ての国民に基本的人権の享有を保障する日本国憲法の理念にのっとり、部落差別は許されないものであるとの認識の下にこれを解消することが重要な課題であることに鑑み、部落差別の解消に関し、基本理念を定め、並びに国及び地方公共団体の責務を明らかにするとともに、相談体制の充実等について定めることにより、部落差別の解消を推進し、もって部落差別のない社会を実現することを目的とする。」と明記した。つまり、部落差別の存在を認知し、部落差別の解決を明記した。奥田均は「部落差別解消推進法の最大のポイント」だと指摘する(＊27)。

地対財特法（地域改善対策特定事業に係る国の財政上の特別措置に関する法律）が二〇〇二年三月末日に期限切れとなって以降、部落差別に関連する法律が存在しなかった。このため「部落差別は存在しない。すでに解決した」かのような主張が繰り返されることになっていた。

第一条は法律の目的に「部落差別の解消を推進し、もって部落差別のない社会を実現することを目的とする」と明記した。部落差別解消を目的とした法律ははじめてである。一九六九年の同和対策事業特別措置法は、同和対策事業の目標を設定し、住民の生活向上を掲げたが、部落差別という言葉を用いていない。地対財特法も部落差別解消を目的として明記していない。

●基本理念と施策

第二条は「部落差別の解消に関する施策は、全ての国民が等しく基本的人権を享有するかけがえのない個人として尊重されるものであるとの理念にのっとり、部落差別を解消する必要性に対する国民一人一人の理解を深めるよう努めることにより、部落差別のない社会を実現することを旨として、行われなければならない。」とした。基本的人権と個人としての尊重を掲げて、部落差別を解消することを明記した。

第三条は、国は「部落差別の解消に関する施策を講ずるとともに、地方公共団体が講ずる部落差別の解消に関する施策を推進するために必要な情報の提供、指導及び助言を行う責務を有する」とし、地方公共団体は「部落差別の解消に関し、国との適切な役割分担を踏まえて、国及び他の地方公共団体との連携を図りつつ、その地域の実情に応じた施策を講ずるよう努めるものとする」とした。国及び地方公共団体の責務を法律上明確にしたものである。国は「部落差別の解消に関する施策を講ずる」、地方公共団体は「その地域の実情に応じた施策を講ずるよう努めるものとする」とした。

同和対策事業特別措置法は、国及び地方公共団体は「同和対策事業を迅速かつ計画的に推進するように努めなければならない」としていた。部落差別解消推進法は理念法であるため、具体的な措置が明記されているわけではない。法律には所轄官庁の定めがない。基本方針や行動計画の策定が明示されているわけでもない。このため具体策は今後の関係者による努力を待たなくてはならない。

第四条は、国は「部落差別に関する相談に的確に応ずるための体制の充実を図る」とし、地方公共団体は「国との適切な役割分担を踏まえて、その地域の実情に応じ、部落差別に関する相談に的確に応ずるための体制の充実を図るよう努めるものとする」とした。従来、人権関係の相談は人権擁護委員会制度によるとされてきたが、体制の不十分さが指摘されてきた。

第五条は、国は「部落差別を解消するため、必要な教育及び啓発を行う」とし、地方公共団体は「国との適切な役割分担を踏まえて、その地域の実情に応じ、部落差別を解消するため、必要な教育及び啓発を行うよう努めるものとする」とした。ここでも具体的施策が明記されているわけではないが、教育・文化・情報にかかわる人種差別撤廃条約第七条に関する情報を参考にしながら、日本における施策を構想していく必要がある（＊28）。

第六条は、国は「部落差別の解消に関する施策の実施に資するため、地方公共団体の協力を得て、部落差別の実態に係る調査を行うものとする」とした。

ヘイト・スピーチ解消法には実態調査を義務付ける規定はないが、法制定に伴って、それまでヘイト・スピーチや人種差別の深刻さを認めなかった日本政府・法務省がヘイト・スピーチ等の実態調査を行うようになった。部落差別については、時代状況の変化に伴う状況変化も指摘されている。とりわけインターネットの普及による部落差別言説の氾濫が深刻化しているとの指摘がある。国と地方公共団体による調査は極めて重要である。谷川雅彦は「実態調査は法具体化の一丁目一番地」と指摘する（＊29）。

内田博文は「二一世紀の人権は『当事者による当事者のための当事者の人権』が特徴とされる。そのために、『当事者の参加権』をいかに保障するかが問題とされる。部落差別解消推進法の活用にあたっても、この点に留意することが重要になろう。当事者団体との協議の場を設けるなど、これらの者の意見を反映させるために必要な措置を講ずるべきだということになろう。当事者参加のもとに活発な協議がおこなわれることが望まれる」と言う（＊30）。

第3節　相模原障害者殺傷事件

一　津久井やまゆり園事件

二〇一六年七月、相模原市津久井やまゆり園において発生した大量殺害事件は、近来まれに見る衝撃的なヘイト・クライムであった。事件は、他者の存在と尊厳を否定するヘイト・クライムである。事件直後のコメントで筆者は次のように述べた。「差別的な動機による暴力は、ヘイト・クライム（憎悪犯罪）にあたる可能性が高い。欧米ではヘイト・クライムは量刑が重くなるが、日本では議論もされていない。……一般に精神障害者の暴力犯罪率は低く、健常者の方が高いとされる。今回、事件前に容疑者が措置入院していたことで社会的に烙印を押そうとする強い力が働き、同じ属性を持つ人たちに厳しい目が向けられるだろう。……精神障害者を隔離収容しようとする方向に話が進むのではないかと危惧する」(＊31)。

その直後に安倍晋三首相が措置入院の見直しを命じたことで、この危惧が当たっていたことになる。その後も、措置入院中の処遇の適否をめぐる議論が続いた。しかし、被害を受ける側への支援こそ重要である。

ヘイト・クライムはもともと人種、民族、皮膚の色、宗教などを動機とする暴力犯罪を指して用いられた。その後、ジェンダー、セクシュアル・アイデンティティ、障害などを動機とする場合にも広がった。アメリカでは、二〇〇九年の連邦ヘイト・クライム法において「障害動機によるヘイト・クライム」の刑罰を加重している。同様にニューヨーク州刑法やヴァーモント州刑法も障害を含む。フランス、メキシコ、ルーマニアのヘイト法規定にも障害が盛り込まれている。

ヘイト・クライムは他者に対する差別的動機に基づく犯罪であるから、差別という社会的関係に根拠を有する。差別する側と差別される側の関係構造に焦点を当てて理解する必要がある。当該社会における人種・民族構成、宗教的分岐、歴史的な差別構造の形成など、差別を生み出す文脈を解明して、そのうえで個別の事件の位置や性格を分析する必要がある。そうした検討を行わずに、被疑者（加害者）にだけ焦点を当てて、措置入院見直しの方向で議論を始めるのは不適切である。

二　メッセージ犯罪とは何か

事件は同時にメッセージ犯罪という性格を持ち、直接の被害者だけでなく社会全体に深刻なダメージを与える。「津久井やまゆり園事件では、過激な差別思想がメッセージとして発信された。直接の被害者に加えて、家族や施設の関係者が受けたダメージも甚大であるが、被害者と同じ属性を有する人々とその関係者に激烈な差別メッセージが送られた。常軌を逸した優生思想が全国津々浦々に届いてしまった」（＊32）。

メッセージ犯罪は、カリフォルニア・ルーテル大学のヘレン・アン・リンの言葉である。彼女の論文「直接被害を越えて――ヘイト・クライムをメッセージ犯罪として理解する」によると、「ヘイト・クライム／ヘイト・スピーチは、被害者及びそのコミュニティを脅迫するためのメッセージ犯罪である。ある集団に属しているが故に被害者に向けられる象徴的犯罪である。……ヘイト・クライムが処罰されるべきなのは、身体的行為を超えて心理的感情的影響を有するからである。刑罰がより重くされるのは、人種的不寛容の歴史に基づいて被害者が特に傷つきやすく、身体的被害をずっと超えた被害を受けているからである。例えばアフリカ系アメリカ人の芝生で十字架を燃やす行為は、歴史的文脈から言ってエスカレートした暴力による明白な脅迫であって、単なる放火ではない」という。ヘイト・クライムでは同じ属性を有する人々の中から誰かが象徴的に選び出され、攻撃が加えられる。個人的な人間関係ゆえに被害を受けたのではなく、障害を持っているがゆえに被害を受けた。そのことにより、障害を持っているすべての者に恐怖を植え付ける。

加害と被害の関係は「防衛的ヘイト・クライム」という特徴で理解することができる。リンによると、「アメリカ公民権委員会によると、ハラスメントは『移動暴力』という共通の形態をとる。近所で、特に中産階級のアジア系アメリカ人が居住する郊外住宅地で発生することが多い。卵を投げる、石で窓を割る、銃で窓を割る、火炎瓶を投げるなどである。レヴィンとマクデヴィッドはこれを『防衛的ヘイト・クライム』と呼んでいる。白人が多く住む地域に引っ越してきた黒人家族、アジア系の友人とデートした白人女学生、最近職にありついたラテン系の人が狙われる。防衛的ヘイト・クライムは『出て行け。お前たちは歓迎されていない』というメッセージを送るためになされる」という。他者の存在と尊厳を否定し、社会から排除し、生命を奪う激烈な犯罪がヘイト・クライムであり、加害者は自分や社会を守るという「防衛的ヘイト・クライム」の意識を有する。あるいは、そうした口実で自分の行為を正当化しようとする（＊33）。

三　カウンター・メッセージの重要性

悪質な優生思想がメディアを通じて全国津々浦々に届けられてしまった。それゆえ、安倍首相をはじめ、然るべき地位にある者が、被害者及び被害にさらされやすい人々を励まし、支えるカウンター・メッセージを繰り返し発する必要がある。現段階では精神疾患の程度や犯行との関連性は明らかになっていない。措置入院の議論より優先すべきは、国のトップが被疑者の理不尽な思想を厳しく非難し、障害のある人らを励ます姿勢を示すことだ。「残念ながらヘイト・クライムが起きてしまった場合、間接的被害者や社会の動揺を抑えるため、強いカウンター・メッセージが求められます。例えば、米国のオバマ大統領は今年六月、フロリダ州の同性愛者が集うクラブで銃乱射による無差別殺人事件が起きると、『断じて許されない』と声明を出しました。殺人が大罪であるのはもちろん、セクシュアルマイノリティ（性的少数派）がターゲットとされたためです。安倍晋三首相や日本政府もヘイト・クライムは断固許さないという強いメッセージを出すべきです。今からでも遅くはありません」(＊34)。「防衛的ヘイト・クライム」という思考様式の誤りを徹底的に明らかにし、そうした口実による犯行を防止する必要がある(＊35)。

第4節　ヘイト・スピーチ法研究の現状

『序説』第2章では、先行研究としてレイシズム研究、憲法学、刑法学の動向を検討した。本書では、レイシズム研究については第2章、憲法学については第6章で詳細に検討する。本節では、ヘイト・スピーチの実態調査、及び刑法学の動向を見ておこう。

一　ヘイト・スピーチの実態調査

二〇一〇年代のヘイト・スピーチ現象の過熱に伴って、実態調査が始まった。人種差別撤廃条約に基づいて設置された人種差別撤廃委員会は、二〇〇一年、二〇一〇年及び二〇一四年に人種差別やヘイト・スピーチの実態調査を行うよう日本政府に勧告したが、日本政府はその必要なしという答弁を繰り返した。しかし、国内でNGOによる実態調査が始まり、国会で人種差別撤廃法やヘイト・スピーチ対処法の審議が始まると、さすがに無視はできなくなったのであろう。二〇一六年には日本政府も実態調査に着手した。

ここでは、NGOによる実態調査の初期の例として、ヒューマンライツ・ナウの調査『在日コリアンに対するヘイト・スピーチ被害実態調査報告書』を紹介する（＊36）。

報告書は、ヘイト・スピーチに関連する国際基準として、ジェノサイド条約、人種差別撤廃条約、国際自由権規約を確認したうえで、人種差別撤廃委員会の一般的勧告三五を引用する（一般的勧告三五について『序説』四八九頁）。国連人権高等弁務官事務所による連続セミナーの帰結としてのラバト行動計画には言及がない（ラバト行動計画について『序説』五〇〇頁）。報告書は、一九八〇年代以降の朝鮮学校女子生徒に対する暴力や差別の事件があったことに触れた上で、在特会登場以後に急激に悪化したヘイト・スピーチについてまとめている。そして、日本には法規制がなく、日本政府は何の対策も講じていないことを確認する。他方、国際自由権規約委員会や人種差別撤廃員会からの勧告が繰り返されていることを説明する。

報告書は一六人の聞き取り結果のまとめとして、「聴き取り調査の結果、不特定多数の在日コリアンを対象としたヘイト・スピーチが、個々の在日コリアンの人権や尊厳を侵害しており、また、在日コリアンの社会生活やその行動に影響を及ぼしている実態が明らかになった。」と言う。そして、①恐怖、②自尊心の傷つき、③社会生活への影響、④子どもへの影響、⑤日本社会への恐怖、の五点に整理して問題点を解説している。最後に「ヒューマンライツ・ナウの提言」が七項目掲げられている。

①人種差別撤廃条約第四条a項及びb項に付された留保の撤回

②ヘイト・スピーチに関する実態調査

③包括的な人種差別禁止法の制定

④教育・啓発に関する取り組み（包括的・具体的なアクションプラン策定）

⑤刑事規制
⑥現行刑法による適切な対応
⑦政策決定プロセスへの民族的マイノリティの参加

以上が報告書のおおよその内容である。若干の感想を述べておく。

第一に、政府が調査を行わないため、人種差別やヘイト・スピーチの実態があいまいにされ、その前提のもとで議論が行われてきた。このため人種差別やヘイト・スピーチがないとか、被害はないといった言説がまかりとおってきた。人種差別撤廃委員会において、何度も実態調査の必要性を指摘されたにもかかわらず、日本政府は調査することさえ拒否してきた。こうした中でのヒューマンライツ・ナウの調査であり、その意義は高い。民間のＮＧＯによる調査であり、「今回は初の試みとして」と述べるように限界はあるが、限界を自覚しつつ、ていねいに分析している。

第二に、被害論の在り方にも大きな示唆を与えている。日本ではヘイト・スピーチの被害認識がまともに行われてこなかった。被害を否定したり、軽視する発言が堂々となされてきた。被害の矮小化は立法事実の否定につながり、結果としてヘイト・スピーチを放置容認することに繋がってきた。このことは被害者に対する「二次被害」につながる可能性がある。ヒューマンライツ・ナウ報告書は「二次被害」という視点ではないが、「日本社会に対する恐怖」の項で実質的に同じことを述べていると言えよう。

第三に、七つの提言はよく考えられている。いずれも人種差別撤廃委員会がその勧告及び委員会審議における委員の発言の中で繰り返してきたことである。ヒューマンライツ・ナウは二〇一四年七月にジュネーヴで開催された国際自由権委員会による日本政府報告書の審査に際してＮＧＯレポートを提出しており、既にその中でヘイト・スピーチについて言及していた。

第四に、刑事規制について、ヒューマンライツ・ナウの提言は次のように述べる。

「ヘイト・スピーチに対する刑事規制については国家による濫用の危険があるため、構成要件の具体的内容については慎重に検討する必要がある。しかし、一般的勧告三五も指摘するとおり、重大なヘイト・スピーチについては、刑事規制をもって対応するべきである。」

適切かつ的確な内容である。世界の百数十カ国にヘイト・スピーチ刑事規制があり、その多くが基本法である刑法典に規定されていることが明らかになっている。これらに学びつつ、犯罪成立要件を確定することが可能である。また、一般的勧告三五が基準として役に立つ。

「まず、公人が公然と行うヘイト・スピーチおよび民族的マイノリティへの憎悪煽動を流布する活動をする公人および政治家に関しては、刑事規制の対象とするべきである。

次に、人種、皮膚の色、世系、民族的または種族的出身に基づく特定の集団に対する憎悪、侮辱、差別に基づく個人または集団に対する暴力の扇動及び脅迫については、その言論の内容と形態（挑発的で直接的なものか）、伝達方法を含め、言論が届く範囲（主流メディアやインターネットで流布されたか、繰り返し行われたか）などの要素を考慮に入れ、その深刻なものについては刑事規制をもって対応すべきである。」

公人によるヘイト・スピーチの規制については、人種差別撤廃条約第四条cに定めがあり、日本政府は条約第四条cの適用を留保していないので、上記のような提言として打ち出されている。第二段では、公人によるものではないヘイト・スピーチについて「深刻なもの」についての刑事規制の提言である。

「具体的な構成要件の策定にあたっては、公権力による濫用を防止し、表現の自由への侵害を防止するため、深刻なものに慎重に限定されなければならない。そして立件・起訴・司法判断にあたっては、合法性・必要性・比例原則が遵守されるべきである。」

法治原則に適ったヘイト・スピーチ刑事規制が可能であり、かつ実現するべきとの見解に揺るぎはない。

「最後に、ヘイト・スピーチの内容や形態などの諸要素に照らし、その標的とされた個人や集団に対する影響の大きさがそれほどではないものについては、民事規制や行政規制をもって対応するべきである。」

これも当然のことであり、基本的に賛同できる(＊37)。

二　刑法学の動向

『序説』第2章では刑法学の動向として、楠本孝、櫻庭総、金尚均の研究に学んだ。いずれもその後、論文の続編が公表されているので、以下ではそれらに学ぶことにする。

1　楠本孝の見解

楠本孝は、ヘイト・スピーチ規制の保護法益を社会法益と理解する立場として、第一に公共の平穏や公共の秩序を保護するイギリス法、ドイツ刑法第一三〇条一項を検討し、第二に集団的アイデンティティが論じられる文脈を確認し、第三に平等への権利と位置付ける見解として、差別の助長の防止を唱える師岡康子、平等な社会参加の権利を唱える金尚均の見解を検討し、社会法益ではなく、個人法益と見るべきだという(＊

38)。次に、個人法益と理解する立場として、第一に名誉感情を保護するという内野正幸、第二に人間の尊厳とする見解として、平川宗信の集団侮辱罪論、ウォルドロンの尊厳論、ドイツ刑法第一三〇条一項二号における人間の尊厳、及びスイス刑法第二六一条bisにおける人間の尊厳を検討する。結論として、楠本はヘイト・スピーチの保護法益を人間の尊厳と見る。「人間の尊厳概念は多義的で、曖昧な部分が残る」ことを認めつつも、人間の尊厳を客観的側面に絞って理解するのは適切ではなく、主観的側面も考慮すべきという。「ヘイト・スピーチに対抗するために、教育や芸術の効果に待つのではなく、刑事罰による禁圧を必要とする根拠の一つは、放置すれば、被害者にしばしばPTSDを伴うような癒しがたい心的外傷を与え、子ども期からそれが繰り返されればトラウマが蓄積され複雑化する危険性が高まるからである。ヘイト・スピーチ規制法の保護法益としての人間の尊厳概念は、『共同体内での普通の成員としての（あるいは同権的・同価値的）地位』という客観的側面に加えて、それが粗暴な表現によって否定される体験に伴う心的外傷から保護される権利という主観的側面を捨象してこれを把握することはできないように思われる。」

2　櫻庭総の研究

櫻庭総は、ヘイト・スピーチの保護法益について社会的法益説と個人的法益説を検討し、社会的法益とする理解を支持しつつ、それがヘイト・スピーチの「害悪」を示すものであるが、害悪と被害とは区別されるという(＊39)。櫻庭は、「被害」のうち、捜査機関による差別的捜査について論じる。すなわち、検挙・起訴すべき事案が適切に検挙・起訴されない場合と、逆に検挙・起訴すべきでない事案が検挙・起訴される場合である。ヘイト・スピーチの現場で警察官が何ら対処しない場合、ヘイト・デモの側ではなくカウンターの側が検挙される場合、国会周辺での反原発デモの規制を唱える場合などが念頭に置かれる。差別的訴追については最高裁判例があり、アメリカにおける研究もあるが、現行法と体制では適切な対処が難しい。差別的捜査であることの立証が難しい。それゆえ、櫻庭は立法論の検討を行う。立法事実は明らかであるが、現行法体系との整合性も検討しなくてはならない。独占禁止法の規定する公正取引委員会の専属告発制度を瞥見し、職務の専門性をさらに検討するべきという。

3　金尚均の研究

金尚均は、著書『差別表現の法的規制』において、ヘイト・スピーチに関する刑法解釈論及び刑事立法論を全面的に展開した（＊40）。

●法の下の平等

金は、これまでも保護法益を論じ、ヘイト・スピーチと民主主義論や社会的参加論の関係を論じてきたが、さらに法の下の平等について検討する。憲法第一三条の個人の尊重に続いて、憲法第一四条が法の下の平等を独立の規定としていることの意味を解き明かしたうえで、ヘイト・スピーチとの関係での法の下の平等を問う。市民的平等は個人の権利の問題であるとし、民主主義における表現の自由の格別の重要性を確認するドゥオーキンは、ヘイト・スピーチの法規制に消極的であるが、そこではヘイト・スピーカーを社会のマイノリティと位置付けているように見える。マジョリティはヘイト・スピーチに反対し、一部のマイノリティがヘイト・スピーチを行うという理解である。しかし、これはヘイト・スピーチにおけるマジョリティ‐マイノリティ関係を誤解している。金によれば、ヘイト・スピーカーは自分がマジョリティであることを認識・自覚し、マジョリティであるがゆえに、マイノリティを自分たちマジョリティより劣ったものと蔑視して、攻撃する。ヘイト・スピーチはマイノリティに対する社会的排除である。金はつぎのように結論付ける。

「法の下の平等の侵害と人間の尊厳の侵害の関連に着目すると、両者は連続の関係にある。また、人間の尊厳の否定は、法の下の平等の侵害の動機であり、そしてそれの帰結である。／最後に、ヘイト・スピーチ規制は、ボトムアップを目的とするアファーマティブアクションとは異なる。マイノリティが主として攻撃客体となる行為を規制することで、人間でありかつ対等な社会構成員として生きることを保障する。これにより、マイノリティであることだけを理由に不当に攻撃する行為を禁止することで、法の下の平等と人間の尊厳の保護を目的とする。」

●保護法益

続いて、金は「ヘイト・スピーチ規制の憲法的根拠づけ」としての保護法益論を展開する。金は個人の尊重（憲法第一三条）と人間の尊厳の連関を問い、芦部信喜、美濃部達吉、宮沢俊義、広中俊雄、高山佳奈子、青柳幸司、樋口陽一、蟻川恒正らの見解を踏まえて、議論する。日本国憲法には人間の尊厳概念が規定されていないので、個人の尊重の中に入れるのか。それとも、憲法第九条の戦争放棄と平和主義の背景に人間の尊厳があると解釈するのか。さらに法の下の平等について、浦部法穂、奥平康弘らの見解を取り上げ、ドゥオーキンやウォルドロンの見解も検討しながら、法の下の平等一般ではなく、ヘイト・スピーチ問題に即して法の下の平等を理解する方法を明らかにする。最後に、法の下の平等と人間の尊厳の連関も取り上げ、その連続性に着目する。「法の下の平等の侵害と人間の尊厳の侵害の関連に着目すると、両者は連続の関係にある。また、人間の尊厳の否定は、法の下の平等の侵害の動機であり、そしてそれの帰結である。」金が憲法第九条に言及している点は、遠藤比呂通と同様の見解と言えようか。私見では、人間の尊厳を第九条に読み込むことは考えていなかったが、憲法前文の精神を個別の憲法条文の解釈基準とする立場であり、同じことを言おうとしているのだろう(＊41)。

第5節　本書の構成

ヘイト・クライム／スピーチは、近現代日本史における歴史的課題であり、現在もっとも重要な人権侵害問題であり、同時に国際社会においても深刻な課題となっている。前著『序説』に引き続き、本書はヘイト・スピーチ規制の方策を検討するため、できうる限り総合的な研究をめざし、歴史学、社会学、レイシズム研究、憲法学、刑法学等に学びながら、論述を進める。

「I　歴史の中の差別」では、本章「歴史的課題と本書の構成」に続いて、「第2章　植民地主義と人種差別」で植民地主義や人種主義との国際的な闘いを瞥見し、「日本型レイシズム」論を検討する。「第3章『慰安婦』へのヘイト・スピーチ」で人道に対する罪としての性奴隷制の一形態である日本軍「慰安婦」問題と戦時性暴力事件を踏まえつつ、「慰安婦」に対するヘイト・スピーチについて考える。

「Ⅱ　差別と闘う法理」では、「第4章　ヘイト・スピーチの憲法論」で近代憲法の原理的な考察を行いつつ、日本国憲法の基本性格や憲法学説を検討する。「第5章　地方自治体とヘイト・スピーチ」で各地で検討が進められているヘイト・スピーチ対策について考える。

「Ⅲ　反差別の比較法」では、「第6章　反差別の法と政策」において人種差別撤廃条約第二条に関する欧州諸国の実践を紹介する。続いて、「第7章　ヘイト・スピーチ法の制定状況」及び「第8章　ヘイト・スピーチ法の適用状況」で人種差別撤廃条約第四条に関する世界各国の実践を紹介する。

〈註〉

（＊1）差別とヘイトに関する文献は膨大な量に及ぶ。安田浩一『ヘイトスピーチ』（文春新書、二〇一五年）は、在特会を追いかけた『ネットと愛国』に続くルポである。ヘイト・スピーチと排外主義に加担しない出版関係者の会編『NOヘイト！出版の製造者責任を考える』（ころから、二〇一四年）には、『九月、東京の路上で』の著者・加藤直樹の講演、書店員アンケート結果、弁護士の神原元「表現の自由と出版関係者の責任」、明戸隆浩「人種差別禁止法とヘイト・スピーチ規制の関係を考える」が掲載されている。中沢けい編『アンチヘイト・ダイアローグ』（人文書院、二〇一五年）は、作家・中沢けいが八人の「リアリスト」（中島京子、平野啓一郎、星野智幸、中野晃一、明戸隆浩、向山英彦、上瀧浩子、泥憲和）と対談した記録である。

（＊2）『序説』第3章第2節で紹介したブライアン・レヴィン論文及びキャロライン・ターピン・ペトロシノ論文参照。

（＊3）前田朗「いちばん身近な外国人――在日朝鮮人の形成」床井茂編『いま在日朝鮮人の人権は』（日本評論社、一九九〇年）。なお、朝鮮学校差別に関する最近の分析として、山本かほり「排外主義の中の朝鮮学校――ヘイトスピーチを生み出すものを考える」『移民政策研究』第九号（二〇一七年）。

（＊4）前田朗「差別列島のプリズム」『いま在日朝鮮人の人権は』前註書。「この時期、同様の事件が愛知、神奈川、茨城などでも連続して発生。翌一九八八年二月までに、北海道から九州まで全国で五〇件を越える暴行傷害事件が記録されるに至った。これらの事件の共通点として、①いずれも『朝鮮人帰れ』といった暴言などとともに行われていること、②対象が女子生徒や児童に集中していること、③犯人が右翼風の二〇ないし四〇代の男性であること、④犯人が一人も逮捕されていないこと、などを指摘することができる」。また、同年四月三〇日、大阪の地下鉄新大阪駅の改札口からJR新大阪駅東口に至るコンコースの階段で、大阪朝鮮高級学校女子生徒（高校一年）が、紺色の作業服を着た男性に突き落とされたために膝を打って怪我をした。男は「おい、チョーセン、ちょっと待て！」と言いながら追いかけてきて、「チョンコ、チョンコ」と何度も繰り返したと言う。

（＊5）朝鮮人学生に対する人権侵害調査委員会編『切られたチマ・チョゴリ』（在日朝鮮人・人権セミナー／マスコミ市民、一九九四年）。一九九四年四月一四日、東京朝鮮高級学校生徒は電車の中で後ろから「朝鮮人！」と言われ、ホームに突きとばされた。後で見るとチマ・チョゴリが一五センチほど切られていた。同年六月、東京朝鮮高級学校の別の生徒は、池袋から乗った電車の中で二人連れの二〇歳代の男性にハサミでチョゴリの袖を切られた。同年七月八日、西東京朝鮮初級学校生徒（八歳）は電車の中で男性に「お前は朝鮮人か。悪い奴だ。日本人になれ」と言われて、ブラウスを破られ、頭を叩かれた。近くにいた日本人女性が間に入って助けてくれた。その後、この少女は事件の影響か目がパチパチ動くようになった。「事件は殴る、服を切る、髪を切ると言った犯罪行為である。被害は、朝鮮の民族衣装であるチマ・チョゴリを着た女子生徒に集中した。電車の中で後ろからチマ・チョゴリをナイフやハサミで切り裂かれる。髪をハサミで切られる。同一犯人と思われる者に繰り返し襲われる。また、民族差別的な侮辱が加えられる。『朝鮮人は帰れ』といった無責任な暴言も多発している。民族差別的な暴言も含めて、報告された事件は一五五件を数える。また、朝鮮学校に対する電話による嫌がらせや脅迫も頻発している」。地域別では東京四〇件、京都二一件、兵庫二〇件、広島一六件、西東京一四件、大阪七件、神奈川六件など、北海道から福岡まで報告事例が見られた。

（＊6）朝鮮人学生に対する人権侵害調査委員会編『再び狙われたチマ・チョゴリ』（在日本朝鮮人人権協会、一九九八年）。

調査委員会は、愛知県及び東京都で被害の聞き取り調査を行った。早くも九月一日、広島朝鮮初中高級学校に「朝鮮人は殺す」「朝鮮人は出ていけ」等の暴言電話があった。九月四日、愛知朝鮮中級学校生徒は金山駅構内で五〇歳くらいの男性から「この朝鮮、くそ、たわけが！」と言われた。九月一二日、愛知朝鮮学校中級部生徒は鳴海駅から乗ってきた五〇歳くらいの男性から「朝鮮人は朝鮮に帰れ！」と言われた。九月一一日、東京朝鮮高級学校生徒は登校のため日暮里駅に向かう途中、五〇〜六〇歳代の男性から「朝鮮人？　今日きっと刺されるよ」と言われた。東京朝鮮中高級学校には「なんでミサイル撃つんだ。この朝鮮野郎。お前らただじゃおかないからな」といった電話や、無言電話が続いた。一〇月一五日、千葉朝鮮会館に何者かが侵入し、ガソリンをまいて放火した（宿直中の職員一名死亡）。一一月五日、東京朝鮮高級学校生徒が二人組の男にカッターナイフで手を切られ、全治一週間の傷害を負った。

（＊7）在日朝鮮人・人権セミナー編『在日朝鮮人と日本社会』（明石書店、一九九九年）。

（＊8）月刊イオ編集部編『高校無償化裁判——二四九人の朝鮮高校生たたかいの記録』（樹花舎、二〇一五年）。

（＊9）在日コリアンの子どもたちに対する嫌がらせを許さない若手弁護士の会編『在日コリアンの子どもたちに対する嫌がらせ実態調査報告集』（二〇〇三年）。9・17から六か月の間に、二七一〇名の回答者のうち五二二名（一九・三％）が被害にあったと答えた。男子生徒では一三九三名のうち一九六名（一四・一％）、女子生徒では一三一七名のうち三二六名（二四・八％）であった。一九九〇年代に発生した諸事件の際に「チマ・チョゴリ事件」と呼ばれたように、チマ・チョゴリを着用した女子生徒に被害が多かったものと考えられる。事件発生時期は二〇〇二年九月六〇件、一〇月七四件、一一月五三件、一二月五八件であり、時間の経過による被害の減少を見ることができなかった。他方、調査では9・17以前の被害も調査しており、9・17以後に激増したことが確認されている。被害を受けたのは登校時が一九・三％、下校時が五四・八％であった。加害者は男性大人が三七・〇％、男性学生一八・四％、男性児童一五・一％であり、加害者人数は一人の例が五四・〇％であった。報告書は「集団心理により行われたものばかりではないということを示していると言えようとしている。嫌がらせの内容は言葉によるものが七六・六％と圧倒的多数であり、「朝鮮人死ね」「朝鮮へ帰れ」「拉致ってんじゃねえよ」というものが目立った。

（＊10）在日コリアン研究会編『となりのコリアン——日本社会と在日コリアン』（日本評論社、二〇〇四年）。

（＊11）人種差別撤廃委員会勧告について、『序説』第6章第4節参照。

（＊12）広島地裁判決二〇一七年七月一九日（平成二五年（行ウ）第二七号朝鮮学校無償化不指定処分取消等請求事件）。

（＊13）大阪地裁判決二〇一七年七月二八日（平成二五年（行ウ）第一四号高等学校等就学支援金指定義務付等請求事件）。第一の争点について、大阪地裁は次のように述べる。「支給法二条一項五号は、国の財政的負担において教育を実施することが後期中等教育段階の教育の機会均等等の確保の見地から妥当であると認められる各種学校の範囲の確定を文部科学省令に委任したにもかかわらず、下村文科大臣は、後期中等教育段階の教育の機会均等等とは無関係な、朝鮮学校に支給法を適用することは北朝鮮との間の拉致問題の解決の妨げになり、国民の理解が得られないという外交的、政治的意見に基づき、朝鮮高級学校を支給法の対象から排除するため、本件規定を削除したものと認められる。したがって、本件規定の削除は、同号の委任の趣旨を逸脱するものとして違法、無効と解すべきである」。第二の争点について、大阪地裁は次のように述べる。「原告では、私立学校法に基づき、財産目録、財務諸表等が作成されるとともに理事会等も開催されており、大阪朝鮮高級学校は、平成一九年四月から平成二三年九月までの間、所轄庁である大阪府知事から、教育基本法、学校教育法等の法令に違反することを理由とする行政処分等を受けたことがなかった。したがって、大阪朝鮮高級学校については、他に本件規程一三条適合性に疑念を生じさせる特段の事情がない限り、同条適合性が認められると言うべきである。被告は、朝鮮高級学校が北朝鮮又は朝鮮総聯と一定の関係を有する旨の報道等を指摘して、朝鮮高級学校が就学支援金を生徒の授業料に充当せず、朝鮮総聯から『不当な支配』を受けているとの疑念が生ずる旨主張している。しかし、被告の指摘する報道等の存在及びこれに沿う事実をもって、上記の特段の事情があるということはできない。」

（＊14）丹羽雅雄「大阪朝鮮高級学校の無償化勝訴判決の概要と意義」『部落解放』七四七号（二〇一七年）。なお、李春熙「司法は行政による差別を追認するのか――『朝鮮高校無償化訴訟』の現状」、石井拓児「高校授業料無償化法の立法経緯と朝鮮学校除外問題」、中川律「朝鮮高校就学支援金不指定事件を考える」以上『法学セミナー』七五七号（二〇一八年）。

（＊15）東京地裁判決二〇一七年九月一三日（平成二六年（ワ）第三六六二号国家賠償請求事件）。

（＊16）冨増四季「徳島県教組襲撃事件」『法学セミナー』七五七号（二〇一八年）参照。

（＊17）『朝日新聞』二〇一六年四月二六日。

（＊18）『愛媛新聞』二〇一六年四月二五日は次のように報じた。「在日特権を許さない市民の会（在特会）のメンバーらに事務所へ乱入され、暴言を吐かれたとして、徳島県教職員組合と元書記長の女性が在特会と会員ら一〇人に約二千万円の損害賠償を求めた訴訟の控訴審判決で、高松高裁（生島弘康裁判長）は二五日、約二三〇万円の支払いを命じた一審徳島地裁判決から賠償額を増額した。高裁は『人種差別的行為があった』と判断した」。

（＊19）友永健三『部落解放を考える――差別の現在と解放への探求』（解放出版社、二〇一五年）。

（＊20）小林健治『部落解放同盟「糾弾」史』（ちくま新書、二〇一五年）は、一九二二年の全国水平社創立大会から今日に至る差別と、差別に対する抗議・糾弾の歴史、反差別闘争史をコンパクトにまとめる。「差別は犯罪である。ヘイト・スピーチは社会的犯罪なのであり、それを規制し、処罰することを目的とした差別禁止法が、もとめられているのである」と言う著者は、ヘイト・スピーチを表現の自由だなどと唱えるメディアや憲法学者を厳しく批判する。例えば、駒村圭吾（慶応大学教授）は、国際人権法学会のシンポジウムにおいて、「差別表現は話者の品格の問題である」「論議するなら思想の自由市場で行えばよい」などと述べたと言う。これに対して著者は次のように批判する。「差別の現実をまったく無視する発言であった。ヘイト・スピーチが学問の対象ではないのだから、その禁止法を諸外国のように立法化する必要性など、日本の憲法学者が微塵も考えていないことがあきらかになった。『表現の自由』を絶対視し、思考停止する憲法学者の発言に、驚きを通り越して、正直呆れてしまった」。小林は、ヘイト・スピーチを犯罪とし「言論による暴力」と見る。「それは『話者の品格』の問題でもなく、『対抗言論』で対処できる性質の暴言ではない。言論の暴走を放置すれば必ず肉体の抹殺（ジェノサイド）に至ることは、内外の歴史が証明しているところだ」と言う。

（＊21）山本崇記「部落問題と差別規制の課題に関する予備的考察――ヘイト・スピーチを中心に」『世界人権問題研究センター研究紀要』二〇号（二〇一五年）は、これまでの部落差別とヘイト・スピーチとを、その共通性と差異を踏まえて検討し、差別行為の規制について、特に自治体レベルの対応と地域社会における対応に焦点を当てて分析している。

（＊22）その後も差別身元調査事件が発覚してきた。一九九八年六月、大阪に本社のある経営コンサルタント会社が七〇〇社の企業の依頼を受けて身元調査を行っていたことが発覚した。二〇〇四年一二月、兵庫県で行政書士が七〇〇通もの戸籍謄本を不正に入手していたことが判明し、調査の結果、大阪、愛知、東京でも同様の事実が確認された。さらに二〇〇六年九月、大阪でフロッピーディスクに記録された「部落地名総鑑」が回収され、同年一〇月、「部落地名総鑑」がインターネット上に流されていることが明らかになった。部落解放同盟中央本部編『終わってはいない「部落地名総鑑」事件』（解放出版社、一九九五年）、友永健三『いま、改めて「部落地名総鑑」差別事件を問う』（解放出版社、二〇〇六年）。なお、河村健夫「ネット上の『言論』と司法手続き――復刻版全国部落調査事件を素材に」『明日を拓く』一一二号（東日本部落解放研究所、二〇一六年）は、鳥取ループ、示現舎による復刻版ウェブサイトアップについて論じている。本件では二〇一六年三～四月に出版差止めの仮処分決定とウェブサイト削除の仮処分決定が出た。四月一九日に本訴提訴、七月五日に第一回口頭弁論が開かれて、裁判継続中という。芝内則明「鳥取ループ・示現舎の差別性・犯罪性」『部落解放ひろしま』九九号（二〇一七年）参照。

（＊23）CERD/C/JPN/CO/7-9.19 August 2014.

（＊24）浦本誉至史『連続大量差別はがき事件』（解放出版社、二〇一一年）。浦本が自分自身の被害事実を認識したのは二〇〇三年六月二六日、郵便受けに「不在連絡票」が入っており、心当たりのない荷物が配送されようとしたためである。浦本の名前を騙って書籍注文がなされていたのだ。その後、居住するアパートの大家や、周辺住民に、浦本に対する誹謗中傷と差別を書いたはがきや封書が届くようになった。さらに、ハンセン病回復者の宿泊拒否事件が起きて名前の知られた熊本の菊池恵楓園に、浦本の名前でハンセン病者に対する差別はがきが送られた。二〇〇三年一〇月二〇日、脅迫罪の嫌疑での告訴状が警視庁に受理された。事件は同年一二月三日の毎日新聞朝刊以後各紙に報じられた。二〇〇四年一月に犯人が逮捕され、脅迫、名誉毀損等の刑事裁判となり、二〇〇五年七月一日の判決でいちおう終結を迎えた。

（＊25）古川雅朗「水平社博物館差別街宣事件」前田朗編『なぜ、いまヘイト・スピーチなのか』（三一書房、二〇一三年）。判決は次のように認定した。「被告は、原告が開設する水平社博物館前の道路上において、ハンドマイクを使用して、『穢多』及び『非人』などの文言を含む演説をし、上記演説の状況を自己の動画サイトに投稿し、広く市民が視聴できる状態においている。そして、上記文言が不当な差別用語であることは公知の事実であり、原告の設立目的及び活動状況、被告の言動の時期及び場所等に鑑みれば、被告の上記言動が原告に対する名誉毀損に当たると認めるのが相当である」。

（＊26）提案理由は次のとおりである。「現在もなお部落差別が存在するとともに、情報化の進展に伴って部落差別に関する状況の変化が生じていることを踏まえ、全ての国民に基本的人権の享有を保障する日本国憲法の理念にのっとり、部落差別は許されないものであるとの認識の下にこれを解消することが重要な課題であることに鑑み、部落差別の解消を推進し、もって部落差別のない社会を実現するため、部落差別の解消に関し、基本理念を定め、並びに国及び地方公共団体の責務を明らかにするとともに、相談体制の充実等について定める必要がある。これが、この法律案を提出する理由である」。部落解放同盟中央本部編『Q&A部落差別解消推進法』（解放出版社、二〇一七年）。

（＊27）奥田均「部落差別解消推進法を読む」同編著『ガイドブック部落差別解消推進法』（解放出版社、二〇一七年）。

（＊28）阿久澤麻理子「部落差別解消推進法と学校教育」、上杉孝實「部落差別解消推進法と部落差別をなくすための啓発」前掲『ガイドブック部落差別解消推進法』。

（＊29）谷川雅彦「部落差別解消推進法と部落差別の実態調査」前掲『ガイドブック部落差別解消推進法』。なお、谷川雅彦「部落差別解消推進法と差別禁止法」『愛知部落解放・人権研究』第一四巻（二〇一八年）参照。

（＊30）内田博文「部落差別解消推進法の意義と残された課題」前掲『ガイドブック部落差別解消推進法』。さらに、北川真児「『部落差別解消推進法』の意義と今後の課題」『コリアNGOセンター』四五号（二〇一七年）、岡田英治「『部落差別解消推進法』をどう見るか」『部落解放ひろしま』九九号（二〇一七年）参照。

（＊31）「憎悪犯罪の可能性高い」『毎日新聞』二〇一六年七月二七日。

（＊32）前田朗「メッセージ犯罪としてのヘイト・クライム」『マスコミ市民』五七二号（二〇一六年）。

（＊33）前田朗「憎悪犯罪が日本を壊す」『サンデー毎日』二〇一六年八月二八日号。同「相模原事件――ヘイト・クライムは社会を壊す」『思想運動』九八六号（二〇一六年）。

（＊34）前田朗「ヘイト・クライムは放置すれば確実に社会を壊す――メッセージの誤配を匡すために」『市民活動のひろば』一四四号（二〇一六年）、同「ヘイト・クライムの『被害』を考える――津久井やまゆり園事件の恐怖とは」『市民の意見』一五八号（二〇一六年）。

（＊35）立岩真也・杉田俊介『相模原障害者殺傷事件』（青土社、二〇一六年）があり重要著作だが、事件そのものを論じていない。

（＊36）『在日コリアンに対するヘイト・スピーチ被害実態調査報告書』（ヒューマンライツ・ナウ、二〇一四年）。報告書はヒューマンライツ・ナウのサイトに掲載されている。調査目的は「不特定多数の者に向けられたヘイト・スピーチの法規制をめぐる議論の前提となるべき立法事実の調査」である。調査は二〇一四年四月～七月、関西在住の在日コリアン一六人に対する個別面接による聞き取りである。在日コリアン一般を対象としたものではなく、ヘイト・スピーチに対抗するカウンター行動に関心を持っている人に限定されている。「今回は初の試みとして」この様な調査となったと断り書きが付されている。なお、元百合子「不特定多数に対するヘイト・スピーチの被害——実態調査で分かったこと」『ＩＭＡＤＲ－ＪＣ通信』一八一号（二〇一五年）。さらに、龍谷大学人権問題研究委員会研究プロジェクト『ヘイト・スピーチによる被害実態調査と人間の尊厳の保障』（龍谷大学人権問題研究委員会、二〇一六年）。最近の調査としては、人種差別実態調査研究会『日本国内の人種差別実態に関する調査報告書（二〇一八年版）』（二〇一八年四月）が有益である。

（＊37）人種差別撤廃員会一般的勧告三五について『序説』第7章2節参照。

（＊38）楠本孝「ヘイトスピーチ刑事規制法の保護法益」内田博文先生古稀祝賀論文集『刑事法と歴史的価値とその交錯』（法律文化社、二〇一六年）。

（＊39）櫻庭総「ヘイトスピーチ規制における運用上の諸問題」内田博文先生古稀祝賀論文集『刑事法と歴史的価値とその交錯』（法律文化社、二〇一六年）。なお、櫻庭総『ドイツにおける民衆扇動罪と過去の克服——人種差別表現及び「アウシュヴィッツの嘘」の刑事規制』参照。

（＊40）金尚均『差別表現の法的規制』（法律文化社、二〇一六年）。なお、金尚均「ヘイト・スピーチ」内田博文・佐々木光明編『〈市民〉と刑事法（第四版）』（日本評論社）には、金の研究の成果が凝縮して盛り込まれている。特に重要なのは、ヘイト・スピーチを単に表現の自由の観点に収れんさせるのではなく、より基本的に、民主主義の問題として考察していることである。他者の存在や生命を否定して排除することは、民主主義を破壊することであり、法の下の平等や人間の尊厳を否定することである。民主主義的価値を否定し、具体的に被害を生むヘイト・スピーチを「表現の自由」の名において正当化することはありえない。金尚均「ドイツにおけるヘイトスピーチ対策」『国際人権ひろば』一三五号（二〇一七年）では、ドイツ刑法に加えて、最近の欧州評議会サイバー犯罪条約追加議定書への対応や、二〇一七年六月三〇日の法改正

（フェイスブックやツイッターにおける人種差別表現の削除）について解説している。さらに金尚均「ヘイトスピーチ・インターネットの差別書き込みと差別禁止法」『部落解放ひろしま』九九号（二〇一七年）、同「刑法改正、ヘイトスピーチ解消法改正の可能性」『法学セミナー』七五七号（二〇一八年）等。

（＊41）名誉の毀損と人間の尊厳の保護法益としての理解は明らかに異なるとして、金は次のように述べる。「属性を理由とする差別的言動であるヘイト・スピーチは、――何らの文脈もなく突発的に発せられるのではなく――ある社会において歴史的に形成され、固定化された、特定の集団に対する蔑みないし同等の社会の構成員であることの否認を認識的背景にして発せられることから、これが特定の個人に対して発せられたとしても、――『おまえら、○○人はゴキブリだ』、『おまえみたいな○○人は日本から出ていけ』という発言のように――属性を理由に当該集団の構成員に対して罵詈雑言や誹謗中傷が行われる場合には、集団そのものが蔑まれていることで、構成員である彼の名誉は、実は既に問題になっておらず、――名誉が問題になる前提としての――同じ対等な地位を持つ社会の構成員であること、ひいては同じ人間であることを否定されているわけであり、それゆえ人間の尊厳に対する攻撃が本質であることを明らかにし、その上で名誉と人間の尊厳との相違を示す必要があるからである」。

第2章　植民地主義と人種差別

第1節　グローバル・ファシズムは静かに舞い降りる

一　錯綜する「時代閉塞の状況」

1　世紀末転換期の後に

二〇世紀の終わりから二一世紀の初めにかけて、時代の転換を予期した人々の期待や懸念は錯綜し、混迷したが、現実世界はそれ以上に錯綜と混迷のただ中に陥ったように見える。「戦争とファシズムの二〇世紀」を終わらせて「平和と繁栄の二一世紀」を待望する声と努力も確かに強力に存在した。大量破壊兵器とジェノサイドの二〇世紀に抗して、国際人権法と国際人道法の発展も顕著であった。

一九四八年の世界人権宣言に始まり、一九六五年の人種差別撤廃条約、一九六六年の二つの国際人権規約、一九七九年の女性差別撤廃条約、一九八五年の拷問等禁止条約、一九八九年の子どもの権利条約、あるいは二〇〇七年の先住民族権利宣言など、国際人権法の体系は急速に発展した。国連人権委員会から人権理事会への改組、国連人権高等弁務官事務所の設置と充実した活動、国際人権ＮＧＯのネットワークの展開など、国際人権法の発展は着実であった。

一九四八年のジェノサイド条約、一九四九年のジュネーヴ四条約、一九六五年の戦争犯罪時効不適用条約を経て、一九七七年のジュネーヴ諸条約追加議定書、一九九三年の化学兵器禁止条約、一九九七年の対人地雷禁止条約、二〇〇八年のクラスター爆弾禁止条約、二〇一七年の核兵器禁止条約など、国際人道法も進展をとげた。

国際人道法に対する重大な違反を裁くための国際刑事司法の整備も進んだ。一九四五年のニュルンベルク裁判（ＩＭＴ）と一九四六年の東京裁判（ＩＭＴＦＥ）の後は空白が続いたが、一九九三年の旧ユーゴスラヴィア国際刑事裁判所（ＩＣＴＹ）と一九九四年のルワンダ国際刑事裁判所（ＩＣＴＲ）によって半世紀の空白が埋められ、ついに一九九八年の国際刑事裁判所規程採択によって、ハーグ（オランダ）に史上初の普遍的管轄権を有する国際刑事裁判所（ＩＣＣ）が設置された。対象犯罪は侵略の罪、ジェノサイド、人道に対する罪、戦争犯罪である（＊1）。

核兵器禁止条約だけではなく、国連レベルでの核兵器廃止決議は何度も採択された。米ソの核軍拡競争が止まり、いちおうの核軍縮が進んだ。とはいえ、世界には未だに万単位の核兵器が存在している。核保有国による核威嚇がなくなったわけではない。このため米ロ英仏中だけではなく、インド、パキスタン、イスラエルが核を保有し、朝鮮民主主義人民共和国、イランなどの核問題が国際政治の緊張を呼び起こしてきた。

他方、トラテロルコ条約（ラテン・アメリカ）、ラロトンガ条約（南太平洋）、ペリンダバ条約（アフリカ）、バンコク条約（東南アジア）、セメイ条約（中央アジア）などの非核地帯条約が締結され、海洋条約によりすべての海底が非核地帯となり、南極条約によって南極が非軍事地帯とされたため、地球の三分の二以上が非核地帯となっている。

平和を求める民衆の闘いも世界的な広がりを示している。最近の一つの事例だけを紹介すると、二〇〇三年のイラク戦争本格化に対して、スペインのNGOが提起した「平和への権利」を求める運動は、スイスや日本のNGOをも巻き込んでグローバルな展開を示し、二〇一二年には国連人権理事会諮問委員会で「平和への権利国連宣言草案」が作成され、二〇一六年一二月、国連総会で宣言が採択された（＊2）。そしてようやく二〇一七年七月、核兵器禁止条約が国連総会で採択された。

2　席巻するグローバリゼーション

しかし、残念なことに右のような動きをいくら列挙しても、それで現代世界の基調を提示しているとは言えない。現代世界は、経済的にはグローバリズムのただ中にあり、資本と情報と軍事のグローバリゼーションが席巻している。二〇世紀末までには、アメリカ、EU、そして日本という三つの経済圏をまじめに語る経済評論家が多数いたが、いまや彼らは自分の言葉を忘れ去り、封印している。グローバリゼーションとは資本の世界的運動であり、個別国家の枠を乗り越えて現象するが、具体的にはアメリカ資本の世界化を意味せざるを得ない。資本も情報も軍事も、アメリカから発信され、アメリカに集中していく。一世を風靡したネグリとハートの〈帝国〉は特定の実体的な国家ではなく、ネットワークを想定していると言うが、アメリカを中心としたグローバリゼーションの比喩的表現を超えるものではないだろう（＊3）。

政治的にも、資本（利潤）と国益を最優先するアメリカの外交と軍事が世界を混乱に陥れている。9・11

以後のアフガニスタン戦争とイラク戦争という二つの戦争は、侵略戦争であり、報復戦争であり、無辜の人民殺戮であり、資源収奪戦争であり、アメリカに敵対する者に対する見せしめ戦争でもあった。軍事力によってアメリカ資本の自由な領域を拡大することは、長年のアメリカの基本戦略である。社会的には人種、民族、宗教の対立が煽られ、激化し、世界各地で内戦やテロを生み出している。二〇世紀を通じて、人種差別撤廃条約から二〇〇一年九月八日のダーバン人種差別反対世界会議に至るまで積み重ねられてきた反レイシズムの波は、9・11の「同時多発テロ」によって堰き止められ、世界は人種抗争の坩堝に投げ込まれた。

アメリカの「愛国者法」はイスラム系住民をはじめとする非白人社会に対する暴力の嵐となった。どこで、どれだけの人間が、なぜ身柄拘束されたのかさえ不明という有様であった。アブグレイブやグアンタナモという名前に象徴される拷問政策も逸してはならない。対テロ戦争を口実にした戦争犯罪及び人道に対する罪と、拷問と盗聴の正当化が「アメリカ民主主義」の実相である。

欧州に目を転じても、EU諸国の経済的混乱と経済格差をめぐる問題は一層深刻となっている。アイスランド、ギリシア、スペインと続いた経済疲弊と失業の波は、いつ、どこに波及するかわからない不安要因として各国の注視を余儀なくされた。東中欧に拡大したEUの先行きは不透明である。イギリスのEU離脱問題が混迷に拍車をかけ、カタルーニャのスペインからの独立問題も再浮上した。

欧州における人種・民族差別と対立も新たな様相を呈している。ソ連東欧社会主義圏の崩壊後は、東から西への人の移動と、それに伴う軋轢が基調をなしていた。二一世紀に入ると、南から北への人の移動がふたたび社会に影響を与え始めた。ムハマド（マホメット）誹謗戯画事件や、イスラム教徒のスカーフ着用禁止問題にみられるように、欧州キリスト教国家におけるイスラム差別は多様かつ執拗に続いている。

「アラブの春」「中東民主革命」は、独裁に対する民衆の反撃による動乱という側面があったものの、「メディア戦争」とも呼ばれたように、インターネットも含めたメディアを駆使した権力争奪戦となり、人種、民族、宗教対立が煽られた。チュニジア、エジプトの「春」と、アルジェリア、シリアの「戦争」は、異なる民衆が同じ舞台で異なる主題の脚本を手にしながら同じ演劇を志向する激烈な矛盾を呈した。イエメン、カタール、レバノン、モロッコでも、呉越同舟の矛盾をはらんだ闘いが社会を痛撃した。革命と反革命の悲劇的な陣地戦が続いた（＊4）。

アフリカも激しい苦痛にさいなまれている。ルワンダ、ウガンダ、シエラレオネ、リベリア、ソマリアの悲劇はいちおう「停止」したが、スーダン、コンゴ民主共和国、ジンバブエと悩みは尽きない。南スーダンの内戦も続いている。アフリカ深奥部に蓄積された矛盾は間欠的に吹き出しながら解決を求めているが、偽装された民族対立や宗教対立の背後に、資源争奪と武器輸出というグローバリズムの触手がうごめいていることは言うまでもない。

ラテン・アメリカ地域でも、一方ではコロンビアのように内戦に疲弊した地域もあるが、基調は反グローバリゼーション、抗米の闘いとなっている。反グローバリゼーション運動の一翼を担う「世界社会フォーラム」がポルト・アレグレ（ブラジル）に始まったように、かつて「アメリカの裏庭」としてアメリカ合州国の縄張りとされたこの地域が、キューバのみならず、ヴェネズエラ、ボリビアを先頭に抗米の発信源となってきた。その旗手がヴェネズエラ大統領ウーゴ・チャベスであったことは言うまでもない。

東アジア情勢が混迷を深めていることは言うまでもない。中国経済の飛躍と軍事力強化がこの地域の最大の変動要因である。朝鮮半島と日本列島の政治と経済も、アメリカの世界戦略と擡頭する中国のはざまで揺れ動いている。二〇一八年四月には南北朝鮮の対話が始まり、朝鮮の指導者が初めて軍事境界線を越えて南側に入り、板門店宣言が出された。続いて同年六月、トランプ大統領と金正恩委員長による米朝会談が実現し、世界史に新たな頁が加わった。

このように世界は錯綜し、混迷している。そこに「時代閉塞の状況」だけを見るのは必ずしも正当とは言えないが、議論の出発点としては、いま、私たちはどのような「時代閉塞の状況」に直面しているのかを確認することが重要である。

二　滑落の予感と居直りナショナリズム

1　一周遅れのトップランナー

それでは、日本はどこにいるのだろうか。グローバリゼーションが進行する現代世界で、日本はいかなる位置と役割を引き受けているのか。一九九〇年代からの「失われた二〇年」を想起すれば明らかなことだが、日本経済はかつての高度成長から、低成長、あるいは成長なき時代に転換した。長期的不況は、その都度の小手先の経済政策では対処できない本格的なものとなっている。「追いつき、追い越せ」と「経済大国」を誇った時代から、「追いつかれ、追い越される」悲哀を味わっているのが現状である。生産力や輸出入の統計を見るまでもない。

グローバリゼーションへの日本的対応は、小泉純一郎政権による「規制緩和」に代表される。国内において社会権をはじめとする国民の権利擁護のネットワークを破壊し、資本による収奪を激化させるとともに、アメリカ資本の自由を保障し、資本と軍事と情報のあらゆる面でアメリカに追随することによって、日本の地位を確保しようとするものであった。小泉政権時代以後、毎年二〜三万人もの自殺者を生み出しても、日本政府にとっては既定路線にすぎない。意識的に展開された棄民政策の必然の結果にすぎないからである。

しばしば指摘されるように、3・11の東日本大震災と福島第一原発事故は、この転換の象徴的な節目だったと言える。第一に、高度経済成長以来の生産力信仰の終焉のはじまりとなるだろう。第二に、高度経済成長を支えた科学技術信仰の終焉も予感されている。そこから先の展望が具体化していないため、終焉が終焉として受け止められていないが、成長する日本の華麗な物語が終わったことは誰の目にも明らかである。

より重大なことは、第一に、日本の人口が減少に転じたことである。明治維新以来、というよりも江戸時代も通じて右肩上がりだった人口統計が、初めて減少し始めた。第二に、人類史上経験したことのない「超高齢化社会」を迎えようとしている。税収が減少し、国債は増加し、社会コストは増加する一方である。

にもかかわらず、政府はむやみな軍拡路線を選択している。自衛隊装備の増強は、アメリカからの武器輸入であり、対米追随を深めることはもとより、ここでの文脈で言えば、国家財政への負担増を意味する。将来世代に負担を押し付けてでも、アメリカ軍需産業の発展に寄与するという異常な政策が続いている。

グローバリゼーションのもとでの激烈な競争で、先進国の中では「一周遅れのトップランナー」に転落したことへの恐怖と否認が、この国の支配層（政策決定エリート）に共有されていることは言うまでもない。沖縄へのオスプレイ配備も、ＴＰＰも、領土紛争（北方領土、竹島／独島、尖閣諸島）も、滑落の予感に怯える日本が迎えた「危機」と言えよう（＊5）。

危機を創出することによって自らを奮い立たせ、難関を乗り越えることが一つの国民国家にとっての歴史的課題かもしれない。しかし、日本が迎えている「危機」は、そうした性質のものではない。自らの主体性を押しつぶすような「危機」をわざわざ創出し、「危機」に身をゆだねることで、挫折と敗北の途を歩まざるをえないと最初からわかっている――そのような「危機」が迫り来っている。「危機管理国家」ではなく「危機に管理された国家」の時代である。

2　浮遊する居直りナショナリズム

日本が陥っている「危機」の一つの現象として、ヘイト・クライム／スピーチをめぐる問題を見ておこう。二〇一〇年代の日本に出現しているヘイト・クライムは、時代の表層にあって、その特質の一端を見事に示すものである。時代の転換が歴然とするのは深層部における転換が実現した時のことだが、その端緒は表層部において先駆的に垣間見ることができる。

日本社会におけるヘイト・クライムには長い歴史がある。とりわけ、一九二三年九月に発生したコリアン・ジェノサイド（関東大震災朝鮮人虐殺）は日本人による歴史上最大のヘイト・クライムであった。しかし、ここでは歴史の中の日本的ヘイト・クライムを見るのではなく、二〇一〇年代の日本社会の特質を見るために、現状を確認しておく。

東京・新大久保はコリアンタウンと呼ばれるほど在日コリアン経営の店舗が多数並ぶ街である。その名の通りコリアンの店舗に加え、アジア各地からの商品と文化が街のにぎわいを彩っている。週末には観光客もやって来る楽しい国際色豊かな商店街だ。ところが、二〇一二年秋ごろから情景が一変した。「朝鮮人を追い出せ」「韓国人は死ね」と大音量で叫ぶ異様なデモ隊が、週末になると押し掛けた。届け出デモの場合は警察隊に守られながら、マイクで激しい差別発言を響かせる。「お散歩」と称して商店街を歩きながら、店舗や通行客に向けて罵声を浴びせる。こうした異常な情景が定着していた。二〇一三年に入ると、デモ隊はいっそう過激になり、「朝鮮人を叩き殺せ」と絶叫し、「良い韓国人も悪い韓国人も死ね」、「首を吊れ」などとプラカードを掲げるようになった。

大阪・鶴橋も古くからのコリアンタウンだが、やはり差別と迫害のデモ隊が登場し、店舗の前で異常な差別街宣を行ってきた。二〇一三年三月の街宣では、女子中学生が「朝鮮人はキライ。日本から出て行け。出て行かないと南京大虐殺ではなく、鶴橋大虐殺を起こす」と叫ぶ異様さで、インターネットに掲載された映像は心ある人々に衝撃を与えた。

激烈な差別と迫害を呼びかけているのは在特会である。二〇〇七年にインターネット上で呼び掛け、「直接行動」と称して、各地で多くの差別・暴力事件を引き起こしてきたが、社会的注目を集めたのは二〇〇九年であった。

二〇〇九年二月のカルデロン事件では、日本政府が在留期限を超過した外国人を子どもから引き離して退去強制した際、退去強制を支持するデモ行進を行い、子どもが通う中学校に押しかけて騒いだ。同年八月の三鷹事件では、日本軍性奴隷制（「慰安婦」）問題の展示・報告集会に対して横槍をいれ、会場前に押しかけて人の出入りを阻止した。同年九月の秋葉原事件では、外国人排除をアピールするデモ行進を行い、反対意見のプラカードをもった市民に襲いかかり暴行を加えた。同年一一月の朝鮮大学校事件では、東京・小平市の朝鮮大学校に押しかけて差別的言辞を吐いて侮辱し嫌がらせをした。同年一二月の京都朝鮮学校襲撃事件では、京都第一朝鮮初級学校の授業中に押し掛けて、「朝鮮学校はスパイ学校」、「約束は人間同士がするものだから朝鮮人とは約束は成立しない」などの罵声を浴びせて授業を妨害した。四人が威力業務妨害罪、侮辱罪などで有罪となり、判決が確定した。

翌二〇一〇年以後も、徳島県教組乱入事件、水平社博物館差別街宣事件、ロート製薬強要罪事件など、次々と犯罪や差別を繰り返し社会的話題となった。差別と迫害の直接行動は最近になって生じたのではなく、継続して組織的に行われてきた（＊6）。

3　袋小路の差別煽動国家

在特会の主張や活動実態については、ジャーナリストの安田浩一をはじめとして、多数の論者による分析がなされてきた。その特徴は様々に指摘されているが、ここでは特に重要な点を指摘するにとどめる。

第一に、インターネットを駆使した運動である。攻撃目標、集合日時、場所などがネット上で公開され、大勢で被害者のところに押し掛けて暴力と脅迫を行う。活動の様子をビデオ撮影し、ウェブサイトにアップするのも特徴的である。

第二に、若者の参加が指摘されている。中心的活動家には従来からの「右翼活動家」の姿も見られるが、デモ行進では若者も多いことがわかる。不況、失業、疎外感、既得権益への反感などに着目して、現代若者論という形で議論を呼んだ。

第三に、主張に合理性と一貫性がない。「在日特権」という決め付けには何一つ根拠がない。在日コリアンの通名使用を「特権」だと批判しているが、在特会の多くの活動家が活動家名を用いている。桜井誠元会長自身も通名を使用している。攻撃目標はその都度変遷し、在日朝鮮人、中国人、韓国国民、さらには移住外国人に対しても激しい敵意をぶつけてきた。時には脱原発運動に対しても矛先を向ける。

第四に、実は右翼政治家と繋がってきた。安倍晋三首相がネット右翼を自らの支持者として位置づけてきたほどである。そのためか、暴力行為にもかかわらず、警察によって見守られながら活動をすることができた。ヘイト・クライムと国家の関係は、時に親和的であり、時に対抗的なものとなる特質を持っている。

ヘイト・クライム（憎悪犯罪）とは、人種、民族、宗教、言語などの差異に着目して、異なる他者に対して差し向けられる差別と暴力である。差別的動機による殺人、差別的発言とともに行われる暴行・威嚇が典型である。ヘイト・クライムの極致が、特定民族集団に対する破壊行為としてのジェノサイドであり、組織的な殺人や迫害などの人道に対する罪である。ナチス・ドイツによるユダヤ人迫害、旧ユーゴスラヴィアにおける民族浄化、ルワンダにおけるツチ・ジェノサイドは、実際に国際刑事裁判で裁かれた例である（*7）。国際刑事裁判による裁きが実現していないものでは、日本軍による南京大虐殺、「日本軍慰安婦（性奴隷制）」も知られる。アルメニア・ジェノサイド、ソ連による集団農場・強制移住政策、中国文化大革命、カンボジアのクメール・ルージュ（ポルポト派）による大虐殺なども知られる。最近の事例では、スーダン・ダルフールのジェノサイド、コンゴ民主共和国におけるジェノサイドが有名である。

ヘイト・クライム／スピーチを放置しておくと、ジェノサイドや人道に対する罪の悲劇を招きかねないため、国際自由権規約や人種差別撤廃条約はヘイト・クライム／スピーチの処罰を求めている。ヘイト・クライムの中でも、暴力などの実力行使を伴わず、主に言葉によって他者を誹謗する例をヘイト・スピーチ（憎悪言論）と呼ぶ。スピーチと呼ばれるため「表現の自由」と錯覚しがちだが、実態は差別と迫害である。組織的に行われれば人道に対する罪に該当する犯罪である。

国際人権法はヘイト・スピーチの処罰を求めている。現に欧州のほとんどすべての国でヘイト・スピーチは犯罪とされている。国家はヘイト・スピーチを許さず、放置しないという立場である（＊8）。

ところが他面で、国家とヘイト・クライムにはある種の親和性が見られる。そもそも、ナチス・ドイツによるユダヤ人迫害は国家によって支持・奨励・促進された犯罪であった。なぜなら、ヘイト・クライムとは、人種、民族、宗教、言語などのマジョリティがマイノリティに対して行う犯罪だからである。社会にしっかりと組み込まれた差別構造を前提として、圧倒的に強い立場から弱い立場に差し向けられた差別と暴力がヘイト・クライムである。国家がスポンサーとなることが多いのはこのためである。

近代国民国家が「国民」国家、「民族」国家として形成された以上、国家はヘイト・クライムの使嗾者であるとともに、行き過ぎたヘイト・クライムを抑止するために刑罰権を発動せざるを得ない立場となる。つまり、国家はヘイト・クライムに関してはマッチ・ポンプ的な役割を果たし、それによって国家の正当性を調達することがありうる。

在特会の異常な差別煽動デモに対して、安倍晋三首相は国会答弁で「残念なこと」と語ったが、具体的な対処はしない。そして、ヘイト・クライムの法規制に対しては無関心を貫く。一九二三年のコリアン・ジェノサイドまで遡るまでもなく、戦後続いてきた外国人管理政策（以前は外国人登録法と出入国管理法）は「外国人は煮て食おうと焼いて食おうと自由」という思想に支えられたものであった。最近の高校無償化からの朝鮮学校排除問題を見ても、日本政府こそが差別と迫害の張本人である。首相や文科相が何度も何度も朝鮮学校排除を口にし、それがニュースとなって流れた。日本政府は国民に向かって「朝鮮人は差別しても構わない」というメッセージを発し続けている。日本政府は日々「差別のライセンス」を発行している。

日本国家に限らず、近代国民国家は多かれ少なかれ、人種、民族、宗教、言語に基づく差別を内包した国家として存立しているから、差別煽動国家が差別を抑止しなければならないという袋小路に陥る。ヘイト・クライムの矛盾を糊塗するのか、それとも、そこを突破口に差別を克服する国家と社会の論理を鍛えるのかが問われている。

三　到来するグローバル・ファシズム

1　狼は何度でもやってくる

本章ではグローバル・ファシズムという用語を使っているが、必ずしも社会科学的な概念として用いているわけではない。ここでは最低限必要な補足をしておきたい。

第一に、言うまでもないことだが、ファシズムは第二次大戦期に至るイタリアやドイツという、特定の国家、特定の歴史段階に成立した概念である。そうした概念を、元の文脈を離れて、異なる国家、異なる歴史段階に当てはめることが可能か否かについては、社会科学的にもさまざまな議論がなされてきた。ここでファシズムという用語を使っているのは、操作概念としてである。グローバル・ファシズムという切り口で世界をとらえ直した時に何が見えてくるのか。ここから次の問題設定を模索し、突破口を探りたい。

第二に、これまでも何度もファシズム到来・再来が叫ばれてきた。日本資本主義の「発展」とその下での緊張と抑圧の政治現象をファシズムとして批判する言説は何度も繰り返されてきた。欧米諸国でも同じであるし、かつてのアジア・アフリカ・ラテンアメリカにおける軍事独裁政権に対しても、この言葉はたびたび用いられてきた。ファシズムという言葉の濫用を戒める政治学者もいる。「ファシズムだなどと、また狼少年が……」というわけである。しかし、狼は何度でもやってくる。なぜなら、ファシズム現象は何かの気まぐれで生じるのではなく、政治経済に根拠をもって生じるからである。資本の運動が世界大となり、国境を越えて資本、軍事、情報が流れ出す時、国民国家の論理と資本の論理が、時には巧みに共存もするが、時に激しく衝突する。ここに支配の正統性の揺らぎや、国家による統御を超える変数がいわば不規則に生じた場合、ファシズムによる徹底した国家管理が要請されることになる。戦時総動員体制が平時に巧みに活用されるように、ファシズムの日常化さえ語られてきた。

第三に、狼が来たと気付いた時には手遅れである。政策決定エリートはこれまでも飴と鞭を用いて支配の貫徹を目指してきた。そのメカニズムは必ずしも複雑ではない。ポピュリズムを煽動して熱狂的支持を得た政治家であれ、組織的系統的に政策を進める官僚であれ、飴をばらまきながら、狼の存在を半ば伏せて政策展開を図る。「マックスウェルの悪魔」ではないが、「狼は来ているけれど、来ていない状態」こそが支配の要諦である。見えない狼に民衆が勝手に怯えてくれることが一番なのだ。

第四に、ファシズムはいつも同じ顔でやって来るわけではない。その都度の歴史的条件に即して、多様な顔をして現象すると考えるべきである。

そして、グローバル・ファシズムと呼ぶべき理由は、単に地理的空間的に地球全体を射程に入れた広がりを持っているということだけではない。現在のファシズム状況をグローバル・ファシズムと規定する場合、資本の運動があらゆる外部を内部に取り入れていくことを言う。そこでは地理的空間的な表象だけが問題となるのではない。グローバル・ファシズムは身体領域を超えて、精神領域への影響を及ぼす。コンピュータ仕掛けのファシズムはあらゆるメディアに浸透し、文化、情報、スポーツ、芸術、人々の意識を直撃する。「ネット右翼」を放置しておけば、コンピュータ仕掛けのヘイト・スピーチ、ジェノサイドが現出するかもしれない。グローバル・ファシズムは時間を超える。過去と現在だけではなく、未来をあらかじめ「人質」にする。将来世代の自由や財産や夢や希望をあらかじめ消費してしまう。

2　ミネルヴァの梟はどこにいるか

「ミネルヴァの梟は黄昏に飛び立つ」――あまりにも有名なこの言葉は、もとはギリシア神話に由来するというが、ドイツの哲学者ヴィルヘルム・フリードリヒ・ヘーゲルの『法の哲学』において用いられて以後、哲学、倫理学、法学、政治学、経済学をはじめ様々な分野で何度も引用されてきた。

哲学は現実が成熟したのちに初めて成熟することができる。いかに優秀な哲学者であっても、現実を哲学的に――つまり本質的かつ総合的に把握することができるのは、現実がすでに成熟していたからである。概念が教えることは、歴史が教えている。歴史の中で概念が形成されるのであって、哲学者は現実を追い越すことができない。梟は黄昏になって初めて飛び立って、「知的な王国」を形成することができる。

ところが二一世紀の現在、ミネルヴァの梟はどこにいるのであろうか。梟はいつ、どのようにして飛び立つのであろうか。私たちは現代世界を把握するための哲学、倫理学、法学、政治学、経済学、平和学……を保有しえているだろうか。加速度的に進行する国際政治の動向を、現象面だけ追いかけることでさえ容易ではなくなってきた。まして、その実体を的確に把握することは至難の業と言わなければならない。

私たちが黙っていれば、ミネルヴァの梟は黄昏になっても飛び立たない。ひたすら「灰色に灰色を重ねて塗り続け」ていても、世界は見えてこない。ミネルヴァの梟に飛び立ってもらうための思想と論理を鍛えること――私たちはその課題に挑戦しなければならない。

第2節　植民地主義との闘い――ダーバン宣言とは何か

一　混迷する世界の人種主義と排外主義

筆者はここ数年、人権ＮＧＯの一員として、国連人権理事会に日本におけるヘイト・スピーチ状況を報告してきた。国連人権理事会でヘイト・スピーチについて発言できるのは、それが日本特有の問題ではなく、国際人権の舞台でメインテーマとなっているからである。残念なことに、世界各地で紛争、内戦、戦争、テロ、収奪が激化し、「文明の対立」や「宗教の対立」が煽られる中、排外主義と人種主義が蔓延し、ヘイト・クライム／スピーチが絶えない（＊9）。

世界における人種主義・人種差別を考察したフレドリクソン『人種主義の歴史』は、世界の三大人種差別を、①ナチス・ドイツに代表されるユダヤ人差別、②アメリカにおける黒人差別、③南アフリカにおけるアパルトヘイト、に代表させた（*10）。世界の人種・民族差別は当時から多種多様であり、右の三つに代表させることの当否は議論の余地がある。フレドリクソンの優れた研究にもかかわらず、訳者も指摘するように、「西欧中心主義」的な限界があり、アジア等は射程外となっていた。とはいえ、一九六五年の人種差別撤廃条約も、当時の西ドイツにおけるネオ・ナチの台頭への危機感から国連で採択された。国際舞台における反人種主義の努力自体が西欧中心的な場から始まり、その射程を広げてきたのも誤りではない。

ところが、二一世紀の人種差別は様相を異にしている感がある。9・11以後の「テロとの戦争」は、紛争、内戦、戦争、テロの吹き荒れる世界を現出させた。9・11は偶発的事件ではなく、グローバリゼーションが地球規模での世界再編を推進した帰結であり、その転換点でもあった。それゆえ人種主義と排外主義も二一世紀的様相を呈することになる。

人権理事会においても、シリア、イラク、アフガニスタンはもとより、コンゴ民主共和国、スーダン、モロッコ、エリトリアにおける迫害と差別、パキスタン、スリランカ、ミャンマーにおける重大人権侵害、アメリカにおける先住民族や黒人に対する差別と殺害等々、世界中からの報告がなされた。その最大の特徴はイスラモフォビア（イスラム嫌悪）ということができる。実態は中東における植民地主義の再興であり、資本主義による世界攪拌の帰結である。資本の文明化作用の皮肉な帰結と言ってもよい。とはいえ、人種主義・人種差別が資本の論理だけですべて解けるわけではない。人種主義はナショナリズム、領土紛争、資源紛争、宗教対立、言語戦争、経済格差、階級構造、性差別——あらゆる差異を動員する。ナショナリズムに執着するにもかかわらず、人種主義は国境を持たない。資本も情報も人も軍隊も国境を越えて行き交い、難民とテロの時代が演出される。二〇一五年のフランスにおける「テロ」はイスラムの脅威を煽り、イスラム差別を激化させているが、実はフランス発であり、「メイド・イン・フランスのテロ」であった。

ここでも西欧中心主義がゆがんだ形で猛威を奮う。「テロは西欧民主主義国家の外で生産され、輸出されてくる」という表象が政府とマスコミによって押し付けられる。日本政府とマスコミも同じ論理を採用する。「脅威は外からやってくる」という陳腐な理屈を唱えることによって、「被害者」になりすます。

しかし、テロの根源は中東、イスラムではない。アフガン、イラク、シリアでもなければ、マリ、アルジェリア、中央アフリカでもない。地球を覆った植民地主義が世界各地で人種主義と排外主義を醸成し、時にヘイト・クライム／スピーチを惹起し、時に暴動やテロを招きよせる。こうして二一世紀の人種主義と排外主義は世界の至るところに紛糾の種を植え付け、発芽させ、気付いた時には巨木となり、その枝はフレドリクソンの分析枠組みを突き破って広がっているのだ。

東アジアの歴史と現在もまた、人種主義と排外主義の温床となってきた。日本帝国主義の侵略と植民地支配はいまなお過去のものとはなりえず、現実世界を拘束する植民地主義の再生産にエネルギーを与え続けている。東アジアにおける植民地主義の現在的分析が必須不可欠である。

二　ダーバン宣言とは何だったのか

1　ヘイトの源泉

ヘイトは日本に固有の現象ではない。世界を見渡すと至る所にヘイトが渦巻いている。シリア内戦と空爆、南スーダン内戦、そしてロシアとウクライナの対立をはじめ、各地で領土や資源や宗教をめぐる争闘が激化している。アメリカにおけるトランプ現象は「本音主義」と「反エリート主義」の重なり合いで説明される面があるようにアメリカ社会の亀裂を浮き彫りにし、ヘイトを増大させた。欧州でも反EU感情（反エリート主義）と反難民感情の両輪から、差別的な本音主義が政治の世界に浸透し始めた。イギリスのEU離脱をめぐる国民投票においても激しいヘイトが見られた。フランスでは反難民感情に勢いを得た極右の国民戦線が支持を拡大している。ドイツでも反難民と反イスラムが「ペギーダ」と呼ばれる社会運動の拡大をもたらしている。ベルギーでは北部と南部の経済格差と言語の差異ゆえに分裂が生じた。ギリシアでも愛国を旗印にした暴力的ヘイト団体が政治的支持を得ている。ヘイトの直接の理由は領土紛争であったり、宗教紛争であったり、人種・民族的対立であったりと、さまざまである。

日本では、在日朝鮮人のように植民地支配に由来する永住者、アイヌ民族のように先住民族、被差別部落出身者のように世系に基づく差別を受けてきた人々など、それぞれ異なる事情からヘイトの標的とされている。

とはいえ、日本でも世界でも、ヘイトの根源をたどると植民地主義に行き着くことが多いことは言えるだろう。人種・民族的差別はもとより、領土紛争や宗教紛争も歴史的には植民地主義によって社会が分断された経過を無視して理解することはできない。その意味でヘイト・スピーチとの闘いは、植民地主義との闘いと密接なつながりを有する。植民地主義との闘いは、まず何よりも植民地支配からの解放闘争として実現した。一九六〇年代の植民地解放闘争がもっとも知られるが、その後も今日に至るまで世界各地の人民が植民地解放闘争に挑んできた。

植民地支配が終焉した場合も、国家機構、法制度、社会的経済的格差など植民地支配の残滓が見られることは言うまでもない。「新植民地主義」という言葉は古くからあるが、社会に根差した植民地主義の一掃は容易なことではない(＊11)。

それどころか、旧宗主国においても旧植民地国においても、植民地的構造が残存し、日々、植民地主義が再生産されている。植民地主義との闘いはいまなお世界の基本的な課題の一つである。ヘイトの根源である植民地主義との闘いを経ることなしにヘイト・クライム／スピーチを克服することはできない。そこで、植民地主義との闘いの最前線となったダーバン宣言を常に振り返る必要がある。ダーバン宣言とは、二〇〇一年八月三一日から九月八日にかけて南アフリカのダーバンで開催された国連主導の人種差別反対世界会議の成果文書（宣言と行動計画）である。以下ではヘイト・クライム／スピーチとの闘いという関心から、ダーバン宣言とは何であったのかを振り返ることにしたい(＊12)。

2　ダーバンへの道――植民地解放闘争を踏まえて

ダーバン宣言前文は、宣言に至る過程を整理して掲げている。

まず、アパルトヘイトに反対し、民主主義のもとでの平等と正義、発展、法の支配、人権の尊重を求めた南アフリカ人民の英雄的闘いに言及しながら、一九九三年六月の世界人権会議で採択された「ウィーン宣言と行動計画」が、あらゆる形態の人種主義、人種差別、外国人排斥及び関連のある不寛容の速やかで包括的な廃止を呼びかけていることを確認する。

その上で、「世界会議」の開催に関連する一九九七年四月一八日の国連人権委員会決議、一九九七年一二月一二日の国連総会決議に始まる諸決議、そして一九七八年と一九八三年にジュネーヴで開催された二度の「人種主義及び人種差別と闘う世界会議」を踏まえることを示す。

国際社会は三度にわたって「人種主義及び人種差別と闘う一〇年」に取り組んだが、その主要目標が達成されていないため、差別被害が続いている。そこで二〇〇一年を「人種主義、人種差別、外国人排斥及び関連のある不寛容に反対する国際運動年」とし、同じく「国連・文明間の対話の年」、「世界の子どものための平和と非暴力の文化の一〇年（二〇〇一年〜二〇一〇年）」、「平和の文化に関する宣言と行動計画」、「先住民族の国際一〇年」が採択された。

歴史的には一九六〇年の「植民地諸国人民独立付与国連宣言」があり、そもそも、人種主義、人種差別、外国人排斥及び関連のある不寛容は、国連憲章の諸目的と諸原則を否定するものである。世界人権宣言の平等と非差別の原則も再確認される。さらに一九六五年の人種差別撤廃条約に始まる国際協力が人種差別との闘いの柱である。こうした歴史を踏まえて、ストラスブール、サンティアゴ、ダカール、テヘランで地域会議が開催され、報告書が作成された。

前文は「人種主義、人種差別、外国人排斥及び関連のある不寛容は、それが人種主義及び人種差別に等しい場合、すべての人権の重大な侵害であり、その完全な享受の障害となり、すべての人間は尊厳と権利において自由かつ平等に生まれているという自明の真実を否定し、諸人民や諸国の間の友好で平和な関係の障害となり、武力紛争を含む多くの国内紛争や国際紛争の根因となり、住民の強制移送に帰結する」と確認する。また、人種主義、人種差別による継続的暴力の発生、及び、ある人種や文化が他の人種や文化より優越しているという見解が植民地時代につくられ、今日も唱えられていることに懸念を表明し、人種差別、民族差別ならびに優越性に基づく理論や慣行に警鐘を鳴らす。

3　ダーバン宣言の概要

●総論

宣言は、人種主義、人種差別の被害者の定義から始める。すなわち、「これらの災悪の影響を受け、被り、目標とされている、または目標とされてきた個人又は個人の集団である」という。宣言が差別被害者の定義に始まることの重要性はいくら強調しても足りない。被害者抜きの議論が横行することを回避しなければならないからである。続いて宣言は次のように述べる。

「2　人種主義、人種差別、外国人排斥及び関連のある不寛容が、人種、皮膚の色、門地（世系）又はナショナルあるいはエスニックな出身に基づいて発生し、被害者は、性、言語、宗教、政治その他の意見、社会的出身、財産、出生、又はその他の地位などの関連のある理由に基づいて、複合的でいっそう悪化する差別を被ることを認める。」

「4　人種主義、人種差別、外国人排斥及び関連のある不寛容との闘いを続けているアフリカ人民との連帯を表明し、アフリカ人民の犠牲、ならびにこれらの非人間的な悲劇について国際的関心を高めてきたアフリカ人民の努力を認める。」

「5　連帯、尊重、寛容、多文化主義の価値を特に重要視し、それらが人種主義、人種差別、外国人排斥及び関連のある不寛容と、世界中、とくにアフリカの人民にあまりにも長い間、影響を与えてきた非人間的な悲劇に対する世界的な闘いに道徳的根拠と示唆を与えることも確認する。」

さらに、宣言は「すべての人民と個人は、多様性に富んだ、一つの人間家族である」とし、「人間はすべて、自由に、かつ尊厳と権利において平等に生まれ、その社会の発展と福利に建設的に貢献する能力を有する。いかなる人種的優越の理論も科学的に誤りであり、道義的に非難されるべきであり、社会的に不正義であり、危険であり、人種間の差異の存在を決定しようとする試みとともに、拒絶されねばならない」と述べる。ヘイトの根源に対する拒絶宣言である。

●人種主義の源泉と原因

人種主義には多様な原因、多様な形態があるが、宣言はおおよその見取り図を描く。出発点は歴史的な奴隷制にある。

「13　大西洋越え奴隷取引などの奴隷制度と奴隷取引は、その耐え難い野蛮のゆえにだけではなく、その大きさ、組織された性質、とりわけ被害者の本質（人格）の否定ゆえに、人類史のすさまじい悲劇であった。奴隷制と奴隷取引は人道に対する罪であり、とりわけ大西洋越え奴隷取引はつねに人道に対する罪であったし、人種主義、人種差別、外国人排斥及び関連のある不寛容の主要な源泉である。アフリカ人とアフリカ系人民、アジア人とアジア系人民、及び先住民族は、これらの行為の被害者であったし、いまなおその帰結の被害者であり続けている。」

「14　植民地主義が人種主義、人種差別、外国人排斥及び関連のある不寛容をもたらし、アフリカ人とアフリカ系人民、アジア人とアジア系人民、及び先住民族は植民地主義の被害者であったし、いまなおその帰結の被害者であり続けていることを認める。植民地主義によって苦痛がもたらされ、植民地主義が起きたところはどこであれ、いつであれ、非難され、その再発は防止されねばならないことを確認する。この制度と慣行の影響と存続が、今日の世界各地における社会的経済的不平等を続けさせる要因であることは遺憾である。」

「15　国際法の用語におけるアパルトヘイトとジェノサイドは人道に対する罪であり、人種主義、人種差別、外国人排斥及び関連のある不寛容の主要な源泉と現象であることを認め、これらの行為によって語られざる悪事と苦痛が引き起こされ、それが起きたところはどこであれ、いつであれ、非難され、その再発は予防されねばならないことを確認する。」

奴隷制度、奴隷取引、植民地主義、アパルトヘイト、ジェノサイド、人道に対する罪――これらが最大の要因とされる。

●人種主義の被害者

宣言は、まずアフリカ人民とアフリカ系人民、アフリカ系ディアスポラを被害者の代表例として示す。

「32　アフリカ人民とアフリカ系人民の文化遺産の価値と多様性を認め、彼らがすべてのレベルの意思決定過程に完全に参加できるようにする観点で、社会・経済・政治生活に完全に統合する重要性と必要性を確認する。」

次にアジア人とアジア系住民である。

「37　数世紀にわたって人種主義、人種差別、外国人排斥及び関連のある不寛容に直面してきたにもかかわらず、アジア系人民が彼らが居住する諸国の経済・社会・政治・科学・文化生活に貢献してきたし、いまも貢献していることに感謝をもって留意する。」

また、先住民族も人種主義の標的とされてきた。

「39　先住民族が数世紀にわたって差別の被害者であったことを認め、先住民族が尊厳と権利において自由かつ平等であって、いかなる差別、とくに先住民族の出自とアイデンティティに基づく差別をされてはならないことを確認し、先住民族に影響を与える人種差別、人種主義、外国人排斥及び関連のある不寛容の継続を克服する行為の必要が続いていることを強調する。」

宣言は、これらに加えて、移住者、難民、難民申請者、帰還者、国内避難民、複合的な民族・人種の出身のメスティーソ人民、ユダヤ、イスラム及びアラブのコミュニティ、パレスチナ人民、ロマ／ジプシー／シンティ／トラベラーが受けてきた被害についての認識を示す。また、女性と少女、子ども、ＨＩＶ／ＡＩＤＳの感染者も人種主義を悪化させる形で被害に晒されてきた。

●予防・教育・保護の措置

宣言は、人種差別撤廃条約の普遍的な支持と完全な実施が、世界における平等と非差別を促進するのに最も重要であることを確認する。さらに、人民の必要と念願に応じた民主主義、透明性、責任、説明責任、参加統治、人権、基本的自由の尊重、及び法の支配が、人種主義、人種差別、外国人排斥及び関連のある不寛容の効果的予防と廃止にとって不可欠であるとする。人種主義者や外国人排斥の態度に動機づけられた犯罪の不処罰はいかなる形態でも、法の支配と民主主義を弱体化させる役割を果たし、そうした差別行為の再発を促すことを再確認する。これはヘイト・クライムに相当する内容である。

●ヘイト・スピーチ

宣言はヘイト・スピーチという言葉を用いていないが、同じことを次のように表現している。

「84　ネオ・ナチ、ネオ・ファシズム及び人種的偏見や民族的偏見に基づく暴力的な国家主義イデオロギーが存在することを非難し、どのような場合であれどのような条件であれ、このような現象が正当化されてはならないと宣言する。」

「85　人種主義、外国人排斥及び人種的優越の理論その他の差別に基づいた政治綱領と組織、ならびに人種主義、人種差別、外国人排斥及び関連のある不寛容に基づいた立法と実務は、民主主義、透明性、責任ある統治と矛盾するものとして非難する。」

「86　人種的優越や憎悪に基づくすべての観念の宣伝は、世界人権宣言に体現された諸原則および人種差別撤廃条約第五条に明定された諸権利に照らして、法によって処罰される犯罪であると宣言されるべきであることを想起する。」

「87　人種差別撤廃条約第四条b項が、人種的優越や憎悪に基づいた観念、暴力行為やそうした行為の煽動を宣伝する組織に対して用心深くし、裁判にかけることを各国の義務としていることに留意する。これらの組織は非難され、阻止されるべきである。」

「88　メディアは多文化社会の多様性を描写し、人種主義、人種差別、外国人排斥及び関連のある不寛容と闘うのに役割を果たすべきであると認める。この点で、広告の力に関心を寄せる。」

「89　一部のメディアが、被害を受けやすい集団と個人、とくに移住者と難民について誤ったイメージとステレオタイプを助長して、公衆の間に外国人排斥や人種主義の感情を広げるのに寄与し、個人や集団の人種主義者による暴力を助長してきたことに残念ながら留意する。」

「90　とくにメディアと、インターネットを含む新しいテクノロジーによる表現の自由の権利行使、及び情報を求め、受け取り、伝達する自由の完全な尊重が、人種主義、人種差別、外国人排斥及び関連のある不寛容との闘いをするのに積極的な貢献をすることを認める。この点で、メディアの編集の独立性と自律が尊重される必要性を強調する。」

ヘイト・スピーチは人種主義の一形態であり、奴隷制や植民地主義と連関することが示されている。そして、ヘイト・スピーチの犯罪性を確認し、処罰の必要性を強調している。

●効果的な救済と補償

宣言は救済や補償についても大筋を示す。

「99　奴隷制、奴隷取引、大西洋越え奴隷取引、アパルトヘイト、植民地主義及びジェノサイドがもたらした大規模な人間の苦痛と無数の男性、女性及び子どもたちの苦境を認め、深く残念に思い、過去の悲劇の犠牲者の記憶に敬意を捧げ、それらがいつどこで起きたものであれ、それらが非難されねばならず、再発が予防されねばならないことを確認するよう関連する各国に呼びかける。これらの慣行や組織が、政治的、社会経済的、文化的に、人種主義、人種差別、外国人排斥及び関連のある不寛容をもたらしてきたことを残念に思う。」

「100　奴隷制、奴隷取引、大西洋越え奴隷取引、アパルトヘイト、ジェノサイド及び過去の悲劇の結果として無数の男性、女性及び子どもたちに加えられた語られざる苦痛と害悪を認め、深く残念に思う。さらに、犯された重大かつ大規模侵害について進んで謝罪をしてきた国家や、適切な場合には、補償を支払った国家があることに留意する。」

「104　人種主義、人種差別、外国人排斥及び関連のある不寛容により引き起こされた人権侵害の犠牲者が、社会的、文化的、経済的に被害を受けやすい状況に照らして、適切な場合の法律扶助、そして効果的かつ適切な保護や救済を含む司法へのアクセスをもつことを、多くの国際人権文書と地域人権文書、なかでも世界人権宣言と人種差別撤廃条約に示されているように、保証されるべきことを強く再確認する。差別の結果として受けた損害について公正で十分な補償や満足を求める権利も含まれる。」

4　ダーバンからの道

二〇〇一年九月八日、希望の宣言が採択された。

しかし、その場にアメリカとイスラエルが不在だったことは、宣言の行く末を暗示するものであった。前二回の世界会議と異なって、ダーバン会議では、欧州の旧植民地宗主国は席を蹴ることなく、最後まで協議を積み重ね、宣言をまとめた。しかし、アメリカとイスラエルは宣言草案に不満を表明し、会議途中でボイコットした。三日後の九月一一日、「同時多発テロ」がアメリカ中枢を襲い、世界が暗転した。アメリカは「テロとの戦争」を呼号し、アフガニスタン戦争、続くイラク戦争に突入していった。同時にアメリカ国内では「愛国者法」が成立・施行され、アラブ系住民、イスラム教徒に対する差別が猛威を奮った。

こうして二一世紀の世界は戦争、内戦、テロの時代を迎えることになった。それは植民地主義、人種主義、ヘイトが吹き荒れる時代である。国連人権理事会はダーバン宣言のフォローアップを続けているが、事態の好転は見込めないまま、世界はヘイトに覆われる状態になってしまった。こうした世界的文脈に、日本におけるヘイト・スピーチ現象も位置している。それゆえ、歴史的背景と世界的文脈を無視してヘイト・スピーチをめぐる議論はできない。その上で、日本におけるヘイト・スピーチに固有の歴史と性格を解明する必要がある。すなわち、日本における植民地主義と人種主義の現象形態を歴史的に解明する作業が不可欠である。これまでのヘイト・スピーチ論議にはこの観点が不十分であったと言わざるを得ない。歴史的考察を踏まえた現状分析と対策論議を進める必要がある（『序説』第5章及び本書第1章参照）。

第3節　日本型ヘイト・スピーチ論——梁英聖の研究

ヘイト・スピーチ関連本は、現状を把握するためのジャーナリストによる報告、法規制に関連する研究者・弁護士の法律論、アメリカや欧州諸国におけるヘイトの動向とそれへの対策を論じた著書など多数ある。社会学、社会心理学はもとより、法学や政治学の分野でも多様な視点からの研究が公にされている。梁英聖は、そうした情報も参考にしつつ、日本におけるヘイト・スピーチの歴史と現状、特徴とそれへの対策を正面から論じる（＊13）。

1　レイシズムの可視化

梁は「最悪のレイシズム現象としてのヘイト・スピーチ」について、その危険性を可視化するために、「反レイシズムというモノサシ」、「差別煽動」をキーワードとし、反レイシズムの欠如が在日コリアンを沈黙に追い込んできたことを指摘し、「沈黙効果」の多元性を説く。

「在日コリアンは、本来もっているはずの、レイシズム被害を語る力も、人間性を失わないために自分のアイデンティティを活用する力も、それらを社会を変えるために発揮する力をも、右のような社会的条件のために削がれつづけている。これが、ヘイト・スピーチの『沈黙効果』以前に、はるかに徹底的に在日コリアンの若者を黙らせてきたのだ。」

こうした問題意識も含めて、梁は次のように課題をまとめる。

「本書は、日本のヘイト・スピーチの危険性、社会的原因、有効な対策について考えていく。その際、欧米の経験を抽象化した一般論にとどまらず、日本という個別具体的な歴史的・社会的文脈の中に位置づけて、その特殊性に着目する。そして、反レイシズムというモノサシを身につけることを通じて、日本のレイシズム問題を『見える』ようにする。」

そして、ヘイト・スピーチの現状と歴史を詳細に分析する。

第一に、反レイシズム規範の強調は的確であり、重要である。世界人権宣言では不十分であり、日本国憲法には欠落している反レイシズムを、いかにして日本社会に提起するのか。人種差別撤廃条約、同委員会の議論、ダーバン宣言・行動計画、国連・先住民族会議の議論、ラバト行動計画など、国際社会の努力はまさに反レイシズムの規範作りであった。それが日本に十分に影響を与えることができなかった。人種差別撤廃委員会の度重なる勧告を日本政府が無視してきたからである。

第二に、レイシズムとヘイトの暴力性の指摘は何度でも繰り返さなければならない。日本社会はあくまでもヘイトの言論性を口実にして、「表現の自由だ」などと言うが、実態は暴力である。暴力の実態を隠蔽するためのごまかしの議論として「行為と言論の区別」論が猛威を発揮してきた。

第三に、日本近現代史を通じてヘイトが続いてきたことの歴史的確認である。関東大震災朝鮮人虐殺から最近のヘイト・スピーチまで、在日朝鮮人の歴史に詳しい人間なら誰でも知っていることであるが、日本の研究者の中にはこの程度の情報すら踏まえていない例が少なくない。

2　反レイシズムの類型

梁は反レイシズムの三つの型を次のように提示する。①人種差別撤廃条約型反レイシズム――国連と欧州（ドイツを除く）、②ドイツ型反レイシズム、③米国型反レイシズム。このうち①人種差別撤廃条約型反レイシズムが「世界でもっとも基本的な反レイシズムのモノサシと言える」「スタンダードなレイシズム禁止法」であり、「ドイツを除く欧州や世界各国で採用されている」という。ドイツ型反レイシズムはナチズムの過去の克服として極右を規制し、歴史否定に反対する規範をつくったという。米国型レイシズムは公民権法によりレイシズムを違法化しつつ、差別を行為／言論に分けて、言論を保護し、その結果、ヘイト・スピーチを容認し、擁護する。梁は三つの型の差異と共通性を検討した上で、欧米先進諸国もムスリム差別、植民地主義、難民への対処、資本主義という四点で難問に直面しているとみる。

それでは日本はどうか。梁は次のように指摘する。

「日本には、第一の人種差別撤廃条約型のようなレイシズムとレイシズム煽動を規制する国内法がない。これは九五年に人種差別撤廃条約を批准して以後も変わらない。」

「第二のドイツ型のように『過去』との類似性をモノサシとしてレイシズムを測る規範もない。」

「第三の米国型のような、マイノリティ側の表現の自由を尊重しアファーマティブ・アクションを重視するやり方での反レイシズムも、日本には皆無だった。」

従って、これら三つの型を日本にそのまま当てはめることはできない。しかし、現在の日本でヘイト・スピーチをなくすという課題は意識されている。それゆえ、ヘイト・スピーチをなくす課題を手掛かりに差別をなくすための課題を認識させることが重要だという。梁の主張は明快であり、的確である。

第一に、欧米諸国の経験（型）がどのように形成され、その後の展開を示しているかを確認し、そこから日本をどのように見るかを検討する手法は合理的である。人種差別撤廃条約という「普遍性」を帯びた型と、ドイツ型、米国型を対比し、全体を把握したうえで、日本的特質を導き出すのも理由のないことではない。

第二に、日本には差別禁止法がなく、ヘイト・スピーチ規制法もなく、歴史否定を犯罪とする法もなく、およそ反レイシズム規範が形成されて来なかったという特質の指摘も納得できる。このことは人種差別撤廃委員会が繰り返し指摘してきたことである。人種差別撤廃委員会でのロビー活動に協力してきたＮＧＯの共通認識でもある。差別禁止とヘイト禁止のための総合的な法政策の必要性は、人種差別撤廃条約以来、半世紀に及ぶ国際人権法の常識と言ってよい。

第三に、梁が世界をいちおうは見渡しつつも、実際には欧米先進諸国に絞り込んだ議論をしていることが気になる。欧米先進諸国の大半が旧植民地宗主国であり、レイシズムを生み出した本拠である。欧米先進諸国における反レイシズムの形成と展開を抜きに、欧米先進諸国における反レイシズム規範を出発点としているように見える。反レイシズム規範を有する諸国が、今現在、植民地主義や資本主義という問題に直面しているという整理は、歴史的にも論理的にも逆転していないだろうか。

第四に、歴史否定問題をレイシズム認識、レイシズムとの闘いの問題として位置付けているのは正当である。特に日本の現状に対する批判として、この指摘を繰り返す必要がある。ただ、ドイツの特殊性に偏りすぎていないだろうか。ナチス・ドイツの歴史に反省して、というのは正しい認識であるが、同時に「アウシュヴィッツの嘘」処罰に代表される歴史否定犯罪の処罰はフランス、オーストリア、スイス、リヒテンシュタイン、スペイン、ポルトガル、スロヴァキア、マケドニア、ルーマニア、アルバニア、イスラエル、モンテネグロ等にある。加害側のドイツだけでなく、被害側や中立国にもある（『序説』七一二頁以下参照）。

3　レイシズムと闘う戦略

梁は「グローバル化と新自由主義が招いた東アジア冷戦構造と企業社会日本の再編」と表現する。「本章で分析した三つの原因を人びとが是正・抑制できなければ、レイシズム煽動が流血の事態にいたることを止めることができない。それはマイノリティを破壊するだけでなく、マジョリティの人格を腐敗させるにとどまらず、民主主義と社会を最終的に圧殺せずにはいないはずだ。」

現代日本のレイシズムとヘイト・スピーチの要因の分析として優れている。さらに梁は、レイシズムと闘い、ヘイト・スピーチを克服するための戦略を練る。レイシズムの原因を主に三つに整理したので、対策もその三つに即して語られる。

第一に「反レイシズム規範の構築――反レイシズム1・0を日本でもつくること」である。人種差別撤廃条約の理念に基づいた反レイシズム法をつくらせることである。そのために、被害実態調査、被害相談、反レイシズム教育が重要である。第二に「反歴史否定規範の形成」である。戦後補償問題に見られるように、何よりも、真相究明、事実の認定が必要である。第三に「『上からの差別煽動』にどう対抗するか？」である。「まずは一般的な民主主義を闘いとること」とされる。

最後に、梁は次のように述べる。

「日本のヘイト・スピーチは、従来の在日コリアンへのレイシズムとの連続性をもちつつも、それとは一線を画した異質性と桁ちがいの危険性をもつレイシズム現象だ。そのためこれを放置すると、マイノリティを徹底的に破壊するだけにとどまらず、加害者個人のみならずマジョリティ側の人格・モラルをも腐敗させ、ついに民主主義と社会を壊す。」

「だが、本当の課題は、そもそもレイシズムが起きる社会的条件を別のものにおきかえることだ。本来は、レイシズムが必然的に暴力に結びついてしまう近代社会そのものをどうするかという問題に向きあわねばならない。反レイシズムは『反レイシズム』だけでは不十分なのである。」

4　未決の課題

かくして私たちは二〇年前、一九九〇年代の課題に立ち返ることになる。人種差別撤廃条約の批准と履行を求める闘い。戦後補償を中心とする政府の責任追及と、真相解明と、歴史修正主義との闘い。相次ぐ政治家の差別発言、妄言を許さない闘い。

梁の分析と問題提起は重要である。レイシズムによる差別被害を受け続けてきた在日コリアンの一員であり、いまなおヘイト・スピーチの暴力被害を受けている梁が、自分が置かれた状況を冷静に研究・分析し、変革の課題に結び付けて調査し、運動し、発言している。その考察は歴史的かつ社会的であり、現場の体験と運動に発し、同時に文献資料も活用して、的確に認識し、展望を切り拓こうとしている。最後に若干の感想を付け加えておこう。

第一に、梁がたどり着いた地点、提起する解決のための闘いは、一九九〇年代からずっと同様に意識されてきた課題である。その意味で新しいことではない。同じ問題意識を有しながら、解決のために取組みが続けられた。人種差別撤廃条約の批准、その履行実践、その他の国際人権法の実践、難民、移住者をはじめとする人々の人権擁護……さまざまな課題が取り組まれた。ところが、事態は改善と言うよりも、かえって悪化したのではないか。この四半世紀の運動をどう総括するのかが、改めて問われている。

第二に、現代日本のレイシズムの独自性、特殊性と普遍性の解明作業も不可欠である。筆者自身は二一世紀植民地主義、グローバル・ファシズム、〈文明と野蛮〉を超えて、植民地支配犯罪論といったタームで論じてきたが、まだ不十分である。当面は「五〇〇年の植民地主義」と「一五〇年の植民地主義」という区分の上で再検討しようと考えている(＊14)。

第三に、梁の分析では天皇制が焦点化されていない。天皇制とレイシズムを直接正面から問うことは、まさにヘイトのターゲットとされることを意味するので、日本人こそが取り組むべき課題であろう。また、梁は「日本国憲法のレイシズム」について取り上げていない。日本国憲法第一三条は個人の尊重、第一四条は法の下の平等を掲げているにもかかわらず、実際にはレイシズムを内在させた憲法である。このことを憲法学は軽視してきたのではないか。日本国憲法を貫くレイシズムを軽視するから、「憲法は表現の自由を保障している」という不可解な理由でヘイト・スピーチを断固擁護する憲法学者が続出する（本書第4章参照）。

第四に、梁が「レイシズムは民主主義を壊す」と述べているのは、このテーマに近接している。刑法学者の金尚均がヘイト・スピーチの保護法益として人間の尊厳を論じる際に社会参加や民主主義について語るのも同じことである。レイシズムやヘイト・スピーチは民主主義と両立しない（本書第4章第1節参照）。

第4節　レイシズム研究の動向

一　ヘイト・スピーチとレイシズム

1　明戸隆浩の研究

明戸はエリック・ブライシュ『ヘイト・スピーチ』の翻訳者である（『序説』第2章第1節参照）。明戸はその後も精力的に現状分析を公にしている。明戸は一九九〇年代の「新しい歴史教科書をつくる会」、二〇〇〇年代の嫌韓流を素材に、「ナショナリズム」から「排外主義」への移行を追いかけ、それぞれの特徴と共通点を探り、「保守言説」と「対抗言論」の相互関係を把握しようとする（＊15）。

また、明戸は一九九五年以後の加藤典洋と高橋哲哉の間の論争を取り上げて分析している（＊16）。その問題意識は〈「エスニック・ネーション」日本におけるナショナリズム批判〉である。歴史認識や戦争責任論、国民国家論、ナショナリズム批判、ポストコロニアリズム、カルチュラル・スタディーズにおける議論の方法が、「エスニック・ネーション」としての日本を念頭に置いたものであったがゆえに、「シビック・ネーション／エスニック・ネーション」の区分が前提とされていなかったと言う。このため「日本人であること」と「マジョリティであること」の区分けのないままに議論が進められたと見る。「マジョリティ／マイノリティ」と「日本人／外国人」が重なり、混同されてしまうのだ。

明戸は加藤と高橋の議論のすれ違いに踏みこむ。さらに、高橋と徐京植の議論や、上野千鶴子の議論も射程に入れて、九〇年代のナショナリズム批判の文脈自体を問い返す。この問題を、在特会的ナショナリズムが跋扈する現在の文脈との差異をどのように測定し直すのかという課題を提起する。ザイトクの排外主義とヘイト・スピーチ状況に対して「日本人として」向き合うことと、「マジョリティとして」向き合うことの必要性と困難性の間に身を置くことでもある。

2　高史明の研究

高は、朝鮮人差別に関する歴史的分析の重要性、特に権利獲得運動の重要性をわきまえたうえで、それとはまったく異なるレイシズム分析を提示する（＊17）。アメリカにおける黒人へのレイシズムの分析枠組みとして提唱された現代的レイシズムの概念を援用し、古典的レイシズムとの区別を踏まえて、レイシズム全体の現象を把握しようとする。インターネットにおけるレイシズムについて、計量的な分析により、マスコミに対する不信感や、それに代わるインフォーマルなメディアへの傾倒を再確認する。ソーシャル・メディア上での言説の特徴を定量的に示し、過去における言説の文献研究との比較、ないし接合という次の課題にも言及する。これまでのレイシズム研究とは異なる視点、方法、分析の呈示は実に魅力的である。古典的レイシズムと現代的レイシズムの異同、その歴史的由来の確認、両者の間の関係など、まだ十分に明らかとは言えないが、今後の研究を期待したい。

3　瀧大知の研究

瀧はヘイト・スピーチは単なる表現ではなく、現実には深刻な暴力として存在していることに着目する（*18）。ところが、一部の言説は暴力性を無視して、表現の自由にとらわれた議論を展開している。そのため、加害者も非正規労働のため不安を抱えているといった「加害者の被害者化」がなされ、本当の被害者を無視する。ヘイト・スピーチは大きな問題ではないとして、過小評価する。人種差別という「非対照的」暴力であることを理解せず、差別構造を無視した議論が行われる。これらはいずれも被害実態の隠蔽につながる。被害者不在の言説は、ヘイト・スピーチを見て見ぬふりをする圧倒的多数の無関心層による事実上の「暴力の黙認」を生んでいる。それゆえ瀧は、被害者を念頭に、加害／被害関係の分析こそが求められていると言う。

4　能川元一の研究

能川も特に歴史修正主義に関する数多くの研究を公にしてきた。ヘイト・スピーチを惹き起こしている排外主義運動の主たる要因の一つに歴史修正主義があることはかねてから知られ、指摘されてきた。能川はさらに分析を進める（*19）。民族差別や排外主義を（主観的に）正当化する要因として、歴史修正主義、その「論拠」として機能する民族差別、運動としての連続性、という三つの視点を提示する。歴史修正主義としては「韓国＝反日」という議論の諸特徴を確認し、朴裕河、西岡力、小林よしのり、在特会の思考の共通性を探る。

民族差別の例として、「慰安婦」問題に関する黒田勝弘、櫻井よしこの言説を取り上げる。そして、運動としての連続性として、主権回復を目指す会の西村修平、なでしこアクションの山本優美子などの排外主義と歴史修正主義の連続性を検証する。最後に能川は次のように述べる。

「歴史修正主義についてはまったく楽観を許さない状況である。安倍首相が個人としては排外主義活動家らと大差ない『慰安婦』問題認識の持ち主であることはよく知られているが、アメリカなどでの『慰安婦』碑設置に反対する日本の右派の運動には日本政府も深くかかわっているのが現状である。与党自民党内にも『慰安所』制度の犯罪性や日本軍の責任を否認する議員が少なくない。マスメディアも歴史修正主義に関しては及び腰であり、一部にはそれをコンテンツとして積極的に利用するメディアもある。排外主義運動が『慰安婦』問題を利用して韓国への、ひいては在日コリアンへの反感を煽ることができる状況はまったく変わっていない。日本政府と日本の市民社会が共に歴史修正主義にはっきりと抗する姿勢をうちださない限り、排外主義運動の火はくすぶり続けることが懸念される。」

二　「奇妙なナショナリズム」研究

1　「奇妙なナショナリズム」とは

山崎望編『奇妙なナショナリズムの時代――排外主義に抗して』は政治学、社会学、社会運動論、比較政治学、国際社会学などの中堅・若手研究者による意欲的な研究書である。

山崎望は基本的な問題意識と構成を呈示して、「ポスト国民国家」の配置をグローバル化と新自由主義による国民国家の揺らぎとしてとらえ、「境界線の政治」を問う形で、最近登場しているナショナリズム現象を「見慣れない」「奇妙な」ナショナリズムと位置付ける(＊20)。山崎は六つの類型を呈示する。①国民なき状態の国家が、国民国家形成を志向するナショナリズム。②国家なき状態の民族が国民国家形成を志向するナショナリズム。③対外的に拡張する帝国主義的なナショナリズム。④植民地からの分離・独立を目指すナショナリズム。⑤国民統合の機能を果たすナショナリズム。⑥既存の国民国家を解体し、新たな国民国家形成を求めるエスニック・ナショナリズム。ところが、グローバル化と新自由主義という背景をもつナショナリズムは、これらとは異なるさまざまな奇妙さを有する。奇妙なナショナリズムの特徴を整理した山崎は、そのアリーナを六次元に分類する。①日常レベル。②書籍やサイバー空間。③社会運動レベル。④政治的レベル。⑤公的制度として制度化されたレベル。⑥国際関係のレベル。

山崎はこれら六つの次元で展開するナショナリズムの分析のために、奇妙なナショナリズムは「政治アリーナの配置(コンステレーション)の中に現れる現象として相対的に把握すべきであろう」という。以上の叙述は簡潔に整理されていて、わかりやすい。もっとも、ナショナリズムの六類型はわかりやすいようでいて、わかりにくい。

第一に、六類型が掲げられているが、それらの間の重畳や、相互移行をどう見るのだろうか。第二に、明治維新期の日本で機能したのは①類型であろうし、日清・日露戦争以後の帝国主義的膨張期に機能したのは③類型であろう。それでは戦後日本国憲法体制の下ではどうだったのだろうか。戦後民主主義と象徴天皇制の下で⑤類型が機能したと見ることができるのだろうか。この時期の一番の問題は、植民地の独立という脱植民地過程が実在したにもかかわらず、そのことをほとんど隠蔽・無視したことにあるのではないだろうか。植民地の歴史の否認の裏側に日本ナショナリズムが張り付いていたのではないだろうか。また、経済成長後の大国主義意識はどうであろうか。③類型だが、軍事的側面ではなく経済的側面が前景化されたと見るのだろうか（＊21）。

2　ネット右翼をどう見るか

伊藤昌亮は「ネット右翼という存在は、量的な面でも質的な面でも昨今の排外主義運動の基盤となり、土壌となっていると捉えることができるだろう。さらに言えば、むしろネット右翼の部分こそがこの運動の本体を成し、実質を成していると捉えることもできるかもしれない」という現状認識から、ネット右翼の実体を探る（＊22）。その際、「ネット右翼は誰か」というこれまでの議論とは一線を画して、「誰か」ではなく「何か」と問う。伊藤はネット右翼フレームの構成要素として、「嫌韓」「在日特権」「攻撃的態度」「底辺的立場（もしくは擬態）」をあげ、これらの組み合わせによって成り立っていると見る。その言説環境として、2ちゃんねる文化と新保守論壇を検討したうえで、そこから「反マスメディアフレーム」（マスメディアという巨大な敵手に対して対抗メディアが挑む）が成立し、さらに「ネット右翼フレーム」へと展開したと言う。特に二〇〇二年の日韓共催ワールドカップサッカーを指摘する。2ちゃんねらーが、自分たちとは直接関係のない嫌韓や在日特権というアジェンダをどのように引き入れたかを分析する。

「嫌韓というアジェンダは2ちゃんねらーにとって、朝日新聞とフジテレビとの両方を同時に困らせ、一挙にやりこめることのできるアジェンダだった。左翼知識人的な言論エリートと華やかな業界人的な娯楽エリートの両者に対して効果的なかたちで嫌がらせができ、それを通じて日本のマスメディア文化全体、さらに文化レジームそのものに対して挑発的なかたちで異議申し立てができるアジェンダだったわけである。」

こうして形成されたネット右翼フレームは、外部の世界へ流出し、ビジネス保守との交流を通じて広がった。その結果、嫌韓、在日特権、攻撃的態度、底辺的立場という構成要素が出そろった。

伊藤は最後にネット右翼の成り立ちの複雑さを指摘し、「冷戦体制後の日本社会を作っていくというプロジェクトの困難さの現れだと見ることもできるかもしれない」という。反マスメディア思想と歴史修正主義がネット右翼を形成している理由である。

3　歴史修正主義の動向

清原悠は「在日特権」を糾弾するヘイト・スピーチは〈マジョリティ＝強者＝日本人／マイノリティ＝弱者＝在日朝鮮人〉を攪乱・無効化する言説実践であったとし、歴史的文脈が無視されていることに着目する(＊23)。清原は歴史否認論（歴史修正主義）と排外主義の関係を問いつつ、歴史修正主義の台頭／流布に果たしたメディアの役割を、歴史認識問題の「発見」とバックラッシュ（一九六〇年代後半から九〇年代前半）、それ以前、ベトナム戦争を経由したアジアへの加害責任の意識化を確認して、マスメディアにおける「歴史認識」言説の量的経年変化を研究する。読売新聞と朝日新聞のデータベースをもとに、歴史認識をめぐる記事が一九九五年（戦後五〇年、村山談話）、一九九八年（日韓共同宣言）、二〇〇一年（小泉靖国参拝）、二〇〇五～〇六年（戦後六〇年）、二〇一三～一四年にどのように増加したかを見る。

そして、読売新聞における「歴史認識」言説の特徴・変遷をたどる。その中から〈歴史認識論＝反日〉というレトリックの登場、排外主義が国内に向けられた経緯（慰安婦問題に関する報道がどのようにして歪んできたか）、竹島問題による歴史認識と領土との接合、について論じる。結論として、「歴史認識問題は領土問題や外国人参政権問題と連接する問題として捉えられることで、セキュリティの対象として認識されるようになってきたことを明らかにした。すでに樋口直人『日本型排外主義』において提起されたように、「日本、韓国と北朝鮮、在日コリアンという三者関係」という捉え方による問題の整理と同じものであるとされる。

4　社会運動の変容

富永京子はヘイト・スピーチに対するカウンター運動を社会運動論として把握し、分析する（＊24）。そのために戦後の社会運動の文脈を確認し、社会運動論の先行研究をトレースする。富永は資源動員論から「新しい社会運動」研究による「経験運動」概念に着目する。分析対象として、社会運動の設営過程である「バックステージ」とする。「カウンター運動が共有する特質として、運動の『切迫性』があり、また、敵の目標・目的を阻害するために限られた時間と場所の中で行動しなくてはならないという性格があるためだ」という。もう一つの分析枠組みとして、「運動に共在する個人の葛藤と和解」を掲げる。調査研究プロジェクト「反レイシズム運動研究」（明戸隆浩ほか、二〇一三～一四年）によるインタビューデータを用いて、富永自身の手で分析している。その上で、富永は「路上で経験を共有する――問題と自分を接続させる媒介としての

『戦略』『戦術』」、「学習会・ツイッター・飲み会——拡散する経験共有の場」の二つを呈示する。

「現代の社会運動は担い手の個人化・流動化により、統一された集合的アイデンティティを担保することが難しくなっている。そのため、それぞれ異なる出自を持つ担い手たちは、運動を進める過程でコミュニケーションし、互いの問題認識やバックグラウンドといった『経験』を共有する。その経験を共有する媒介は、会議や学習会といったものだけではなく、ツイッターでの政治的議論や、動画でヘイト・スピーチが行われている風景を観た人々のコミュニケーションなども含まれている。さらに言えば、路上を彩る、プラカードや横断幕といったさまざまな対抗手段もまた、彼らの生きる日常に存在し、彼らの体験や生き方によって形成される『文化』を反映すると言う点で、経験共有に一役買っているのだ。」

以上で紹介したのはレイシズム研究のごく一部に過ぎない。近年の内外の情勢を踏まえて、様々な分野においてレイシズム研究が進展している(＊25)。古典的な植民地研究は近年のポストコロニアリズム研究も含めて、多面的多角的な研究、総合的な研究へと進展している。

〈註〉

(＊1) 前田朗『戦争犯罪論』(青木書店、二〇〇〇年)。

(＊2) 平和への権利について、笹本潤・前田朗編『平和への権利を世界へ』(かもがわ出版、二〇一一年)、平和への権利国際キャンペーン日本委員会編『いまこそ知りたい平和への権利48のQ＆A』(合同出版、二〇一四年)。

(＊3) ネグリ＆ハート『〈帝国〉』(以文社、二〇〇三年)。

（＊4）重信メイ『「アラブの春」の正体』（角川ONEテーマ21、二〇一二年）、田原牧『中東民衆革命の真実』（集英社新書、二〇一一年）、田原牧『ジャスミンの残り香』（集英社、二〇一四年）等。

（＊5）領土問題について、木村三浩・前田朗『領土とナショナリズム』（三一書房、二〇一三年）、同『東アジアに平和の海を――立場のちがいを乗り越えて』（彩流社、二〇一六年）。

（＊6）前田朗『増補新版ヘイト・クライム』（三一書房、二〇一三年）。

（＊7）前田朗『ジェノサイド論』（青木書店、二〇〇二年）、同『人道に対する罪』（青木書店、二〇〇九年）。

（＊8）前田朗編『いま、なぜヘイト・スピーチなのか』（三一書房、二〇一三年）。

（＊9）木村朗・前田朗編『ヘイト・クライムと植民地主義』（三一書房、二〇一八年）。

（＊10）ジョージ・フレドリクソン『人種主義の歴史』（みすず書房、二〇〇九年）。

（＊11）前田朗「植民地支配犯罪論の再検討」『法律時報』八七巻一〇号（二〇一五年）。

（＊12）ダーバン2001編集「反人種主義・差別撤廃世界会議と日本」『部落解放』五〇二号（二〇〇二年）参照。以下、宣言文は同書所収の筆者訳による。

（＊13）梁英聖『日本型ヘイトスピーチとは何か――社会を破壊するレイシズムの登場』（影書房、二〇一六年）。

（＊14）前田朗「わたしたちはなぜ植民地主義者になったのか」『ヘイト・クライムと植民地主義』前註9。

（＊15）明戸隆浩「ナショナリズムと排外主義のあいだ――九〇年代以降の日本における『保守』言説の転換」『社会学年誌』五七号（早稲田社会学会、二〇一六年）。

（＊16）明戸隆浩「ナショナリズム批判と立場性――『マジョリティとして』と『日本人として』の狭間で」山崎望編『奇妙なナショナリズムの時代』（岩波書店、二〇一五年）。

（＊17）高史明『レイシズムを解剖する――在日コリアンへの偏見とインターネット』（勁草書房、二〇一五年）。

（＊18）瀧大知「ヘイト・スピーチをめぐる言説の落とし穴――被害者不在の言説の構造と背景」『和光大学現代人間学部紀要』第九号（二〇一六年）。

（＊19）能川元一「排外主義の言説・運動における歴史修正主義の影響」『日本学』四三輯（二〇一六年）。

（＊20）山崎望「奇妙なナショナリズム？」『奇妙なナショナリズムの時代』前掲書。

（＊21）私見では、在日朝鮮人に対する差別とヘイトは、いくつもの歴史的段階を経て形成されてきたものである。例えば、①日清・日露戦争を始めとする帝国主義的膨張のもとで朝鮮を植民地化した過程、②植民地朝鮮に対する進出・収奪・搾取、③植民地人民を日本本土に迎え入れた後に生じたコリアン・ジェノサイド（関東大震災朝鮮人虐殺）、④植民地独立＝脱植民地過程の否認、植民地支配責任論の不在、⑤国籍剥奪された「在日朝鮮人」の形成と、文部省による朝鮮学校差別を典型とする差別とヘイトの増幅、⑥在日朝鮮人の人権運動と、国際人権法の影響による在日朝鮮人の人権の前進、⑦1980〜90年代における「反北朝鮮キャンペーン」による反感と差別の醸成、⑧朝鮮による日本人拉致が明らかになって以後の反発、等々。こうした歴史的経過を経て、この国に深く根付いた排外主義、レイシズム、朝鮮人差別――山崎のナショナリズム論はこうした歴史的経過をどのように再整理するのだろうか。

（＊22）伊藤昌亮「ネット右翼とは何か」『奇妙なナショナリズムの時代』前掲書。伊藤の分析は、伊藤が提示する事実と理論枠組みの中で説得的であり、よく理解できるが、なお検討を要する点もあるのではないだろうか。伊藤の分析は、ネット右翼フレームの構成を、2ちゃんねると新保守論壇に探り、「反マスメディアフレーム」として、第一に反朝日新聞（左翼知識人）、第二に反フジテレビ（華やか業界人）という重要な特徴を有し、攻撃対象は圧倒的に韓国であり（嫌韓）、在日特権と言うアジェンダが編み出されたと見る。つまり、次のような順列が想定されている。第一に、Aマスメディア⬇B反マスメディア。第二に、Cネット右翼⬇D嫌韓・在日特権。伊藤の分析枠組みではネット右翼や奇妙なナショナリズムは嫌韓・在日特権論に限定されることになる。

それでは、ヘイト・スピーチという言葉を普及させることになった二〇〇九年の京都朝鮮学校襲撃事件はネット右翼や奇妙なナショナリズムとは関係ないことになる。何十年と続きてきた朝鮮学校差別、朝鮮学校生徒に対する暴行・暴言事件を、伊藤はどのように見ているのかが不明である。本書第1章で瞥見した在日朝鮮人に対する差別と暴力を視野の外においてしまうことにならないだろうか。

（＊23）清原悠「歴史修正主義の台頭と排外主義の連接」『奇妙なナショナリズムの時代』前掲書。清原論文には大いに学ぶべき点があるが、気になる点がないわけではない。清原論文は、ヘイト・スピーチ現象を二〇〇七年の在特会登場以後のこととしたうえで、そこに至る歴史否認的言辞の展開を追跡する形となっている。その背景となる歴史への視線を垣間見ることはできるが、付随的な印象を与える。歴史認識問題、領土問題、外国人参政権に関連する言説の分析は魅力的だが、歴史的文脈の重要性を指摘しながら、歴史的文脈の分析はなされない。

（＊24）富永京子「社会運動の変容と新たな『戦略』——カウンター運動の可能性」『奇妙なナショナリズムの時代』前掲書。新しい社会運動論の枠組みを用いて、レイシズム、ヘイト・スピーチに対するカウンター行動を具体的に分析する方法は魅力的であり、有益である。もっとも、気になる点もないわけではない。新しい社会運動研究の対象は環境運動、女性運動、先住民運動、マイノリティをめぐる運動だと言う。海外の先行研究に学ぶのはそれなりに理解できる。日本では、労働運動、及び「くびくびカフェ」「スユ・ノモ」の社会運動研究があると言う。ところで、在日朝鮮人の人権擁護を求めるさまざまな運動と研究が除外されるのはなぜだろうか。それこそが真っ先に比較検討の対象ではないのだろうか。「広義の『反差別運動』」への言及が二～三行あるが、その内容に立ち入らないのはなぜだろうか。インタビューの対象には加えているようだが。また、「それぞれ異なる出自を持つ担い手たちは、運動を進める過程でコミュニケーションし、互いの問題認識やバックグラウンドといった『経験』を共有する」のは、新しい社会運動に特有の現象だろうか。古い社会運動にも共通性はないだろうか。学習会や飲み会と言うのも古典的ではないだろうか。ツイッターは新しいが、それが新しい社会運動の特徴なのだろうか。

（＊25）『奇妙なナショナリズムの時代』前掲書には、以上の他にも、古賀光生「欧州における右翼ポピュリスト政党の台頭」、塩原良和「制度化されたナショナリズム」、五野井郁夫「日本の保守主義——その思想と系譜」など参考になる論文が収められている。そのほか多くの文献があるが、ここでは省略せざるを得ない。

第3章　「慰安婦」へのヘイト・スピーチ

第1節　裁かれなかった戦時性暴力

●解決を妨げる日韓「合意」

二〇一六年三月一一日、ジュネーヴで開催中の国連人権理事会第三一会期において、ＮＧＯの国際人権活動日本委員会（ＪＷＣＨＲ、前田朗）は、日本軍性奴隷制問題について次のように発言した。

〈日本軍性奴隷制の近況を報告する。二〇一五年一二月二八日に日本と韓国の外務大臣が共同記者会見を行い、政府間合意を発表し、「慰安婦」問題は最終的かつ不可逆的に解決したと述べた。しかし、韓国の多くの性奴隷制被害者がこの政治的合意を拒否している。何よりも、この二国間合意は被害者との協議を経ていない。合意内容を示す文書が存在せず、被害者が読むこともできない。

二〇一六年三月七日、女性差別撤廃委員会は日本政府に次のように勧告した。「韓国との二国間合意は、慰安婦問題を最終的かつ不可逆的に解決したと言うが、被害者中心のアプローチを採用していない」。三月一〇日、ザイド・フサイン国連人権高等弁務官はこの理事会で、この問題について次のように述べた。「日本と韓国はこの問題を解決する二国間合意を発表した。それは国連人権メカニズムから、そして最も重要なことに被害者自身から、疑問視されている。基本的に重要なことは、関連当局がこれらの勇気と尊厳のある女性たちと協議することである。最終的に、彼女たちが本当の救済を受けたか否かを判断できるのは被害女性である」。

日本軍性奴隷制は日韓間の二国間問題ではない。それは一九四五年の日本の敗戦まで、アジア太平洋地域で行われた。日本はすべての被害者を救済する責任があり、被害者には補償を受ける権利がある。被害者は朝鮮民主主義人民共和国、中国、台湾、フィリピン、マレーシア、ミャンマー、インドネシア、東ティモール、パプアニューギニア、オーストラリア、オランダにもいる。われわれは人権理事会が日本軍性奴隷制の歴史的事実を調査するよう求めてきた。〉

二〇一五年一二月二八日に日韓「合意」が発表されて以後、日本軍性奴隷制をめぐる国際的議論が再び焦点化された。二〇一六年三月七日、女性差別撤廃委員会は、日韓合意では問題が解決しないこと、被害者に対する誹謗中傷が続いていることを厳しく批判した。三月一〇日、フサイン国連人権高等弁務官が、日韓が被害者の声に耳を傾けるように促した。三月一一日、国連の女性差別に関する作業部会長、拷問問題特別報告者、移行期正義に関する特別報告者が日韓「合意」に関して共同声明を出して、性奴隷制度の解決を求めた。日本政府と一部のマスコミは、あたかも日韓「合意」が国際社会で認められたかのように虚偽宣伝に励んだが、国際社会から集中砲火を浴びたのが実情である。

さらに、二〇一六年三月一五日、国際人権活動日本委員会は、国連人権理事会のマイノリティ議題において、次のように発言した。

〈マイノリティに関するリタ・イザク特別報告者の素晴らしい報告書が部落差別に言及したことを歓迎する。特別報告者が本年一月に日本を（非公式）訪問したことを歓迎する。日本では、韓国との二国間関係に伴って、在日朝鮮人に対するヘイト・デモが増加している。右翼団体が朝鮮人を「ゴキブリ」と呼び、「日本から追い出せ」「韓国人を殺せ」と叫んでいる。ところが、日本政府は表現の自由だなどと言って、ヘイト・クライム／スピーチを予防する措置を何ら講じていない。

二〇一二年、国連人権理事会の普遍的定期審査において、複数の国々が日本にヘイト・クライム法制定を勧告した。二〇一四年、人種差別撤廃委員会は日本に人種差別禁止法を制定するように勧告した。二〇一三年、国際社会権委員会は日本によって性奴隷被害を受けた「慰安婦」からの搾取について公衆に教育し、ヘイト・スピーチやスティグマを予防するように勧告した。三月七日、女性差別撤廃委員会は、指導者や公職にある者が性奴隷制についての日本の責任を否定し、被害者に再トラウマとなるような発言を控えるように勧告した。

日本政府は速やかにマイノリティに対する差別予防の措置を講じ、ヘイト・スピーチ法を制定するべきである。特別報告者が次回は日本を公式調査訪問するよう要請する。〉

●日韓「合意」検証問題

二〇一七年一二月二七日、韓国外相の検証チームが、二年前の「慰安婦」問題・日韓「合意」の検証結果を発表した。「慰安婦」被害者の意思を無視してなされたこと、国際法に合致しないこと、加害側の日本は一〇億円を提供するだけで韓国側の負担が大きい「不均衡な合意」であることが示された。二〇一八年一月九日、文在寅大統領は年頭記者会見において「韓日両国が公式に合意した事実は否定できない」としながらも、「誤ったもつれは解かなければならない」と述べ、日本側にさらなる謝罪などを求めていく意思を示した。

河野太郎外相は一七年一二月二八日、日韓「合意」では「慰安婦」問題は解決できないとの表明について「断じて受け入れることはできない」と述べ、「国家と国家の約束を守るべき」と抗議した。菅義偉官房長官は一八年一月一〇日、「さらなる措置は全く受け入れられない。日韓合意の実施は国際社会の原則である」と述べた。マスコミは安倍政権を無条件支持の形で、韓国政府を猛烈に非難した。NHKはもとより民放のニュースもほとんど揃い踏みで、安倍政権の立場を絶対化する勢いである。新聞各紙も同様である。各紙の論調には幅があるが、共通点は、第一に、国家と国家の「合意」がなされたことを絶対化し、見直しに否定的な姿勢である。河野外相も菅官房長官も、日韓「合意」がなされたことを繰り返し、それ以外の選択肢をすべて排除する。マスコミはこれに疑問を呈することさえしない。しかし、政権が交代すれば外交方針が逆転することは珍しくない。

例えば、クリントン米大統領は国際刑事裁判所（ICC）規程に署名したが、ブッシュ大統領がこれを撤回した。この時、日本政府もマスコミもアメリカを非難しなかった。同じく、オバマ大統領は環太平洋経済連携協定（TPP）に署名したが、トランプ大統領はこれを撤回した。安倍首相は「トランプ大統領を説得する」などと嘯いたが、何もしなかった。マスコミもトランプ大統領を激しく非難したわけではない。安倍首相自身、日本政府の国際公約である「慰安婦」問題に関する河野談話を一方的に破棄しようと画策した。日本政府は二〇年以上にわたって国連人権機関で河野談話を説明材料に使ってきたのに、安倍首相の独断で破棄しようとしたのである。ところが、韓国の政権交代の意味を認めようとしない。安倍政権もマスコミもアメリカ相手では途方に暮れるだけなのに、韓国相手になると居丈高に非難し、罵声を浴びせる。

第二に、日本政府もマスコミも国際人権法を無視し、敵視している。日韓「合意」は国際人権機関から相次いで批判された。さらに二〇一七年六月、国連の拷問禁止委員会が日韓「合意」は国際法に合致しないと指摘し、韓国政府に見直しを勧告した。二〇一七年一一月、国連人権理事会における普遍的定期審査においても日本に対する勧告が続いた。ところが、マスコミは安倍政権に盲従し、国際人権法を無視しながら、あたかも韓国が無法者であるかのごとく倒錯した非難を繰り返している。

第2節　裁かれた戦時性暴力

一　ベンバ事件ＩＣＣ一審判決

1　はじめに

二〇一六年三月二一日、国際刑事裁判所（ＩＣＣ）第三部は、人道に対する罪としての殺人、人道に対する罪としての強姦、戦争犯罪（殺人、強姦、略奪）で起訴された軍事指揮官のジャン・ピエール・ベンバ・ゴンボに有罪判決を言い渡した。判事はシルヴィア・スタイナー（ブラジル）、ジョイス・アルーチ（ケニア）、尾崎久仁子（日本）である。ベンバはコンゴ民主共和国元副大統領であり、二〇〇三年に中央アフリカに派遣した部隊による住民殺害、強姦などの責任を問われた。判決は、戦時のレイプが「武器」として利用されたと認定し、配下の部隊が犯した行為に対する上官の責任を全面的に認めた。ＩＣＣとしては初めての判断であり、重要な一歩である。

戦時性暴力を裁いた国際判決としては、ルワンダ国際刑事法廷（ＩＣＴＲ）や旧ユーゴスラヴィア国際刑事法廷（ＩＣＴＹ）の判決に前例が多数存在する。ＩＣＴＲでは、アカイェス事件、ムセマ事件におけるジェノサイドの罪（殺人、拷問、強姦などの実行を含む）の適用がなされた。ＩＣＴＹでは、タディッチ事件における人道に対する罪としての迫害（性暴力を含む）、セレビッチ事件における戦争犯罪としての拷問（強姦を含む）、フルンジヤ事件における戦争犯罪（強姦）、フォツァ事件における人道に対する罪としての強姦、人道に対する罪としての奴隷化、戦争犯罪としての強姦の適用がなされた（＊1）。

他方、二〇一六年二月二六日、グアテマラのハイリスク裁判所は、内戦時における性暴力事件においてエヅテメル・レジェス・ヒロン中尉とエリベルト・バルデス・アシフ・軍コミッショナーに、人道に対する罪としての性暴力・性奴隷につき有罪を言い渡した（＊2）。それゆえ戦時性暴力を裁いた事例は国際法廷にも国内法廷にも前例が存在するが、ベンバ事件では、普遍的管轄権を有するＩＣＣが初めて戦時性暴力を正面から裁いたことに歴史的意義がある。また、上官の責任を認めた点も重要である（＊3）。以下では、ＩＣＣ判決要旨をもとに事案の概要を紹介したい。

２　訴因――罪名と罰条

ベンバは二〇〇八年五月二四日、ＩＣＣ発布の逮捕状に基づいてベルギー当局によって逮捕され、同年六月三日、ＩＣＣに引き渡された。二〇〇九年六月一五日、ＩＣＣ第二予審部は、次の犯罪についてベンバにはＩＣＣ規程第二八条ａの意味での責任があると信じる実質的な根拠を示す十分な証拠があると確認した。

すなわち、二〇〇二年一〇月二六日から二〇〇三年三月一五日の間に、中央アフリカにおいてコンゴ解放運動（ＭＬＣ）軍兵士が行った犯罪であり、人道に対する罪としての殺人（国際刑事裁判所規程第七条一項ａ）、戦争犯罪としての殺人（同第八条二項ｃ（ｉ））、人道に対する罪としての強姦（同第七条一項ｇ）、戦争犯罪としての強姦（同第八条二項ｅ（vi））、戦争犯罪としての略奪（同第八条二項ｅ（ｖ））である。

3　事実認定と法律判断

●中央アフリカにおける事件

二〇〇二年一〇月二六日から二〇〇三年三月一五日の間に、中央アフリカにはフランソワ・ボジジェ将軍指揮下の中央アフリカ軍（ＦＡＣＡ）がいて、チャドからもボジジェ将軍の反乱を支援する軍隊が参加していた。ＦＡＣＡは二〇〇二年一〇月二五日、各地を制圧しバンギに迫った。パタセ大統領は、ベンバ率いるコンゴ解放運動（ＭＬＣ）とその軍事部門であるコンゴ解放軍（ＡＬＣ）に支援要請を行った。ＭＬＣはコンゴ民主共和国北西部のエクアテル州に拠点を置く運動であり、一九九八年にキンシャサ政府の転覆を目指してベンバが設立した。ベンバはＭＬＣ最高責任者、ＡＬＣ指揮官である。パタセ大統領の要請に応えてベンバはＡＬＣを中央アフリカに派遣した。派遣軍は三部隊一五〇〇名に達した。

ＭＬＣは五か月間にわたってＦＡＣＡとともに中央アフリカ各地を転戦し、モングンバを攻撃し、ウバンギ川を渡った。パタセ大統領派とボジジェ反乱軍の戦闘が続いた。この間の作戦中に、ＭＬＣはバンギ、ボズム、ダマラ、シブ、ボサンゴア、ボセンベレ、デコア、カガ・バンドロ、ボセンプテレ、ボアリ、ヤロケ、モングンバなど膨大な地域において住民に対して略奪、強姦、殺人行為を行った。ＭＬＣによる強姦と殺人は、単に個別の出来事ではなく、一連の行為としてなされた。ＭＬＣは年齢、ジェンダー、社会的地位にかかわらず民間住民を標的とし、臨時ＭＬＣ基地や各地で犯行を行った。殺人と強姦は決まって一緒に行われた。民間住民が攻撃対象とされたのは偶然ではなく、主要な攻撃目標とされた。民間住民攻撃が公式の政策とされたわけではないが、一連の事態からそうした政策が存在したと判断される。ＭＬＣの犯罪は指揮官の行為に原因を有していた。当該期間に、中央アフリカにおける民間住民に対する広範な攻撃が存在したことが証明された。

●紛争時に行われた犯罪

法廷は次のような事実を認定した。

ＭＬＣは、以下の人々を意図的に殺害した。二〇〇二年一〇月末にバンギで略奪行為のさなかに男性を銃殺した。同じく略奪のさなかに女性を銃殺した。二〇〇三年三月五日、モングンバで氏名不詳のムスリム男性を銃殺した。ＭＬＣ兵士たちは、以下の人々を意図的に侵害し、強姦した。二〇〇二年一〇月末、バンギで逃げようとする姉妹を捉え、強姦した。同年一〇月三〇日頃、バンギで一二歳と一三歳の氏名不詳の少女を強姦した。同年一〇月三〇日頃、バンギで略奪行為のさなかに女性を強姦した。同年一〇月末から一一月初め、ポートビーチでフェリーに乗っていた八人の女性を強姦した。同年一一月初め、八人の女性を家族などがいる前で強姦した。同年一一月末に少なくとも四人の兵士が男性とその妻を強姦した。同年一一月六日か七日、三人の兵士が略奪のさなかに女性を強姦した。ＭＬＣ到着後数日中に、二人の兵士が母親とその娘を強姦した。同年一一月末、兵士たちが略奪のさなかに家の裏のシェルターで一〇歳の少女を強姦した。同年一一月、三人の兵士が藪にいた女性を捕まえて強姦した。二〇〇三年三月五日、モングンバで逃げようとした女性を捕まえ三人の兵士が強姦した。同日、モングンバでMLC兵士たちが女性に通訳をさせたのちに強姦した。

MLCは、当該期間に多数の略奪行為を行ったとして、個別事例が一六件列挙されている。略奪物品は行政文書、衣服、家具、ラジオ、テレビ、金銭、家畜、食糧、自転車、薪炭などである。ある証人は「彼らは一切合切盗んだ」、別の証人は「後には何も残らなかった」と証言した。

以上より、MLC兵士たちは当該期間に、中央アフリカ領において武力紛争中に民間住民に対する殺人、強姦、略奪を行った。MLCは不相当な支払を得るため、反乱軍と疑った者、反乱軍への賛同者、あるいは略奪や強姦に抵抗する者に対して、動揺させ、処罰するために犯罪を行った。MLC兵士たちが犯行に及ぶ決断に際しては、武力紛争中であることが主要な要因であった。実行者は武力紛争があることを認識していた。それゆえ、MLC兵士たちが行った殺人と強姦は、当該期間に中央アフリカにおける民間住民に対する攻撃の「一部」であった。実行者はその攻撃、自己の行為を認識し、意図的に行い、それらが民間住民に対する広範な攻撃の一部であることを知っていた。結論として、MLC兵士たちは、ICC規程第八条二項c(i)、第八条二項e(vi)、第八条二項e(v)の意味における戦争犯罪としての殺人、強姦、略奪、並びに同規程第七条一項a及び同第七条一項gの意味における人道に対する罪としての殺人と強姦を行った。

●ベンバの責任

次に法廷は、ＩＣＣ規程第二八条ａに従って、ベンバの上官としての責任を論じている（＊４）。

ベンバは創設以来一貫してＭＬＣ最高責任者、ＡＬＣ指揮官であり、広範な権限を有し、最終決定を行った。戦場では軍指揮官たちと直接連絡を取り合い、十分に報告を受けていた。作戦命令を出す権限を有し、現に出した。軍の派遣と撤退の決定権も有していた。ＭＬＣは中央アフリカに派遣された際には、中央アフリカ当局と協力したが、中央アフリカ軍に服属したわけではなく、ベンバの統率下にあった。すべての証拠が示すように、ベンバは中央アフリカに派遣されたＭＬＣを常に統率していた。ベンバはＭＬＣ指揮官たちと協議して派遣部隊を選んだ。戦場にいる指揮官たちと定期的に直接連絡を取り合い、多くの報告を受け取った。軍に対する規律命令権限を有し、軍事法廷を設置する権限も有した。

事実認定された犯罪が行われた時期、ベンバはコンゴ民主共和国にいたのでＭＬＣを遠方から統率したが、ラジオ、衛星電話、携帯電話その他の手段で指揮官たちと直接連絡を取った。中央アフリカにおけるＭＬＣの活動について定期的に報告を受けた。情報機関はベンバに、戦闘状況、軍の配置、戦術、犯罪の中立てについて情報提供した。そこにはＭＬＣによる窃盗、略奪、強姦、民間人殺人、人々へのハラスメントに関する情報が含まれていた。初期の段階から国際メディアを通じて情報も入手していた。地方メディアも強姦や殺人を報じていた。ベンバは当該期間に何度か中央アフリカを訪問したが、その際にもＭＬＣの犯罪事実を耳にした。ベンバは演説の中で、窃盗や残虐行為があったことに言及していた。

十分な情報があったにもかかわらず、ベンバの対処は限られたものであり、民間人への犯罪をしないように一般的に告知して、調査委員会を二つ設置したにすぎず、その二つの調査委員会の権限は略奪行為の調査に限られた。ベンバが取った措置は、広範な犯罪があるとの情報に照らして不適切であり、必要な措置を取ろうとしたことを示す証拠はない。不十分な措置しか講じなかっただけではなく、MLC軍に国際人道法を学ぶこともさせなかったし、犯罪の調査を行わず、実行者を裁判にかけることも、処罰することもなかった。犯罪を防止するように命令することもなかった。軍と民間住民の接触を最小限にすることもなかった。犯罪を行った兵士を移動し除隊することもしなかった。ベンバが取ることのできた措置に照らして、実際に取った措置は、犯罪を予防するために「必要かつ合理的な措置を取る」とはいえないものだった。

以上から法廷は、ベンバには当該期間にMLCが中央アフリカで行った人道に対する罪としての殺人と強姦、戦争犯罪としての殺人、強姦、略奪について、ICC規程第二八条aのもとでの刑事責任があると判断した。判決は有罪を認定したが、量刑は後日言い渡され、それまでベンバの身柄拘束を続けるとされた。被害者証人局は被害者と証人の保護のために必要な措置を講じることとされた。

4　おわりに

判決当日、NGOの「ジェンダー正義を求める女性イニシアティヴ」は、本判決が性暴力事案を裁いた最初のICC判決であること、ICC規程第二八条の上官の責任に関する最初の判断であることに加えて、強姦での訴追に関して性暴力を受けた男性被害者の証言を聞いた最初の事件であったことを指摘して、次のように述べた。

「ジェンダー正義を求める女性イニシアティヴとそのパートナーは、ベンバを強姦行為について有罪とした記念碑的な判断を歓迎し、この重要な前進が性暴力犯罪の責任を問う新時代の兆しとなることを期待する。本判決は、性暴力犯罪の実行者がもはや不処罰をあてにするべきではないという強力なメッセージである。また、軍指揮官は部下が犯した犯罪に目を閉ざすことはできず、犯罪を予防、抑止、処罰できなかった者は自らが刑事責任を問われることになるという明確なメッセージである。」

「二〇〇六年、ジェンダー正義を求める女性イニシアティヴは中央アフリカを訪問し、ベンバの部下が犯したと訴えられた性暴力の女性被害者／サバイバーにインタヴューを行った。多くの被害女性が家族から拒絶され、共同体から追放され、HIVに罹患し、強姦の結果としての子どもを出産し、心身の合併症と高度のトラウマを経験し続けている。」（＊5）

二　セプル・サルコ裁判――グアテマラ女性の闘いと日本

二〇一六年二月二六日、グアテマラのハイリスク裁判所A法廷はグアテマラ内戦時における女性に対する性暴力事件につき被告人に有罪を言渡した。戦時性暴力の裁きは旧ユーゴスラヴィア国際刑事法廷、ルワンダ国際刑事法廷、シエラレオネ国際法廷などの前例があるが、事件が起きた当該国家の裁判所による裁きは初めてだろう（＊6）。

被告人はエステエメル・レジェス・ヒロン中尉と軍コミッショナーのエリベルト・バルデス・アシフ（いずれも当時）である。判決は、①戦時下の性暴力・性奴隷の被害（人道に対する罪）、②被害者三人の殺害、③七人の強制失踪について判断した。

一九八二〜八三年、マヤ・ケクチ先住民のコミュニティであるセプル・サルコに軍が駐屯地を作ったが、そこはゲリラの活動地帯ではなく、土地を奪われた人々が土地回復運動をしていた。このため土地所有者が軍に要請して先住民を「敵（ゲリラ）」として攻撃対象とした。セプル・サルコは伝統的家父長制の村であり、夫がいなくなることは女性の孤立を意味し、女性への性暴力・性奴隷の強制は尊厳を踏みにじり、「敵」を破壊する手段とみなされ、コミュニティ全体への攻撃であったとし、被告人らの行為は人道に対する罪であるとした。ドミンガ・コクとその娘二人の殺害、及び七人の強制失踪についても事実を認定し、レジェフに一二〇年、アシフに二四〇年の刑事施設収容を言渡した。

●女性国際戦犯法廷の継承・発展

検察官と共同告訴人となったのは被害女性団体「ハロク・ウ」及び「沈黙を破る女性たち連合」（女性弁護士団体の「世界を変える女たち（ＭＴＭ）」、女性団体の「グアテマラ全国女性連合（ＵＮＡＭＧ）」）である。

故・松井やよりが提唱し、日本とアジアの女性たちが取り組んだ日本軍性奴隷制を裁く二〇〇〇年女性国際戦犯法廷の際、世界の戦時性暴力に関する国際公聴会が開催された。そこにグアテマラから参加した女性が「変革の主体」プロジェクトを立ち上げ、内戦時の性暴力の告発を続けた。その活動ゆえに松井やより賞を受賞した。「変革の主体」プロジェクトはその後「沈黙を破る女性たち連合」へと発展し、二〇一〇年に民衆法廷を開催した。そして二〇一一年に告訴を行い、ついに二〇一六年二月一日より公判が始まった。

被害女性たちは自身が受けたすさまじい暴力だけでなく、夫を殺され、着の身着のままで逃げ込んだ山中で飢えと寒さのため子どもが死んだこと、今も極貧状態で苦しみ続けていることを証言した。訴追側からは、目撃者のビデオ証言と、軍事戦略、心理学、ジェンダー、紛争下での暴力と先住民についての専門家証言が行われた。その結果として今回の有罪判決が出た。女性国際戦犯法廷の継承・発展により世界の戦時性暴力が裁かれる時代になった。「慰安婦」問題の解決を求める闘いが世界を変え始めた。

戦時性暴力の不処罰を許さず、戦争犯罪や人道に対する罪として裁くことが国際潮流となってきた。「慰安婦」問題の不処罰を続ける日本の特異性が際立つ。「日本だけなぜ裁かれるのか」という無責任な言説が飛び交うが、実際は「日本だけなぜ裁かれないのか」と問うべきなのである。

第3節　歴史修正主義とヘイト・スピーチ

●歴史修正主義の諸形態

ヘイト・スピーチの源泉に植民地主義、人種主義、排外主義があることは共通認識となってきた。歴史修正主義もその主要な源泉ということができる。国際的には「アウシュヴィッツの嘘」に代表される歴史修正主義であるが、日本では「南京大虐殺の嘘」や「慰安婦の嘘」という形をとってきた。人道に対する罪やジェノサイドの歴史的事実を否定し、疑問視し、その被害者を嘘つきに仕立てあげ、再び貶める歴史修正主義がヘイト・スピーチを呼び寄せる。一九九〇年代後半から蠢動してきた歴史修正主義は、その主唱者の一人である安倍晋三が首相の座に上り詰めることによって、猛烈な勢いで政治に影響を及ぼし、歴史修正主義が国家政策に貫徹することになった。日本における歴史修正主義にも諸形態がある。

そこに加わった新版歴史修正主義として、朴裕河の著書『帝国の慰安婦』が注目を集めた。数えきれない間違いを満載したトンデモ本だが、韓国人女性研究者による歴史修正主義であることから、日本のナショナリストと「リベラル派」によって熱狂的に迎えられ、『帝国の慰安婦』はベストセラーとなった。学問を破壊し、被害者を侮辱し、問題解決を妨げる『帝国の慰安婦』についてはすでに論じた（＊7）。『和解のために』や『帝国の慰安婦』を持ち上げ、「慰安婦」被害者に対する侮辱を「学問の自由」を根拠に擁護する上野千鶴子についてもすでに論じたが、再度取り上げる必要がある（＊8）。

金富子は、一九九七～九八年当時、上野千鶴子と吉見義明の間で交わされた論争を振り返り、その現在的位置と意味を測定しようとする。過去の論争ではなく、上野が絶賛する朴裕河の『和解のために』と『帝国の慰安婦』という形で、現在まさに議論と政治の焦点になっているからだ。金は、上野の『ナショナリズムとジェンダー』が『帝国の慰安婦』に道を開いたと位置付ける。上野が朴裕河の著作を推奨したと言うだけではなく、『帝国の慰安婦』は「上野理論の実践」という側面を有するという。上野のいう「不純な被害者像」、「モデル被害者」論、「民族言説」論などをすべて共有し、反転させたのが朴裕河理論だと見る（＊9）。

その上で、金は、二〇一六年三月二八日に東京大学で開催された非公開（その後、集会記録はインターネット上で公開）の研究集会における吉見と上野の発言を対比し、『帝国の慰安婦』に対する両者の評価を踏まえて、「学問的手続き」について、『帝国の慰安婦』は「研究書としては失格」であるとし、「慰安婦」制度の責任主体をめぐる議論（業者主犯説）、「慰安婦」の「主体性」の理解などについて論じる。

小野沢あかねは「フェミニズムが歴史修正主義に加担しないために――『慰安婦』被害証言とどう向き合うか」と題して、『帝国の慰安婦』と上野千鶴子への批判を行っている（＊10）。

中野敏男は、被害者も加害者も消去してしまうトリッキーな「日韓」合意の異様な問題性を指摘し、沈黙を破って戦い続けた被害者の主体形成の過程に着目する。被害者も加害者も消去する手法は、アジア女性基金、ＮＨＫ番組改ざん、日韓「合意」、朴裕河『帝国の慰安婦』を貫く歴史修正主義である。「慰安婦」問題は終わらない。それゆえ、私たちは「未来への責任」を引き受けることから歩き直さなければならない。中野は『帝国の慰安婦』について、「被害者を傷つけるセカンドレイプだと言われても仕方なかろう。このようなまなざしの暴力によってこそ、被害者たちは日本の敗戦後も長く苦しめられつづけていたのであり、だからこそ、これを名誉毀損と訴えたのだった」（傍点引用者）と指摘する（＊11）。

　徐京植は、日本リベラル派が「慰安婦」問題をはじめとする歴史的課題に正面から向き合うことを回避し、小手先のごまかしを繰り返し、つねに事態を先送りしてきたとみる。日本リベラル派は一九九〇年代からの四半世紀、変質と後退を常態としてきた。その典型例が、アジア女性基金から日韓「合意」に至る破廉恥な遊泳術である。和田春樹という「知性」がはまり込んだ闇の深さは、思想や論理で把握し得る範疇にはないと言わざるを得ない。上野千鶴子、加藤典洋、花崎皋平という「知性」があっけなくも無残に崩れ去った現実を前に、徐は、それでも日本社会の応答を希いながら言葉を紡ぐ（＊12）。

　こうして明らかになったのは、フェミニズムを呼号する論者が「慰安婦」被害女性に対するセカンドレイプに積極的に励んでいる現実である。

●対話を自称する対話拒否

朴裕河を預言者イエスと仰ぎ、褒め称える一五人の使徒が、朴裕河批判者に呪詛を投げつける著書が公刊された。浅野豊美・小倉紀蔵・西成彦編著『対話のために――「帝国の慰安婦」という問いをひらく』である（＊13）。編集の直接のきっかけは同書「まえがき」（西成彦）に書かれているように、二〇一六年三月二八日に東京大学で開催された研究集会〈「慰安婦問題」にどう向き合うか／朴裕河氏の論著とその評価を素材に〉である。「対話」を求めた研究集会（三・二八集会）だったが、「オウムのように過去の主張をくり返す」（三頁［以下、頁は同書］）、「『ドグマ』にしがみつこうとする『帝国の慰安婦』批判の声は想像以上にかたくなで、『対話』らしい『対話』は成立しなかった」（五頁）という。

つまり、問題は批判者の「ドグマ」であることにされる。あるいは、「踏み絵」（二四頁、浅野豊美）、「自らの鏡に見えているものに誠実でありたいと考える人を窒息させようとする人たち」（四四頁、東郷和彦）、「レッテル貼り」（七八頁、中山大将）、「誹謗中傷」（九六頁）、「悪意あるデマゴギー」（九六頁）、「狂信」（一〇四頁）、「病理」（一〇四頁）、「集団ヒステリー」（一一二頁、以上は四方田犬彦）、「暗黒の恐怖が渦巻いている」（二七七頁）、「恥ずべき暗澹たる汚点」（二八五頁、以上は小倉紀蔵）である。批判者は「暴力」「暴力的」である（同書に頻繁に登場する指弾の言葉である）――こうした悪罵のオンパレードである。他人を罵る表現に磨きをかけるためにひたすら時間を費やした金字塔である。

●イエスの受難

この件では、朴裕河をハンナ・アーレントに喩える驚愕の珍事があったが、同書では、なんとエドワード・サイードに喩える（九三〜九五頁、四方田犬彦）。そして随所で、朴裕河は実直誠実な研究者であり、不当な「誹謗中傷」に耐えているとされる。不当な批判のために裁判にまでなり、朴裕河は精神的にも物理的にも迫害されているという。こうした記述がえんえんと続いた後に、「もし彼女が精神を病んだり、自死したりしていれば、批判者たちはひとりの知識人の社会的生命のみならず、生存さえ奪った」ことになるという（二五七頁、上野千鶴子）。他人にヤクザまがいの筋違いの因縁をつけて恫喝を加えるのだから異様である。

朴裕河は「民族の預言者」（二六四頁）であり、『帝国の慰安婦』は「十字架」（二七四頁）であり、すべては「イエスの受難」（二七四頁、以上は天江喜久）であるという。神の子にして預言者であるイエス＝朴裕河の著書『帝国の慰安婦』を批判することなど許されない。それはオウムであり、ドグマであり、狂信であり、暴力である。それゆえ預言者を守るために一五人の使徒が立ち上がったのだという。

●第一の欠落：「応答しない」

同書には数多くの特徴があるが、それをいちいち列挙できない。ここでは、その一つであり、基本と思われる、「欠落、否定、無視、忘却」に限って示しておこう。明確な編集方針をしっかり守り、決して道を踏み外すことのない使徒の懸命の努力がうかがえる。

三・二八集会前半の一つ焦点は、『帝国の慰安婦』には数えきれない事実誤認があり、しかもその事実誤認がすべて朴裕河の主張に都合の良い方向での事実誤認であるという論点であった。数人の批判者が次々と事実誤認を論証し、「事実誤認の上に学問が成り立つのか」と迫った。「朴裕河はＳＴＡＰ細胞の小保方晴子だ」という発言が印象的だった。

擁護派はこれについて応答しなかった。問題を特定せずに、一般的に「仮に事実誤認があったとしても」といったレベルの応答がなされるにとどまった。このため対話が成立しないのは当然であった。一五人の使徒たちは事実誤認を認めようとしない。そして、「なぜ〈数〉を問うのか？」（中山大将）のように、論点そのものを審判に付し、批判派が数や多寡を問うことそれ自体を批判する。数や多寡を問題にしたのは朴裕河であるにもかかわらず、中山は逆さまに批判派を非難する。

●第二の欠落：「批判者を明示しない、引用しない」

一五人の使徒は「批判者」を非難しながら、その「批判者」の氏名を名指ししない。「批判者」の文献・出典を明示しない。編集方針として明確に「批判者を明示しない、引用しない」と決めたのであろう。そう考えない限り、ありえない。一五人の著者が同じ論者を一斉に非難しているにもかかわらず、その論者の名前を書かない、文献も引用しない、出典を確認できない、という稀有の事態である。同書で用いられるのは「一部の市民運動」（一九頁）、「この本をめぐる批判」（二六頁、以上は浅野豊美）、「制度的レイプ派」（四〇頁、東郷和彦）、「諸研究者」（八一頁、中山大将）、「彼らの一部」（一一一頁、四方田犬彦）といった言葉ばかりである（＊14）。このことが意味することは、次の四つにまとめることができる。

第一に、朴裕河が事実や証言の引用箇所を明示しない方法を愛用しているので、同書でも同じ方法を採用した。第二に、具体的に名指しして引用すると、反論される恐れがある。反論を許さないために、相手を特定しない方法が望ましい。誰かが反論してきても「いやそれはあなたのことではありません」と言える。第三に、批判者はオウムであり、ドグマであり、暗黒の恐怖である。まともな人格的存在として扱う必要はない。預言者を批判するなどという裏切りと堕落と暗澹たる汚点である。だから名前を出す必要がない。第四に、もともと一五人の使徒は事実誤認を容認している。「事実誤認は許されない」などと狂信する批判者が誰か明示しないのは驚くに値しない。相手に反論を許さず、一方的に叩いて叩いて叩きまくること、使徒にとってはそれだけが真実への道なのである。

批判する時には相手の氏名、具体的な主張内容を特定し、出典を明示するのが通常の方法だという主張は、悪意あるデマゴギーであり、狂信であり、病理であることにされる。

●第三の欠落：「法を否定する」

法の否定は二つの局面で確認できる。

第一に、国際法の否定・軽視である。一五人の使徒は国際法を否認し、その適用を排除する。「慰安婦」問題では、国連人権委員会や国際労働機関で議論がなされ、国際法に照らして結論が示された。性奴隷制であり奴隷条約、奴隷の禁止の慣習国際法、強制労働条約に違反したとされる。そして戦争犯罪と人道に対する罪に該当すると指摘された。ところが、朴裕河は国際法に基づく議論を切り捨てた。特に国際法における奴隷制概念は諸悪の根源であるかのごとく扱われる。一五人の使徒も預言者に従って法を否定し、国際法を排除する。

奴隷制については興味深い記述がみられる。「慰安婦」が「預金通帳」を持っていた。私有財産を持っていた。だから、「〝slave〟とは呼べないと考えても不思議ではない」（八〇頁、中山大将）と言う。しかし、一九九〇年代から何度も議論されたことだが、アメリカ黒人奴隷に典型的なように奴隷は「私有財産」を持っていた。奴隷も蓄財して自由身分を買い戻すことが認められていたのだ。

第二に、国内法の否定である。近代市民国家の法が否定される。朴裕河が訴えられた裁判の否定である。

一五人の使徒は、名誉毀損を理由とする民事訴訟と刑事訴訟を繰り返し何度も非難する。法とか裁判とか検察などは国家権力の装置であって、歴史学がこれに拘泥するべきではない。預言者を世俗の裁判にかけるなど許されるはずがない、という訳だろう。近代法における裁判を受ける権利に唾を吐きかける。

●第四の欠落：「解決策に関心がない」

「慰安婦」問題について議論しているのに、一五人の使徒たちはその解決策に関心を向けることがない。国際法を否定し、国連人権機関からの解決勧告を無視する。しかし、代替案を提示しない。アジア女性基金の積極的肯定（東郷和彦）、二〇一五年一二月の日韓「合意」を肯定し（東郷和彦）、「平和の像（少女像）」への批判（同書各所）が明示されるが、それでは慰安婦問題をいかに解決するべきか、には関心が向けられない。法を否定し、国家権力を否定する仕草を続けながら、日本政府によるアジア女性基金政策を支持する。

使徒の関心が向けられるのは、あらゆる手段を用いて預言者を擁護することだから当然のことであり、これに疑問を抱くのはユダへの転落であり、暗澹たる汚点である。中には、当事者を置き去りにしてはならないとの感想も示されるが（例えば八二頁、中山大将）、そこから先を論じることはしない。以上のように、使徒たちは周到な準備のもと細心の注意を払って編集方針を貫徹し、読者からいかなる誤読もされないように配慮している。それゆえ、まともな研究者がやらないこと、やってはいけないことが満載である。時間をかけて念入りに準備し、学問破壊の福音書として十全の内容を備えるように工夫したのである。

●復活の日のために

一五人の使徒は何をしようとしたのか。それも具体的に、鮮やかに示されている。聖なる一五人の使徒は預言者を擁護するために立ち上がったのである。それでは預言者を擁護するとはどういうことか。

サイードが「石を投げている写真なるもの」（九四頁）、水に落ちた犬に「石を投げる」エピソード（一一〇頁、四方田犬彦）にはじまり、イスラエル・パレスチナに注目を集める。アーレントに言及したのも、やはりイスラエル・パレスチナに注目を集めることにつながる。予想通り、朴裕河は「民族の預言者」（二六四頁）であり、『帝国の慰安婦』は「十字架」（二七四頁）であり、すべては「イエスの受難」（二七四頁、以上は天江喜久）であると続く。かくして使徒の合唱はクライマックスに近づく。感動に打ち震えながら、「もし彼女が精神を病んだり、自死したりしていれば、批判者たちはひとりの知識人の社会的声明のみならず、生存さえ奪った」（二五七頁、上野千鶴子）と、懸命に朴裕河の「死」を予言する。「死」を、「死」をという絶叫が響き渡る。

そして、「『預言者』はあたかも十字架を背負ってゴルゴダの丘を上がってゆくようである。嗚呼、学問の自由の代価はかくも重いのか！　しかし、十字架の先にあるのは復活の希望である」（二七四頁、天江喜久）と、朴裕河を無理やりゴルゴダの丘に登らせる。一三人ならぬ一五人の使徒たちはひたすら「死」を願う敬虔な祈りをささげる。「死」への欲望が赤裸々に語られる。「死」こそすべてである。なぜなら「復活の日」を待ち望むことこそ使徒の使命だからだ。

「朴裕河氏の『英雄性』は、五年後、十年後にはいまと比較できないほど確固たるものとなっているだろう」（二八七頁、小倉紀蔵）。

かくして一五人の使徒は確固たる意思で「死」を欲望し、「復活」を夢見る。その日のために一五人の使徒は一切の疑念を断ち、ユダに転落することなく、預言者と心を重ね合わせながら、嬉々として最後の審判への苦難の途を歩むのである。

第4節 「フェミニズム」によるセカンド・レイプ

前節では朴裕河『帝国の慰安婦』を擁護する一五人の使徒の叫びを紹介した。その中心人物が上野千鶴子であることは言うまでもない。上野は朴裕河の『和解のために』に推薦の解説文を執筆したのを手始めに、何度も朴裕河への賛辞を公表してきた。『帝国の慰安婦』出版を理由に刑事訴追がなされるや、朴裕河が和解を拒否したために訴追に至った事実を秘匿して、「学問の自由」への弾圧であるかのごとく描き出した。

上野の虚偽と歪曲は今日始まったわけではない。そのことを検証するために、本節では旧稿「上野千鶴子の記憶違いの政治学」、及びその続編である「『慰安婦』問題と〈粗野なフェミニズム〉」を掲載する（＊15）。

一 上野千鶴子の記憶違いの政治学

●はじめに

上野千鶴子「記憶の政治学——国民・個人・わたし」が『インパクション』一〇三号に掲載されている。

上野は「自由主義史観研究会」や「新しい歴史教科書をつくる会」などの日本型歴史修正主義の動きを批判

的に検討し、論争が歴史実証主義の罠と国民国家の罠にはまる危険性に警鐘を鳴らしている。「歴史学の方法論」をめぐる「認識論的疑い」「実証史学を超えて」「国民国家を超えて」とつながる華麗で鮮やかな展開は、事実を知らない者には魅力的にすら見えるようだが、数々の事実誤認と論理の飛躍がある。しかも「実証史学の論理を共有」する例として前田「差別と人権」（『インパクション』一〇二号）を引き合いに出して切り捨てているが、何を言っているのか理解しがたい。切られているようだが、なぜ、どのように切られているのかわからないのは居心地が悪い。『インパクション』編集部に反論を申し入れたが、諸般の事情から掲載されないことになったので、本誌（『マスコミ市民』）に掲載をお願いした。

●上野の前田批判

上野は、①前田が「実証史学の論理を共有」しており、②この論理の組み立てにはただちに三点の具体的な「反論」ができる、という。

前者には当たっている一面もないわけではない。「慰安婦」問題に関する日本政府の法的責任を問う文脈において、前田は国際条約に依拠し、条文の文言解釈を根拠とした論理を唱えており、その限りでは〈実証主義的〉である。だが、上野が使う「実証史学」は、まったく違う意味である。上野は「慰安婦」強制連行を裏付ける史料の有無をめぐる論争に関して「文書史料至上主義の実証史学」の罠を指摘している。ここでは「文書史料至上主義＝実証史学」とされている。実証史学が文書史料至上主義に陥る危険性を指摘しているとも読めるが、すべての実証史学は文書史料至上主義となるかのようにも読める。概念が不明確なのだ。いずれにせよ、このような意味で実証史学という用語を使うのであれば、前田は実証史学とは無縁である。

●含蓄がありすぎて

上野の「反論」について具体的に見てみよう。

「第一に、それなら条約締結以前の婦女売買や強制労働は『違法』ではないのか、という問いである」(上野)

①前田が指摘したのは「『慰安婦』は当時の条約違反であるから日本政府に法的責任がある」ということである。この点を認めるか否かがもっとも重要なのに、上野はそれを明らかにしない。

②前田は、日本が「一九三〇年にはILO二九号強制労働条約にも、加盟していた」とは『指摘』していない。上野の創作である。一九三〇年は強制労働条約の採択の年である。日本が強制労働条約を批准したのは三二年である。ケアレスミスに言いがかりをつけたいのではない。すぐ次の箇所で上野は次のように述べている。

「その歴史化とちょうど裏返しの論理を持っているのが、『戦前の公娼制もまた強制労働にほかならなかった』と主張する鈴木裕子の説である。『今日の人権論』の水準から戦前公娼制もまた『断罪』される」(上野)

「強制労働」との指摘をここでは「今日の人権論」と決めつけている。いったい上野にとって一九三〇年代は「当時」なのか「今日」なのか。

③日本政府の法的責任を問う文脈では、締結された国際条約や慣習国際法が根拠となる。実定国際法の土俵に立つ限りは、〈条約締結以前の婦女売買や強制労働は(実定国際法違反という意味では)『違法』ではない〉。形式的違法がなければ国家責任の追及は非常に困難である。当たり前ではないか。

④法思想の次元であれば話は別だ。条約締結以前から「違法なものは違法」と主張できる。婦女売買や強制労働は違法であるといくらでも主張できる。条約締結によって婦女売買や強制労働は、思想の上でも実定国

際法の上でも違法となったのである。重大人権侵害があったという意味では実質的違法があると言えるが、条約が存在しなかった時には形式的違法はなかったと言うしかない、ということである。次元の違う問題を指摘して「反論」したつもりになっているだけではないか。

「第二に、条約違反の国内的現実のなかで、ことさらに『慰安婦』だけがその対象となるのはなぜか、ということである」（上野）

①「条約違反の国内的現実」とは何を想定しているのだろうか。「慰安婦」は「国際的現実」であるが、なぜことさらに「国内的現実」だけを問題にしているのだろうか。

②「その対象」とあるが、この指示代名詞「その」は何を指しているのか、よくわからない。先行する名詞からあえて選べば「条約違反」であろうか。もしそうであれば今度は「ことさらに『慰安婦』だけが」の意味がわからなくなる。

③「ことさらに『慰安婦』だけが」を「戦後補償問題において国際法違反と指摘されている問題」として理解するとすれば、強制連行・強制労働、南京大虐殺、731部隊、平頂山事件をはじめ実に多くの問題が取り上げられている。「慰安婦」だけということはない。「日本型歴史修正主義者が『慰安婦』問題で攻撃を加えてきている問題」として理解するとしても、最初の攻撃目標は南京大虐殺であり、最近は三光政策である。歴史観そのものをめぐる攻撃が加えられている。「慰安婦」だけということはない。

●せっかくの教えだが

「第三に、国際法がその時代の列強間パワーポリティクスの妥協の産物であることは常識であるのに、国

際法に依拠する議論は既存の国際秩序を正義ととりちがえる働きをする」（上野）

①「常識」を教えていただいて大変ありがたいが、上野が引用した前田の文章の直前にはこうある。「当時も今も、国際政治は、軍事や経済の実力を背景に左右されてきた。国際法もその制約のもとにある」。この部分を隠して、国際法は妥協の産物という「常識」をぶつける議論の仕方はフェアでないし、的はずれである。

②国際法が妥協の産物であることだけを強調するのも理解できない。妥協の産物であり、時代の歴史的制約もあったにもかかわらず、当時の国際条約が婦女売買や強制労働を禁止（又は制限）していたことこそ重要なのである。

③「正義ととりちがえる働きをする」というのも、まったく理解できない。誰がそんな議論をしているのか。「議論は働きをする」というが、それは論理必然的なのか。そもそも「妥協の産物であることは常識」であるのなら「とりちがえる働きをしない」のではないか。「常識」でないから「とりちがえる」のだ。

前田の文章の標題は「差別と人権――規範的思考」である。「規範的思考」の基準を示すとすれば、こうなる、という話である。だから「当時の国際法の水準から見るとどうか」「当時の国際規範を見ただけでも、『慰安婦』は明らかに国際法違反であった」「これが最低限の規範的前提である」と、懇切丁寧に繰り返し議論の場を限定している。日本政府の法的責任を議論するために必要な最低限の議論の仕方を提示したのである。議論の出発点における確認事項である。もちろん、これだけが議論のすべてであるとか、これだけが土俵であるとかいったことは一度も言っていないし、そのような誤解を回避するために気を配っている。

●めくるめく論理

上野は「文書史料至上主義の実証史学」の罠を指摘し、この罠から逃れる必要性を強調する。だが、こんな一般論はいつでも誰でも言えることだ。問題は「文書史料至上主義の実証史学」とは具体的に何を指しているのか、である。

上野は「新しい歴史教科書をつくる会」と、それに対する対抗言説としての「吉見義明氏のような良心的な歴史家たち、それに鈴木裕子氏のような反天皇制的な女性史の担い手たち」などを取り上げて、両者は「基本的な歴史観・国民観を共有している」と一括りにする。「両者の第一の共有点は実証史学という方法論の前提である」と。そして「実証史学」が「文書史料至上主義」に陥る危険性を指摘する。

「どちらの立場からも忘れられているのが『被害者』の『証言』とそれがもたらしたパラダイム転換である。戦後半世紀たって、『慰安婦』経験者が『被害者』として『証言』したとき、『失われた過去』は初めて『もうひとつの現実』として回復された。そのとき、歴史が新しくつくりなおされた、といってもよい」(上野①対立するAの立場とBの立場を相互に突き合わせて検討し、両者の限界を克服しつつ新しいCの論理を編み出すという思考方法がある。上野の方法はこれとは異なる。対立するAの立場とBの立場の双方を単に一括りにして否定し、Cの論理を対置する。似ているが、違う。違いを見究めるには難しい理屈を唱える必要はない。

上野は、吉見義明や鈴木裕子に代表される言説に「良心的な歴史家、まじめな歴史家、実証史家」といった形容を付して、その限界を指摘し、実証史学を超えようとする。実証史学は「文書史料至上主義」に陥り、「文書史料至上主義の最大の問題は、それが被害者の証言の『証拠能力』を否認することである」と宣告する。

吉見や鈴木の代弁をする立場にないので、ごく簡単に指摘しておくにとどめる。吉見や鈴木は、事実を確定するために文書史料を調査・研究してきたが、「文書史料至上主義」に立ったとは到底考えられない。吉見や鈴木が「被害者の証言の『証拠能力』を否認する」どころか「被害者証言の重要性」を指摘してきたことは周知のことである。被害者証言の重要性を認識したからこそ、被害者救済の論理を構築するため、歴史の事実を徹底的に解明する作業に取り組んだのである。「史料で確認できるのは何か、その他の状況証拠から言えることは何か、被害者証言と突き合わせるとどうなるか」。議論の水準を区別し、真相解明に向けて協働してきたのである。

「わたしたちの前提は、被害者が思い切って口を開いたとき、その被害者の圧倒的な『現実（リアリティ）』から出発するほかない、ということである」（上野）

一見もっともらしいことを言っているが「被害者の圧倒的な『現実』から出発」したからこそ、吉見や鈴木らの調査・研究が成果を挙げたのである。しかも、文献研究だけをしたのではない。吉見も鈴木も被害者証言の現場に立ち会い、研究の糧にしてきた。彼らの研究は戦後補償運動の武器となり、被害者救済の根拠となってきた。謝罪と賠償を求める被害女性を勇気づけてきたのである。そうした「現実」を見ようとしない上野は今頃になって「『現実』から出発するしかない」とありきたりの一般論を述べ、さまざまの解釈を唱えるが、実際は「出発」しようとすらしない。

同じことを山下明子が明快に指摘している。「歴史学者として『従軍慰安婦』問題を研究し、かつ行動する鈴木氏の判断基準を『歴史の真空地帯に足場をおく』ものだというような批判は、逆に上野氏自身の足場への疑問を浮かび上らせる。元『慰安婦』の女性たちの告発は、九〇年代のジェンダー視点をもった歴史解釈によって可能となったとしても、彼女たちの現在性は解釈のことではない」(山下明子『戦争とおんなの人権』明石書店)。

②上野は「新しい歴史教科書をつくる会」と吉見・鈴木の「両者の第一の共有点は実証史学という方法論の前提である」と認定する。「新しい歴史教科書をつくる会」や「自由主義史観研究会」の方法論を「実証史学」だと言うのである。これはブラック・ジョークだろうか。藤岡信勝や小林よしのりらの議論が、歪曲と隠蔽とすり替えから成り立っていることはもはや明らかであるにもかかわらず、上野は彼らに「実証史学」の名誉を付与する。「『歴史観』の名にも値しない、思い込みでしかない論理」(藤野豊「『自由主義史観』とはなにか」同編『教室から「自由主義史観」を批判する』かもがわ出版)、「『ゴーマン』史観」(アジア女性資料センター編『「慰安婦」問題Q&A』明石書店)、「ウソ」(吉見義明・川田文子編『「従軍慰安婦」をめぐる30のウソと真実』大月書店)でしかないものを上野が「実証史学」と称するのはなぜなのか。「彼らは学問上の論戦を挑んでいるのではなく、学問的理性そのものに挑んでいる」(徐京植『分断を生きる』影書房)のに、彼らを「実証史学」と呼ぶことは「実証史学」に対する侮辱ではないだろうか。

上野の無謀な理屈はこれだけではない。別の箇所では「新しい歴史教科書をつくる会」を批判して「これは文書史料至上主義の実証史学の立場をとっている。しかしこれはネオナチの論理と変わるところがない」と批判している。そうであれば、上野の論理からは必然的に、吉見や鈴木の方法論が「ネオナチの論理と変わるところがない」ことになるはずである。なぜこうなってしまうのか。話は簡単である。概念定義もせずにその場の思いつきを並べているだけだからである。

●証言こそ重要と誰が言ったか

吉見や鈴木もその中に身を置いて重要な働きをしてきた戦後補償運動は、証言を重視してきた。「慰安婦」問題に限定してみても、画期的だったのは一九九一年八月の金学順さんの証言であり、九一年一二月の国際公聴会での多数の被害女性の証言であり、九二年から九三年にかけての国連人権機関でのロビー活動における被害女性の証言であり、例年夏に各地で開催される「心に刻む会」等の証言集会であり、「慰安婦」訴訟における原告らの証言である。被害証言が多くの人々の心を打ち、戦後補償運動の広がりをもたらした。アジアの被害者の連帯も広がった。戦後補償運動はこうした証言の掘り起し、各地における証言集会の開催、証言記録の出版に向けて協力しあってきた。

歴史学について見ても、こうした証言を重要視して歴史の中に位置づけるために研究が進められたことは明らかである。一例を示すと、吉見義明・林博史編『共同研究日本軍慰安婦』（大月書店）を見れば明らかなように、歴史資料と被害者証言を活用して「慰安婦」の全体像を解明する作業が進められている。だから、今回の「論争」においても、証言の証拠能力を否認するはずもなく「証言こそ証拠である」と唱えてきたのだ。

もう一つだけ例を示そう。ピースボートが主催して「歴史の事実を視つめる会」と「正論の会」とが直接対決した五月一二月のイベント「『元気が出る』歴史教科書を語ろう！」（東京ウィメンズプラザ）において、末広芳美は「わたしは証言こそが証拠であると思います」と繰り返し断定している（『ＭＡＲＵ』一一四号）。上野以外の誰もが証言の重要性を唱えてきたのだ（＊16）。

●素朴な認識論的疑い

上野は「歴史的『事実』というものは誰が見ても同じに見えるようなそんなに単純なものなのだろうか、という歴史学の方法論に関わる問い」について語り、「『言語論的展開』以降の社会科学はどれも、『客観的事実』とは何だろうか、という深刻な認識論的疑いから出発している」と語る。なるほど、お勉強していることはわかる。しかし、もっと素朴な次元での事実認識を反省したほうが良いだろう。たとえば上野は次のように述べる。

「『慰安婦』問題の歴史史料の発掘にもっとも精力的に貢献してきた良心的歴史家、吉見義明は『朝まで生テレビ』で小林よしのりらに問いつめられ、ついに日本軍の関与を正式に証明する文書史料が『ない』ことを認めた。もし文書史料至上主義に立つならば『ない』と認めるほかない」(上野)

①前田は当の『朝まで生テレビ』を見ていない。「認めた」と断定する上野は見たのだろう。しかし上野の文章には疑問がある。

②「見ていない」のにこのように書くと〈実証主義的〉ではないと思われるかもしれないが、同じ場面を小林よしのり『新ゴーマニズム宣言第三巻』(一七〇頁)は次のように描いているのだ。「『朝鮮では強制連行確認できていないんですね?』と西岡力氏に質問され、これは『そうですね』と認めたが、『えー今のところ植民地では確認できていないということですね。占領地ではありました』というあいまいな見解はくずしていない」。これなら合理的に理解できる。上野と小林の違いは二点ある。

第一は「植民地」という場所の限定である。吉見が場所を限定しているのに、上野は限定を無視する。先に見た、前田の国際条約に関する文章からの引用の仕方と同じである。フェアでない。

第二は「関与」と「強制連行」の違いである。吉見の発言は「奴隷狩りのような強制連行を軍が命じた公式文書史料は確認されていない」という趣旨であろう。上野は、吉見が「関与を証明する文書史料がない」と認めたとしているが、ありえない話である。

③ここで明らかなことは「論争」の焦点が理解されていないことである。だいたい小林よしのりが「関与はない」とか「関与を証明する史料はない」と言うことすらありえない。『新ゴーマニズム宣言第三巻』「特別篇ゴー宣版従軍慰安婦史料集」は「日本軍の関与はあったが、それは『よい関与』『いい関与』である」と懸命に主張しているのだ。

④「文書史料至上主義に立つならば『ない』と認めるほかない」というのも奇妙だ。「慰安婦」強制連行の史料は存在するが、もしそれが存在しないとすれば、確認されていないとすれば、「存在しない」「確認されていない」と言うのは当然であり、「文書史料至上主義」に立つかどうかとは関係ない。「文書史料至上主義」に立たない上野は、文書が存在しない場合でも「ないとは認めない」のか。上野は「文書史料至上主義」を多義的に用いているのではないか。

⑤現に吉見は次のように述べている。「女性たちが、どのように『丁重に』連れてこられたにせよ、慰安所において強制があれば、それだけで犯罪であるわけです。慰安所において強制があったことは、被害者はもちろん、加害者の記録と証言において十分に再現できます。また、吉田清治氏の言うような連行を別にすれば、植民地においても強制連行があったと、私は言っているのです。これまでの証言と資料によって、問題を起こした主体が国家であり、『慰安婦』制度というものがあった事実を、私は論証できます」(『論座』一九九七年一二月号)。

●「実証主義」以前

上野はなぜ「吉見は関与を証明する文書史料はないと認めた」と書くことができたのか。それは「強制連行」概念を理解していないためである。引用した文章の前後では上野も「強制連行」という言葉を使っている。しかし「強制連行」とは何かには関心を示さない。小林と吉見がそれぞれ異なる「強制連行」概念を使っていることにも気づかない。そのため、焦点がわからなくなって「関与はない」となってしまうのである。

①「講演記録なのだから講演の際に言葉を省略したためにこう表現しただけである」とは言えない。「論争」の焦点部分をこのように「省略」することは最初からまったく不当ではないか。

②活字化する際にわざわざ注をつけたり参考文献を列挙したりしてあたかも論文風にまで仕立てているのだから、単なる不注意とは考えられない。

③「強制連行とは何か」について言及しないまま、強制連行について語られている「論争」を「超えて」と称している。「論争」を「超える」ためには、まずその「論争」の中味を正しく理解する必要があるにもかかわらず。

④「ここでは書いていないだけで、実は『強制連行』概念くらい知っていた」とは言えない。小林と吉見の議論のずれに気づいていれば、もともとこのような文章を書くことができないからだ。

⑤二一頁もの長い文章なのに上野は「強制連行とは何か」を一度も問題にしようとしていない。先に見たように、前田への「反論」で上野は、前田の書いていないこと、取り上げていない次元の問題を引き合いに出している。前田のその文章はわずか二頁であるのに、そのなかで書いていないことで上野は「反論」する。ならば、二一頁もの長さの文章にもかかわらず肝心のことを書いていないのは「強制連行」概念を理解して

いないと断定されて当然であろう。

⑥現に「記憶の政治学」は先の引用に続いて次のように述べている。

「吉見氏が発見し、一九九二年の日本政府による公式謝罪発言のもとになった防衛庁防衛研究所図書館で発見された文書は、『強制連行』の傍証になっても『強制連行』の事実そのものを裏付ける史料ではない、ということがほぼ共通の了解となった」（上野）

ここではカッコつきで「強制連行」としているものの、実際には小林よしのりと同じ意味で用いている。「強制連行」概念を正しく理解していれば、小林と同じ意味で使うことはなかったであろう。

⑦結論。日本型歴史修正主義と吉見・鈴木とは方法論を共有していない。日本型歴史修正主義と上野が共有しているのは、いずれも「実証主義」の域にも達していないことである。「実証史学を超えて」と言うが、超えやすいように引き下げたバーを超えただけである。

●国際人権法から

上野は理由にならない理由で国際条約を基準にすることを排斥する。しかし「慰安婦」問題の解決に向けて九二年以来行われてきたのはまさに国際条約をめぐる熾烈な論戦であった。詳細は省略せざるをえないが、そこでは、性奴隷とは何か、強制労働とは何かが問われた。奴隷条約や強制労働条約等の当時の国際条約を根拠として違法性が追及された。当時の人権論が「慰安婦」を否定し、違法としていることを概念的に把握して初めて、今日の人権論の水準から再解釈することが有益である（＊17）。ところが、上野は国際条約に依拠した議論を排斥し、その結果として人権論自体も無視してしまう。大越愛子の次の指摘は興味深い。

「上野千鶴子の掲げたマルクス主義フェミニズムなるものが、人権論と無縁なのは、それがすぐれて日本流ポストモダンの産物であるからである。欧米においては、マルクス主義フェミニズムといえども人権論や他の差別問題との関連付けを看過することは許されない。もしそうすれば、それは人間解放理論としての思想的意味づけを失ってしまうだろう。思想において個的モラルを問わないのは、日本の悪しき伝統だが、日本のマルクス主義のブルジョワ・モラル批判で、それが正当化されてしまったのは、不幸なことであった」（大越愛子『闘争するフェミニズムへ』未来社）。

●わたし探しの物語

歴史認識の次元で法律論とは別の基準を採用するのは自由だ。しかし、法律論を否定してこれに取って代わるには、その正当性を論証する必要がある。上野はその責任を果たしていない。それでは「国民国家を超え」た上野はどこにたどり着くのだろうか。

「『国民』でもなく、あるいは『個人』でもなく。そのどちらの極にも振れずにどうやって『わたし』の責任を引き受けていくことができるか。」「ふたたび『慰安婦』の問題に問いをさしもどせば、国家の責任は『わたし』の責任ではないが、逆に国家の免責は『わたし』の免責にはならない。」「『慰安婦』問題は、彼女たちの問題ではない。それは『わたし』の問題なのである」（上野）

①つまり上野の「記憶の政治学」とは陳腐な〈わたし探しの物語〉なのである。だからこそ、二一頁にもわたる文章の中で、けっして一度たりとも被害者救済の必要性が説かれることはないのだ。「わたし」の問題である以上、「わたし」が「実証主義を超えて」「国民国家を超えて」いくことに意味があり、それに尽きる。

被害者救済は関心の外に置かれる。主題ではないからわざわざ指摘しなかっただけとの弁解は成立しないし、筋違いとの弁解も成立しないだろう。「慰安婦」問題について語る際の姿勢そのものが問われていることは改めて言うまでもない。被害者の現在性を「わたし」の現在性にすり替えて、被害者の告発を「解釈」の世界に押し込めることで、世界は「わたし」のものになる。

②「慰安婦」問題は日本の戦争犯罪であり、今日、国際的に日本政府の法的責任が問われている。たしかに「国家の責任はわたしの責任ではない」だろう。しかし、そんな当たり前のことをなぜ、いま、この文脈で言う必要があるのか。日本政府に法的責任を認めさせ、被害者に謝罪と賠償を実現することが「日本国民」の「責任」ではないだろうか。この点を無視して、「国民国家を超える」ことは「加害と被害」の関係をあいまいにしてしまう働きをする。自分だけ「国民国家を超えた」つもりになっても、アジアの被害者から見れば「日本国民」であることに何の変りもない。超えられない「国民国家」の現実に向き合い、「戦後責任」を果たすことが第一歩ではないだろうか。体当たりして落としたバーをこっそり元に戻して「超えた」つもりになってもらっては困る。ここでも山下明子の鋭い指摘がある。

「(上野の立論は)ジェンダーの視点から国民国家を全体的に否定する論調ではあるが、なぜ『従軍慰安婦』が現在化しているのかについて、公私一体化に固有の特色がある日本の天皇制国民国家とその『戦争体験』(戦争責任)を具体的に問う視点はここからは出てこないだろう。『外』=他者とのつながりにおいてジェンダー体験を省察できない限り、日本の女性が『国家』を超えることは、性差をなくすよりも困難だと思われる」(『戦争とおんなの人権』)。

③同じ問題を徐京植は次の様に述べている。「特権や既得権の政治共同体としての日本国家はあり、その成

員としての日本国民と言うものはある。戦争当事者でない世代の日本人にも、たとえ直接の罪意識はなくても、私はやはり『恥』以上のものを感じるべき責任があると言いたいのです」（徐京植『分断を生きる』）。

安直に「国民国家を超える」つもりになるのではなく、「国民国家」の現実に挑むことが求められているのである。

④国際条約に依拠する議論を排斥して国家の法的責任をあいまいにする議論は「アジア女性基金」の論理と見事に共鳴する。上野の主観的意図はともかく、「国家」でも「個人」でもなく「わたし」の責任を引き受け「わたしの問題」を解決するためには「アジア女性基金」という立派な受け皿があることになろう。しかしそれは「超えた」はずの国家の免責の論理でしかない。そのことによって和解の可能性を遠ざけ、被害者・被害者支援団体に分裂と不信を持ち込む最悪の事態を招き、新たな国際問題まで生み出していることを上野はよく記憶しておくべきではないか。

⑤上野の「記憶の政治学」の随所にちりばめられた事実誤認や歪曲は、その一つひとつをとっても看過し得ない問題をもつ。しかし「記憶の政治学」の最大の問題は、吉見や鈴木を中傷し、吉見らと日本型歴史修正主義を同列に並べ、国際条約に依拠した議論や人権論を封じ込め、それによって被害者救済の法的根拠から目をそらさせる役割を果たしていることである。

「上野や小倉千加子のフェミニズムの功罪は、よく言われるような彼女らの商業主義にあるのではない。世界観や価値観の変革を迫るフェミニズムの生真面目な精神に対する彼女たちの冷笑こそが問題なのだ。フェミニズムの根本精神を否定して憚らない不可解な発想が、フェミニストの名の下でマス・メディアを通して世間に流され、それが世界観や価値観を変えたくない多数派に受けたところに、問題があるといえよう」

(『闘争するフェミニズムへ』)。

本稿の結論は、この大越愛子の指摘と完全に合致する。

二　「慰安婦」問題と〈粗野なフェミニズム〉

●「慰安婦」問題の動向

日本軍「慰安婦」問題は一九九八年に入っても日本政府と「国民基金」の不誠実な対応によって、解決ではなく、さらなる混迷へと漂流を続けている。日本政府は、国連人権委員会第五四会期で「国民基金」の宣伝を行い「さらに理解を求める」と開き直っている。「理解しない被害者が悪い」という訳だ。「国民基金」は、被害者支援団体を中傷し、膨大な資金を投入した宣伝攻勢で屈服を迫っている。

国際的には国連人権委員会でクマラスワミ「女性に対する暴力」特別報告者の「国家による暴力」報告書が採択された。報告書は、他の一四か国の事例とともに、再び「慰安婦」問題を取り上げ、国際法に基づいた勧告を提示している。また韓国挺身隊問題対策協議会の努力で「アジア女性連帯会議」がソウルで開催され「慰安婦」問題を中心とする今日の「女性に対する暴力」問題への取組みの強化が図られた。韓国政府は、「国民基金」を拒否して闘うハルモニたちに闘争支援金を交付した。

ところが日本国内では、まったく違った文脈での論議が続いている。日本政府の無責任、「国民基金」の破廉恥に加えて、右翼による攻撃も続いている、日本軍国主義礼賛映画『プライド』の上映も行われている。

これらとは別に、一見すると中立さらしさを装ったり、誠実さや「学問」を看板にして、現実の問題状況を恣意的に切り捌く論調が幅を効かせてきた。護憲派と改憲派の対立を固定的かつ戯画的に設定して、あたかも両者の対立を乗り越えるかのごときポーズをとりながら、実は改憲派に大きく途を開いた加藤典洋『敗戦後論』（講談社）はその典型である。最新の実例は、「自由主義史観」派と「戦後補償」派をやはり戯画的に対立させて、実証主義や国民国家を乗り越えるとの掛け声のもと、実は国民国家の責任追及を解除しようとする上野千鶴子『ナショナリズムとジェンダー』（青土社）である。「国民基金」と「戦後補償」派の対立を、なぜか今、この時期にとりたててクローズアップして、数千万円の宣伝広告費を湯水のごとく費消している「国民基金」にわざわざ宣伝の場を提供した『インパクション』も同様の傾向を示す。

それぞれ主張の内容も力点の置き方も異なるが、これらに見事なまでに共通しているのは、一面的で恣意的な図式を前面に押し出して、現実の矛盾から目をそらさせていることである。そこでは議論する〈主体〉の、身勝手で内向きの〈主体的〉姿勢が、趣味的に語られる。現実の主体は視野の外に置かれ、時には攻撃対象とされる（＊18）。

●図式主義の陥穽

上野は、国民国家とかジェンダーとかフェミニズムとか、多彩な概念を駆使して鮮やかに「論理」を展開し、〈言説の闘争〉に勇ましくも鳴り物入りで参入する。それを上野は「思想」といい「方法論」という。なるほど「国民国家とジェンダー」をめぐる理論的分析を踏まえて「慰安婦」問題に切り込み「記憶の政治学」に挑む様は、一見すると魅力的ではある。数々の無視しえない事実誤認と論理破綻にもかかわらず、上野の言説がウケるのは、単に鮮やかで華麗な「論理」と巧みなパフォーマンスだけではなく、それなりに現状の気分を反映した論理構築がなされているからであろう。しかし、そこにこそ問題を指摘せざるをえない。さて、上野は「実証主義を超える」必要性を強調する。

「今日、『慰安婦』をめぐる攻防は『強制連行はあったか、なかったか』『日本軍の関与を証明する公文書は存在するか』という『実証性』の水準で争われているように見える」（上野）

かつて上野は「自由主義史観」も吉見義明・鈴木裕子らも、ともに「文書資料至上主義の実証史学」であると乱暴に極め付けた。そこでは「実証主義・実証史学」を多義的に用いていた。しかし今度は上野は「『自由主義史観』派は、『実証史学』の見せかけのもとに、『慰安婦』強制連行を証明する公文書史料がないことを問題とする」とし「もちろん吉見は単純な実証史家ではない」とする。これによって混乱は正されただろうか。そうではない。「『実証史学』の見せかけ」にすぎないはずの「自由主義史観」に対する批判が、その後の部分ではやはり実証主義批判として書かれている一方、「吉見は単純な実証史家ではない」というが、実証史家であるとの認識には変化がない。「単純な実証史家ではない実証史家」とはどのような実証史家であるのか、上野は明らかにしない。

そして「『実証史学』には『文書史料中心主義』と、史料の『第三者性』『客観性』に対する絶対視がある」とする。「文書史料至上主義」に代えて今度は「文書史料中心主義」という。これなら批判をかわせると踏んだのだろうが、両者はどう違うのか、果たして区別できるのかすら明らかではない。「至上」であれ「中心」であれ、結局は「実証史学」として論難の対象となっているのだから、これは批判をかわすための小手先の区別にすぎないのではないか。

こうした一見すると「瑣末な点」を取り上げて批判するのは、「瑣末な点」に見える箇所での概念の不明確と混乱が、図式主義の全体を通じて貫徹しているからである。「慰安婦」問題をもっぱら「自由主義史観」とそれを批判する側との対立に押し込んで、そのうえで両者は「実証史学」であるから乗り越える必要がある、という。両者はそれぞれどのような意味で「実証史学」であるのか。本当に「実証史学」であるのか。このことすら論証できないのに、いつの間にか同じ「実証史学」と断定して、自分はそれを乗り越えるかのようなポーズを取る。これは「単純な」図式主義ではないだろうか（＊19）。

●上野の敗北主義

これらは単に笑い話で済むが、笑い話で済まないのは、例えば上野が次のように書いている場合である。「法廷闘争に勝訴の可能性が小さい、と認めることは支援者の運動体にとって禁句となっている。『敗北主義』ととられるからである。」（上野）

いったいこれはどこの話なのだろうか。「慰安婦」訴訟はもちろん勝つために提訴し、そのための最大の努力を払っているが、「支援者の運動体」は「勝訴の可能性が小さい」ことをリアルに認識している。そもそも日本の裁判所においては政府を相手にした訴訟では勝訴の比率が著しく低いこと、まして戦後補償裁判では圧倒的に敗訴で終わっていること、また法廷における裁判長の訴訟指揮が公平さに欠けることを「運動体」も弁護団も常に目にしてきたし話題にしてきた。このままでは「勝訴の可能性が小さい」からこそ「運動体」も弁護団も懸命になって新しい法理を模索し、新しい事実を求め、署名や裁判所への葉書作戦や、時には抗議のＦＡＸを実践してきたのである。

「勝訴の可能性が小さい」と認めると「『敗北主義』ととられる」という記述には、上野の〈敗北主義〉が如実に現れている。「運動体」の現場では「勝訴の可能性が小さい」と認めることが「『敗北主義』ととられる」ということは考えられない。第一に、それがリアルな認識であれば、それをバネにさらに運動の工夫をするのが常識である。第二に、戦後補償運動自身もそうだが市民運動は裁判で大いに負けてきた。裁判で勝訴することに慣れていないほどである。だから「『敗北主義』ととられる」ことを心配する必要はない。こんな心配をするのは、現場を知らない上野が〈勝訴の可能性が小さいことを認めることは敗北主義だ〉と勝手に思い込んでいるためではないだろうか。上野は次のようにも書く。

「不利を承知であえて法廷闘争に持ち込むのは、勝訴のためと言うより、法廷での言説の闘いが公共的な空間にもたらす象徴的な効果を期待してのことである。」(上野)

しかし、法廷闘争は言説だけの闘いではない。また「大衆的裁判闘争」を知っていれば「象徴的な効果」などと言ってすますはずもない(＊20)。

●概念定義できない理由

上野はしばしば「思想」と称し「方法論」と称する。しかし、実証史学・実証主義の概念定義すらできないように、鍵概念を多義的に用いることが少なくない。実証史学以外ではたとえば「反省史」である。上野は次のように言う。

「ジェンダー史がポスト構造主義の諸潮流と共通して持っているこのような自己言及性・自己反省性をさして、わたしは『反省史 reflexive history』と名づけた。反省の意味は、内省的であると同時に、自己言及的かつ自己批判的という意味をこめた。」(上野)

この通りなら特に問題は生じない。しかし、鈴木裕子を批判した際に、このような意味ではなく、日常用語の「反省」の意味をストレートに持ち込んで「反省的女性史」という用語を実に否定的なニュアンスで用いたのではないか。上野流の定義による「反省」と日常用語の「反省」との混同に見える。上野は、読者が勝手に混同したのだと言うかもしれないが、「記憶の政治学」は読者が混同するように書かれていたのではないか。

次に「戦争犯罪」と「犯罪」である。上野は『ナショナリズムとジェンダー』の末尾で次のように言う。「『慰安婦』問題が突きつける問いは、たんに戦争犯罪ではない。戦争が犯罪なのだ」。上野はこの一節がよほど気に入っているらしく『週刊読書人』九八年五月一日号でも次のように述べている。

「予期していなかった結論ですが、そこまで行っちゃったんです。書いているうちに、論理の力でというか、勢いでというか、行っちゃった。『慰安婦問題』について、『戦争犯罪である』という言い方はしばしば行われてきました。その言い方のどこかには『きれいな戦争』『正しい戦争』という前提があるんですね。犯罪を伴わない合法的な戦争はある、という信念群を反対派の人々でさえ捨ててはいないように見えます。」（上野）

ここにも概念の混乱と論理の飛躍がある。

第一に、「慰安婦」問題について「戦争犯罪」という場合は「人道に対する罪」や「狭義の戦争犯罪」の意味で用いられている。「慰安婦」問題について「性奴隷」という場合は奴隷条約に違反する事態としての性奴隷を意味している。上野は国際条約に依拠した議論を否定するが、現に国際社会でも日本国内でも、この意味で用いられてきたし、今も用いられている。「戦争犯罪」とは国際人道法（戦時国際法）に規定された概念である。そして、上野は、国際条約とは異なる上野自身の「戦争犯罪」概念を提示していない。

第二に、「戦争が犯罪なのだ」という場合、この「犯罪」はどのような水準の概念だろうか。明らかに国際人道法の水準の概念ではない。まして国内刑法の水準でもない。つまり、上野は、水準のまったく異なる概念を並べて、意味のない指摘をしたにすぎないのである。

第三に、「戦争が犯罪なのだ」という主張を批判しているのではない。たしかに戦争は「犯罪」として理解されるべきだ。しかし「戦争は犯罪だ」という思想は、まさに戦後平和主義そのものである。日本国憲法前文及び九条は単に「戦争は犯罪だ」と言うだけでなく、戦争による恐怖や欠乏を解明し、平和思想を展開している。平和運動はこれを平和的生存権として発展させてきた（前田朗『平和のための裁判』参照）。戦後補償運動が平和運動と重なっていることは、人的にも思想的にも改めて説明するまでもなく明らかなことである。ところが、上野は半世紀におよぶ平和主義と平和的生存権の歴史をまったく無視して、「予期してなかった結論」などと、さも新しげに述べる。しかも「戦争が犯罪なのだ」と題目を唱えるだけで、中身は何もない。にもかかわらず「合法的な戦争はあるという信念群」などと勝手な理屈で他者に難癖をつける。

以上のように、上野は自分が論理を進める際の鍵概念について概念定義をしない。というよりも明らかに概念を混同し、時と場合によって多義的に用いている。「実証史学」「反省史」「戦争犯罪」のいずれを見ても、概念の混乱が論理の飛躍に結びついている。

上野が概念定義をしないことには、すでに定評がある。例えば江原由美子は「私は、上野氏の『物質』、『物質的基盤』、『物質的基礎』、『唯物論的分析』等の言葉の使用法は非常に粗雑であり、非常に一般的な概念において使用されたり、非常に限定的な意味において使用されたりしている……あまりにも乱暴であり過ぎ、理論的対話にはほとんど寄与できないと思う」と述べる（『装置としての性支配』）。森田成也は、上野を含めた家父長制概念を批判的に検討し、概念の混乱を整理している（『資本主義と性差別』）。大越愛子は、上野の「戦略の一つに、概念を華麗に操るが、その意味内容に決して明確な定義を与えないというのがある」と指摘する（『女性・戦争・人権』創刊号）。なぜこのようになるのか。それを知るためには、さらに上野の主張内容に立ち入る必要がある。

●上野のナショナリズム

上野は「フェミニズムはナショナリズムを超えられるか」と問いを立てる。「国家を超える」としたり「国民国家を超える」としたり「ナショナリズムを超える」としたり、概念の混乱は上野の十八番だが、それはここでは問わない。問題は「ナショナリズムを超える」必要性を盛んに強調しながら、上野自身が実はナショナリズムに染まっていることである。

第一に、上野の著作全体を貫いて用いられている用語自体が国家の用語なのである。「私の母を辱めるな」と言う徐京植に対して、上野は「なぜ家族の用語で語るのか」と批判する。日本の戦争犯罪を追及してきた韓国挺身隊問題対策協議会（挺対協）・尹貞玉に対して、上野はナショナリズムから脱していないと批判する。日本民族が朝鮮民族等に対して犯した戦争犯罪、しかも男が女に対して犯した戦争犯罪を語るのに、家族や民族の用語を用いるのは、むしろひとまず自然なことである。それを批判しておきながら、上野が多用するのは国家の用語にすぎない。

第二に、用語だけではなく分析方法という点でも、疑問がある。上野は条約に依拠した議論を排斥したが、その際の分析は国際法が国民国家を前提としたパワーポリティクスの妥協の産物だという、実に古典的な国民国家体制の論理にすぎない。超えると称した国民国家にどこまでもとらわれている。国民国家の内在的分析によって国民国家の論理そのものを喰い破る戦略をとる場合ならともかく、上野の分析はそうではない。

さて、上野は次のように述べる。

「『市民社会論』者、橋爪大三郎の『啓蒙』はわかりやすすぎるほどに明快である。彼は、戦争責任の問題は『大日本帝国』と『日本国』の連続性の問題だとする。たしかに日本国憲法が大日本国憲法の改正のかたちをとった以上、そこには法的主体としての連続性がある。企業を吸収合併してもそれ以前の企業の負債を引き継がなければならないように、『日本国』は『大日本帝国』から、植民地を失った後の領土も債務も引き継いでいる。法理的には、日本国は大日本帝国の犯した犯罪の責任をとるのが正しい。主権者としての国民は『国民として』責任をとるのが正しい、という結論が引き出される」(上野)

上野は「橋爪氏の意見にわたしは全面的に同意する」としている。これは奇妙な話ではないか。

第一に、上野は「慰安婦論争」に関しては法律に依拠した議論を排斥した。ところが、ここでは必要もないのに「法理的には」などと法律に依拠した議論を展開している。しかも「法理的には正しい」というのも誤りで「法理的に」間違いだらけである。

第二に、橋爪の議論は、まったく「明快」ではない。日本国憲法が大日本帝国憲法の「改正」の形式をとったのは歴史的偶然にすぎない。橋爪・上野の理屈では、たまたま「改正」の手続きを取らなければ戦争責任の継承はないことになってしまう。結果だけをとらえて憲法制定過程を無視した議論をするからこうなるのだ。

第三に、橋爪・上野の理屈は日本国憲法だけを論拠としている点であまりに非常識である。日本国に戦争責任があるか否かは、日本国憲法の内容や手続きだけで決まるものではない。ポツダム宣言やサンフランシスコ講和条約に至る一連の歴史過程を無視した議論はナンセンスとしか言いようがない。

日本国の戦争責任は国際問題であって国内問題ではない。このことは既に上野に対して批判しておいたのだが、上野には相変わらず戦争責任が国内問題としか見えないようだ。戦争責任問題を日本国憲法の枠だけに押し込んで語る無惨なナショナリズム。上野の用語では「一国フェミニズム」！

●上野の差別主義

上野は日本版「歴史修正主義」を批判し「フェミニズムとジェンダー史が積み上げてきた成果に対する深刻な挑戦だ」と受け止める。これは正当な判断であろう。上野は、女性史研究の困難に触れて次のように述べる。

「もちろん『女について』書かれた文書や図像は残っている。だが、それも『男によって書かれた女についての表象』にほかならない。『男によって書かれた女についての表象』は、女についてどんな『事実』を語っているのだろうか。今日の歴史研究の水準からは、『表象』を『事実』ととり違えるようなナイーヴな歴史観はもはや成り立たない。『男によって書かれた女についての表象』は、女についてどんな『事実』も伝えないが、男が女について何を考え何を幻想しているかについての男の観念については雄弁に語る」(上野)

さて、上野のナショナリズムと人種差別は、挺対協への「批判」に露骨に表れている。上野は挺対協、特に尹貞玉に対して「韓国ナショナリズムナショナリズム」の嫌疑をかけるのだ。

しかし、挺対協の問題提起と活動は決して韓国ナショナリズムの枠にとどまるものではない。「アジア女性連帯会議」をはじめとする様々の連帯活動の場で、挺対協が果たしてきた役割が十分すぎる証拠である。挺対協は国連人権委員会や人権小委員会にも繰り返し参加し、発言して、「女性に対する暴力」の理論的解明にも多大の貢献をしてきた。こうした事実を無視して挺対協に単なる韓国ナショナリズムを見るのは、上野自身がナショナリズムにとらわれているからでしかない。自己のナショナリズムを他者に押しつけて、これを論難するのは、やはり人種差別の所産ではないか。〈上野によって書かれた尹貞玉についての表象は、尹についてどんな事実も伝えない〉。

さらに「フェミニズムの旗手」と称する上野（『発情装置』）の女性差別疑惑（?）を指摘しておこう。

第一に、上野は次のように述べる。

「『従軍慰安婦』という歴史的『事実』は知られていた。……だが、ほんの最近になるまで、それを『犯罪』として問題化する人々はいなかった。事実はそこにあった、が、目に見えなかったのである。」

ならば、〈問題化もせず、見ようともしなかった上野の「フェミニズム」〉とはいったい何なのか。「日本軍の冒した性犯罪であるというパラダイム転換」などと言うが、上野の「フェミニズム」が「慰安婦」問題を性犯罪とは見ていなかったことは明らかである。上野は「慰安婦」問題を性犯罪ではなく、何と見ていたのか。なぜ上野は「慰安婦」問題を問題化しえなかったのか。こう問うことこそが第一歩であろう。そうした〈反省〉がないのはなぜか。

第二に、上野は「国民基金」との関係について次のように弁明する。

「『国民基金』に先立つ数年前から、わたしは何人かの仲間たちと語らって、ひそかに生存者の生活支援のための募金運動をNGOとして組織する準備を進めてきた。あまりに多くの困難と障害のためにこのアイディアはついに実現を見なかったが、そのための準備と『国民基金』の発表とがたまたま時期的に重なったために、一部の人々の間で、『政府の意を体するもの』とはなはだしい誤解にさらされた」（上野）

しかし、問題は「たまたま時期的に重なった」ことではない。日本国に法的責任があるか、道義的責任だけなのかが激しく争われているまさにその時に、法律や条約に依拠することを徹底して拒否する上野の論理が「国民基金」に親和的なことが問題なのだ。「生活支援のための募金活動」という発想自体、被害女性たちを救済対象としてしか見ていないことを露呈している。被害女性たちは性奴隷という性暴力、戦争犯罪を告発し、日本国家の責任を追及する〈主体〉として闘っているのに、上野は被害女性たちを〈客体〉にとどめようとする。現実の〈主体〉に相談もなしに「ひそかに」事を進める愚かさにも気づこうとしない。上野は挺対協・尹に韓国ナショナリズム嫌疑をかけるが、上野の人種差別・女性差別疑惑の方が、はるかに強いのではないか。

●おわりに

上野は「思想」と言い「方法論」と言う。そして「言説の権力闘争に参入する」ことを目的とする。「現実の闘争」から逃走して〈言説の闘争〉に参入するのは、上野の自由であり、誰も批判しない。問題は〈言説の闘争〉から「現実の闘争」を勝手に切り捌く姿勢にある。しかも、その論拠として「思想」だ「方法論」だと言うが、これまで見てきたように上野の「思想」や「方法論」には疑問がつきまとう。権威主義にしか見えない。上野は次のように言う。

「『言語論的転回』以降の社会科学はどれも、『客観的事実』とは何だろうか、という深刻な認識論的疑いから出発している。歴史学も例外ではない。歴史に『事実』も『真実』もない。ただ特定の視角からの問題化による再構成された『現実』だけがある、という見方は、社会科学のなかではひとつの『共有の知』とされてきた。社会学にとってはもはや『常識』となっている社会構築主義（構成主義）……」（上野）

「社会科学」が次には「社会学」に置き換えられ、「共有の知」が「常識」にされる。しかし「言語論的転回」と言い「社会構築主義」と言っても、一流派の思考に過ぎない。論証ぬきの断定が多すぎる（松村高夫「歴史における事実とは何か」新井・松村・本多・渡辺『「事実」をつかむ』こうち書房、参照）。「言語論的転回」などと勿体をつけるまでもなく、客観的事実とは何かは社会科学の大問題であり続けてきた。「『事実』はそのまま誰が見ても変わらない『事実』であろうか?」と言うが、こんなことはギリシャ・ローマの時代から問題だったのである。「事実」をめぐる対立があるから、「解釈」をめぐる対立があるから、人類は裁判制度を編み出してきたのだ。この程度のことを「言語論的転回」と言うのであれば、言葉の遊びに過ぎない。

上野の「思想」や「方法論」は、粗野な事実認識、つまりおびただしい事実誤認を正当化するための権威主義的マジック・ワードにすぎないのではないか。

三　小括

以上、本節一及び二は二〇年前の筆者の上野批判の再録である。上野が「慰安婦」問題について国際法、国際条約に依拠した議論を乱暴に非難し続けたことを確認し、上野の「思想」と「方法論」の実態を明らかにした。

そもそも、藤岡信勝や小林よしのりらの歴史修正主義を「実証史学」に祭り上げ、学問として扱う上野は失格である。上野は次々とデタラメを並べ立てて、歴史修正主義を学問に持ち上げた。必死になって歴史修正主義を粉飾し、その伴走者となった。他方で、上野は吉見義明や鈴木裕子らを侮辱し、歴史修正主義と同列に扱う。おひとりさまの偽装学問によって、歴史修正主義の「外野席の応援団長」として大活躍した。同じことが今なお繰り返されている（＊21）。しかも、今や『和解のために』と『帝国の慰安婦』の朴裕河を異様に持ち上げ、「慰安婦」被害者に対するセカンドレイプに加担している。中野敏男は「『フェミニスト』であると自認しているはずの上野千鶴子は、『慰安婦』制度のもとで生き延びることを選んだ宋神道の『命きたない』という言葉を捉えながら、それと朴裕河のセカンドレイプ発言とを区別することができない」と明快に診断を下す（＊22）。その根因は上野フェミニズムの方法論そのものにあるだろう。

〈註〉

（＊1）前田朗『戦争犯罪論』（青木書店、二〇〇〇年）、同『ジェノサイド論』（青木書店、二〇〇二年）参照。

（＊2）前田朗「戦時性暴力を裁いたセプル・サルコ裁判――グアテマラ女性の闘いと日本」『世界へ未来へ　9条連ニュース』二五五号、二〇一六年［本書一三九頁以下参照］。

（＊3）上官の刑事責任について、前田『ジェノサイド論』前掲参照。

（＊4）ＩＣＣ規程第二八条ａ「裁判所の管轄権の範囲内にある犯罪についての刑事責任であってこの規程に定める他の事由

に基づくもののほか、

(a)軍の指揮官又は実質的に軍の指揮官として行動する者は、その実質的な指揮及び管理の下にあり、又は状況に応じて実質的な権限及び管理の下にある軍隊が、自己が当該軍隊の管理を適切に行わなかった結果として裁判所の管轄権の範囲内にある犯罪を行ったことについて、次の（i）及び（ii）の条件が満たされる場合には、刑事上の責任を有する。

（i）当該指揮官又は当該者が、当該軍隊が犯罪を行っており若しくは行おうとしていることを知っており、又はその時における状況によって知っているべきであったこと。

（ii）当該指揮官又は当該者が、当該軍隊による犯罪の実行を防止し若しくは抑止し、又は捜査及び訴追のために事案を権限のある当局に付託するため、自己の権限の範囲内ですべての必要かつ合理的な措置をとることをしなかったこと。」

（＊5）Women's Initiatives for Gender Justice, ICC first Conviction for acts of sexual violence, 21 March 2016.

（＊6）以下、日本ラテンアメリカ協力ネットワークの新川志保子さんからの情報による。

（＊7）前田朗「植民地解放闘争を矮小化する戦略」同編『「慰安婦」問題の現在――「朴裕河現象」と知識人』（三一書房、二〇一六年）。さらに筆者が関与したものとして、前田朗編『「慰安婦」問題・日韓合意を考える』（彩流社、二〇一六年）、「戦争と女性への暴力リサーチセンター」編『日本人「慰安婦」』（現代書館、二〇一五年）、「戦争と女性への暴力リサーチセンター」編『「慰安婦」バッシングを越えて』（共著、大月書店、二〇一三年）、日本軍「慰安婦」問題webサイト制作委員会編『性奴隷とは何か：シンポジウム全記録』（共著、お茶の水書房、二〇一五年）。なお、『帝国の慰安婦』に関する検討として、鄭栄桓『忘却のための「和解」――『帝国の慰安婦』と日本の責任』（世織書房、二〇一六年）。

（＊8）前田朗「『慰安婦』問題と学問の暴力――植民地主義とヘイト・スピーチ」同編『「慰安婦」問題の現在』前註。

（＊9）金富子「上野流フェミニズム社会学の落とし穴」『商学論纂』（中央大学商学研究会）五八巻五・六号（二〇一七年）。さらに金富子「『帝国の慰安婦』と消去される加害責任――日本の知識人・メディアの言説構造を中心に」中野敏男・板垣竜太・金昌禄・岡本有佳・金富子編『「慰安婦」問題と未来への責任――日韓「合意」に抗して』（大月書店、二〇一七年）。

（＊10）小野沢あかね「フェミニズムが歴史修正主義に加担しないために――『慰安婦』被害証言とどう向き合うか」中野ほ

か『「慰安婦」問題と未来への責任』前註（9）。

（＊11）中野敏男「日本軍『慰安婦』問題でなお問われていること――『終わらせる合意』に抗して」中野ほか『「慰安婦」問題と未来への責任』前註（9）。なお、鵜飼哲・岡野八代・田中利幸・前田朗『思想の廃墟から』（彩流社、二〇一八年）参照。

（＊12）徐京植『日本リベラル派の頽落　徐京植評論集Ⅲ』（高文研、二〇一七年）。

（＊13）浅野豊美・小倉紀蔵・西成彦編著『対話のために――「帝国の慰安婦」という問いをひらく』（クレイン、二〇一七年）。一五人の使徒は次の通り。浅野豊美（早稲田大学教授）、小倉紀蔵（京都大学教授）、西成彦（立命館大学教授）、東郷和彦（京都産業大学教授）、外村大（東京大学教授）、中山大将（京都大学助教）、四方田犬彦（明治学院大学教授）、熊木勉（天理大学教授）、中川成美（立命館大学特任教授）、加納実紀代（女性史研究）、藤井貞和（詩人・日本文学）、熊谷奈緒子（国際大学准教授）、上野千鶴子（東京大学名誉教授）、天江喜久（台湾・長栄大学副教授）、金哲（延世大学校名誉教授）。

（＊14）同書には韓国挺身隊問題対策協議会の名前が頻繁に出てきて、何度も非難されている。ところが、韓国挺対協の主張をその文書から引用することはしない。論者が自在にまとめた言葉で語られるに過ぎない。同書には吉見義明の名前が出てくる（五四頁、外村大）が、吉見の研究内容は紹介されず、主張が引用されることもない。女性国際戦犯法廷が出てくる（一七一頁、西成彦）が、時代背景の説明のために出てくるにとどまり、女性国際戦犯法廷がいつどのように開かれたのか、主催者はだれか、判事は誰か、どのような判決かは紹介されない。同書には松井やより、西野瑠美子、中原道子、鈴木裕子、大森典子、金富子、小野沢あかね等々が登場しない。林博史、戸塚悦郎、荒井信一、鄭栄桓らも、VAWW NET／RACも登場しない。批判対象を明示せず、ひたすら揶揄に励む同書の姿勢は一貫している。

（＊15）本節一は、前田朗「上野千鶴子の記憶違いの政治学」『マスコミ市民』三四六号（一九九七年）の再録である。なお、前田朗『戦争犯罪と人権』（明石書店、一九九八年）。本節二は、前田朗「『慰安婦』問題と〈粗野なフェミニズム〉」『統一評論』三九五・三九六・三九七号（一九九八年）の再録（一部省略）である。

（＊16）「歴史の事実を視つめる会」とは、一九九六年から二〇〇五年頃にかけて、「慰安婦」問題をはじめとする歴史教科書問題に取り組んだグループの名称である。主なメンバーは筆者の他、西野瑠美子、俵義文、南雲和夫など。その活動の記録として、荒井信一・西野瑠美子・前田朗編『従軍慰安婦と歴史認識』（新興出版社、一九九七年）。

（＊17）女性国際戦犯法廷について、VAWW NET Japan編『女性国際戦犯法廷の全記録ⅠⅡ』（緑風出版、二〇〇二年）、同編『Q＆A女性国際戦犯法廷』（明石書店、二〇〇二年）。

（＊18）上野千鶴子『ナショナリズムとジェンダー』は「慰安婦」問題での「論争」を誘発した著者のこの間の論文を一冊にまとめたものである。上野からの批判への応援の経過を列挙すると次のようになる。
①前田「規範と人権」『インパクション』一〇二号
②上野「記憶の政治学」『インパクション』一〇三号（①を批判）
③前田「上野千鶴子の記憶違いの政治学」『マスコミ市民』三四六号（②を批判）
④上野「現在進行形で続く被害者の沈黙を聞く」『論座』三三号
⑤上野「ポスト冷戦と『日本版歴史修正主義』」『論座』三五号
⑥前田『戦争犯罪と人権』（③を収録）
⑦上野『ナショナリズムとジェンダー』（③を批判）
そこで、⑦を中心に、そこには収録されていない④と⑤をも加えて、上野に対する再反論を試みたい。

（＊19）上野にはうっかりミスが多い。上野千鶴子『ナショナリズムとジェンダー』には、理論的にも多くの疑問を提示せざるを得ないが、実は理論的に検討する意欲すらなくなるほど事実誤認が多く、しかもその事実誤認に基づいて他者を「批判」したり、根拠のない議論を展開している点でいっそう多くの疑問を感じざるをえない。上海から重慶へと逃れて対日放送を行った長谷川テルを「北京放送」したことにしたり、編集者・中米研究者の太田昌国を沖縄県知事に「任命」したり、「国連人権会議」に「現代性奴隷制部会」なるものを「新設」したりする様は、上野の愛嬌といえなくもない。

（＊20）大衆的裁判闘争とは、治安維持法による弾圧に抗して展開された救援運動や、戦後の松川事件をはじめとする誤判・冤罪事件での救援運動などにおいて、被弾圧者・弁護人・救援者が連帯して闘ってきた闘争形態と思想である。救援運動は、弾圧を放置・傍観して別次元の運動を展開するのではなく、犠牲者救援のための具体的行動に向かわなくてはならないからである。「慰安婦」訴訟や強制連行・強制労働訴訟など戦後補償裁判においても、戦争犠牲者・植民地被害者、弁護団、支援者が協力し合って裁判闘争を構築していった。このことを理解できないのが上野千鶴子である。

（＊21）最近の上野の見解は、二〇一五年五月三日朝日新聞オンライン記事で確認することができる。第一に「なぜ基金に反対したのですか」と問われて、上野は次のように述べている。「国の基金ではないし、日本政府の責任をあいまいにするものだった。代替案として、市民基金のようなものを作れなかったのかという思いはありますね」。それでは「日本政府の責任」とは何だろうか。上野の理屈からすると、法的責任ではない。となると、道義的責任を意味することになる。日本政府に法的責任があるのか道義的責任だけなのかが争われているのに、上野はそこを「あいまいにする」。

第二に上野は次のように述べる。「政府の公式謝罪を市民が代わってすることはできない。でも国家を背負っていない市民も共感を示すことはできる。ＮＧＯで市民基金が実現していたら、その共感をもっとうまく伝えられたかもしれない。できなかったのは運動の側に力量がなかったこともあるけど、支援者側には政府の責任追及が最優先でお金による解決に忌避感があった」。「政府の公式謝罪を市民が代わってすることはできない」のはその通りだが、そこからなぜ「市民基金」になるのか、意味不明である。市民には「国家に謝罪するように働きかける責務」「努力する義務」があるのだ。上野は二〇年前の妄想に過ぎない「市民基金」などを持ち出して、重要なことを「あいまいにする」。

第三に上野は次のように述べる。「自社さ政権のもとで村山談話が出され、不十分ながらも戦後補償の枠組みが示された。アジア女性基金を推進した人たちが、こうした状況を千載一遇のチャンスだと考えた政治判断は、歴史的に見れば当たっていた。痛恨の思いをこめ、それは認めざるをえません。これほど政治や世論が右傾化するとは、当時は思ってもみなかった」。上野の敗北宣言である。「アジア女性基金」の「政治判断は、歴史的に見れば当たっていた」ことを「認めざるをえません」と明確に述べているからである。二〇年もの間、アジア女性基金を推進してきた和田春樹でさえ「国民からの基金で『償い金』を出すという政府の基本コンセプトに本質的な欠陥があることがわかった」と誤りを認めた。ところが上野は今になって「アジア女性基金」の「政治判断は、歴史的に見れば当たっていた」などと翼賛に励む。なお、上野の『ナショナリズムとジェンダー』はその後『ナショナリズムとジェンダー新版』（岩波現代文庫、二〇一二年）と版を改めた。しかし、誤った記述が訂正されていないと、金富子・前註（9）が指摘している。

（＊22）中野敏男「日本軍『慰安婦』問題でなお問われていること」中野ほか『「慰安婦」問題と未来への責任』前註（9）。

Ⅱ　差別と闘う法理

第4章　ヘイト・スピーチの憲法論

第1節　憲法原理とレイシズム――民主主義と人間の尊厳

一　民主主義とレイシズムは矛盾する

ヘイト・スピーチの議論では、従来ややもすると憲法の基本原理をないがしろにして、憲法第二一条の表現の自由の解釈論だけを優先する傾向が強い。しかし、ヘイト・スピーチの規制をめぐる憲法上の主要な論点は、表現の自由に限られるものではない。日本国憲法が予定する民主主義とは何か。人間の尊厳や人格権をどのように位置づけるか。法の下の平等を実現するために政府は何をするべきか。基本原理に照らして検討することが不可欠である。

●民主主義と人種主義の背反性

「ヘイト・スピーチといえども表現であり、これを規制すると表現の自由を委縮させることになる」、「デモは集会の自由であり、民主主義の基本だから権力がヘイト・デモを規制してはならない」といった類の言説が繰り返される。民主主義を根拠にするかのごとく装っているが、結果としてヘイト・スピーチ、ヘイト・

デモを擁護する姿勢は、果たして民主主義の基本をわきまえていると言えるだろうか。二〇一六年三月一八日、国連人権理事会第三一会期において「民主主義と人種主義の背反性に関するパネル・ディスカッション」が開催された。筆者は同パネルを傍聴した。以下ではその公式記録から紹介する（*1）。

冒頭、ケイト・ギルモア国連人権高等弁務官陪席が開会演説を行った。ギルモアによると、世界各地で人種、宗教、民族的憎悪が広まっている。外国人嫌悪や被害を受けやすいコミュニティをスケープゴートにすることを公然と唱道する政治的指導者がいる。主要新聞や国会議員が難民や移住者を「侵略者」と非難し、マイノリティを否定的に特徴づけている。ジェンダー差別が被害を大きくしている。ギルモアは、人種主義は基本的に民主主義の中心原理や価値と衝突すると言う。すべての個人の平等権を尊重・保護しない社会は民主主義社会とは言えない。人種的ステレオタイプを撤廃するために教育が重要である。国家はインターネットやソーシャルメディアを含むすべての局面で人種的優越性や憎悪の観念の流布に反対するべきである。各国は人種差別や外国人嫌悪と闘うために政治的道義的リーダーシップを果たすべきである。

パネリストはロナルド・クリスイム・セナ・バロス（ブラジル人種平等政策促進特別事務長）、ジェローム・ジェイミン（リエージュ大学教授、ベルギー）、エミーヌ・ボズクルト（民主主義と電子援助国際研究所顧問、元ＥＵ議会議員）である。

バロスはブラジルにおける黒人運動の重要性を強調した。ブラジルでは八〇年以上にわたって人種主義者の活動が続いた。奴隷制廃止から一〇〇年後の一九八八年憲法は法の下の平等を定めた。人口の五〇％以上がアフリカ系住民であり、貧困の縮減・解決を求めてきた。貧困率は漸次減少し、多くの黒人市民が公教育を受けるようになった。黒人だけでなくマイノリティ、青年、女性のための平等政策が採られ、二〇〇三年、人種平等促進事務局が設置された。民主主義運動が人種主義と闘ってきた歴史であると述べる。

ジェイミンは極右と伝統的政党の間で民主主義の定義が異なると言う。極右にとって民主主義とは選挙によって支持を得たという正当性を意味し、既存のルールに則って得票を獲得することが目的となる。極右にとってはこれで十分な正当性が得られたことになる。伝統的政党にとっては、票を得ることは必要条件であるが十分条件ではない。伝統的政党は、国際人権文書の核心をなす価値や諸原則を尊重することも目的とする。「選挙手続きを尊重する」ことと「基本的人権と価値」とが必要であり、後者の観点から前者をチェックする。民主的手続きと定期的選挙のもとで、拷問、恣意的逮捕、国家による人種主義その他の差別に寛容であることはできない。欧州における移住者政策のように、実際には伝統的政党も直接間接に人権を侵害する政策を採ることがあるので、ジェイミンは、国家政策や民主主義を促進する文書において「基本的人権と価値」についてさらに議論するよう提言する。

●民主主義と反差別

ボズクルトは、難民の危機が深まり、公共空間に人種主義的議論が普通に見られるようになり、極右が市民の怒りを誘発するのを助ける結果となっていると指摘する。以前は一部の国の議論だった難民の危機が、二〇一五年、欧州への難民流入が増加したことから劇的に変化した。極右リーダーが難民排斥キャンペーンを行い、大衆の怒りと人種主義に火をつけている。ボズクルトによると、極右は表現の自由を悪用し、移民に反対し、人々を人種主義へと向かわせる。極右は自国の伝統と価値を擁護すると唱える。主流政党の言説も極右に影響を受けて接近し、人種や民族に基づいて他者を侮辱する。ＥＵには極右の増加に警鐘を鳴らし、基本的人権を保障する全体的アプローチを形成する責任がある。

続いて二六カ国の政府代表、二つの国際機関、七つのNGO代表が発言した（日本政府は発言しなかった）。多くの代表が人種主義団体を非難し、人種主義に基づく法律は民主主義に反すると主張した。成熟した民主主義国においても、移住者、難民、マイノリティのように被害を受けやすい集団に属する個人が暴力被害を受けていることが確認された。民主主義的価値を根拠にして外国人排斥を正当化する概念の混乱が生じていると指摘された。民主主義、透明性、参加、責任、人権尊重が人種主義を予防し撤廃するために重要である。人種主義や外国人排斥によって行われた犯罪を処罰しないことは、民主主義や法の支配を強化することの妨げとなっている。教育の重要性も強調され、貧困を克服し、持続可能な発展を促進し、人種主義を撤廃するための機会を与えるのが普遍的で自由な教育であるとされた。

最後にパネリストたちは、人種主義や人種差別と闘うための教育の重要性を強調し、各国において奴隷制の歴史を教えるなど、過去に学ぶことを推奨した。パネリストたちは、人種憎悪を煽動する政党を禁止する法制度を有する国や、そうした政治団体への資金提供を停止する国があることを確認し、反人種主義立法が最善の手段であるとした。スポーツにおける反人種差別キャンペーンの重要性が語られた。人種差別撤廃条約、人種差別反対ダーバン宣言と行動計画、ヘイト・スピーチ禁止ラバト行動計画の完全な履行の重要性が指摘された。

民主主義を口実にヘイト・デモを擁護する日本憲法学の異様さがよく理解できるであろう。ここで問われるべきは、日本国憲法の予定する民主主義の理解である。単に形式的に民主主義的制度が採用されていれば良いというものではない。実質的な民主主義の実現のためにいかなる法理論が配備されるべきかである。結果として民主主義に適っていることだけではなく、決定過程の民主主義も求められることは言うまでもない。

二　人間の尊厳とは何か

1　はじめに

朝鮮人集住地域に対するヘイト・デモを行ってきた人物が、二〇一六年六月五日にヘイト・デモを開催するため、川崎市に市内の公園使用許可申請を出すとともに、神奈川県公安委員会にデモ申請を行った。一六年五月三〇日、川崎市はヘイト・デモの公園使用許可申請に対して不許可決定をした。これまでの経緯から、同様のヘイト・デモが行われる可能性が高いため「不当な差別的言動から市民の安全と尊厳を守るという観点から判断した」（傍点引用者）という。

続いて六月二日、横浜地裁川崎支部は、五日に予定されていたヘイト・デモについて、標的とされた地点から半径五〇〇メートル以内のデモを禁止する仮処分決定を出した。川崎支部は、成立したばかりのヘイト・スピーチ対策法の定義に照らしてヘイト・スピーチに当たると認定し、不法行為になると判断した。差別的言動は違法性が顕著であり、集会や表現の自由の保障の範囲外であるとし、人格権を侵害される差別的言動を事前に差し止める権利があるとした。ところが、六月三日、神奈川県警と公安委員会は、デモ申請を受けて、公安条例に基づく道路使用許可を出した。当初予定とはコースを変更してなされたとはいえ、ヘイト・デモの被害者である在日朝鮮人の尊厳と人格権を無視する判断である。

川崎市は尊厳を語り、横浜地裁川崎支部は人格権を語った。メディアもそれをきちんと報じた。尊厳と人格権を守るためにヘイト・スピーチを規制しなければならない。欧州諸国の刑法でも、ヘイト・スピーチによって侵害される法益は人間の尊厳（及び／又は公共の平穏）とされる。それでは人間の尊厳とは何であろうか。

2　憲法における人間の尊厳

●憲法における個人の尊厳

憲法における人間の尊厳については議論が分かれている。日本国憲法では人間の尊厳という言葉が用いられていないからである。

憲法第一三条は「すべて国民は、個人として尊重される。生命、自由及び幸福追求に対する国民の権利については、公共の福祉に反しない限り、立法その他の国政の上で、最大の尊重を必要とする」として、個人の尊重と幸福追求権を定め、人格権を意味すると理解されている。これを人間の尊厳と読む見解も存するが、「個人の尊重」「個人の尊厳」と言えても「人間の尊厳」とは言えないとの理解もある。

憲法第二四条二項は「配偶者の選択、財産権、相続、住居の選定、離婚並びに婚姻及び家族に関するその他の事項に関しては、法律は、個人の尊厳と両性の本質的平等に立脚して、制定されなければならない」として、個人の尊厳に言及しているが、配偶者の選択など家族関係事項の立法に関して用いられた表現であるため、一般条項としての人間の尊厳と同じ意味で理解することは難しいとされる。このため個人の尊厳と人間の尊厳との関連を明らかにする必要があるとされてきた。

●個人の尊厳と人間の尊厳

佐藤幸治は「第二次大戦後に制定されたドイツの憲法が、『人間の尊厳の不可侵』を基礎に据えて基本権を保障する趣旨を明らかにするとともに、『自己の人格を自由に発展させる権利』を明示し、日本国憲法が、『個人の尊重』『個人の尊厳』を基本的人権の保障の根底に据えているのは、現代国家における個人のあり様の難しさへの配慮に基づくものである」と述べる（＊2）。「配慮に基づく」の主語が何であるのか不思議な文章だが、ドイツと日本を対比しようとしていることはわかる。ともあれ、佐藤は「個人の尊重」「個人の尊厳」「人格の尊厳」原理を唱え、幸福追求権とともに「基幹的な人格的自立権」とまとめる。

辻村みよ子は「このように、人権の根拠の問題は、人間の本質論や文化論にもかかわるため、簡単に論じることはできない。人権思想自体が近代以降の個人主義や合理主義哲学のもとに形成された一定の価値選択の帰結であることからすれば、人権の根拠についての完全無欠な論証は困難であり、今日では、人間の尊厳や人間主義を基礎にして、人権を人間の尊厳に基づく固有の価値として捉えておくことが妥当であろう」と述べる（＊3）。さらに辻村は「一三条の『個人の尊重』原則は、二四条の『個人の尊厳』やドイツ連邦共和国基本法一条一項の『人間の尊厳』と同義に解されてきた。これに対して、『個人は人間として尊厳を有する』のであって『個人として尊厳を有するものではない』として両者の区別を主張する見解も存在する」としたうえで、憲法二四条の「個人の尊厳」とは「個人の、人間としての尊厳」の趣旨であると言う。

長谷部恭男は、憲法一三条が包括的基本権を定めたものとする解釈を説明する文脈で、「個人の自立の核心にかかわる、公共の福祉による制限を受けない権利は、個人の尊重を規定する憲法一三条前段によって保障されているべきであろう。同条後段と異なって、前段には、公共の福祉による制限が付されていない」とする(*4)。長谷部は個人の尊重を語るが、個人の尊厳や人間の尊厳について特に言及しない。

右の引用だけからでも次のような疑問がわく。第一に、個人の尊厳や人間の尊厳のような、基本的人権を理解するためにもっとも基礎となる概念について、憲法学にはおよそ共通理解が存在していないのではないか。第二に、人間の尊厳は果たしてドイツ由来の概念なのだろうか。人間の尊厳を理解するためにドイツ憲法を引き合いに出すことに合理性はあるのだろうか。第三に、個人の尊厳と人間の尊厳とは「同義」なのか、それとも両者を対比して区別しなければならないような「現代国家における個人のあり様の難しさへの配慮に基づくものである」のだろうか。憲法学は初歩的疑問に答えない。

●国際人権法における人間の尊厳

憲法学者は参照しようとしないが、人間の尊厳概念は国際人権法において基本的概念として採用されてきた。一九四五年の国連憲章前文は次のように述べる。「われら連合国の人民は、われらの一生のうちに二度まで言語に絶する悲哀を人類に与えた戦争の惨害から将来の世代を救い、基本的人権と人間の尊厳及び価値と男女及び大小各国の同権とに関する信念をあらためて確認し（以下略）」。

一九四八年の世界人権宣言前文は次のように述べる。「人類社会のすべての構成員の固有の尊厳と平等で譲ることのできない権利とを承認することは、世界における自由、正義及び平和の基礎であるので、人権の無視及び軽侮が、人類の良心を踏みにじった野蛮行為をもたらし、言論及び信仰の自由が受けられ、恐怖及び欠乏のない世界の到来が、一般の人々の最高の願望として宣言されたので、人間が専制と圧迫とに対する最後の手段として反逆に訴えることがないようにするためには、法の支配によって人権保護することが肝要であるので、諸国間の友好関係の発展を促進することが、肝要であるので、国際連合の諸国民は、国際連合憲章において、基本的人権、人間の尊厳及び価値並びに男女の同権についての信念を再確認し、かつ、一層大きな自由のうちで社会的進歩と生活水準の向上とを促進することを決意した（以下略）」。

「人類社会のすべての構成員の固有の尊厳」及び「基本的人権、人間の尊厳及び価値並びに男女の同権」が明記されている。

一九六六年の二つの国際人権規約前文も「この規約の締約国は、国際連合憲章において宣明された原則によれば、人類社会のすべての構成員の固有の尊厳及び平等のかつ奪い得ない権利を認めることが世界における自由、正義及び平和の基礎をなすものであることを考慮し」と述べている。

以上から明らかなように、人間の尊厳は国連憲章を基礎とし、国際人権法の基本概念として明示的に採用されている。現代法のもっとも重要な基本概念の一つである。人間の尊厳を語る際に、国際法を無視して、一九四九年のドイツ連邦共和国憲法の条項だけを論じるのは非常識と言うしかない。翻って見ると、人間の尊厳研究の第一人者であった憲法学者は司法試験問題をひそかに女性受験生に漏えいして刑事裁判で有罪判決が確定した。電車内の痴漢容疑で現行犯逮捕され東京大学教授を辞職した憲法学者は、いつの間にやら某大学教授となり尊厳に関する著書を出版した。憲法学に人間の尊厳とは何かを尋ねても無駄なようだ。

2　近代における人間の尊厳

●ヨンパルトの見解

憲法学においては人間の尊厳に関する定説はないようだが、さまざまな学問分野で多様な研究が積み重ねられてきた。いくつかの見解を見ていこう。

ホセ・ヨンパルトは「歴史的に考えると、西洋の文化において、人間の尊厳がつねに同じように理解されて来なかったことは事実である」として、①キリスト教における人間の尊厳、②世俗化された人間の尊厳、③法律的な内容となった人間の尊厳の三つの段階に分ける（*5）。ヨンパルトによると、キリスト教における人間の尊厳は「人間そのものの価値ではなく、むしろ人間だけにある神との固有のつながりの価値を認めることである。旧約聖書によれば、神は人間を自分に似せて作り、この世の他のすべてのものを支配させた。これによって、人間は『神の似姿』と呼ばれるようになったが、新約聖書では人間は神であるキリストの尊い血によって救われたと記録されている。これも人間に限られることであると同時に、人間の価値を表している。さらに、人間だけが神の永遠のいのちに与るよう召されていることが、キリスト教の重要な教えである」。一五世紀のイタリアのピコ・デラ・ミランドラの『人間の尊厳について』は人間の尊厳に関する最初の著作であり、人間は動物と異なり自分を作り上げるものであり、良心に従って判断することの重要性を指摘したという。

ヨンパルトは、近代における思想の世俗化に伴う人間の尊厳の世俗化を、「人格は客観的目的である。すなわち、それの存在がそれ自体において目的であるようなものであり、しかもこの目的の代りに、それらのものを単なる手段として用いるような他の目的をおくことはできないのである」というカントの「人倫の形而上学」で代表させる。「実は、カントの見解では人間の尊厳に直接関連するのは道徳律と自律である。自由、すなわち必然的な法則性から解放されていることは、自律の一つの前提であるが、自律は自立ではなく、自由でもなく、律（道徳）を自発的に自分のものにすること、すなわち道徳律に従うことである。要するに、人間の尊厳はカントによって世俗化されたと同時に、完全に道徳化されたと言えよう」。

●中山将の見解

中山将は「種々の要因のために、人間は人間として当然な最低限の処遇を欲しても叶えられないことが少なくない。『尊厳』はそのような限界状況にある人々について、しかも『人間』のみでなくその属性に付していわれる」と言う(＊6)。中山は、カントに従って、①人格としての価値、②心意の価値、③無条件的価値、として特徴づけ、「尊厳が人間であることと不可分であり、そのゆえにいかなる侵害によっても奪われ得ないのであるなら、侵害行為は、まずもって尊厳を支え、支えであるがゆえにこれを損なうと尊厳をも侵犯しかねないものへの侵入、と解される」と言う。中山によると、人間の尊厳を支えるのは、第一に人格、第二に人権、第三に身体、第四に生命である。中山は「いかにして人間の尊厳を守るか」と問い、「基本的原理」と「実践的原則」に分けて論じる。基本的原理として、①自立尊重の原理は「人の自律的行動が他者による統御的拘束に服さないこと、自律的意思決定権は自由やプライヴァシー等の権利という形をとることに関わる」。②無危害の原理は「他者に危害（身体的もしくは精神的利益に対する妨害）を加えず、そのリスクを負わせないとするものである」。③仁恵（受益）の原理は「利益の提供のみならず、危害が不可避な場合に利益と危害の均衡を要求する」。④正義の原理は「等しいものは等しいように、等しくないものは等しくないように扱うこと、どの人にもその需要に応じて等しい分け前を与えることを求める」。実践的原則については、特に生命倫理に関連して「からだの扱いに関する三原則」として、①本人同意、②無償、③匿名を掲げ、上位原則として、①公序、②審査を掲げる。

●尊厳論の限界

ヨンパルトと中山は人間の尊厳の歴史的意味、特にキリスト教的な意味から世俗化して以後の意味への展開を明らかにし、人間の尊厳の基本的内容を示している。ヘイト・スピーチの議論に際しても、これらの議論に学ぶことは必要である。もっとも、議論の方法には無視しえない限界がある。

第一に、ホセ・ヨンパルト、秋葉悦子『人間の尊厳と生命倫理・生命法』も高橋隆雄編『ヒトの生命と人間の尊厳』も、生命倫理問題に限定して人間の尊厳を論じているため、再生医療、ヒト胚問題等をその対象としている。生命倫理は人間の尊厳を論じるべき重要課題であるが、人間の尊厳は生命倫理に限られる主題ではない。第二に、ヨンパルトも中山も、人間の尊厳をカントに代表される西欧近代の思想として論じている。しかし、人間の尊厳が西欧固有の思考であることを論証しているわけではない。第三に、ヨンパルトも中山も、カントに代表される西欧近代の思想を生み出した歴史の現実に目を向けない。西欧近代は個人主義や自由主義思想の土壌であると同時に、資本主義社会であり、さらに言えば植民地主義の盛況を迎えた時代である。換言すると、西欧近代の人間の尊厳論は植民地主義や奴隷制と共存した。この現実に目を向けずに人間の尊厳を論じることには疑問が残る。

3　日本社会と人間の尊厳

長町裕司・永井敦子・高山貞美編『人間の尊厳を問い直す』は、人間の尊厳が西欧由来の概念であり、近代西欧の合理主義や啓蒙主義の刻印が明瞭であり、今日においても西欧的含意が圧倒的に強いことを前提としつつも、「単に西洋の精神性に偏向したままでは空け開くことが等閑にされてしまう東洋の伝統に学び開眼する上で、先ずは日本の宗教史及び教育史における探求を通しての、また日本の思想的伝統からの〈人間の尊厳〉の基礎の開拓と発見」をめざす(*7)。

日本における人間の尊厳の位相と変遷を探る試みは、法学における人間の尊厳論にも一定の示唆を与えるであろう。最後に若干の感想を記しておきたい。

第一に、これまでの人間の尊厳論が西欧中心主義的であるとしても、人間の尊厳そのものはすべての人間社会に成立しえたのではないか。長町らは「中国の文化的―精神的伝統からの研究、古代インドの宗教思想が人間の尊厳の理解にどのような光明を投げかけてくるのか」を「今後の課題」としている。日本のみならず、中国文化やイスラム文化にも視野を広げた研究が望まれる。

第二に、神道や仏教に人間の尊厳につながる芽があったとすれば、封建時代はもとより、明治以後の近代日本においてさえ人間の尊厳が育まれたとは言えないのはなぜなのだろうか。人間の尊厳が阻まれたのは歴史の偶然なのか、日本文化の必然なのか。さらなる掘り下げが求められる。

思想のレベルでの人間の尊厳にも確固たる定説があるわけではないが、社会や人間を考察する際に人間の尊厳を基礎に据えるべきことについては共通の理解があると言えよう。

第2節　日本国憲法のレイシズム

一　問題意識

『序説』では「表現の自由を守るためにヘイト・スピーチを規制する」と主張した。本書もこの主張を何度も繰り返すことになる。

例えばヘイト団体による公民館や公共公園の利用について、ヘイトを行う可能性が高い場合には、地方自治体はその利用を認めてはならない。なぜなら、自治体はヘイトに加担・協力してはならないし、ヘイト・スピーチを放置するとマイノリティの表現の自由が奪われる。マジョリティの表現の自由に伴う責任が放棄されたままとなる。ヘイト・スピーチによる人間の尊厳の侵害と民主主義の破壊は深刻である。被害が重大なので悪質なヘイト・スピーチを規制する必要がある。この社会で民主主義を実現し、表現の自由を守るためにはヘイト・スピーチを規制しなければならない。この立場から、ヘイト・スピーチに関する憲法学者の見解を検討し、規制に消極的な「消極派」の主張は日本国憲法の民主主義観、表現の自由、人格権や人間の尊厳を正しく理解していないのではないかと指摘してきた。検討を重ねるにしたがって、問題の根源はそもそも日本国憲法の中に内在しているのではないかと考えるようになった。日本国憲法の制定過程や憲法の構造の中にも、レイシズムが埋め込まれているのではないか。ポスト・コロニアリズム研究やヘイト・スピーチ法研究の結果として、このような疑問が顕在化してきた。そこで本節では、日本国憲法について「レイシ

図表6　日本国憲法のレイシズム

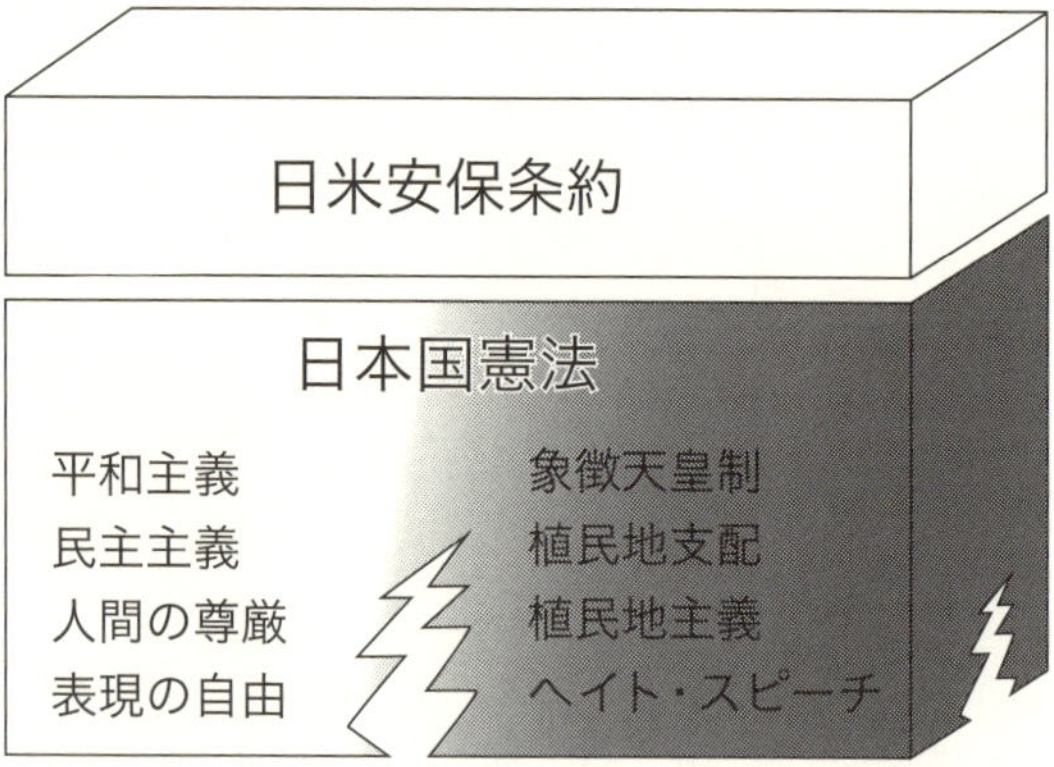

ズムを克服する側面」と「レイシズムを助長する側面」が混在・同居しているのではないかという関心から検討を加えることにしたい（図表6「日本国憲法のレイシズム」参照）。

二　レイシズムを克服する側面

日本国憲法は、第二次大戦（アジア太平洋戦争）の敗北後、GHQ占領下において、形式上は大日本帝国憲法の改正として制定された。そこには侵略戦争や軍国主義下の人権侵害への反省が込められており、レイシズムを克服する側面を見ることができる。

憲法前文第一段落は「諸国民との協和による成果」に言及し、「政府の行為によつて再び戦争の惨禍が起ることのないやうにすることを決意」するとしている。憲法の基本精神である平和主義と国際協調主義の前触れが明らかになっている。憲法前文第二段落は、第一に平和主義（恒久の平和を念願）、第二に国際協調主義（平和を愛する諸国民の公正と信義に信頼）を前提にして、第三に国際社会における「名誉ある地位」を願い、第四に「圧迫と偏狭を地上から永遠に除去」することを国際社会の課題としている。第五に「全世界の国民が、ひとしく恐怖と欠乏から免かれ」ることを求めている。憲法前文第三段落は、国際協調主義を再確認している。日本国憲法は第二次大戦とファシズムへの反省に立って制定されたものであり、前文はその基本精神を表明している。

憲法第九条が戦争放棄、戦力不保持、交戦権の否認を定めていることは言うまでもない。憲法第一三条は個人の尊重、人格権、幸福追求権などの規定である。この規定は個人主義を定めるものであるが、日本国憲法を個人主義だけに絞り込むべき理由はない。個人の尊重には、諸個人の属性によるステレオタイプな取り扱いの否定も含まれると理解することができる。憲法には社会権の規定も含まれる。第一三条に人間の尊厳を読み込む学説も存在する。人格権の保障を憲法の基本精神に立てるなら、戦争とファシズムによる被害を受けた人々の人格権の再建こそが第一でなければならない。戦争と軍国主義による被害を受けたアジア各国人民の人格権の保障は日本国憲法の前提である。

憲法第一四条第一項は「すべて国民は、法の下に平等であつて、人種、信条、性別、社会的身分又は門地により、政治的、経済的又は社会的関係において、差別されない」と定める。「国民」が差別されないことを規定しているが、ここにいう国民はつねに日本国籍保持者に限定されるものではない。国政選挙権のように、事柄の性質上、日本国籍保持者に限定される場合を除いて、日本国籍保持者以外にも法の下の平等は適用される。「人種、信条、性別、社会的身分又は門地」が明記されているが、これは限定的列挙ではなく、例示的列挙であり、民族もここに含まれる。第一四条は人種・民族による差別を禁止し、法の下の平等を確保するよう求めている。誰もが法の下に平等であって、差別されない権利を有している。人種・民族その他の理由による差別を許さないことの中核には、かつての戦争とファシズムによって被害を受けたアジアの人民が含まれるのが当然である。このことを抜きに憲法を解釈してはならない。第一四条は、アジアの人民が日本で「ヘイト・スピーチを受けない権利」の根拠である。

さらに確認するべきは次の二つの条文である。第一一条「国民は、すべての基本的人権の享有を妨げられない。この憲法が国民に保障する基本的人権は、侵すことのできない永久の権利として、現在及び将来の国民に与へられる」。第九七条「この憲法が日本国民に保障する基本的人権は、人類の多年にわたる自由獲得の努力の成果であつて、これらの権利は、過去幾多の試錬に堪へ、現在及び将来の国民に対し、侵すことのできない永久の権利として信託されたものである」。これらの条項は「国民」という制約がある点で不十分であるが、基本的人権が近代市民社会の基本思想に発し、これらを発展させたものであり、さらに「将来の国民」に保障されるべきであるという普遍的価値観を表明している。

三　レイシズムを助長する側面

他方、日本国憲法には残念ながらレイシズムを助長する側面がある。

第一に、大日本帝国憲法とその下での戦争とファシズムの遺産である。ポツダム宣言にいう「日本国国民ノ間ニ於ケル民主主義的傾向ノ復活強化」が求められたため民主的な憲法が制定されたが、その遺産は本当に克服されたであろうか。換言すれば、憲法改正過程における脱植民地化、脱軍国主義化がいかになされたか。なるほど脱軍国主義化は一定の成果を得た。しかし、脱植民地化がなされたとは言えない。憲法改正過程においてもその後の憲法解釈を見ても、植民地支配についての検証も反省もなされなかった。

第二に、日本国憲法には「領土」の規定がない。諸外国の憲法には領土を定める規定が見られる。領土、国民、主権が国家の三要素と言われるように、憲法が適用される地理的空間的範囲を定める必要がある。カイロ宣言は「朝鮮ノ人民ノ奴隷状態ニ留意シ軈テ朝鮮ヲ自由且独立ノモノタラシムル」とし、ポツダム宣言は「日本国ノ主権ハ本州、北海道、九州及四国並ニ吾等ノ決定スル諸小島ニ局限セラルヘシ」としている。とはいえ、宣言を受諾したことによって「領土」変更がなされたわけではない。日本領を定めたのはサンフランシスコ条約である。条約第二条は、朝鮮の独立、台湾、千島列島及び樺太の一部、国際連盟の委任統治領（南洋諸島）、新南諸島・西沙諸島への権利放棄などを定めている。ポツダム宣言とサンフランシスコ条約の間に制定された日本国憲法にはその適用範囲（領土）を示す表現が全く含まれていない。その議論も十分なされなかった。

第三に、「国民」である。憲法前文はいきなり「日本国民は」と始まり、日本国民が繰り返し登場するが、誰が日本国民であるかを示さない。憲法第一条は主権在民の規定と言われるが、天皇と国民の関係を定めたものである。そして、憲法第一〇条は「日本国民たる要件は、法律でこれを定める」とする。憲法を見ても国民の内実は不明である。実際には一九四五年一二月の衆議院選挙において旧植民地出身者の選挙権が停止された。沖縄県も除外された。そして、憲法施行の前日に昭和天皇最後の勅令によって旧植民地出身者の国籍が剥奪された。国民の範囲を極めて恣意的に決めてきた。ここにレイシズムの重要な根拠があると言うべきであろう。

第四に、天皇である。絶対主義天皇制から象徴天皇制への変更に焦点を当てれば、戦後民主主義の意義を語ることができる。だが、天皇制そのものは延命した。しかも、昭和天皇が「神」から「人間」に横滑りし、極東国際軍事裁判（東京裁判）で裁かれることもなかった。そして、憲法第一条によって国民と天皇が結びつき、ナショナリズムの中軸となった。

第五に、日米安保条約である。国家の基本法たる憲法よりも上位にあるかのごとき安保条約が、主権原理をゆがめ、平和主義を封じ込め、基本的人権を侵害し、沖縄に対する構造的差別を必然化している。本書では日米安保条約に踏み込んだ議論を展開しないが、この点を忘れることはできない。

四　レイシズムを隠蔽する機能

日本国憲法にはレイシズムを克服する側面とレイシズムを助長する側面が混在・同居している。それでは、両者はどのように混在・同居しているのであろうか。両者は無関係に同居しているわけではない。両者は相互に影響を与え、矛盾しあいながら同居していると見るべきである。

憲法前文における戦争への反省、第九条の戦争放棄はレイシズムを克服する側面と言えるが、同時に大日本帝国憲法とその下での戦争とファシズムの遺産が残存し、日本国憲法には「領土」の規定がないことも微妙な問題として残されている。このことに気づけば見えてくるのが、かつての植民地支配である。

1　領土／植民地問題

現在の日本領土は本州、北海道、九州、四国及び付属島嶼である。これは日本国憲法ではなくポツダム宣言に由来し、詳細はサンフランシスコ条約に定められている。

ポツダム宣言第八項は「カイロ宣言ノ條項ハ履行セラルベク又日本國ノ主權ハ本州、北海道、九州及四國竝ニ吾等ノ決定スル諸小島ニ局限セラルベシ」としている。これはカイロ宣言の次の規定を受けたものである。「同盟国ノ目的ハ日本国ヨリ千九百十四年ノ第一次世界戦争ノ開始以後ニ於テ日本国カ奪取シ又ハ占領シタル太平洋ニ於ケル一切ノ島嶼ヲ剥奪スルコト並ニ満洲、台湾及澎湖島ノ如キ日本国カ清国人ヨリ盗取シタル一切ノ地域ヲ中華民国ニ返還スルコトニ在リ。日本国ハ又暴力及貪慾ニ依リ日本国ノ略取シタル他ノ一切ノ地域ヨリ駆逐セラルヘシ」。「三大国ハ朝鮮ノ人民ノ奴隷状態ニ留意シ軈テ朝鮮ヲ自由且独立ノモノタラシムルノ決意ヲ有ス」。

そして、サンフランシスコ条約第二条は領土等の放棄を定める。すなわち、朝鮮の独立承認。済洲島、巨文島及び欝陵島を含む朝鮮に対する全ての権利、権原及び請求権の放棄。台湾・澎湖諸島の権利の放棄。千島列島・南樺太の権利の放棄。国際連盟からの委任統治領であった南洋諸島の権利の放棄。同諸島を国際連合の信託統治領とする一九四七年四月二日の国際連合安全保障理事会決議を承認。南極（大和雪原など）の権利の放棄。新南群島（スプラトリー諸島）・西沙群島（パラセル諸島）の権利放棄。さらにサンフランシスコ条約第三条は、南西諸島（北緯二九度以南。琉球諸島・大東諸島など）・南方諸島（孀婦岩より南。小笠原諸島・西之島・火山列島）・沖ノ鳥島・南鳥島をアメリカ合衆国の信託統治領とする同国の提案があればこれに同意することを定めている。ただし、実際には南西諸島は国連信託統治領にはならなかった。

近代政治学では領土、国民、主権を国家の三要素とみる。にもかかわらず、日本国憲法に領土規定がないのは、ポツダム宣言からサンフランシスコ条約に至る過程で制定され、日本の領土が定まっていなかったからである。日本とはどこなのか。現在では日本列島が日本であると安直に語られるが、近現代史において日本領は著しい変容を遂げたことがわかる。

2　植民地忘却問題

日本列島が日本であるという領土認識は、植民地の喪失と、その忘却の上に成り立っている。そのことを見事に論証したのが、権赫泰・車承棋編『〈戦後〉の誕生――戦後日本と「朝鮮」の境界』である(＊8)。

日本の「戦後」は「朝鮮」の消去の上にある――このテーゼに導かれた七編の論考がこのテーゼを肉付けし、補強し、完成させる。半世紀をかけて膨張してきた日本が一九四五年の敗戦によって日本列島に縮小した。そのことの思想史的意味を問う必要がある。植民地の消去は地理的にも人間的にも文化的にも遂行される。大日本帝国の領土が消去され日本列島だけに焦点があてられる。

旧植民地出身者は排除され、大和民族・日本国籍の日本がつくりだされる。多民族社会化した文化は「純粋」の日本文化に洗練され直す。歴史も記憶も意識も将来展望も、すべてこの位置から透視され、改変され、改編され、紡ぎだされる。権赫泰は植民地忘却の典型例としての丸山眞男政治学の批判的分析を通して、丸山政治学にとどまらず、日本の政治風土を隅から隅まで徹底的に問い直す。小松川事件を、日本の文学者、在日の文学者、韓国のキリスト者たちがそれぞれの場でどのように受け止め、どのように対峙していったかを比較検討することを通じて、東アジアにおける日本の位置を再測量する。他者を排除して立上るレイシズムに満ちた日本が浮上する。

一人だけ日本国籍の中野敏男の論文が冒頭に置かれているが、憲法学者・宮沢俊義の「八月革命説」にもかかわらず、戦時体制が継続して戦争責任が封印され、戦後革命と国際主義が自壊し、「方法としてのアジア」になだれ込んだ帰結として、民衆における植民地主義の清算が全くなされずに来た歴史をくっきりと提示し、巻頭にふさわしい内実を備えている。

戦後は終わった。戦後民主主義は虚妄だった。戦後レジームからの脱却——何度となく語られながら、いまだ終わらない東アジアと日本の〈戦後〉の誕生の秘密を解明して初めて、その終わらせ方の議論が始まる。権らは日本と朝鮮の関係に焦点を絞っているため、その意味では謙抑的な論考で成り立っている。しかし、巻末に付された中野敏男による解説が、現代世界の動向全体の中に位置づけ直す試みをしているので、そこから諸論文を再読する楽しみも増える。なお、台湾、朝鮮等の植民地にしか言及がない。欲を言えば、アイヌモシリ、琉球／沖縄への視線もほしいところだ。

3　レイシズムの隠蔽と忘却

植民地の忘却は、植民地時代に形成された日本社会の意識や体験の忘却を伴う。妄想的な「五族協和」の興奮を忘れて「単一民族国家」というもう一つの妄想に憑りつかれる。植民地支配の帰結としての在日朝鮮人や在日中国人への処遇は常軌を逸したものとなる。この社会は差別問題を持たない社会であるかのごとき幻想が蔓延する。「民主主義的側面」が救い出され、日本国民は自己免責を手にする。平和主義国家として再出発し、二度と戦争をしないと誓ったのだから、という欺瞞に安心して身を委ねることができる。

アメリカの黒人差別や南アフリカのアパルトヘイトに眉を顰め、批判しながら、日本における人種・民族差別には鈍感な態度が一般化したのも、このためだ。端的に言えば、憲法前文と第九条を隠れ蓑にして、日本レイシズムは延命することができた。大日本帝国憲法とその下での戦争とファシズムの遺産が残存し、日本国憲法には「領土」の規定がないことがレイシズムの根拠になっている。換言すると植民地支配の清算がなされず、植民地主義は無傷で残存した。植民地主義は台湾や朝鮮半島だけではなく、アイヌモシリ（北海道、サハリン、クリル）や琉球に対しても向けられる。そこが植民地であったことすら忘却されている。歴史認識や領土問題に関する社会意識が驚くべき内向的かつ退嬰的性格を有しているのも、植民地の歴史と現実を隠蔽してきたからである。排外主義やナショナリズムと日本国憲法は非妥協的でも非和解的でもなく同居してきた。そのことが、より鮮明に現れるのが「国民」の物語である。

五 「国民」の物語

以上のように、日本国憲法にはレイシズムを克服する側面とレイシズムを助長する側面が混在・同居している。戦後民主主義や平和主義という光とともに、植民地主義の遺産や天皇制の残存という影を払拭できていない。二つの側面は単に同居しているだけではなく、相互に影響し合っている。そして後者が前者を隠蔽する機能を果たしてきた。日本国憲法のレイシズムが見えにくくされてきた。憲法学も市民も民主主義者、平和主義者という自己規定に安心して身を委ねてきた。しかし、それは幻想にすぎないと疑うべき十分な理由がある。そのことを端的に示すのが「国民」の物語である。

1　国民統合と排除

●国民主権と国民統合

日本国憲法前文第一段落は「日本国民は、正当に選挙された国会における代表者を通じて行動し」と始まり、国民主権と国際協調主義を語る。日本国憲法前文第二段落は「日本国民は、恒久の平和を念願し」と始まり、平和的生存権を語る。かくして日本国民は、天皇主権から国民主権に移行した民主主義国家の構成員となり、アジア侵略の日本帝国主義から平和愛好国家に移行した平和主義者となる。

そして日本国憲法第一条は「天皇は、日本国の象徴であり日本国民統合の象徴であつて、この地位は、主権の存する日本国民の総意に基く」として、「象徴天皇制」と「国民統合」を語る。かくして絶対天皇制から象徴天皇制へと移行し、その根拠として「主権の存する日本国民の総意」が提示される。ここには「日本の民主化」と「天皇制の民主化」がセットで埋め込まれている。

それでは「国民」とは誰なのか。憲法は語らない。日本の領土がどこなのかも憲法は語らない。「領土も国民も不明の日本国憲法の国民主権」という常識外れのレッテル詐欺が生じているのであり、国民主権も国民統合も出立時から幻想にすぎない。

●国民からの排除

国民主権と国民統合を謳いあげた日本国憲法は厳密な意味で排除の思考の推進力となる。具体的には、憲法の沈黙の最中に密やかに大日本帝国臣民と日本国民の差異を生み出すことによって、近代国家史上まれにみる排除の事実を視野の外に置く巧妙な手段を講じたのである。

そこで排除されたのは、何よりもまず植民地出身者である。沖縄がペンディング状態とされ、朝鮮と台湾が明示的に排除される。南洋諸島の人民もあたかも当然のごとく排除される。

鄭栄桓は、日本国民から排除された在日朝鮮人がどのような処遇を受けてきたか、その原初の「朝鮮籍」の形成過程を明らかにする(*9)。かつての外国人登録、現在の外国籍の在日朝鮮人の在留カード及び特別永住者証明書には「朝鮮」「韓国」の二つの表示が用いられた。一九四七年には「朝鮮」のみであったのに、その後、「韓国」が導入され、ともに地域を表示するものであった。ところが「韓国」はいまでは大韓民国籍を表示しているのに、「朝鮮」は地域等の表示であって、朝鮮民主主義人民共和国を表示するものではない。にもかかわらず「朝鮮」を朝鮮民主主義人民共和国と結び付けて、政治的に差別がなされていることは周知のことである。これは朝鮮半島の分断という歴史的理由が背景となっているものの、朝鮮植民地支配の責任に頬かむりし、それどころか植民地支配の帰結としてつくり出された在日朝鮮人に対する責任も無視し、逆に差別してきた日本政府の政策に由来する。日本政府の差別政策は見事に一貫しているが、具体的な差別方法が一貫していたわけではなく、時期により変遷が見られる。

このテーマには飛田雄一、大沼保昭、田中宏ら多数の先行研究があるが、鄭栄桓は一九四七〜五二年の日本政府の施策の変遷を詳細に検討する。一九四七年は外国人登録令によって「便宜の措置」として「朝鮮」が採用された年であり、一九五二年はサンフランシスコ講和条約発効に伴い朝鮮人の日本国籍が「喪失」したとされた年である。よく知られる通り、外国人登録令は一九四七年五月三日の日本国憲法施行の前日である五月二日に出された。「国民主権」を定めたはずの憲法施行直前に、天皇の命令によって「国民」の一部を「国民」から除外した。一夜にして一〇〇万単位の人間の国籍が実質的に剥奪されるという人類史上類例のない暴挙である。こうして「日本国民」が形成される一方、外国人とされた朝鮮人の処遇はその後、数年間の政策を通じて変遷し、現在に至る。

憲法論的に言えば、憲法制定権力論、国民主権論に直接かかわる問題であるにもかかわらず、憲法学はこの歴史を無視してきたといってよいだろう。憲法制定時の「国民（臣民）」に属するとされていた人々が、完成した憲法施行の前日に一方的に「国民」から除外された事実は、日本国憲法の正統性そのものに疑念を抱かせるはずだ。この事実は、まさに日本国憲法のレイシズムというテーマに直結する。あの戦争への反省、国際協調主義、平和主義を基調とし、法の下の平等と差別の禁止を掲げているにもかかわらず、日本国憲法は幾多の差別を容認してきた。日本国憲法がレイシズムの根拠にさえなりかねない逆説的な歴史が続いた。そのことを自覚しないがゆえに憲法学は外国人差別に加担・助長してきた面がないだろうか。

●人権としての国籍

世界人権宣言第一五条は「1　すべて人は、国籍をもつ権利を有する。2　何人も、ほしいままにその国籍を奪われ、又はその国籍を変更する権利を否認されることはない。」とする。国籍は普遍的に承認されるべき人権である。ところが、日本国憲法は国籍の権利を認めない。それどころか憲法第一〇条は「日本国民たる要件は、法律でこれを定める」として法律に委ねている。人権ではなく立法政策の問題とされる。しかも、大日本帝国憲法第一八条の「日本臣民タル要件ハ法律ノ定ムル所ニ依ル」の引き写しである。このため憲法解釈も大日本帝国時代と径庭のないことにならざるをえない。

憲法学と国際人権法に通暁した後藤光男は、憲法第一〇条の解釈において、憲法学が旧植民地出身者をどのように扱ってきたかを検証している（＊10）。後藤によると、定評ある憲法コンメンタールの有倉遼吉編『別冊法学セミナー基本法コンメンタール憲法』（日本評論社、一九七〇年［樋口陽一執筆］）では、沖縄住民の法的地位には言及があるが、「現に日本に居住している植民地出身者住民の法的地位については何ら言及されていない」という。このコンメンタールは数次の改訂を重ねたが、植民地出身者への言及がないままであった。宮沢俊義＝芦部信喜『全訂日本国憲法』（日本評論社、一九七八年）、法学協会編『注解日本国憲法上巻』（有斐閣、一九五三年）も同様である。例外的に言及がなされた佐藤功『ポケット注釈全書憲法（上）［新版］』（有斐閣、一九八三年）は、サンフランシスコ講和条約で朝鮮に対する主権を放棄したから、国籍を失うことになったと解説している。後藤によれば、国籍選択権の考慮を除外する論理には飛躍がある。

ようやくまともに言及がなされたのは芦沢斉・市川正人・阪口正二郎編『別冊法学セミナー新基本法コンメンタール憲法』（日本評論社、二〇一一年［渡辺康行執筆］）であったという。渡辺康行は、平和条約には国籍条項は含まれていないのに、法務省通達によって植民地出身者の国籍を喪失させた措置は憲法違反であり、無効であるとする見解を紹介している。後藤は、日本国憲法制定過程における国民をめぐる議論、及び国籍喪失の経過を詳細に検討した上で、「国籍法を全面改正した時に旧国籍法で国籍が認められた人々について、旧国籍を喪失されることは許されるものではない。旧植民地出身者には自己の意思によって国籍選択権を与えられるなどして法律できちんとした手続きを規定すべきであった」と述べる。

人権としての国籍という考え方が、いまだに少数説にとどまっているのが憲法学の現状である。日本国憲法は国民の内実を規定せず、法律に委ねた。日本政府は法律すら無視して、法務省通達によって植民地出身者の国籍を喪失させた。このことを憲法学は半世紀以上にわたって容認又は黙認してきた。ここに憲法学のレイシズムを鮮明に見ることができる。他者の人権を否定して怪しまない憲法学が、マジョリティの表現の自由を口実にしてヘイト・スピーチを容認してきたのも「自然」なことであったと言うべきだろうか。

第3節　ヘイト・スピーチを受けない権利

1　人としての承認

前節でみたように日本国憲法の理念から言って、諸個人にはヘイト・スピーチを受けない権利が保障されていると見ることができる。この権利は、近代憲法の理念に照らしても日本国憲法の理念に照らしても、当然に保障されるべき権利実体である。このことを突き詰めていくと、そもそも人が人として承認されることが保障されていなければ、近代市民社会は成立しないということに行きつくだろう。

世界人権宣言第六条は「すべて人は、いかなる場所においても、法の下において、人として認められる権利を有する」とする。ここに「人として認められる権利」が書かれているのは、そもそも人として承認されていなければ、人間の尊厳や人格権の主体として認められていないのであり、社会構成員としても認められていないのだから、あらゆる人権が容易に剥奪されてしまうからである。

日本国憲法にはこれに対応する条項が存在しない。このため憲法学は、社会構成員が人として承認される権利を有するという出発点を射程に入れないままに、自由や人権について議論を重ねてきた。その結果、人を人として認めない憲法学が構築されてしまったのではないだろうか。

2　憲法第一三条

日本国憲法第一三条は個人の尊重、人格権、幸福追求権などの規定である。第一三条を直ちに権利請求の根拠とすることができるか否かについては議論がある。憲法学上、政府が個人の尊重に反する行為を積極的に行った場合には、当該行為が違憲であると判断されることがありうるが、政府の不作為に対して、個人が政府に作為を求める規定とは理解されていない。

佐藤幸治は、憲法第一三条の権利を「包括的基本的人権」と位置づけて、個人の尊重について次のように述べる(*11)。「では、『個人として尊重される』とは、いかなる意味か。それは、上述のように、一人ひとりの人間が人格的自律の存在として最大限尊重されなければならないということである。この『個人の尊重』は、『個人の尊厳』、さらには『人格の尊厳』の原理と呼ぶこともできる。次の一四条は『人格の平等』の原理を規定しており、一三条と一四条と相まって、日本国憲法が『人格』原理を基礎とすることを明らかにするものである。『人格の尊厳』は当然に『人格の平等』を意味する理であるが、『人格の尊厳』は、他の人格との関係をひとまずカッコに入れて、『人格』それ自体のあり方ないし内的構造を示すものである。」

辻村みよ子は、憲法第一三条の権利を「包括的権利と基本原則」に位置づけて、次のように述べる(*12)。「一三条前段の『すべて国民は、個人として尊重される。』という規定は、いわゆる個人主義の原理を掲げたものと解される。個人主義の原理とは、『人間社会における価値の根源が個人にあるとし、何にもまさって個人を尊重しようとする原理』である。一方では、『他人の犠牲において自己の利益を主張しようとする利己主義』を否定し、他方では『「全体」のためと称して個人を犠牲にしようとする全体主義』を否定することで、『すべての人間を自主的な人格として平等に尊重』している。」

例えば、政府（地方自治体）が差別団体による差別集会のために公共施設を供与するという事態を想定すると、これは要するに政府が差別行為に加担する事態となる。地方自治体がヘイトの共犯になるのだ。憲法第一三条に即して言えば、政府が個人の尊重や人格権に反する行為に手を貸す行為を行ってよいか。

なお、第一三条は「すべて国民は」と定めているが、これが日本国籍保持者に限定される趣旨ではなく、日本社会構成員が含まれると解釈するべきであるし、そのように解釈されている。また、「個人の尊重であるから人種・民族差別問題とは関係ない」と解釈するべきではない。個人の尊重の原理は個人主義の立場であるから、人種や民族が憲法第一三条の主体になることはない。しかし、人種・民族等の属性に対する攻撃は他者のアイデンティティに対する侵害であり、諸個人の尊重を妨げる明白な行為である。憲法第一三条は「他人の犠牲において自己の利益を主張しようとする利己主義」を否定するものであって、政府がそのような行為に加担し、促進することはあってはならない。

2　憲法第一四条

日本国憲法第一四条第一項は、国民が「差別されない」ことを明示しているが、政府による非差別の保障がどこまで義務的であるかについての見解は多様でありうる。政府が積極的に差別を行った場合には違憲であると判断されることがあるが、政府が社会的差別を是正できなかったからと言って直ちに政府の責任が問われるわけではない。

佐藤幸治は「元来平等は国家による不平等な取扱いを排除するという自由権的文脈で捉えられていた」としつつも、次のように述べる。「しかし、上述の平等観念の変容とも結びつきながら展開してきた現代積極国家にあって、国家は自ら差別してはならないだけでなく、社会に事実上存在する不平等を除去しなければならないという、積極的ないし社会権的内容を盛り込んで平等権を捉えようとする考え方が強くなってきた。そして、このことと関連して、社会の中の根強い差別意識のため、通常の社会経済的過程から疎外されている者が存すると認められる場合に、国家は、その者の平等を保障するための措置をとる義務を負うとともに、その者を通常の過程に参与させるために必要やむをえないと考えられるときは、一時的にその者に対して一般の人に対すると異なる特別の優遇措置を講ずることが求められるという考え方が登場する」(＊13)。

辻村みよ子は、形式的平等と実質的平等に関連して、次のように述べる。「しかし、上記のように、平等の観念自体に変化が生じ、実質的平等保障の要請が強まっていることによって、一四条にも実質的平等の保障が含まれると解することも妥当となる。ただし、実質的平等をも保障していると理解する場合にも形式的平等の原則が放棄されたわけではない。理論上はあくまで形式的平等要請が原則であり、法律上の均一的な取扱いが要請されるが、一定の合理的な別異取扱いの許容範囲内で実質的平等が実現されると解するのが筋であろう」(＊14)。

ここでも第一三条と同じ構図で考えることができる。政府（地方自治体）が差別団体による差別集会のために公共施設を供与することは、政府が差別行為に加担し、「共犯者」となることである。第一四条に即して言えば、政府が法の下の平等や非差別に反する事態に手を貸す行為を行ってよいかが問われている。このことを抜きに、集会の自由などという議論をするのは初歩的な間違いを犯すものである。

3　憲法第二一条

日本国憲法第二一条第一項は「集会、結社及び言論、出版その他一切の表現の自由は、これを保障する」とし、第二項第一文は「検閲は、これをしてはならない」とする。

差別団体の公共施設利用を集会の自由の問題に局限する思考によれば、集会の自由は表現の自由であり、優越的地位にあるので、当該団体や個人の性格や集会の内容に照らして判断してはならないとされる。そのような判断が行われることは、検閲と言うべき事態と言うことになる。しかし、このような思考は不適切である。

第一に、憲法第一三条や第一四条を無視する根拠がない。憲法学は第二一条の表現の自由を「優越的地位」と称して、事実上これを絶対化する議論を展開してきたが、不適切である。憲法第二一条をいくら強調しても、憲法第一三条及び第一四条を覆す理由にはならない。

第二に、表現の自由の根拠は人格権と民主主義に求められる。その人格権とはまさに憲法第一三条である。憲法第一三条の人格権を破壊するヘイト・スピーチを、人格権を根拠にする表現の自由を口実に許すのは論理矛盾である。

第三に、民主主義についても同じことが言える。ヘイト・スピーチはターゲットとされたマイノリティの社会参加を阻み、民主主義を否定する行為である。金尚均は「ヘイト・スピーチの有害性は、主として、社会のマイノリティに属する個人並び集団の社会参加の機会を阻害するところにあり、それゆえ、ヘイト・スピーチを規制する際の保護法益は、社会参加の機会であり、それは社会的法益に属すると再構成すべきである」と主張する(＊15)。民主主義を根拠に表現の自由の優越的地位を唱えながら、表現の自由を口実に民主主義の破壊を擁護するのは論理矛盾であるからだ。

第四に、表現の規制に関する内容中立原則なるものはアメリカ憲法の判例法理である。アメリカ判例に学ぶべき点が多々あるにしても、そのまま日本国憲法の解釈に持ち込むには、それを正当化する論理が必要である。しかし、十分な理由が示されたことはなく、むしろアメリカ憲法と日本国憲法の間には大きな差異が目立つ。

①アメリカ憲法の表現の自由規定(修正第一条)と日本国憲法第二一条は、規定様式が全く異なる。修正第一条は「連邦議会は、国教の樹立に関し、自由な宗教活動を禁止し、言論または出版の自由、平和的に集会し、苦情の救済を求めて政府に請願する人民の権利を縮減する法律を制定してはならない」である。

②アメリカ憲法には日本国憲法第一三条に相当する規定がない(独立宣言にはある)。

③アメリカ憲法には日本国憲法第一四条に相当する規定がない。

④日本国憲法第二一条及び第一二条は、アメリカ憲法よりも、フランス憲法の内容となっているフランス人権宣言第一一条と類似した形式である。

日本国憲法第一二条は「この憲法が国民に保障する自由及び権利は、国民の不断の努力によつて、これを保持しなければならない。又、国民は、これを濫用してはならないのであつて、常に公共の福祉のためにこれを利用する責任を負ふ」である。つまり、濫用の防止と責任である。

フランス人権宣言第一一条は「思想および意見の自由な伝達は、人の最も貴重な権利の一つである。したがって、すべての市民は、法律によって定められた場合にその自由の濫用について責任を負うほかは、自由に、話し、書き、印刷することができる」である。すなわち、第一に表現の自由の保障であり、第二にその制約原理（濫用の防止）である。

⑤日本国憲法第二一条及び第一二条は、アメリカ憲法よりも、国際自由権規約第一九条第二項及び第三項と類似した形式である。

国際自由権規約第一九条第二項は「すべての者は、表現の自由についての権利を有する。この権利には、口頭、手書き若しくは印刷、芸術の形態又は自ら選択する他の方法により、国境とのかかわりなく、あらゆる種類の情報及び考えを求め、受け及び伝える自由を含む」であり、第三項は「2の権利の行使には、特別の義務及び責任を伴う。したがって、この権利の行使については、一定の制限を課すことができる。ただし、その制限は、法律によって定められ、かつ、次の目的のために必要とされるものに限る。(a)他の者の権利又は信用の尊重。(b)国の安全、公の秩序又は公衆の健康若しくは道徳の保護」である。すなわち、第一に表現の自由の保障であり、第二にその制約原理（責任）である。

これまでの憲法学の多数説は、憲法構造の根本的相違を無視してアメリカ憲法の法理をそのまま持ち込もうとするものであり、日本国憲法の基本原理を踏まえているとは言い難い。

4　小括

以上の検討の通り、日本国憲法においてもヘイト・スピーチを受けない権利が保障されていると見ることができる。日本国憲法にはレイシズムを助長する側面やレイシズムを隠蔽する側面もあるが、同時にレイシズムを克服する側面もある。憲法学は、日本国憲法におけるレイシズムを克服する側面を発展させる方向で憲法解釈を行うべきであって、レイシズムを助長する方向で解釈を行うべきではない。

なお、日本国憲法とヘイト・スピーチの関係を問うならば、以上の他にも多様な検討が必要となる。ヘイト・スピーチの被害には、経済的権利の侵害や、さまざまな精神的自由に対する侵害が含まれる。

また、日本国憲法は「国民の義務」として納税の義務を掲げているが、実際には「国民」の義務ではなく、日本社会構成員すべての義務として設定されている。日本の税制は所得税、法人税、消費税、住民税などを柱としている。「国民税」という税は存在しない。逆に住民税は日本国籍保持者だけでなく、すべての住民に課せられる。外国人も住民として住民税を納めている。それゆえ例えば、住民税を徴収している地方自治体が、その管理する公共施設において特定住民に対するヘイト・スピーチを行わせることは許されない（本書第5章参照）。

第4節　憲法学の動向

本節では、近年の憲法学の動向を確認する。憲法学の基本的な布置状況については『序説』第2章第2節及び第11章第1節で検討した（＊16）。そこでは奥平康弘、内野正幸、小谷順子、奈須祐治、上村都、遠藤比呂通、芦部信喜、佐藤幸治、辻村みよ子、初宿正典、長谷部恭男、渋谷秀樹、赤坂正浩、市川正人、川口是などの見解を瞥見した。文献が膨大な数に及ぶため網羅的ではない。

憲法学の動向を示す場合、これまで一般に、規制積極論と規制消極論を対比する形で議論がなされてきた。ヘイト・スピーチ刑事規制の可否を議論しているのだからそれは当然のことである。本書は規制積極論を打ち出しているので、規制消極論の理論的な論拠を理解し、これに対応するとともに、他の規制積極論にも大いに学びながら議論を進めたい。しかし、当初から積極論と消極論という形で分類することは避けたい。以下では、順不同で憲法学の見解を見ていく。その際、規制消極論に対しては批判的コメントを付すが、ヘイト・スピーチ規制消極論の多くがリベラルな憲法学説であることを忘れたわけではない。規制消極論に学びつつ、同時に批判的に検討しながら、筆者の研究を進めていきたい。

1　成嶋隆の見解

成嶋は、フランスの状況として、反ユダヤ主義の動向とこれへの法的対応を紹介し、フォリソン事件に見るようにヘイト・スピーチ刑事規制には矛盾が露見していることを示す（＊17）。続いてカナダの状況として、刑法的対応の状況と人権法的対応の状況を紹介し、近時、人権法の一部改正によりインターネット上のヘイト・スピーチ対策条項が削除されたことをもって、ヘイト・スピーチの法的規制の矛盾が表面化したと言う。その上で、フランス及びカナダの事案が国際自由権規約委員会の個人通報制度を使って論議された件を紹介する。さらに成嶋は、日本における議論状況を検討するために、ヘイト・スピーチという用語の意味・定義を検討し、人種差別撤廃条約第四条に従ってヘイト・スピーチの行為類型を提示し、その上で法規制をめぐる問題点として、①立法事実、②保護法益、③「対抗言論」、④「象徴的・教育的機能」、⑤「逆効果」、⑥「委縮効果」、⑦在日コリアン差別の特異性、の七点を吟味する。

●ヘイト・スピーチの比較法研究

成嶋はフランスとカナダの状況を紹介する。比較の射程を広げる意味で有益である。成嶋はフランス法におけるヘイト・スピーチ規制について、一九七二年の人種差別規制法、一九九〇年のゲソ法、一九九一年以後のフォリソン事件を紹介するが、その後の状況に言及がない。成嶋が言う通りに、フランスにおいてヘイト・スピーチの刑事規制に矛盾があることが顕在化してきたのであれば、その後にヘイト・スピーチ規制が廃止又は緩和されたのであろうか。あるいは、他の方策が採用されたのであろうか（この点につき後述する光信一宏の研究参照）。

フランス政府が人種差別撤廃委員会に提出した二〇一〇年報告書によると、二〇〇五年三月二五日の法律二〇〇五 - 二八四号によって刑法が改正され、公然性のない中傷、侮辱、差別的性質の教唆を犯罪化したという（『序説』六〇五頁以下）。二〇〇四年三月九日の法律によって、一八八一年七月二九日の法律に第六五 - 三条が挿入され、「アウシュヴィッツの嘘」処罰規定の時効が延長された。二〇〇八年一一月、フランス政府は「人種主義と外国人嫌悪」に関する枠組み決定を採択し、国際刑事裁判所の最終判決で確定した犯罪を否定し、まったく取るに足りないものとすることに刑罰を課すこととし、今後、国内法を改正するとしている。そして刑事法の適用事例も紹介されている。

フランス政府の二〇一三年報告書によると、表現の自由の制約については、二〇〇九年六月一〇日及び二〇一二年二月二八日憲法裁判所の二つの決定が指摘したように、必要性、適切性、目的に照らした均衡性が求められるという。ここでは一七八九年の人および市民の権利宣言第一一条が引用される。さらに報告書は、インターネットを用いて行われる人種主義犯罪との闘いについて報告している。二〇〇四年の法律は、インターネット上に差別的内容が投稿された場合に調査を担当するプラットホームを設置したという。プレスの自由法二〇〇七年改正によって、オンラインで差別や憎悪の煽動がなされた場合、検察官や利害関係者の申し立てによって、裁判官がサービス規制を命令することを可能にしたという。

こうした情報の詳細について専門的知見を知りたい。フランス政府報告書によれば、ヘイト・スピーチ対策が強化されてきた。成嶋はなぜ現在のフランスの状況を紹介しないのだろうか。

●刑法と人権法

成嶋がカナダにおける刑法と人権法の関係に着目している点は重要である。ヘイト・スピーチ対策が刑事法一辺倒でよいはずがなく、さまざまな法と政策を駆使して差別とヘイトに対処する必要がある。その一例としてカナダの手法が参考になるだろう。カナダでは人権法の一部改正により、ヘイト・スピーチ対策に一定の変更が加えられたが、その後の動向が注目される。人権諸条約に基づく人権委員会等から繰り返し指摘されてきたように、日本には国内人権機関がない。基本法としての人権法や人種差別禁止法もない。各国の人権法、国内人権委員会法、人種差別禁止法など関連法の調査は重要である。

●ヘイト・スピーチの定義

筆者は「人種差別禁止法」の一部をなす刑事法として「ヘイト・クライム法」を位置づけ、ヘイト・クライムの類型として、①差別的動機に由来する暴力行為、②差別的発言を伴う暴力行為、③暴力行為を伴わない差別発言（ヘイト・スピーチ）の三つを挙げた。これに対して、成嶋は「ヘイト・スピーチをその内に含む広範な概念としてヘイト・クライムを定義づけているが、その点で、やや内包・外延が不明確な定義といえる」と論評する。内包・外延が不明確との指摘は当たっているが、問題関心が違う。成嶋は、岩田太の定義を援用しているが、アメリカのヘイト・クライム立法を前提としているだけであり、ヘイト・クライムとヘイト・スピーチの法的関係が明確に規定されていない。また、ヘイト・クライム法の定義であって、ヘイト・クライムの定義とは言えないし、ましてヘイト・スピーチの定義とは言えないだろう。結局のところ、内包も外延もないのではないだろうか。欧米におけるヘイト・クライム／スピーチについて少し研究すれば、「インターネット上のヘイト・クライム」「オンライン上のヘイト・クライム」について多数の著書・論文が出ていることに気づく。これがヘイト・スピーチを意味することはすぐにわかることだろう。それとも成嶋はインターネット上で暴力犯罪が実行されることを想定しているのだろうか。

成嶋の定義が不明確なことは、成嶋が二〇〇九年一二月の京都朝鮮学校事件をヘイト・スピーチ事案だと何度も繰り返していることに顕著である。京都朝鮮学校事件は威力業務妨害罪、器物損壊罪、侮辱罪で有罪が確定した事件である。これをなぜ成嶋はヘイト・スピーチと呼ぶのだろうか。筆者は「ヘイト・クライムとしてのヘイト・スピーチ」や「ヘイト・クライム／スピーチ」と理解している。この立場なら京都朝鮮学校事件をヘイト・スピーチと呼んでも矛盾はない。

このことは成嶋が重視する行為類型論にも当てはまる。成嶋論文は前半でフランス法とカナダ法を詳細に紹介しているが、類型論になったとたんフランス法やカナダ法ではなく、人種差別撤廃条約第四条を根拠にして類型化を試みる。成嶋の類型化それ自体に異論はないが、条約第四条はヘイト・スピーチという言葉を用いていない。条約第四条には暴力行為やヘイト団体結成やヘイト団体参加も含まれている。このすべてがヘイト・スピーチなのだろうか。それとも、一部だけを取り出してヘイト・スピーチとするのであろうか。成嶋は後者の立場のようだが、それは論理必然的に説明できるのだろうか。また、条約第四条に列挙された類型以外にヘイト・スピーチはないのだろうか。

●対抗措置

「対抗言論」に関連して、成嶋は「思想の自由市場論」を採用したうえで、ヘイト・スピーチへの「対抗措置は〈市民社会レベルの対抗言論〉でしかあり得ない」と述べ、刑事規制を否定する。しかし、「思想の自由市場論」には多大な疑問がある（本節次項参照）。そもそも「思想の自由市場論」は一度も検証されたことのない仮説に過ぎない。社会科学的根拠は全くなく、言葉遊びと呼んだ方が正しい。日本国憲法が「思想の自由市場論」を採用していると論証されたこともない。日本国憲法との関係が定かでない仮説を根拠も示さずに大前提とするのが憲法学の流行である。内容中立論しかり、観点規制論しかり。粗雑な仮説を振り回す前に、日本国憲法における表現の自由や民主主義についてより正確な理解を深める必要があるだろう。

また、「処罰ではなく対抗言論を」とか、「処罰ではなく教育を」といった議論は俗耳に入りやすいが、何も述べていないに等しい。ヘイト・スピーチ対策として対抗言論が重要なことは自明のことであり、現に規制積極論者は実際に対抗言論に取り組んできた。ヘイトの現場でもメディアでも、さまざまな場で対抗言論を組織し、実践してきた。しかし、対抗言論と刑事規制は二者択一ではない。いかなる対抗言論をいかにして構築するのかの実践的提言抜きに、刑事規制を否定するためだけに対抗言論を持ち出すべきではない。

●政府による差別

「在日コリアン差別問題の特異性」において、成嶋が、現在のヘイト・スピーチの内容は「かつて朝鮮学校に対して日本政府が投げつけていた言辞と驚くほど似通っている。この点で、在日コリアンをターゲットとするヘイト・スピーチは、いわば政府見解の、受け売りないし〈代弁〉という面もなくはない。当然に、この種の言論は、基本的には政府による〈暗黙の承認〉を得ている。言い換えれば、政府による〈お墨付き〉を与えられている」と述べているのは重要な指摘である。

運動圏では当初から指摘されてきたことだが、憲法学者によって黙過されてきた事実を成嶋は明示的に確認する。ここから、ヘイト・スピーチ対策のためには日本政府も日本社会も大きな歴史的責任を負っていることを指摘できるだろう。人種差別撤廃条約第二条や第七条に照らしても、差別とヘイトを撤廃するのは日本政府と日本社会の責務である。

もっとも、成嶋は右の認識を「犯罪として処罰することが、根本的な解決になるのかという疑問を提起する」と、ヘイト・スピーチ刑事規制の否定に転用する。しかし、なぜ突如として「根本的な解決」の有無・可否が基準とされるのか不明である。ヘイト・スピーチ規制論の中に「根本的な解決」となると主張している論者が果たしているだろうか。ヘイト・スピーチ規制をしている一二〇カ国以上の諸国の中に、法規制だけが「根本的な解決」になると主張している国があるだろうか。人種差別撤廃条約の立場、及び人種差別撤廃委員会は、条約第四条の適用が「根本的な解決」だなどと主張しているだろうか。

「根本的な解決」にならないという理由からヘイト・スピーチ刑事規制を否定し、〈市民社会レベルの対抗言論〉を提案するのであれば、成嶋には、〈市民社会レベルの対抗言論〉が「根本的な解決」になると証明する責任がある。筆者は寡聞にして、〈市民社会レベルの対抗言論〉が「根本的な解決」になった国を知らない。そのような実例を、成嶋はなぜ紹介しないのだろうか。

2　塚田哲之の見解

塚田哲之は、表現の自由が大切だからヘイト・スピーチ処罰は困難であるという主張が「憲法学」であると唱え、その「立場」を説明する（＊18）。塚田は二重の基準論、内容規制の禁止、対抗言論、思想の自由市場論など周知のテーマを列挙して「憲法学」の立場を手際よくまとめている。以下では塚田論文を検討することで、ヘイト・スピーチの憲法論を深める手がかりとしたい。

第一に、ヘイト・スピーチの類型である。塚田は、人種差別撤廃条約第四条を基にヘイト・スピーチの主な類型を三つ提示する。①人種的優越又は憎悪に基づく思想のあらゆる流布、②人種差別・暴力行為の煽動等、③集団を対象とする名誉毀損・侮辱・誹謗、である。これは条約においてヘイト・スピーチとして処罰するべき犯罪とされているものの類型である。現実に社会で生起しているヘイト・スピーチの類型論には言及がない。その上で塚田は次のように述べる。「①の類型については、表現の自由との緊張関係から実際に

規制する例は多くないようであり、諸外国で現実に立法・適用例がみられるのは②と③の類型である。」（塚田論文一七頁）

それでは、①の類型について見てみよう。第一に、二〇〇八年から二〇一二年にかけて、国連人権高等弁務官事務所が主催してヘイト・スピーチに関する連続国際セミナーが行われた。その記録は現在の国際動向を知るための最重要文献であるが、その中の一つ、ルイ＝レオン・クリスチャン（ルーヴァン・カソリック大学教授）論文によると、ある国民や宗教の劣等性・優越性の唱道を処罰するのは、欧州ではアゼルバイジャン、クロアチア、デンマーク、リヒテンシュタイン、ポーランド、ロシア、スロヴェニア、スイスの八カ国である（『序説』第7章参照）。

第二に、筆者がこれまでに紹介してきた例を一二カ国、見てみよう（『序説』第8章参照）。

ⓐまず欧州では、例えばロシアの二〇〇二年連邦法は、社会的人種的民族的宗教的言語的理由に基づいて、市民を排除し、又は優越性・劣等性を唱道することを禁止している。モルドヴァの過激活動と闘う法律の射程範囲に、人種、国籍、民族的出身、言語、宗教等に依拠した市民の排除、優越性、劣等性の促進が含まれる。ルーマニアのファシズム・シンボル法は、ファシスト、人種主義者、外国人嫌悪のイデオロギー、思想又は主義、民族的、人種的、宗教的に動機付けられた憎悪と暴力、ある人種の優越性や他の人種の劣等性、反セミティズム等を刑事規制の対象としている。セルビア刑法第三八七条は、ある人種の優越性観念を宣伝、人種的不寛容を宣伝又は人種差別を煽動した場合、三月以上三年以下の刑事施設収容とする。

ⓑアフリカでは、エチオピアの一九九二年「プレスの自由宣言」が、民族的又は人種的優越性や劣等性に基づく非難、人種的ステレオタイプや憎悪を犯罪としている。モロッコの二〇〇二年結社法によると、差別

の違法化は人種差別だけでなくすべての現象の差別（差別、差別の煽動、又は人種的優越性の考えに基づく政治組織の設立）にあてはまる。セネガル刑法は「人種的優越性を主張し、人種的優越性又は人種的憎悪の感情を喚起し、もしくは人種、民族又は宗教的差別を煽動する目的で」なされたヘイト・スピーチを犯罪としている。

ⓒアジア太平洋では、カザフスタン憲法第二〇条が、人種的国民的優越性を宣伝・煽動する結社を禁止している。アルメニア刑法は、国民、人種又は宗教的憎悪や敵意の煽動、人種的優位性の表明、もしくは国民の尊厳を侮辱することを目的とした行為を犯罪としている。韓国政府報告書によると、人種的優越性に基づく広告は刑法第三〇七条の中傷、又は刑法第三一一条の侮辱の罪で処罰される。カンボジア政府報告書によると、すべての差別煽動（優越性思想、憎悪、暴力の教示、皮膚の色や出身についての差別の煽動）は犯罪である。

塚田は「①の類型については、表現の自由との緊張関係から実際に規制する例は多くないようで」あると言うが、以上の諸国の例について自分で確認したのだろうか。

●人間の尊厳の理解をめぐって

塚田は、ヘイト・スピーチの刑事規制を求める見解を批判して、次のように述べる。「ナチズムという過酷な歴史的経験に支えられ、それゆえに『たたかう民主制』とも結びつく『人間の尊厳』［ドイツ基本法一条一項］と『個人の尊重』とは必ずしも同一でないことにも留意が求められよう」（二一一頁）。

ヘイト・スピーチの刑事規制に関して人間の尊厳を保護するという見解に対して、塚田は、人間の尊厳はドイツの歴史に由来する特殊な意味を持つ概念であって、日本国憲法の個人の尊重とは異なる、と主張する。日本国憲法の個人の尊重とドイツ基本法の人間の尊厳が同じ意味合いを有するか否かについては多様な理解があるが、ここではそれが主題ではない。また、ドイツ基本法の人間の尊厳が、ナチス・ドイツの歴史や東西ドイツの分断という歴史を踏まえて形成・発展させられた概念であることは確かであり、塚田の指摘はその限りで正しい。確かに、ドイツ刑法の民衆煽動罪の理解として人間の尊厳が語られてきた。楠本孝、櫻庭総、金尚均等の研究によれば、人間の尊厳を保護法益とする見解が有力である。これらのドイツ刑法研究によって、ヘイト・スピーチの一つの法的類型に関する研究は大幅に進展してきた。しかし、なぜ、ドイツ基本法に限定するのだろうか。人間の尊厳概念が重要だとすれば、ドイツ基本法に限定する理由はどこにもないのではないか。人間の尊厳はドイツ固有の概念ではなく、現代法における基本概念ではないだろうか。

ⓐ一九四五年の国連憲章前文は「われらの一生のうちに二度まで言語に絶する悲哀を人類に与えた戦争の惨害から将来の世代を救い、基本的人権と人間の尊厳及び価値と男女及び大小各国の同権とに関する信念をあらためて確認」している。人間の尊厳は国連憲章冒頭に掲げられた概念であって、一九四九年のドイツ基本法で登場した概念ではない。

ⓑ一九四八年の世界人権宣言前文は「人類社会のすべての構成員の固有の尊厳と平等で譲ることのできない権利」に言及し、「基本的人権、人間の尊厳及び価値並びに男女の同権についての信念を再確認」し、第一条は「すべての人間は、生れながらにして自由であり、かつ、尊厳と権利とについて平等である」としている。

ⓒ女性差別撤廃条約前文は二度にわたって人間の尊厳に言及し、拷問等禁止条約前文は「人間の固有の尊厳」、

子どもの権利条約（児童権利条約）前文は「人類社会のすべての構成員の固有の尊厳」「人間の尊厳」、障害者権利条約は「固有の尊厳」に言及している。つまり、人間の尊厳は国際人権法の基本概念である。

ⓓ次に各国憲法はどうであろうか。例えばクウェート憲法やタイ憲法が「人間の尊厳」を明記している。国連憲章や世界人権宣言に用いられている人間の尊厳概念が各国憲法において用いられるのは当然のことである。

ⓔ次に刑法を見てみよう。ポーランド刑法はヘイト・スピーチ規定において他人の人間の尊厳を侵害した者は訴追されるとする。オーストリア刑法における憎悪煽動犯罪には人間の尊厳を侵害する方法での集団に対する憎悪煽動が含まれる。

ⓕさらに実際の適用例を見てみよう。二〇〇三年七月、新聞インタヴューでユダヤ人について、「ユダヤ人を根絶するために、社会で力を手にしたい」、「ユダヤ人が主敵だ。奴らはわれわれを殺してきたじゃないか。邪悪な殺人者なんだ。人間じゃない。始末しなければならないパラサイトなんだ」などと述べた事件で、ノルウェー最高裁判所は、実行者は明らかにユダヤ人の統合を侵害する行為を助長・支持し、集団の人間の尊厳を貶めたのであり、刑法第一三五条に違反するとした。

ⓖ英米の研究者の学説においても、人間の尊厳が語られてきた。例えばジェレミー・ウォルドロンは、ヘイト・スピーチの本質を人間の尊厳に対する侵害と理解している（『ヘイト・スピーチという危害』みすず書房）。

ⓗ以上のように、国連憲章、世界人権宣言、複数の人権条約が人間の尊厳を用いている。各国憲法、刑法、及び判決においても人間の尊厳が用いられている。ところが、塚田はこれらすべてを無視して、人間の尊

厳はドイツ基本法の「たたかう民主制」と結びついた特殊な概念であると言う。

しかし、人間の尊厳が現代国際人権法の基本概念であり、諸国の憲法における最重要概念であることは、いまや常識である。アーロン・バラクは、人間の尊厳概念の人類史における形成と展開過程を詳細に跡づけ、国際人権法における人間の尊厳概念を確認した上で、諸国の憲法における人間の尊厳の形成と意味内容を明らかにする。西欧諸国だけではなく、アジアやイスラム諸国にも人間の尊厳概念に対応する概念が存在してきたことも示される。さらに、人間の尊厳に関する比較法として、アメリカ、カナダ、ドイツ、南アフリカ、イスラエルにおける概念の発展史を追跡している（＊19）。モハマド・ハシム・カマリは、第二次大戦におけるナチス・ドイツ及び大日本帝国による蛮行に対する国際社会による対抗構想の中から人間の尊厳概念が浮上したことを踏まえて、イスラム教の視点から人間の尊厳を説く。人間の尊厳に通じる思想はイスラム教の聖典である『クルアーン』以来、さまざまな水脈で継承されてきたと言う（＊20）。

●思想の自由市場論

塚田は思想の自由市場論を唱える。なるほど多くの憲法学教科書や論文でも思想の自由市場論を基礎にした表現の自由論が展開され、ヘイト・スピーチ規制に消極的な理由の一つとされてきた。

思想の自由市場論は、一九一九年の最高裁判決におけるホームズ判事の定式化によりアメリカ憲法学では原理的な考えとして採用されてきたし、日本憲法学でも常識的と言ってよいくらい言及されてきた。様々な意見や思想を発信する自由を確保することにより、「思想の市場」に多様な見解が流通し、お互いに競争状態に置かれることで、もっともよい見解が生き残ることになるとし、そのために表現の自由の重要性を唱える。それゆえ、明白かつ現在の危険がある場合以外は、思想の自由市場を保障し、言論規制は回避されるべきであるという結論が導かれる。しかし、思想の自由市場論は、憲法原理でもなければ社会科学理論でもない。一度も検証されたことのない仮説であり、単なる比喩的表現に過ぎないのではないか。

第一に、思想の自由市場を経済市場と類比する根拠や具体的内容が明らかでない。思想の自由市場論は比喩的表現であるが、比喩の正当性自体疑わしい。ウォルドロンは、思想の市場というイメージの支持者を批判して、「彼らはロースクールの学生に、『思想の市場』という呪文をまくしたてることを教えるだけである。経済市場においては政府による一定の規制が重要だと一般的に思われている。にもかかわらず、私たちは、『思想の市場』に関しては、そうした規制に類比されるものを何も生み出してこなかった。そうしたものがあれば、ヘイト・スピーチ規制に賛成または反対の議論をするのに役立つことだろう。思想の自由市場の支持者は、こうした事情を学生に思い出させることをしないのである」と述べる（前記『ヘイト・スピーチという危害』一八六頁）。経済市場には貨幣という「共通言語」があり、市場参入者は経済的合理性に従って利潤を追求する。思想の自由市場にはこうした「共通言語」が存在しない。

第二に、思想の自由市場論が成立するためには、市場参入者の同質性と平等性が保障されていなければならない。この前提を掘り崩すヘイト・スピーチに思想の自由市場論を適用することはできない。同質的で平等な市民同士の意見交換の場合であれば、少数意見が多数意見に変わることもありうるかもしれない。しかし、マジョリティとマイノリティが異なる人種・民族に属するがゆえに、構造的差別の下でヘイト・スピーチが発信されている場合、マイノリティがマジョリティに変わる可能性は最初からない。小谷順子によれば「ヘイト・スピーチの衝撃的かつ威圧的なメッセージ性ゆえに、被害者や一般市民が沈黙してしまう可能性があり、そうなると対抗言論が発信されないままになる可能性があるほか、仮に論理的な対抗言論が発信されても、威圧的かつ感情的なヘイト・スピーチによってかき消されてしまう可能性があることが指摘されている。そうなると、ヘイト・スピーチへの対抗言論が将来的に『真実』または『良い思想』として社会や市場を制覇する可能性はきわめて低くなる」（＊21）。

第三に、思想の自由市場論はタイムスパンを明示しない。仮に長期的には思想の自由市場論が当てはまる場合がありうるとしても、一般的に適用できるとは限らない。まして短期的には、大衆がナチスを支持し、マッカーシズムの熱狂がアメリカを席巻する。最終的にナチスが崩壊し、マッカーシズムが消失したとしても、渦中にあって甚大な被害を受けた人々の救済を阻む理由にはならないだろう。

第四に、市場の論理に喩えるのであれば、思想の自由市場論を唱える前に、「悪貨は良貨を駆逐する」という常識を考慮する必要がある。経済市場だけではなく、思想の市場においてこそ悪貨が良貨を駆逐してきたことは、マスメディアの実態を見ればたちどころに明らかである。ましてインターネット時代においては改めて証明する必要がない。

第五に、ヘイト・スピーチ被害者が思想の自由市場に参入するつもりがない場合に、なぜ参入を強制されなければならないだろうか。ヘイト・スピーチ加害者が一方的に押し掛けてきて罵声を浴びせる事例で、被害者に対抗言論を強制することは二次被害の拡大でしかない。

思想の自由市場論をヘイト・スピーチに適用する論者は、ヘイト・スピーチに様々の行為類型があることを考慮していないように見える。名誉毀損型や差別表明型だけではなく、迫害型やジェノサイド煽動型に至る多様なヘイト・スピーチを見るならば、その暴力性が明らかになり、人間の尊厳に対する侵害が見えてくる。これを「思想」と呼ぶことで、見えなくなるものが大きすぎることに注意する必要がある。

結論として、①思想の自由市場論は検証されたことのない仮説であり、その内容は極めてあいまいであり、比喩的表現を超えるものではない。そもそも検証可能性のない理屈を仮説と称することは疑問である。②思想の自由市場論が仮に検証されても、それをヘイト・スピーチに適用することの相当性が明らかにされていない。③思想の自由市場論がアメリカにおいて採用されているとしても、日本国憲法がこの仮説を採用しているという論証がなされたことは一度もない。要するに、学問とは無縁の妄想に過ぎないのではないか。

3　尾崎一郎の見解

尾崎一郎は、ヘイト・スピーチ規制について「万能ではなく副作用も」と述べる（＊22）。「ヘイト・スピーチ規制法は必要か」（『北海道新聞』「月曜討論」）というコーナーで、尾崎は、人種差別撤廃施策推進法案の制定の必要性を認め、差別やヘイトの被害の重要性を認め、ヘイト・スピーチを単発の現象としてだけではなく、社会構造や社会意識の所産と見る。さらに尾崎は、ヘイト・スピーチの刑事規制が万能ではないと強調する。その上で、尾崎は、第一に法規制の機能について、法規制すると「かえって社会の根幹にある差別の構造を見えにくくさせる」と言う。しかし、差別の構造があるから法規制が必須であり、法規制することでよりいっそう差別の構造が見えてくるのではないだろうか。

第二に尾崎は「人権教育が行われながら、いまだになくならない」とし、「むしろ被差別者の権利が語られ、教育が行われるほどに、差別が固定化され、再生産され続けているのはなぜなのか」と問う。しかし、日本でまともな人権教育が行われてきたと言えるだろうか。人権教育の不在こそが問題ではないだろうか。そのことは欧州諸国の人権教育の実例を研究すれば容易に判明する(＊23)。反差別・人権教育が不十分だから差別の克服につながっていないのではないか。

第三に尾崎は「規制すればするほど、加害者の思うつぼになりかねない」とし、法規制は「根本的な解決策にはなりません」と述べる。「法規制は万能ではない」とする尾崎は「根本的な解決策にはなりません」とも付け加える。たしかに法規制が万能であるとは考えられない。ヘイト・スピーチ規制論者の中に「法規制が万能である」と考える者は一人もいないだろう。そもそも、いかなる問題についても法規制が万能であると唱える専門家は一人もいないはずだ。いま求められているのは根本的解決ではない。目の前で起きている現実に具体的に対処することが求められている。現実のヘイト・スピーチにどう対処するのか。被害をどのように抑止するのかが問われている。

第四に尾崎は「ヘイト・スピーチを正面から規制するのではなく、いわば少し横にそらして何とか無効化する方法はないかと研究しています。ヘイト・スピーチが加害行為として成立しないような、多様な人々を包み込む懐の深い社会を作ることができるかどうかが私たちに問われています」と結論づける。しかし、いま求められているのは「本当の解決」「根本的な解決」なのだろうか。弥縫策であれ何であれ、とにかく目の前で起きている被害をなくすことではないだろうか。「少し横にそらして何とか無効化する方法」という尾崎の方法論は結果として、加害側でなく被害側や社会の側に問題を転嫁することにならないだろうか。「多様な人々を包み込む懐の深い社会を作る」と言うが、なぜ端的に「差別の構造をなくす」と考えないのだろうか。「少し横にそらして何とか無効化する方法」と言い、「多様な人々を包み込む懐の深い社会を作る」と言うが、いつまでに、どのように実現するのだろうか。具体的な方法と時期を明言しないのはなぜだろうか。

4　市川正人の見解

市川は日本国憲法における表現の自由の保障について、最高裁判例を素材に国民の自己統治の価値と国民の自己実現の価値を提示し、表現の自由の優越的地位を論じる(＊24)。さらに、日本国憲法の表現の自由の保障は「思想の自由市場」論に立っていると唱える。表現内容規制は表現内容中立規制よりも表現の自由にとって危険なものであるという表現内容規制・内容中立的規制二元論（多数説）を紹介する。他方、市川はヘイト・スピーチ規制について、人種差別撤廃条約第四条や国際自由権規約第二〇条二項を瞥見する（なお、市川の従前の見解について『序説』七五三頁以下）。

その上で市川は、京都朝鮮学校襲撃事件を取り上げて、特定の個人や団体に向けられたものは処罰の対象となることがあるが、人種差別的な思想の流布や人種差別の歴史の否定を禁止することは認められないとし、「差別や暴力の煽動の処罰や、特定の民族に対することさらな侮辱そのものの処罰」について検討する。第一に差別・暴力煽動罪について、「思想の自由市場」論に立って「明白かつ現在の危険」の基準やブランデンバーグ判決の基準を唱える有力見解があるとし、「最高裁の立場を前提としても、重大犯罪を引き起こすよう強く働きかけるものであって初めて処罰可能な煽動にあたるのであるから、日本社会において差別を蔓延させる可能性があるというだけで、煽動として処罰することが許されるわけではない」という。第二に民族侮辱罪について、「対抗言論の原則の妥当性に限界はある。それゆえ、特にひどい侮辱的表現については、特定の民族に属する個人の名誉感情保護のために禁止することが許される余地があろう」とする。個人的法益保護に限定された民族侮辱罪であろう。

市川の結論は次のとおりである。「人種差別撤廃条約四条ａｂが挙げているものをそのまま禁止・処罰するような法律は日本国憲法の下では認められないが、他方、ブランデンバーグ判決の基準を満たすような人種集団に対する暴力行為の煽動や、侮辱を自己目的とするような特定の民族に対するひどい侮辱的表現を処罰するような、きわめて限定的なヘイトスピーチ処罰法ならば、規定の文言が明確である限り、日本国憲法の下でも許容される可能性があることになる。しかし、憲法上の許容性と立法することの政策的当否とはまた別の問題である。後者についても、ヘイトスピーチ処罰法の差別解消にとっての効果、表現の自由の保障に与える影響を考慮に入れて、慎重に検討すべきである」。

市川は最後に次のように述べる。「こうした拙稿のような立場については、ヘイトスピーチがマイノリティの人々に対して与えている被害についての理解、想像力を欠いたものである、所詮、マジョリティの立場からの立論に過ぎないといった強い批判がある。確かに、ヘイトスピーチの問題を考えるにあたりマジョリティに属する者にはマイノリティの人々の被害についての想像力が求められる。しかしまた、ヘイトスピーチを禁止し処罰する法律を制定した場合、それがわが国における表現の自由の保障に対してどのような影響を与える可能性があるかについての想像力も必要ではないだろうか」。

市川は右の「強い批判」の箇所に註を付して、前田朗及び師岡康子のことだとしている。

●市川見解への応答

以下では市川見解に応答しておきたい。

第一に市川は「マイノリティの人々に対して与えている被害についての理解、想像力を欠いたものである、所詮、マジョリティの立場からの立論に過ぎないといった強い批判がある」という。これは想像力ではなく、被害認識、人権侵害認識の問題である。市川は「マジョリティに属する者にはマイノリティの人々の被害についての想像力が求められる」と述べながら、その内実に言及しない。「しかし」以下で論点を変えてしまう。被害の有無及び被害の法的評価についての認識が問われているのに、答えようとしない。なぜ論点を変えるのであろうか。マイノリティの表現の自由を犠牲にしてマジョリティの表現の自由だけを求める本当の理由は何なのか。市川に限らず、ヘイト・スピーチ刑事規制に消極的な論者はほとんど被害について語らない。奥平康弘は「言論が言論である限り、他人に対してただちに現実に害悪を与えない」と主張する（『序説』七四七頁参照）。現に行われているヘイト・スピーチを見て「被害がない」と判断できる能力はどうすれば身に着くのだろうか。

第二に市川は「明白かつ現在の危険」やブランデンバーグ原則を論拠にする。危険性や切迫性を認めるが、被害がまだ生じていないという前提である。そもそも被害発生を認めない趣旨だろうか。それとも被害発生を認めることもありうるが、よほどの例外的な場合に限ると見ているのだろうか。個人的法益に対する侮辱罪や名誉毀損罪では、公然と実行行為が行われれば被害が生じており、法益侵害があったと判断するのが通例である。「差別や暴力の煽動の処罰や、特定の民族に対することさらな侮辱そのものの処罰」の場合、公然と実行行為が行われても被害が生じていないという論理が採用されるのはなぜであろうか。

第三に市川が判例を素材にして言及する自己統治の価値と自己実現の価値には「国民」という限定が付されている。国民以外の者の自己統治や自己実現は射程の外に置かれる。日本国憲法制定の一日前の一九四七年五月二日に昭和天皇最後の勅令によって在日朝鮮人や中国人の国籍を剥奪したことと見事に対応する。在日朝鮮人を除外することによって成立した日本国民主義である。

第四に自己統治の価値とは民主主義の範疇に属する事柄である。民主主義とレイシズムは両立しないはずである（本章第1節参照）。にもかかわらず、民主主義的価値を根拠にヘイト・スピーチ処罰を否定的に解する離れ業である。民主主義観そのものが問われている。

第五に「思想の自由市場」論は検証されたことのない仮説に過ぎず、社会科学的根拠がない。そもそも検証可能性がない。日本国憲法が「思想の自由市場」論を採用しているという論証もなされていない（本節2参照）。日本国憲法前文に掲げられた理念（民主主義、平和主義、平和的生存権）をもとに、憲法第一三条の個人の尊重、第一四条の法の下の平等と差別の禁止、第一二条の自由と権利に伴う責任規定を根拠に、ヘイト・スピーチの刑事規制は憲法の趣旨に合致すると考えるべきではないだろうか。憲法第二一条を持ち出して日本国憲法の基本原則を否定するのは本末転倒ではないだろうか。

最後に、市川は「既に一〇〇ヶ国以上の国においてヘイトスピーチを禁止し処罰する法律が制定されているとして、わが国においてもヘイトスピーチを禁止し処罰する法律を制定すべきであるとする意見も強い」と述べる。初めて知る見解である。そのように主張している論者がどこにいるだろうか。市川は文献的根拠を一つも示さない。一〇〇ヶ国以上と言うが、市川論文に出てくるのはドイツだけである。

5　齊藤愛の見解

齊藤愛は「ヘイトスピーチは、その標的となった者に対して心身ともに大きなダメージを与えるものである。しかし、これに対処するためにヘイトスピーチ規制という手段を採ることは、日本国憲法に照らして様々な疑義や困難を伴う」と宣言し、ヘイト・スピーチの憲法論を展開する（＊25）。ヘイト・スピーチ規制論が被害の重大性・深刻性を訴えてきたのに対して、憲法学者の中にはヘイト・スピーチの被害を認めない者や、被害を認めてもほとんど軽視する者が少なくない。これに対して、齊藤は「その標的となった者に対して心身ともに大きなダメージを与える」と認める点で特徴を有する。問題はその先ということになる。齊藤は、ヘイト・スピーチの中で個人に対する名誉毀損のように現行法で対処できる場合を除いて、「不特定多数の属する人種・民族集団全体に向けられた憎悪表現」のような場合にどう対処するべきかを論じる。

齊藤は、個人的法益等に力点を置く議論と、公的な秩序等の社会的法益に力点を置く議論を踏まえつつ、前者に即して議論を試みる。そこで齊藤は、マイノリティの表現を軽視して沈黙効果を容認することのないように規制するべきだという議論を取り上げ、沈黙効果のあることを認めつつ、だからと言って規制を正当化することはできないという。「自分の発言を適切に理解し尊重してもらえないとか、十分敬意に満ちた他人の注目を受けることができないということを根拠に表現を規制することは、憲法上許されないのである」という。次に齊藤は、ヘイト・スピーチが差別を助長する、差別を構築するという差別論の観点を取り上げ、「（差別的表現）の段階で規制してしまうとなると、その規制はその範囲が広範に過ぎ、本来許容されるべき表現をも同時に規制対象に含んでしまうおそれがあり、表現の自由にとって極めて大きな脅威となる」という。また齊藤は規制の効果にも疑問を呈し、「かえって差別感情が心の奥底に封じ込められるだけであり、棟居（快行）も指摘するように、『言葉を失った差別感情だけが潜在化し、是正の機会を失』ってしまうことになるのではないか」と注意を喚起し、「国家がヘイトスピーチを封殺するという方法は、こうした問題を根本的に解決するにはあまり効果的でないように思われる。差別を生み出す根源的な要因に対応するためには、法的規制を課すという方法を採るよりも、むしろ、教育や芸術などによって他者の痛みや苦しみを共感する能力を養うという方法を模索するほうが有益なのではないかと思われる」という。

他方、齊藤は「集団のアイデンティティ」を傷つけるヘイト・スピーチの規制を求める主張に対して、「『集団のアイデンティティ』の形成・修正の過程に国家が干渉することは避けられるべきである」とし、「日本国憲法は多元主義ではなく個人主義の潮流に属するものと解釈すべきであり、差別的表現の規制の要求は、日本国憲法の根底にある個人主義に対する挑戦を示すという側面を持つ」と批判する。

●二者択一論法への疑問

齊藤は刑事規制を否定し、「むしろ、教育や芸術などによって他者の痛みや苦しみを共感する能力を養うという方法を模索するほうが有益なのではないかと思われる」と言う。「処罰ではなく教育を」というのは多くの憲法学者に共通の見解である。齊藤はこれに芸術を付け加える。この種の見解に対して、筆者は何度も何度も批判をしてきたが、誰一人応えようとしない。要点を繰り返しておこう。

第一に、あれかこれかという二者択一思考を採用する理由が示されていない。人種差別撤廃条約は立法、政策、教育、情報、被害者補償、そして処罰という総合的な対処を要請している。齊藤はなぜ二者択一にこだわるのだろうか。第二に、教育でヘイト・スピーチをなくした国を具体的に上げてもらいたい。筆者の知る限りそのような国は存在しない。齊藤はどのような教育を実践すると言うのだろうか。具体的な教育課程や方法を示すべきである。教育によっていつまでにヘイト・スピーチ問題を解決するのか。この問いに応答した憲法学者が一人もいないのはなぜか。

他方、齊藤は対抗言論に関する師岡康子の主張を引用し、「しかし、マイノリティがヘイト・スピーチに対して反論できなくても、マジョリティの中からヘイト・スピーチに批判を加える対抗言論が表明されることも十分考えられるであろう」と批判する。

第一に、ここでも規制か対抗言論かという二者択一思考が前提となっている。対抗言論も規制も必要ではないだろうか。第二に、師岡は対抗言論を先頭に立って実践してきた弁護士である。齊藤論文に註記されている論者の中では金尚均及び筆者も師岡と同様に、「死ね」「殺せ」という罵声を浴びせられる現場で対抗言論を行ってきた。対抗言論を行ってこなかった論者が安直に「対抗言論も考えられるであろう」と唱える。

●日本国憲法の精神

齊藤は「差別的表現の規制の要求は、日本国憲法の根底にある個人主義に対する挑戦を示すという側面を持つ」と言う。なるほど、日本国憲法が個人主義を採用していることは理解できる。しかし、日本国憲法を個人主義だけに切り縮めて議論することは、それこそ日本国憲法に対する「挑戦」ではないだろうか。他の規制消極論者と同様、齊藤は憲法前文や第一四条に言及しない。憲法前文は「専制と隷従、圧迫と偏狭を地上から永遠に除去しようと努めてゐる国際社会」、「恐怖と欠乏から免かれ、平和のうちに生存する権利」を掲げている。ヘイト・スピーチを受けない権利の根拠と言うべきである。第一四条が法の下の平等と非差別を求めていることは言うまでもない。

また、齊藤は棟居快行の「言葉を失った差別感情だけが潜在化し、是正の機会を失」ってしまうという言葉を引用して、規制論を批判する。しかし、規制積極論者は現に起きている差別や暴力の煽動を止めることを求めているのであって、差別感情の是正を求めているのではない。差別感情が潜在化するということは、とりあえず被害がなくなることである。それがなぜ否定されなければならないのだろうか。人が差別感情を持つことを法律によって変えることはできないし、するべきではない。差別感情の是正という基準を持ち出す齊藤の論法は、日本国憲法第一九条の思想・良心の自由の保障に真っ向から反しているのではないか。

齊藤は最後に「『差別問題を解決する必要がある』からとか『人種差別規制立法を行うのが国際社会のトレンドである』からといった理由で憲法二一条の解釈をゆがめることが許されないのは、『有事に対処する必要がある』からとか『アメリカの圧力がある』からという理由で憲法九条の解釈をゆがめることが許されないのと同様である」と締めくくる。「人種差別規制立法を行うのが国際社会のトレンドである」などという理由でヘイト・スピーチ規制を唱える論者がどこにいるだろうか。筆者の知る限りそのような論者は皆無である。人種差別撤廃条約を批准した日本の条約上の義務に基づいて人種差別規制立法を唱える論者なら多数いる。齊藤の論法は他者の主張を歪め、貶めるものでしかない。まじめに議論をする姿勢が見られないのは残念である。

6　浅野善治の見解

浅野善治は、二〇一六年三月二日、ヘイト・スピーチ解消法案が審議されている参議院法務委員会に参考人として出席し、その所見を陳述した(＊26)。

第一に浅野は「人種等を理由とする不当な差別と言うものは、これは社会的にまず許されるべきではないというように思っておりまして、こうした不当な差別的行為には社会は厳然として対処していくべきだというふうに考えております」と「基本的な考え方」を提示している。ここに浅野の議論の特質が顕著に表れている。浅野は不当な差別は社会的に許されないとするが、憲法上許されないとは述べない。浅野は人格権を定めた憲法第一三条や法の下の平等と差別の禁止を定めた第一四条には言及しない。浅野は被害者に「確かにひどいということがあるかと思います。確かに非常にお気の毒だということもあるかと思います」と述べるが、被害の内実には踏み込まない。

第二に何が許されない不当な差別行為であるか、どのような防止措置をとるかについて、「ヘイトスピーチ規制というような憲法上極めて重要な表現の自由というもの、基本的人権の中核を成すような、そういう価値というものを制限する場合には、公権力による裁量判断というものは適切ではなく、やはりその社会の自由な議論によって規制されていくものが判断されていくということが望まれるかと思います」と、思想の自由市場論的な考え方を提示したうえで、浅野は比較衡量論を唱える。ただ、「表現の自由というものは憲法上も極めて重要な基本的人権の中核的な価値」であるとし、人格権や法の下の平等には積極的な言及がないため、表現の自由の保障だけがストレートに引き出されることになる。浅野は「人間の尊厳ですとか、威圧ですとか、恐怖ですとか、死ね、殺せとか、いろんな表現が出てきているわけですけれども、じゃ仮に人種等を理由とする意見と言うものが全ていけないのか」と、議論を人種に関する一般論に解消する。

第三に浅野は犯罪成立要件に関連して明確性の原則を強調し、不当な差別行為・差別的表現については「一体その不当なということが誰がどのような基準で不当だと判断をするのか、また、その不当だという範囲というものが限定的に考えられているのかどうなのか」と指摘し、慎重な姿勢を示す。興味深いのは、浅野が「現行法においても、そういう明確な要件の下に、例えば名誉毀損罪ですとか侮辱罪ですとか、威力業務妨害罪あるいは脅迫罪、強要罪その他のさまざまな犯罪、そういった規制が定められている」と明言していることである。侮辱罪の成立要件は明確だと言う。「事実を摘示しなくても、公然と人を侮辱した者は、拘留又は科料に処する。」という侮辱罪（刑法第二三一条）の規定が明確であるとすれば、不明確な犯罪規定とはどのようなものだろうか。現行刑法の犯罪成立要件は欧米諸国の刑法に比較してあいまいかつ漠然としている。この程度の明確性で容認されるのであればヘイト・スピーチ規制も十分明確と言えるであろう。

第四に不当な差別の解消のために、浅野は「現行法でも対処可能なさまざまな措置」があることを指摘したうえで、「人権教育、人権啓発というものは極めて有効なものだ」と論定し、人権教育及び人権啓発の推進に関する法律の改正を提言する。多くの憲法学者が、刑事規制ではなく、カウンター、対抗言論、人権教育、人権啓発という代替案を主張するが、現にカウンターや対抗言論の取り組みがなされてきたことに言及しない。カウンターや対抗言論がどのような有効性と限界を持つのかについての検討も行わない。現に目の前で起きているヘイト・スピーチへの対処には言及せずに、人権教育や人権啓発について論じる憲法学者が多い。しかし、具体的な内容は提示しない。どのような人権教育をどのように実現するのか。いつまでにヘイト・スピーチを解消できるのか。具体的な提言をする憲法学者を見ることができない。

7　光信一宏の見解

ヘイト・スピーチに関連する比較法研究を精力的に公表してきた光信一宏の最近の論文を見ていこう(＊27)。

第一に光信は「確かに、表現の自由の保障について日本国憲法がアメリカ合衆国憲法の流れを汲んでいることから、多くの憲法研究者がアメリカの憲法理論に強い関心を示し、それに準拠して論じてきたのは異とするに足りないが、差別的表現の問題に関する考察をさらに深めるには、法規制を実施している国々の経験を参照し、そこから教訓を引き出すことも重要な課題であると思われる。本稿は、ドイツ、イギリス等の事例と比べ紹介されることが少ないフランスの事例について考察することを目的とするものである。」と述べる。実際、憲法学説の多くがアメリカ憲法を引証する。その際、なぜアメリカ憲法を引証するのかの説明はない。アメリカ憲法と日本憲法の歴史的比較や構造的比較も一切ない。アメリカ憲法と日本憲法の表現の自由規定の明らかな差異にも言及がない。他方、近年ではドイツ、イギリス、オーストラリア、カナダ等のヘイト・スピーチ規制に関する研究が出始めている。フランス法については成嶋隆も研究しているが、その対象は古い時代に限定され、最近の情報が除外されている。

第二に光信はフランス法の変遷過程を詳細に研究する。一九七二年七月一日のプレヴァン法に始まるが、その前身としての一九三九年四月二一日のマルシャンドー法の検討を踏まえて、プレヴァン法の制定の経緯、及びプレヴァン法の要点を検討する。続いて、「人種的名誉毀損罪および同侮辱罪」について、単純名誉毀損・

侮辱罪との異同、共和制原理との関係、表現の自由との関係（フランス人権宣言一一条との適合性、欧州人権条約一〇条との適合性）を考察したうえで、具体的事例としてモラン事件とデュードネ事件を紹介する。

光信はさらに「人種的憎悪扇動罪」について、人種的名誉毀損・侮辱罪との関係、成立要件に関する主な論点（規定の明確性、扇動の対象、扇動の形態、結果発生の有無）を分析し、具体的事例としてスーラ事件、ウィレム事件、アルノー事件を紹介する。続いて光信は「ホロコースト否定罪」について、一九九〇年七月一三日のゲソ法の制定、その成立要件、合憲性をめぐる問題（表現の自由との関係、研究の自由との関係、平等原則との関係）を検討し、アルメニア人ジェノサイド否定論の規制と憲法院の判断について整理する。

第三に光信は「むすびに代えて」において次のようにまとめる。「表現の自由は『人のもっとも貴重な権利の一つ』であり、民主制（民主主義）の維持・発展に資するという重要な価値・機能を有するとされつつも、他の憲法上の規範または原則に対して文字どおり優越するわけでなく、憲法院の統制のもとで、立法府による公序および他者の権利との調整に服しうるものとされている。そして、管見の限りでは、プレヴァン法によって新設された人種的名誉毀損罪、同侮辱罪および同憎悪扇動罪の諸規定を違憲と断ずる学説は見当たらない。また判例については、今のところ、人種的憎悪扇動罪が合憲であるという判断を事実上行った二〇一三年四月一六日の破毀院判決が存するだけであるが、上述の諸規定の欧州人権条約一〇条――表現の自由の保障内容に関し、一七八九年人権宣言一一条との間に隔たりはないものと解される――との適合性を認める判例が確立していることを考えると、今後、憲法院が違憲判決を下す可能性はほぼ皆無であろう。」

日本におけるヘイト・スピーチ状況への問題意識を有しながらも、光信はフランス法研究から引き出される要点をまとめるにとどめ、日本での立法論については謙抑的な姿勢を保持しているが、他方で光信は次のように述べる（＊28）。

「ヘイト・スピーチの禁止が表現の自由の保障と相容れないとする見解については、国会でも異論が出たところである。ある議員が、ヘイト・スピーチを罰しているドイツやフランスが表現の自由を侵害する国だとは思わないと発言しているが、筆者も同じ意見である。前述のようにフランスでは、表現の自由の重要性を承認することと、人種差別表現の処罰とは憲法上、両立しうるものとされており、この点は日本国憲法においても同様に解すべきではなかろうか。国等が行う人権教育や啓発活動などの取り組みは刑罰法規と比べると実効性に欠けるきらいがある。ヘイト・スピーチ被害の実態調査を継続的に実施するとともに、調査結果を踏まえつつ、ヘイト・スピーチの処罰の必要性について検討していくべきであろう」。

8　木村草太の見解

木村草太は、二〇一五年一二月五日、在日コリアン弁護士協会（ＬＡＺＡＫ）主催のシンポジウム「人種差別撲滅のために——ヘイトスピーチはどこまで規制できるか」にパネリストとして出席して、発言した（＊29）。

第一に木村はヘイト・スピーチを行う人間は「依存症」なので「刑罰を科してもやめられない状況」になっているから「継続的な監視のしくみを入れないとむしろまずい」と言う。「専門の警察の部局をつくるなどして継続的に見張り、『彼らはこういう行動をしています』、『とりあえずは安心ですよ』とか、『ちょっと気をつけてください』というようなコミュニケーションを朝鮮学校の方たちと定期的にとるようにする。そういうことをしてくれていたら、どれほど朝鮮学校の方たちが楽になっただろうかと思います」と言う。

ここで木村が言おうとしているのは、ヘイト・スピーチについて新たな刑事規制の論議をしがちだが、それ以前に現行法も含めて「差別の撤廃に向けて立法や行政をしっかりと動かすにはどうしたらいいのか」という問題である。人種差別撤廃条約を批准したにもかかわらず、日本政府は条約上の義務を履行していないからである。木村の指摘はもっともであるが、このようなしくみを設置すると、むしろ「専門の警察の部局」が朝鮮学校を監視するしくみに容易に変質する恐れがある。そのようなことのないような制度的担保を慎重に考慮する必要がある。木村自身も別の個所で「警察のなかに差別意識がある可能性はまったく否定しません。ですから、そうした組織を動かすためには、かなり明確な指針が必要です」と述べる。

第二に現行法で規制できるという論点について、木村は脅迫、強要、名誉毀損・侮辱、業務妨害を取り上げ、個人が特定されている場合や、かなり特定性の高い場合について「現行法の枠組みでの刑事規制の対象に入れていい」と言う。さらに「未必の故意」を援用して「目の前をたまたま通りがかった在日の人への脅迫になるし、その故意もあるといえる」という。木村は、奥平康弘との共著『未完の憲法』においても同様の主張をしていた。『未完の憲法』では現行法で対処できることに力点が置かれていたためヘイト・スピーチ規制法不要論であるのかと思われたが、必ずしもそうではないようである。

第三に木村は刑事規制に関わって保護法益の議論を展開している。表現の自由との関係で「被害を受ける個人を特定できず、ある民族をおとしめる評価を示しただけの場合、保護される利益が抽象的すぎて、表現の自由の制約を正当化するだけの重要性は認められないのではないかと考えるのが一般的な見方でしょうか」と解説しつつ、「目の前にいる人がまず傷ついている。それはもちろん、朝鮮人一般が被害を受けているという面もありますが、目の前でみてしまった人が最大の被害者だ、という考え方はやはり納得がいきます」と言う。保護法益を個人的法益とするか社会的法益とするか、木村は両方の可能性を論じつつ、「差別されない社会の実現」という目的は極めて重要であるとするが、「その目的を達成するための手段としてそれが必要不可欠といえるかどうかという問題」があり、ここで見解が分かれるとし、木村自身は「私は、わいせつより差別禁止のほうが規制する価値が高いと思いますので、そういう意味ではこちらのほうが規制目的は重要だろうと思います」と言う。ハードコアなわいせつであれば警察が厳しく取り締まるにもかかわらず、ヘイト・スピーチについては警察が放置・容認してきたので、木村は「まずはハードコアな部分をやってみる。例えば、こういう差別をやって楽しんでいるおぞましい人たちが、少なくともハードコアな部分について一歩でも立ち入ったら警察が飛んでくるぞ、という環境を仮に実現できた場合に、それでたりない部分があったら次を考えるというアプローチをすべきではないか」と言う。他方、「煽動類型としてみるのであれば、こういう発言をしたらすぐにでも虐殺がはじまるということでないと、煽動罪のロジックでは成り立たないので難しいでしょう」と、差別の煽動の処罰類型には否定的である。

以上の引用だけでは、木村の見解は必ずしも明らかではない。第一にシンポジウムの流れの中での断片的な発言である。第二にシンポジウムでは、主催者が用意した「論点整理表〈現状の評価〉」という図表が配布され、それを前提とした議論が行われた。そこでは「内容・態様による分類」と「対象による分類」を交差させて、いくつかの領域ごとに検討する方式であった。現行法でカバーできる範囲とそうでない範囲の区別がなされていなかった。というよりも、現行法でカバーできるか否かについての共通認識を形成しないまま議論がすすめられた感がある。

9　齋藤民徒の見解

齋藤民徒はヘイト・スピーチ解消法成立前後の状況を確認し、人種差別撤廃条約加入から立法に至る歴史を整理し、次に司法的救済の試みとして京都朝鮮学校事件判決を検討し、最後に人権条約の効果的関与をめざして条約の「間接適用」や「ソフトロー」について論じている（＊30）。国際条約の内在的活用のための議論は参考になる。齋藤は「条約中の最も基本的な概念である『人種差別』は、『あらゆる形態の人種差別』として条約名称にも組み込まれ、国際社会で固有の包括的な意味が込められてきている。これを、日本語の日常的用法（日本国憲法一四条一項の『人種』の解釈もそれに類する）と不用意に同視し、『人種差別』を生物学的特徴に基づく限定的意味へと勝手に縮減すべきではない。往々にして自己完結的に国内法を捉えてしまう国内法学や法実務の傾向に抗い、『人種差別』を、条約一条一項及びその解釈論で画定されてきた範囲で過不足なく捉えるべきである」と言う。

10　藤井正希の見解

藤井正希はヘイト・スピーチ規制の必要性について、まず「社会的害悪」を取りあげ、人格権の観点と民主主義の観点を提示する（＊31）。人格権の観点では次のように述べる。「集団を傷つける言論が特定の個人を傷つける言論よりも常に侵害性が乏しいとは決して言えないであろう。この点、ヘイト・スピーチが、個人の尊厳を侵害するとともに、法の下の平等の要請に反し、犠牲者に身体的、精神的、経済的害悪を現実に与えている以上、国家がこれを放置することは、憲法一三条・一四条に通底する人格権の理念からして決して許されないのである。」

憲法学者の中にはヘイト・スピーチの被害に言及しない例や、言及しても被害は大きくないと断定する例がみられるが、藤井はそうではないと指摘する。金尚均をはじめとする規制積極派が唱えてきたことと同じ主張である。身体的害悪、精神的害悪のみではなく、経済的害悪にも言及している。藤井は民主主義の観点では次のように述べている。

「不特定多数人によるヘイト・スピーチの圧力により、それが向けられた人びとのみならず周囲の人びとも、沈黙を強いられ、あるいは功利的に沈黙を選択し、口を閉ざす。とりわけリスクの伴う政治的主張を対外的に行うことは禁忌するようになる。やがて社会の中から気楽にものが言える雰囲気が消滅し、自由な意見交換、とりわけ政治的な意見交換が行われなくなってしまう。これは、民主主義が健全に機能するために必要不可欠な〝思想の自由市場〟が市民社会の中から消失することを意味する。この点においても、ヘイト・スピーチは民主主義にとって脅威となるのである。」

ヘイト・スピーチを民主主義の観点で規制することを唱えてきたのは金尚均である。藤井は金の論文を引用し、自らの見解を明らかにしている。規制消極派は思想の自由市場論を持ち出してヘイト・スピーチ規制を否定してきた。これに対して藤井は思想の自由市場論の別の側面を提示して、ヘイト・スピーチ規制の必要性につなげている。筆者は思想の自由市場論を採用しないので議論の仕方は異なるが、藤井説のような組み立てもあるので、再考してみよう。藤井は日本における立法動向として人種差別撤廃施策法案を検討し、判例を一瞥し、諸外国の立法例としてアメリカ、カナダ、ドイツ等を見たうえで、憲法学の検討に入る。

第一に対抗言論の法理と沈黙効果論について、「新大久保等で現実に行われているヘイト・スピーチ・デモをネット動画等で観るにつけ、この場合は対抗言論の法理が機能しないケースである」とする。そして、「被害者が存在し、現実的被害が生じている以上、それを無視することは決して許されないであろう」と言う。

第二に表現の自由論である。「表現の自由に対する法規制を〝敵視〟してきたのが、戦後の憲法学と言える」とし、渋谷秀樹や奥平康弘の見解を検討し、これに対する前田朗の批判を紹介したうえで、「何らかの法規制をすべきと考えざるをえない」としつつ、表現の自由に対する委縮的効果も考慮して、「さしあたり刑罰規定の導入は見送り、行政上の措置にとどめるべきである」と言う。

第三に保護法益論である。集団の名誉は保護法益にならないとする毛利透の見解を検討し、被害を単なる不安感ととらえるのではなく、「社会参加の機会」を考慮すべきとし、保護法益を論じている。

結論として、藤井は次の三点から「早急に法的な規制を行うべきである」とまとめる。

第一に「通常の判断能力を有する一般人が実際に日本で行われている極端なヘイト・スピーチを見れば、人間の存在自体を全否定する言動に対して、不快感や嫌悪感にとどまらず、衝撃や恐怖を感じざるを得ないと考えるからである」。第二に「ヘイト・スピーチ規制はもはやグローバル・スタンダードで国際常識であるからである」。第三に「凄惨なジェノサイドや著しい人権侵害は、ヘイト・スピーチや民族排外意識から発生することが多いからである」。

筆者の見解と共通する点が多く、支持できる。

11　曽我部真裕の見解

曽我部真裕はまず「ヘイト・スピーチ規制と表現の自由」として、日本における規制の現状を取り上げ、刑事規制はないが、民事規制はあるとして京都朝鮮学校事件の判決を一瞥する（＊32）。ただ、集団に向けられた場合は民事規制も困難という意見があることを紹介する。行政規制として、ヘイト・スピーチ解消法を紹介する。曽我部は憲法学ではヘイト・スピーチ規制に消極的な見解が有力であり、「被害の実態を知る論者から批判を受けている」として、師岡康子と前田朗の名前を挙げている。他方、憲法学界の外で政治的保守派が表現の自由を援用して規制に消極的な事実には違和感があると言う。「ここには、奇妙なねじれがある」という。次に民事訴訟の意義について、刑事規制と比較を通じて特徴を明らかにする。曽我部は繰り返し京都朝鮮学校事件に言及し、現場で警察官が街宣活動を規制せず、「マイノリティの地位や権利に対する無理解に起因するバイアス」を指摘し、それゆえ「刑事規制を設けても本来の目的を熱心に追求するあまり過度に取り締まりがなされるようなことは想定しがたく、逆に、十分な適用がなされないかもしれない」と推測する。また、京都朝鮮学校事件では「相当数の弁護士や法学者といった法律家が関わり、重要な役割を果たしていた」ことの意義を論じている。

その上で曽我部は「刑事規制の余地を完全に否定する必要はないものの、重層的な対応のうち主要なものの一つとして、当事者が自律性をもって権利あるいは地位を獲得していくプロセスとしての民事訴訟の可能性を追求することには重要な意義があるということになる」としつつ、「行政にもしかるべき役割がある」とし、大阪市条例を引き合いに出す。

以下若干のコメントを付しておこう。第一に曽我部は京都朝鮮学校事件を代表例として論じているが、京都朝鮮学校事件をヘイト・スピーチの代表例とすることが果たして適切だろうか。威力業務妨害罪と器物損壊罪で有罪が確定した事件である。法的定義を踏まえないマスコミはともかくとして、法学者がこうした議論をしているのは奇妙なことではないだろうか。しかも曽我部はヘイト・スピーチの定義をしていない。

第二に「ここには、奇妙なねじれがある」という指摘はもっともである。リベラルな憲法学と反差別運動論との間の「ねじれ」。及び、リベラルな憲法学と政治的保守派の議論の間の「ねじれ」。前者のねじれについては憲法第一三条や第一四条をどう見るのかを論じる必要があるはずだ。

第三に警察の姿勢について、現場で警察官が街宣活動を規制せず、「マイノリティの地位や権利に対する無理解に起因するバイアス」があるとの指摘はもっともであり、「刑事規制を設けても本来の目的を熱心に追求するあまり過度に取り締まりがなされるようなことは想定しがたく、逆に、十分な適用がなされないかもしれない」との推測もありうることではある。しかし、二〇一六年のヘイト・スピーチ解消法の制定によって警察の姿勢がドラスティックに変化したように、より広い視野で物事を考えるべきである。ヘイト・スピーチ刑事規制はそれだけで現象するのではなく、その周辺の事情をも変えるのである。その認識抜きに、単純な推測をするのは適切とは言えない。差別とヘイトをなくすための総合的法規制の検討こそ重要である。

12　田代亜紀の見解

田代論文の前半は「準備的考察」であり、「研究ノート」のレベルである。後半はアメリカのスナイダー判決を検討する。学説のまとめ方に工夫がみられる。田代は前半の学説の紹介で、立法論、表現の自由に関する原理の選択、表現がもたらす害悪について、それぞれ学説状況をフォローする(＊33)。後半では同性愛者に対する差別事例のスナイダー事件判決をめぐる議論状況を紹介し、「内容に基づく場所的規制」という形で、アメリカにおける議論状況に微妙な変化がみられることを示している。アメリカの表現の自由に関する基本的理解に変化があるわけではないが、適用の仕方には今後も変化がありうることにも留意している。

13　榎透の見解

榎はヘイト・スピーチ等の定義が確定していないことに触れたうえで、「在日コリアンに対するヘイト・スピーチ等を生む要因」として、第一に差別意識・差別感情・偏見、第二に排他的・排外的ナショナリズム、第三に雇用市場の流動化、反グローバリズムをあげる。これらの主要因が作用し、重なり合うので、複雑な事態であることが確認される(＊34)。

続いて、榎は「国および地方公共団体の対策とその評価」として、司法(京都朝鮮学校事件判決等)、立法(ヘイト・スピーチ解消法)、行政(法務省の取り組み)、地方公共団体(大阪市条例、川崎市人権施策推進協議会提言)の動向を列挙する。これらに直接間接に関わってきた運動家・研究者として、なるほど憲法学者にはこう見えているのか、と納得できる叙述である。その上で、榎は「評価」として、ヘイト・スピーチ解消法だけでは「限界があると思われる」としつつ、「しかし、だからといって、一部の地方公共団体が推進しているようなヘイト・スピーチ、ヘイト・クライム規制が必ずしもそれらの解消に有効であるとはいえない」とする。インターネット上の差別書き込みを削除しても、また投稿されるだけであるという。公園や市民会館などの公共施設の利用を制限しても、「すぐに別のものが登場するであろう」とし、「ヘイト・スピーチやヘイト・クライムの解消を法的規制で成し遂げるのは困難である」と結論付ける。問題は上記三つの要因のように、ヘイトが生じる根源を問う必要があるのであって、「適切な差別対策」に加えて、「種々の分断の拡大を抑止」することの重要性が指摘される。

以下若干のコメントをしておこう。第一にヘイト・スピーチ規制の必要性とその効果とは別問題である。榎は、ヘイト・スピーチ解消法の「限界」を指摘し、刑事規制の有効性への疑問を提示して、規制に消極的な姿勢を示す。他にも同様の主張をする憲法学者が少なくない。しかし、規制の有効性だけが基準になるのは理解できない。「規制だけではなくならないから、やる必要がない」という理屈は成立しない。この論理を採用するのなら、「窃盗を処罰してもなくならない」「ストーカーを規制してもなくならない」という理屈で窃盗罪やストーカー規制法の廃止を唱えるべきであろう。差別は許されないのだから、差別を止めさせる努力を続けるのが当たり前である。川崎市協議会は正当にも、その点を強く打ち出している。

第二に包括的な差別規制の必要性である。榎が規制積極派として明示しているのは、師岡康子及び前田である。ところが、榎の規制積極派への批判内容は、師岡や筆者の見解に向けたものとは言えない。というのも、榎は「刑事規制だけでヘイトがなくなるわけではない」と主張する。しかし、ヘイト・スピーチ規制積極論者である師岡や筆者は、刑事規制だけでヘイトがなくなるなどと主張していない。差別とヘイトは実に深刻な問題であり、人種差別撤廃条約が要請しているように多彩な取り組みによって差別とヘイトをなくす努力を積み重ねる必要があり、ヘイト対策には条約第二条から第七条までのすべての措置が不可欠である。

それでも差別とヘイトは容易にはなくならない。だから人種差別禁止法とヘイト・スピーチ規制法が必要である。刑事規制も民事規制も行政指導も教育も啓蒙もすべて必要である。筆者は一貫してこのように主張してきた。師岡はもっと具体的に人種差別撤廃法制定の提案をしてきた。

第三に比較法に関する理解である。榎は最後に次のように述べる。「日本においても国家はヘイト・スピーチ、ヘイト・クライム規制に積極的であるべきだという主張そのものは、国際条約やヨーロッパ諸国の対応を踏まえたグローバル・スタンダードに基づくものといえるかもしれない。しかし、法の世界が基本的に国民国家の枠内で存在する以上、その国の基本法である憲法を無視してはならないはずである。ヘイト・スピーチ等規制もその例外ではない」。この記述をそれ自体としてみれば当たり前のことであり、異論はない。しかし、この記述が筆者に対する批判として書かれているのであれば、的外れである。筆者は「日本国憲法に従ってヘイト・スピーチを刑事規制する。表現の自由を守るためにヘイト・スピーチを規制する」と唱えてきた。憲法学者がアメリカの状況を持ち出して反論するから、欧州をはじめ世界の一二〇カ国以上がヘイト・スピーチ規制をしていると紹介した。しかし、諸外国が規制しているから日本でも規制するべきだと唱えていない。被害があり、憲法上の権利が侵害されているから規制すべきなのだ。同時に、反差別にしても反ヘイトにしても、諸外国の経験に学ぶことは必須不可欠のことである。アメリカだけに学ぶべきだという榎の見解には合理性がない。

「法の世界が基本的に国民国家の枠内で存在する」ことに異論はない。しかし、日本国憲法前文及び第九八条二項は国際主義を明示しているのであり、日本政府は国際自由権規約及び人種差別撤廃条約を批准し、さらに国連人権理事会で何度も人権擁護と国際的協調の必要性を唱えて人権理事国に立候補してきた。ならば、国際人権法を遵守するべきであろう。人種差別撤廃条約第二条に従って差別をなくす措置を講じることは日本政府の義務である。

14 奈須祐治の見解

奈須はこれまでアメリカにおけるヘイト・スピーチ規制に関する法と理論を精力的に研究してきたが（『序説』一一〇頁参照）、イギリス法の研究も公にした（＊35）。アメリカではヘイト・クライムは重罰化するが、ヘイト・スピーチは表現の自由との関係で規制範囲が極めて限定されている。これに対してイギリスにはさまざまなヘイト・スピーチ規制法がある。イギリスについてはすでに師岡康子や村上玲の論文があるが、奈須は最近の状況も含めてイギリス法を概観している。イギリスと言っても、イングランド、スコットランド、北アイルランドでそれぞれ法が異なる。そして一九三六年公共秩序法、一九六五年人種関係法、一九七六年人種関係法、一九八六年公共秩序法、二〇〇六年人種的及び宗教的憎悪煽動法、二〇一二年サッカーにおける不快な行為及び脅迫的コミュニケーション（スコットランド）法、二〇〇八年刑事裁判及び移民法など変遷を重ね、非常に複雑な法状況となっている。法律の条文が翻訳されているのと、重要判例も紹介されている。イギリスにも「アウシュヴィッツの嘘」があると言う。ドイツ、フランスなど約一〇カ国にはヘイト・スピーチ法の一つとして「アウシュヴィッツの嘘」法がある（『序説』第10章第5節）。「アウシュヴィッツのガス室はなかった」とか「ユダヤ人虐殺はよかった」といった発言を公然と行えば犯罪である。ドイツのことはよく知られているが、他にも多くの国に類似規定がある。奈須によると、イギリスには「アウシュヴィッツの嘘」の特別法はないが、ヘイト・スピーチ規制法によって処罰した事例があるという。イスラエルと同じ方式である。

15　山邨俊英の見解

山邨俊英は「反復的に行われるヘイト・スピーチに対する将来に向けての規制は『事前抑制』か」と問い、ヘイトが反復される場合、将来に向けての規制を単純に「事前抑制」と言ってよいのかという問題意識から出発する（＊36）。「過去の表現行為に対する否定的評価を根拠に将来の表現行為を規制することが憲法上そもそも許容され得るのか」という問題である。そこで山邨はClay Calvertの議論を紹介する。Calvertは、ヘイト・スピーチではなくインフォマーシャル放送において、莫大な消費者被害を引き起こす詐欺的なテレビ放送を繰り返した者に対して、再びインフォマーシャル放送を行いたいのであれば、事前に二〇〇万ドルのパフォーマンス保証を払うよう求めた事案について検討している。そこにおいて事前抑制と事後処罰の関係が問われた。この課金は「事前抑制と事後処罰との区別を相対化し、思想の自由市場へのアクセスの不平等を促進し、そしてそのような規制手法は本質的に内容規制であるため常に厳格審査に服するべきである」という。

山邨はCalvertの議論をヘイト・スピーチに応用しようとする。デモ禁止仮処分や、ヘイト団体の公共施設利用問題と同じ性格を有しているからである。そして、山邨は「Calvertの議論及び本稿の主題である問題の性質を考慮すると、事前抑制と事後処罰の区別を所与の前提とする考え方には再考の余地があるのではないだろうか」という興味深い主張を提示する。

ヘイト・デモや公共施設利用問題では、筆者は事前規制かどうかよりも、「政府が人種差別に加担してよいのかどうか」こそが主題であると指摘してきた。これに対して応答した憲法学者はまだいない。あくまでも「事前規制かどうか」にこだわっている。山邨は、筆者とは異なる視点から問題解決を提示しようとしているので参考になる。「事前規制」とは何かをめぐる研究が始まった（本書第5章7節参照）。

16　桧垣伸次の見解

桧垣伸次は「表現の自由を最大限保障するという立場を維持しつつもヘイト・スピーチ規制は憲法上正当化されると主張する」と明言する（＊37）。桧垣は「このように、矛盾するようではあるが、表現の自由のため――思想の自由市場が機能するため――に、『ヘイト・スピーチ』という表現を規制する必要がある」という。桧垣はヘイト・スピーチをめぐるアメリカの判例、学説――特に批判的人種理論を中心に紹介、検討する。その際、冒頭で「ヘイト・スピーチの背後にあるのは人種差別問題である。」とし、世界的な人種差別問題と、これに対する人種差別撤廃条約等の国際社会の取り組みに言及し、日本では対応が遅れたことを指摘する。そして、ヘイト・スピーチ規制について「日本では、規制積極論はさほど多くなく、『特殊な国家』を志向する傾向にあるように思われる」という。「特殊な国家」とはアメリカのことだが、そのアメリカにも「普通の国家」を選択する見解があるとし、桧垣はアメリカ内部の議論を腑分けする。桧垣は憲法学の多くの見解が規制に消極的であることを示し、「これらの説には、意識的にしろ無意識的にしろ、批判的人種理論が主張する、犠牲者の視点が欠けているというのが本書の視点である」という。

桧垣が着目するのはブラック事件判決に限定的とはいえ影響を与えた批判的人種理論であり、その「主張をさらに真剣に受け止めるべきである」とする。批判的人種理論は「人種と法と権力とのあいだの関係を改変することを目的とした根本的な法学運動」であり、従来の表現の自由論が前提とする国家観、個人観を鋭く批判する。批判的人種理論はヘイト・スピーチの害悪について、精神的害悪および肉体的害悪、思想の自由市場への影響、平等保護の侵害を強調してきた。そして「もっとも重要な点は、被差別者の声を聞くことを重視する点である」。キーとなる概念が「無自覚性transparency」である。「透明性」という訳語には難点があるため、桧垣は「無自覚性」と訳している。「ここでいう無自覚性とは、『特権集団が自らの人種的性格［自らの人種がもたらす特権］についての認識を欠いていること』である。すなわち、マジョリティが、特権を享受していながら、そのことにつき根本的に無自覚であるという社会状況を『無自覚性』現象という。」「この『無自覚性』の概念は、レイシズムが社会の構造的特徴の一つとして、日常生活に組み込まれており、そこでは、被差別者の劣等化と被支配が、理論化や科学的な正当化の必要がないほどまでに当然のものとなっているとする、いわゆる『制度的レイシズム』の概念と同様のものであり、現代社会において、重大な問題を孕むものとなっている」。

換言すると、既存の法学は人種差別に無自覚であるがゆえに支配層に有利になるように構築されている。「したがって、レイシズムや人種的偏見は、無意識のものではあるが、法解釈に固有のものなのである」。「この様な現状に鑑み、日本でも『無自覚性』を克服する必要があり、そのため、批判的人種理論が主張するように、マイノリティの視点・経験から、ヘイト・スピーチの害悪を捉えることが必要である。そして、その観点からヘイト・スピーチ規制の憲法上の当否につき論じるべきである」。

桧垣はさらに理論的検討を積み重ねる。アメリカにおけるヘイト・スピーチの規制をめぐる議論として、まず「表現の自由の原理論」として思想の自由市場論、自己統治の理論を取り上げる。その上で、規制に消極的な議論として、ベイカーとポーストの見解を紹介・検討し、次に規制に積極的な議論としてヘイマンとツェシスの見解を紹介・検討する。桧垣は「どちらの価値が優先されるか」として自律理論を検討した上で、「しかし、思想の自由市場論又は自立理論は、表現の自由の中心的な価値とはならないと考えるべきである。なぜならば、これらの理論をとり、修正一条の範囲を拡大すると、公的言説に与えられた強力な保護を希釈することになりかねず、また、民主的過程に委ねられるべき問題にまで介入する力を司法部に与えることになってしまうからである」という。桧垣は「民主政への参加」について、ドゥオーキンやウォルドロンの論争を通じてヘイト・スピーチ規制法と政治的正統性、ヘイト・スピーチと人間の尊厳に即して検討する。「また、公的言説が重要といえども、絶対の保護を受けることはあり得ない。言論が生み出す害悪は、自由な言論のために払うべきコストであるといわれるが、ヘイト・スピーチのような言論においては、それを払っているのは社会全体ではなく、被害者であるマイノリティである。言論の自由に絶対的な保護を与えるのではなく、人間の尊厳や平等など、『他の民主的価値』との衡量が必要となると考えるべきである。すなわち、人間の尊厳や、平等、名誉、礼節、共同体といった価値を強調する、より『個人の権利基底的な枠組』に立ち返ったアプローチをとるべきである」。

桧垣は、ヘイト・スピーチが人間の尊厳を損ない、「表現の自由は、民主主義社会において、非常に重要ではあるが、ヘイト・スピーチはその前提を崩すものである」という視点を再確認し、日本の現状と問題点を一瞥する。ヘイト・スピーチ解消法、京都朝鮮学校事件を検討したうえで、「政府言論としてのヘイト・スピーチ解消法」という問題を検討する。「問題は線を引くか否かではなく、どのように線を引くか、である。すなわち、表現の自由の重要性を認識したうえで、規制範囲を画定する努力が求められる。その際に重要なのは、歴史的文脈に鑑み、ヘイト・スピーチの害悪を緻密に分析することである。なぜならば、ヘイト・スピーチは歴史的な支配・従属関係を強化するものであり、歴史的・社会的文脈は、言葉の害悪の程度に影響するからである。」

若干のコメントを付しておこう。第一に、桧垣は規制積極派が主張してきたことを、アメリカ法の検討を通じて提起した。つまり、アメリカ法であれヨーロッパ法であれその他の諸国の法であれ、ヘイト・スピーチの害悪を明確にすれば、人権保障のために刑事規制をすることが正当化できるという一般性を明らかにした。

第二に、桧垣はそのための次の課題として実態解明を強調する。この点はすでにヘイト・スピーチ被害の実態調査として始められている。NGOによる調査に続いて、日本政府も調査せざるを得なくなった。その積み重ねが重要である。

第三に、桧垣は「どのように線を引くか」を課題として唱えるが、まだ具体的な議論をしていない。ここから先は憲法学とともに刑法学の課題である。金尚均、櫻庭総、師岡康子による議論が重要である。人種差別撤廃条約第二条や第四条の調査・研究が緒についたばかりだ。

17　憲法学説の民主主義観

以上、本節では多数の憲法学者の見解を見てきた。網羅的ではなく、他にも見るべき論考が多数あるが、ここでは割愛せざるを得ない。以上で瞥見した見解は、見解表明の場もスタイルも異なり、その内容も多様である。差異に着目すると、被害の認識（被害はないと見るか、軽いと見るか、重大と見るか）、憲法論（特に表現の自由論）、研究対象（立法論か比較法研究か、アメリカ法かそれ以外の諸国の法か）、規制可能な範囲の想定など、多様性を確認することができる。規制積極派と規制消極派に分けて整理することは容易だが、それでは議論の発展につながらない。

筆者は規制積極派のため、規制消極派について批判的検討を行ってきたが、本章では成嶋隆、塚田哲之、市川正人などの所見に若干のコメントを付すにとどめ、本格的な批判的検討は行っていない。憲法学以前に日本国憲法に内在するレイシズムを点検することに力を注いだためである。

また、従来、憲法学においてはあたかも消極説が多数説又は有力説と説明されてきたが、それは事実に基づいているのか疑いがある。一部の「表現の自由絶対主義者」の声が大きかっただけのことではないか。最近の論考を見ると、憲法学の中に規制積極論が多数見られることを忘れるべきではない。

むしろここで確認しておくべきことは基礎にある民主主義観である。本章第1節で紹介したように、国連人権理事会の議論によると、レイシズムは民主主義と両立しない。それゆえレイシズムの具体的現象形態であるヘイト・スピーチは民主主義と両立しない。ヘイト・スピーチを容認・放置すると民主主義の基礎を掘り崩すことになる。表現の自由についても同じことが言える。表現の自由の理論的基礎は一方で個人の人格権に求められるが、同時に民主主義が基盤となると理解するべきである。民主主義を重視し、表現の自由の保障を実現するためにはヘイト・スピーチを規制する必要がある。マイノリティの表現の自由を考慮するならば、マジョリティの差別表現の自由に優越的地位を認めることはあってはならない。マジョリティの表現の自由を一方的に尊重するのではなく、マイノリティの表現の自由こそが優越的地位を認められるべきである。民主主義と表現の自由を真に尊重するにはヘイト・スピーチ刑事規制が不可欠である。

　これに対して規制消極説は逆の結論を提示する。あるいは何も述べない。表現の自由を口実にヘイト・スピーチ規制に消極的な見解は、マイノリティを抑圧・排除した社会に民主主義が成立すると考えていることが明らかである。ここにヘイト・スピーチ議論の要諦がある。

　もう一つ確認しておこう。本章第2節で詳論したように、日本国憲法にはレイシズムを克服する側面とともにレイシズムを助長する側面が含まれる。レイシズムを克服する側面に力点を置いて、レイシズムを助長するような結論を回避すべきである。あるいは桧垣が指摘するように批判的人種理論の問いに正面から応答する必要がある。憲法学はこの問いに応答することがあるだろうか。

〈註〉

（＊1）A/HRC/32/29. 10 May 2016.

（＊2）佐藤幸治『日本国憲法論』（成文堂）一九頁。

（＊3）辻村みよ子『憲法第4版』（日本評論社）一〇九～一一〇頁。

（＊4）長谷部恭男『憲法第4版』（新世社）一五三頁。

（＊5）ホセ・ヨンパルト、秋葉悦子『人間の尊厳と生命倫理・生命法』（成文堂、二〇〇六年）。

（＊6）中山將「人間の尊厳について」高橋隆雄編『ヒトの生命と人間の尊厳』（九州大学出版会、二〇〇二年）。

（＊7）長町裕司・永井敦子・高山貞美編『人間の尊厳を問い直す』（上智大学出版、二〇一一年）。

（＊8）権赫泰・車承棋編『〈戦後〉の誕生――戦後日本と「朝鮮」の境界』（新泉社、二〇一七年）。

（＊9）鄭栄桓「在日朝鮮人の『国籍』と朝鮮戦争（一九四七‐一九五二年）――『朝鮮籍』はいかにして生まれたか」『PRIME』四〇号（二〇一七年）。

（＊10）後藤光男『永住市民の人権』（成文堂、二〇一六年）。

（＊11）佐藤幸治『日本国憲法論』（成文堂、二〇一一年）一七三頁。

（＊12）辻村みよ子『憲法・第四版』（日本評論社、二〇一二年）一五三〜一五四頁。

（＊13）佐藤幸治前掲書一九八頁。

（＊14）辻村みよ子前掲書一七二頁。

（＊15）金尚均『差別表現の法的規制』（法律文化社、二〇一七年）。

（＊16）学説状況を検討したものとして、小谷順子「人種差別主義に基づく憎悪表現（ヘイトスピーチ）の規制と憲法学説」『法学セミナー』七五七号（二〇一八年）。

（＊17）成嶋隆「ヘイトスピーチ再訪（一）（二）」『獨協法学』九二号（二〇一三年）、九三号（二〇一四年）。

（＊18）塚田哲之「表現の自由とヘイト・スピーチ」『人権と部落問題』八六七号（二〇一五年）。

（＊19）Ahron Barak, Human Dignity, The Constitutional Value and the Constitutional Right, Cambridge University Press, 2015.

（＊20）Mohammad Hashim Kamali, The Dignity of Man: An Islamic Perspective, Islamic Texts Society, 2002.

（＊21）小谷順子「表現の自由の限界」金尚均編『ヘイト・スピーチの法的研究』（法律文化社）。

（＊22）「月曜討論／ヘイト・スピーチ規制法は必要か」『北海道新聞』二〇一五年九月七日。

（＊23）前田朗「差別と闘う教育（一）～（四）」『解放新聞東京版』八六三～八六六号（二〇一五年）。

（＊24）市川正人「表現の自由とヘイトスピーチ」『立命館法学』三六〇号（二〇一五年）。さらに、市川正人「表現の自由③——表現の自由と『人権』」判例時報臨時増刊『法曹実務にとっての近代立憲主義』（判例時報社、二〇一七年）。

（＊25）齊藤愛「表現の自由の現況——ヘイトスピーチを素材として」『論究ジュリスト』一三号（二〇一五年）。

（＊26）第一九〇回国会参議院法務委員会会議録第四号。魚住裕一郎他編『ヘイトスピーチ解消法成立の経緯と基本的な考え方』（第一法規、二〇一六年）。

（＊27）光信一宏「ジェノサイドを否定する言論とスペイン憲法裁判所——二〇〇七年一一月七日のスペイン憲法裁判所大法廷判決」『愛媛法学会雑誌』三六巻三・四号（二〇一〇年）、同「ホロコースト否定論の主張の禁止と表現の自由——二〇〇三年六月二四日の欧州人権裁判所ガロディ判決」『愛媛法学会雑誌』三五巻一・二・三・四号（二〇〇九年）、同「フランスにおける人種差別的表現の法規制（一）～（四）」『愛媛法学会雑誌』四〇巻一・二号（二〇一四年）～四三巻一・二号（二〇一六年）など多数。

（＊28）光信一宏「フランスにおける人種差別表現規制について」憲法理論研究会編『展開する立憲主義』（敬文堂、二〇一七年）。

（＊29）在日コリアン弁護士協会編『ヘイトスピーチはどこまで規制できるか』（影書房、二〇一六年）。木村草太は、奥平康弘との共著『未完の憲法』（潮出版社）においてもヘイト・スピーチについて言及している。

（＊30）齋藤民徒「ヘイトスピーチ対策をめぐる国内法の動向と国際法——国内法の人権条約の効果的実現への課題と示唆」ジュリスト増刊『論究ジュリスト』一九号（二〇一六年）。

（＊31）藤井正希「ヘイトスピーチの憲法的研究——ヘイトスピーチの規制可能性について」『群馬大学社会情報学部研究論集』二三巻（二〇一六年）。

（＊32）曽我部真裕「人権訴訟における民事訴訟の意義——ヘイト・スピーチ裁判を例として」『自由と正義』二〇一六年六月号。

（＊33）田代亜紀「表現の自由の限界を考えるための準備的考察——ヘイトスピーチに関する議論とスナイダー判決を素材として」『専修ロージャーナル』一二号（二〇一六年）。

（＊34）榎透「ヘイト・スピーチ、ヘイト・クライム規制」『法律時報』八九巻九号（二〇一七年）。なお、榎透「ヘイト・スピーチ（在特会の問題を含む）と表現の自由」『なぜ表現の自由か』（法律文化社、二〇一七年）参照。

（＊35）奈須祐治「イギリスにおけるヘイト・スピーチ規制法の歴史と現状」『西南学院大学法学論集』四八巻一号（二〇一五年）。なお、「マイノリティ集住地域におけるヘイト・スピーチの規制――『スコーキー村』事件を読み直す」『西南学院大学法学論集』四九巻二・三号（二〇一七年）、奈須祐治「カナダの州人権法によるヘイト・スピーチ規制（未完）」『西南学院大学法学論集』五〇巻二・三号、四号（二〇一八年）。

（＊36）山邨俊英「反復的に行われるヘイト・スピーチに対する将来に向けての規制は『事前抑制』か？――Clay Calvertの議論を素材として」『広島法学』四〇巻四号（二〇一七年）。なお、山邨俊英「ヘイト・スピーチに対する非強制的施策に関する原理的考察：Corey Brettschneider の価値民主主義（Value Democracy）論と民主的説得（Democratic Persuasion）論の考察を中心として（一）～（三）」『廣島法学』四〇巻二号（二〇一六年）、四一巻一号（二〇一七年）、四一巻二号（二〇一八年）。

（＊37）桧垣伸次『ヘイト・スピーチ規制の憲法学的考察――表現の自由のジレンマ』（法律文化社、二〇一七年）。桧垣は著書の「はじめに」で次のように述べる。「本書は、アメリカにおける近年のヘイト・スピーチ規制をめぐる議論を参照し、日本へ与えうる示唆を検討する。そこでは、表現の自由を最大限保障するという立場を維持しつつもヘイト・スピーチ規制は憲法上正当化されると主張する。表現の自由は、民主主義社会において、非常に重要な権利である。表現――特に政治的表現――はできる限り自由でなければならないのは言うまでもない。しかしながら、後で述べるように、ヘイト・スピーチは、その対象となった集団を、同等の市民として認めず、公的意見の構築から排除しようとするものである。特定の集団の意見が排除されるならば、民主的過程は機能不全に陥る可能性がある。なぜならば、民主主義社会が機能するためには、多様な意見が必要なのであり、そこから特定の集団を排除するならば、『知識や情報の不完全さが増幅・維持され、望ましくない状況に陥ってしまう』危険性もある。このような観点からも、特定の集団が公的意見の構築から排除されないようにしなければならない。」

第5章　地方自治体とヘイト・スピーチ

第1節　本章の課題

近年のヘイト・スピーチの悪化は、一方でインターネット上における無責任な差別落書きの氾濫が主因と言えるが、他方で現実の公共空間における差別発言やヘイト・スピーチを容認してきた政府に大きな責任がある。それはヘイト・スピーチ刑事規制問題だけではなく、ヘイト・デモやヘイト集会のための公共施設利用問題において顕著に表れた。

表現の自由、集会の自由が重要であることは当然であるが、そこで思考停止する論者が多すぎる。表現の自由や集会の自由とヘイト・スピーチ規制をあれかこれかの二者択一で考えるのは、問題設定が適切でない。表現の自由や集会の自由を健全に保障するためにヘイト・スピーチ規制が必要である。ヘイト・スピーチ規制なしに表現の自由を守ることはできない。問われているのは、民主主義観であり国家観である。そのことはこれまでも意識されてきたが、十分に議論されたとは言えない。表現の自由の保障の重要性だけを取り上げて、その他の論点をすべて無視する偏頗な議論が横行してきた。民主主義を根拠の一つにしながらヘイト・スピーチ規制を否定する短絡的な議論は、民主主義に対する無理解に基づく。ヘイト・スピーチは民主主義に対する挑戦であり、ヘイト・スピーチを放置しておいては民主主義は維持し得ない。

第2節　門真市民文化会館事件

一　事件の概要

二〇一四年五月二日、門真市は門真市民文化会館を在特会に利用させないことを決定し、『門真市教育委員会の考え方について』（二〇一四年五月二日）を公表した（＊1）。そこでは、「いかなる団体であれ、人権、民族、門地など人が生まれながらにして持ち、自ら選択する余地のない点や国籍などの属性を捉まえての差別行為は許されないという姿勢」を明示し、「多くの子どもたちも利用する文化・教育の拠点である施設として、受け入れるべきではない」としている。

本件を報道した新聞記事には、二人の法律研究者のコメントが寄せられている（＊2）。憲法学者の奈須祐治は「関西空港反対派に市が集会使用を拒否した泉佐野市立市民会館事件の最高裁判決（一九九五年）で、集会場の使用拒否は『明らかに差し迫った危険の発生が具体的に予見されることが必要』との判断を示しており、従来の判例で考えると、自治体が排外主義団体に特定して施設を貸さないというのは難しいのではないか」と述べる。他方、刑法学者の金尚均は「街頭でヘイト・スピーチを繰り返す行為は、日本が批准する人種差別禁止条約に基づく不法行為にあたる。一般的に市施設の使用制限は、表現の自由との関係で難しいが、京都朝鮮第一初中級学校事件の京都地裁判決で『人種差別に該当し、違法』と指摘された在特会のような集団に限った事前規制は可能ではないか」と述べる。

門真市の事案は次のような経過をたどった。

二〇一四年四月一四日、在特会のKが「朝鮮人は糞を食う民族だ」という差別集会（五月一一日予定）開催のため、ルミエールホール（門真市民文化会館）の使用申請を行い、ルミエールホール側が使用許可を出した。その後、Kは集会開催をインターネット上で宣伝した。

四月一五日、このことを知ったある市議会議員が市当局に問い質し、許可を取り消すように求めた。市側はいったん使用許可を出したこともあって、不許可にすると集会の自由の侵害になりかねないと考え、当初、使用許可取り消しはできないと判断した。これに対して市議会議員が、当該集会が人種差別、人権侵害に当たること、在特会は人種差別行為を繰り返してきたことなどを指摘して、不許可とするように求めた。

その結果、四月二八日、許可取り消しの方向に決まり、五月二日、ルミエールの指定管理者からKに対して「利用許可の取り消し通知」を送付した。併せて前記『門真市教育委員会の考え方について』が明らかにされた。

差別団体（排外主義団体、ヘイト団体）による施設使用については、山形県が二〇一三年六月、図書館などが併設されている県生涯学習センターでの在特会会長の講演会を「図書館が併設され児童生徒が出入りする施設」であることを理由に不許可とした例がある。これは最初から使用申請を受理しなかったようであるが、門真市の場合はいったん受理した使用申請を後に拒否した点で、初めての事例である。

これまで多くの自治体は施設利用を認めてきた。警視庁は新大久保などのヘイト・デモについて「法的根拠がないから規制できない」と表明した。東京・豊島区等では、市民からの批判にもかかわらず、差別団体に公共施設を利用させてきた。行政による表現規制につながりかねないという危惧が理由とされてきた（＊3）。

二　問題の所在

1　集会の自由について

山形県生涯学習センターが在特会会長の講演会への使用を拒否したのに続いて、門真市が使用許可を取り消した。しかし、同様の事態は各地で起きていて、多くの自治体が在特会の差別集会に会場を使用させてきた。理由は「表現の自由」、「集会の自由」である。集会の自由は憲法第二一条に規定された「表現の自由」の一つと理解され、「表現の自由」は憲法上、優越的地位にあるとされている。それゆえ合理的な理由のない限り集会の自由を制限することはできない。奈須祐治が一九九五年の最高裁判決を引用しているのは、この考え方を紹介したものである。

しかし、この理解は問題の本質を見逃していて、根本的な疑問がある。ヘイト・クライム／スピーチに関する議論に共通の特徴であるが、ヘイト・クライム／スピーチの本質や被害について論究せずに、いきなり「表現の自由か、ヘイト・スピーチの規制か」、「集会の自由か、ヘイト団体の規制か」といった短絡的な二者択一を掲げる傾向が強い（奈須自身はそうした制約を免れている）。全体像に目を塞いで、一部の論点にすぎない表現の自由を闇雲に肥大化させる誤りである。

まず明らかにするべきことは、当該集会の性格と実質である。当該集会が差別集会、差別煽動集会であるのか否かが出発点である。憲法学の多数説は「内容中立原則」なるものを持ち出して、スピーチや集会の内容について判断してはならないという、信じがたい特異な主張をする。この奇抜な理屈はアメリカ憲法の解釈論を借用したものである。しかし、これは日本国憲法の基本的立場とは言えない。集会の自由について検討することは必要であるが、集会の自由だけの議論に限定する視野狭窄に陥ってはならない。

2　差別煽動行為

最低限、確認する必要があるのは、ヘイト・スピーチとはいかなる事態であり、いかなる被害を生むかである。というのも、ヘイト・スピーチは差別表現の一つであるが、単なる差別表現ではないからである。まず、ヘイト・スピーチの行為類型を見ておこう（『序説』第5章参照）。

①**差別表明型**。自民族の優越性の主張や、人種や民族を動機として他者への差別感情を表明する行為。アーリア人や日本民族の優越性の主張がユダヤ人や朝鮮民族の劣等性の主張につながった。

②**歴史否定型**。「アウシュヴィツの嘘」、「ホロコースト否定」と呼ばれる、人道に対する罪等の重大犯罪の事実を否定、隠蔽、あるいは美化する行為。

③**名誉毀損型**。名誉毀損罪や侮辱罪にあたる行為。京都朝鮮学校襲撃事件では、朝鮮学校をスパイ養成機関と誹謗するなど、朝鮮人を貶める発言を連呼した。ドイツでは集団侮辱も処罰されるが、日本では個人に対する名誉毀損だけが犯罪となり、民族に対する名誉毀損は犯罪ではないとされる。

④**脅迫型**。脅迫罪にあたる行為。相手に害悪が起きることを告知すれば脅迫であり、殺害予告もこれに当たる。

図表7　ヘイト・スピーチの行為類型

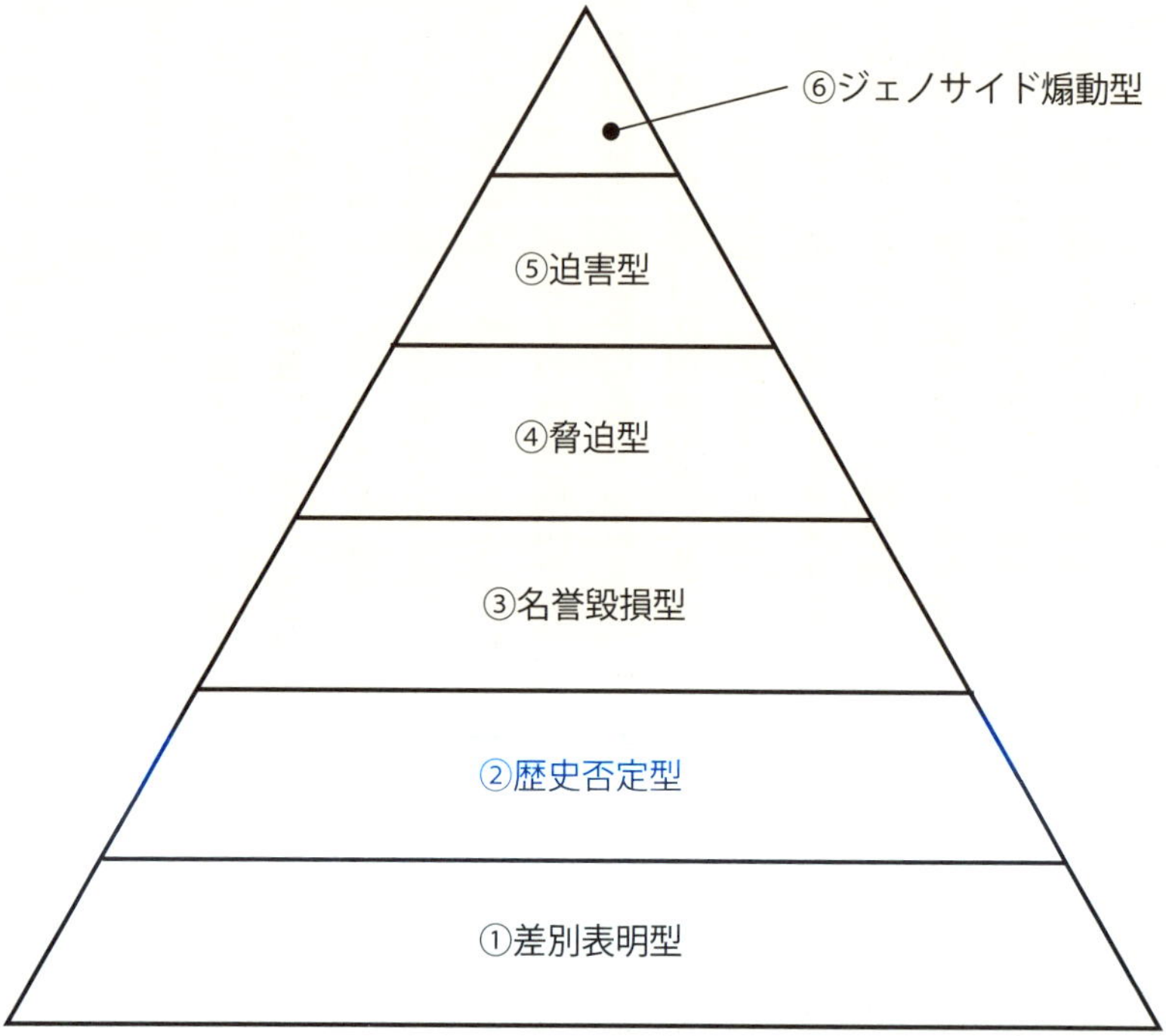

⑤**迫害型**。単なる脅迫ではなく、他者を社会から排除するための行為。「〇〇人を日本から叩き出せ」と迫害を行う。ナチスのユダヤ人迫害や旧ユーゴスラヴィアの民族浄化が典型である。

⑥**ジェノサイド煽動型**。「〇〇人は皆殺し」のようなタイプである。集団虐殺の煽動は、アルメニアでもルワンダでも八〇万人もの大虐殺をもたらした。

⑦**暴力付随型**。暴力をふるいながら差別発言や差別煽動を行う場合や、差別的動機で暴力に出る場合。

このようにヘイト・スピーチにはさまざまな行為類型がある（図表7「ヘイト・スピーチの行為類型」参照）。これまでの憲法学はほぼ①〜③だけを議論し、その他の行為は無視する傾向があった。現実を無視し、差別と犯罪を放置し、被害を軽視する。

3　差別煽動の被害

ヘイト・スピーチの被害と保護法益も見ておく必要がある。保護法益については人間の尊厳と見るのか、それとも公共の秩序に関連付けるのかで対立があるが、もう少し事実に即して見るべきだ。ヘイト・スピーチによって侵害される権利は次のように多様な広がりを持つ。

①**市民的権利**（生命、身体、安全、移動の自由、人身の自由）。「殺せ」「出ていけ」という脅迫により身の危険を感じ、実際に暴力被害を受けることもある。差別や暴力の煽動の危険性である。

②**政治的権利**（社会参加の権利）。マイノリティが社会に参加して、民主的な意思決定に加わることも否定される。

③**経済的権利**（財産権、営業の自由、職業選択の自由、就労の権利）。公然と差別が主張され、煽動されている社会では、就職にも差支える。新大久保のヘイト・デモにより店舗の営業に支障をきたし、収入が減るなどの被害がある。

④**社会的権利**（教育権等）。京都朝鮮学校のように教育機関までもが被害を受けている。マイノリティの言語、文化、歴史を学ぶ機会を奪われることに繋がる。

⑤**文化的権利**（言語の権利、自己の文化を享受する権利等）。国連先住民族権利宣言が掲げたように、それぞれの民族には固有の言語、文化の権利を保障しなくてはならないのに、その基礎が失われる。

⑥**国際人権法上の諸権利**（平和への権利、連帯の権利、発展の権利等）。ヘイト・スピーチは社会的平穏を損ない、相互信頼と連帯を破壊する。

刑法学的に見ると、①被害者の人間の尊厳（人格権、個人の尊重等々）に重点を置く見解と、②社会的法益（公共の平穏、公共の安全、公共の秩序等）に重点を置く見解に分かれる。最近、③社会参加の機会が奪われることを強調する見解も見られる。

標的とされた被害者の人間の尊厳が失われるから犯罪だと考えるのか。それとも、現場にいた直接の被害者だけでなく、その人と同じ属性を持つすべての人が潜在的被害者であると広く見るのか。さらにヘイト・スピーチは社会における平等を損ない、差別と暴力を煽動することによって民主的手続きや公共の平穏を破壊するから犯罪だと考えるのか。この点は刑法学においても大いに議論がなされているが、人間の尊厳と民主主義を中核に考えたい。

三　日本国憲法に照らして考える

山形県や門真市と、その他の自治体の考えの分かれ目は、あたかも集会の自由をどう考えるかにあるかのごとく報道されているが、その認識は正しくない。本来の論点は、ヘイト・スピーチやヘイト集会に地方公共団体が管理する公共施設を貸すことができるか否かである。地方公共団体がヘイト・スピーチやヘイト団体に加担してよいか、便宜供与してよいかという問題である。

山形県条例について見てみよう（＊4）。山形県条例第一条は「県民の生涯にわたる学習活動を総合的に支援し、地域の活性化を担う人材の育成及び県民の文化の振興を図るため、県生涯学習センター（以下「センター」という。）を置く」と、目的を定めている。この目的に明らかに反する活動に対して利用を認めるべきではないから、この目的に明らかに反する活動に対して利用申請を却下することは当然である。

条例第三条は「知事は、センターの使用の目的、方法等が次の各号のいずれかに該当するときは、許可をしてはならない」として、次の三つを掲げる。①公益を害するおそれがあるとき。②センターの管理上適当でないと認めるとき。③その他センターの設置の目的に反すると認めるとき。このうち①については、公益を害することを明確に証明する必要があり、その現実的危険性が明確でない場合に利用を却下することはできない。②③についても、そのように判断する根拠を明確にする必要がある。過激な人種差別・人種主義の煽動を行ってきたことで有名な団体の活動であっても、それが室内で平穏に行われる限りは、①の要件を満たさない場合がある。しかし、②③の要件を満たしていると判断できる場合がある。当該団体構成員が、ある外国人学校に押し掛けて異常な差別街宣を行い、裁判所による有罪判決が確定している場合。当該団体構成員が人権博物館に押し掛けて差別街宣を行い、損害賠償命令が確定している場合。当該団体構成員が、ある企業に押し掛けて特定民族の女優をCMに使うなと強要行為を行い有罪判決が確定している場合。たとえば、以上の要件を満たす場合、県は当該団体による公共施設利用申請を許可してはならず、却下するべきことがある。重要なのは当該団体及び集会が人種差別、人権侵害となっているのかである。

日本国憲法の基本原理及び多くの人権条項は市民がヘイト・スピーチを受けない権利を保障している。地方公共団体がヘイト集会に協力することは、あってはならない。

憲法第一三条は個人の尊重（ないし個人の尊厳）、人格権という形で、ヘイト・スピーチからの自由を要請している。「個人の尊重であるから人種・民族差別問題とは関係ない」と解釈するべきではない。個人の尊重の原理は個人主義の立場であるから、人種や民族が憲法第一三条の主体になることはない。しかし、人種・民族等の属性に対する攻撃は、他者のアイデンティティに対する侵害であり、諸個人の尊重を妨げる行為である。憲法第一三条は「他人の犠牲において自己の利益を主張しようとする利己主義」を否定するものであって、政府がそのような行為に加担したり、促進することは行ってはならない。

憲法第一四条は法の下の平等のみならず、非差別も明示している。この規定は、国民が「差別されない」ことを明示しているが、政府による非差別の保障がどこまで義務的であるかについての見解は多様でありうる。政府が積極的に差別を行った場合には違憲であると判断されることがありうるが、政府が社会的差別を是正できなかったからと言って直ちに政府の責任が問われるわけではない。しかし、政府が差別に加担することが許されないことは言うまでもない。

佐藤幸治は「元来平等は国家による不平等な取扱いを排除するという自由権的文脈で捉えられていた」としつつも、次のように述べている(*5)。「しかし、上述の平等観念の変容とも結びつきながら展開してきた現代積極国家にあって、国家は自ら差別してはならないだけでなく、社会に事実上存在する不平等を除去しなければならないという、積極的ないし社会権的内容を盛り込んで平等権を捉えようとする考え方が強くなってきた。そして、このことと関連して、社会の中の根強い差別意識のため、通常の社会経済的過程から疎外されている者が存すると認められる場合に、国家は、その者の平等を保障するための措置をとる義務を負うとともに、その者を通常の過程に参与させるために必要やむをえないと考えられるときは、一時的にその者に対して一般の人に対すると異なる特別の優遇措置を講ずることが求められるという考え方が登場する。」

しかし、ピントがずれている。政府が差別に加担してはならないことは「現代積極国家」などを持ち出すべき筋合いの話ではない。市民の自由を侵害してはならない、それゆえ差別に加担してはならないのであり、それは消極国家の任務にすでに含まれている。憲法学は近代国家の任務を理解していないのではないか。

ここでも、第一三条と同じ構図で考えることができる。本件で問題となっているのは、政府（地方自治体）が差別団体による差別集会のために公共施設を供与するという事態である。換言すれば、政府が差別行為に加担し、「共犯者」となることである。第一四条に即して言えば、政府が法の下の平等や非差別に反する事態に手を貸す行為を行ってよいかが問われている。このことを抜きに、一般的抽象的に集会の自由などという議論をするのは非常識で、初歩的な間違いである。

第一に憲法第一三条や第一四条を無視する根拠がない。憲法学は第二一条の表現の自由を「優越的地位」と称して絶対化する議論を展開してきたが、不適切である。憲法第二一条をいくら強調しても憲法第一三条及び第一四条を覆す理由にはならない。

第二に表現の自由の根拠は人格権と民主主義に求められる。その人格権とはまさに憲法第一三条である。人格権を破壊するヘイト・スピーチを、人格権を根拠にする表現の自由を口実に許すのは論理矛盾である。

第三に、民主主義についても同じことが言える。ヘイト・スピーチはターゲットとされたマイノリティの社会参加を阻み、民主主義を否定する行為である。金尚均は「ヘイト・スピーチの有害性は、主として、社会のマイノリティに属する個人並び集団の社会参加の機会を阻害するところにあり、それゆえ、ヘイト・スピーチを規制する際の保護法益は、社会参加の機会であり、それは社会的法益に属すると再構成すべきである」と主張している（＊6）。民主主義を根拠に表現の自由の優越的地位を唱えながら、表現の自由を口実に民主主義の破壊を擁護するのは論理矛盾である。

第四に表現の規制に関する内容中立原則なるものはアメリカ憲法の判例法理である。アメリカ判例の論理に学ぶべき点が多々あるにしても、そのまま日本国憲法の解釈に持ち込むには、それを正当化する論理が必要である。しかし、十分な理由が示されたことはなく、むしろアメリカ憲法と日本国憲法の間には大きな差異が目立つ。①アメリカ憲法の表現の自由規定（修正第一条）と日本国憲法第二一条は規定様式が全く異なる。修正第一条は「連邦議会は、国教の樹立に関し、自由な宗教活動を禁止し、言論または出版の自由、平和的に集会し、苦情の救済を求めて政府に請願する人民の権利を縮減する法律を制定してはならない。」である。②アメリカ憲法には日本国憲法第一三条に相当する規定がない（独立宣言にはある）。③アメリカ憲法には日本国憲法第一四条に相当する規定がない。④日本国憲法第一二条及び第一二条は、アメリカ憲法よりもフランス憲法の内容となっているフランス人権宣言第一一条と類似した形式である。

日本国憲法第一二条は「この憲法が国民に保障する自由及び権利は、国民の不断の努力によつて、これを保持しなければならない。又、国民は、これを濫用してはならないのであつて、常に公共の福祉のためにこれを利用する責任を負ふ。」である。つまり、濫用の防止と責任である。

憲法構造の違いを無視してアメリカ判例の法理をそのまま持ち込むべき理由はなく、日本国憲法の基本原理を踏まえた議論が必要である（『序説』第11章及び本書第4章参照）。

四　人種差別撤廃条約に照らして考える

ここで論じるのは、「〇〇人を殺せ」などと過激な人種差別・人種主義の煽動を行ってきたことで有名なヘイト団体・個人が公共施設の利用を申請した場合、公共施設側はこれを受理すべきか、という問題である。

ヘイト・スピーチを行ってきた人種差別集団に公共施設を利用させ便宜を図ることは人種差別撤廃条約に違反するので、受理すべきでないことは明白である。

1　政府にはヘイト・スピーチに加担しない義務がある

人種差別撤廃条約第二条第一項は、政府が人種差別を行わないことだけでなく、人種差別に加担しないこと、人種差別をなくす措置を講じることを定める（＊7）。日本政府は人種差別を撤廃するために「すべての適当な方法により遅滞なくとることを約束」し、「いかなる個人又は団体による人種差別も後援せず、擁護せず又は支持しないことを約束」した。さらに「すべての適当な方法により、いかなる個人、集団又は団体による人種差別も禁止し、終了させる」ことを約束した。従って、日本政府（当然のことながら地方自治体も含む）は、過激な人種差別・人種主義の煽動を行ってきたことで有名な集団を後援、擁護、支持してはならない。地方政府はそのような差別集団に便宜を図ってはならず、公共施設の利用を認めてはならない。

2　政府にはヘイト・スピーチを非難する義務がある

日本政府は人種差別撤廃条約第四条ａｂの適用を留保しているが、第四条柱書の適用を留保しているわけではないので、条約第四条柱書きに基づいて検討を行い、例えば山形県条例第三条（２）（３）について判断するべきである。それゆえ、日本政府は「人種差別を正当化し若しくは助長することを企てるあらゆる団体を非難」するべきであり、「このような差別のあらゆる扇動又は行為を根絶することを目的とする迅速かつ積極的な措置をとる」べきである。従って、山形県はそのような差別集団に便宜を図ってはならず、公共施設の利用を認めてはならない。

3　政府にはヘイト・スピーチと闘う責任がある

人種差別撤廃条約第七条は「人種差別につながる偏見と戦い」とし、「特に教授、教育、文化及び情報の分野において、迅速かつ効果的な措置をとることを約束する」としている。山形県や門真市が、教育施設の性格、とりわけ子どもが利用する公共施設という面を強調したのは、条約第七条を実践するものとして高く評価できる。結論として、日本政府や地方自治体が差別団体、ヘイト団体に便宜を図り、一般の施設よりも安価・利便性のある公共施設の利用を認めた場合、それは人種差別撤廃条約に違反する。このようなことはあってはならない。

五　ヘイト団体の認定は可能か

1　ヘイト団体の認定とは

奈須祐治は「従来の判例で考えると、自治体が排外主義団体に特定して施設を貸さないというのは難しいのではないか」と述べる。ここでは特定団体への拒否が許されないということと同時に、ヘイト団体の特定、認定が困難であることも含意されている。確かに、差別禁止法やヘイト・スピーチ法による定義が十分でない日本で、ある団体を差別団体、ヘイト団体と認定することに一定の困難を伴うことは否定できない。

山形県生涯学習センターの条例には「知事は、センターの使用の目的、方法等が次の各号のいずれかに該当するときは、許可をしてはならない。①公益を害するおそれがあるとき。②センターの管理上適当でないと認めるとき。③その他センターの設置の目的に反すると認めるとき」という定めがあるだけで、判断が難しいのも確かである。センター設置目的は「県民の生涯にわたる学習活動を総合的に支援し、地域の活性化を担う人材の育成及び県民の文化の振興を図るため」（第一条）とされているが、差別について直接の判断基準が示されているとは言えない。

他方、門真市人権尊重のまちづくり条例は「すべての人間は、生まれながらにして自由であり、かつ、尊厳と権利とについて平等であり、個人として尊重され、基本的人権の享有が保障されなければならない。これは、人類普遍の原理であり、世界人権宣言及び日本国憲法の理念とするところであり、かつ、私たちがともに守り、伸張させていかなければならないものである」、「一方、今日でもなお、人種、民族、信条、性別、社会的身分又は障害があることなどにより人権が侵害されている現実があり、また社会情勢の変化等により、人権に関する新たな課題も生じてきている。二一世紀を真に平和で豊かな『人権の世紀』とするためにも、私たち一人ひとりが人間の尊厳を尊重し、すべての人の人権が保障されるまちづくりを実現することが、今まさに求められている」としたうえで、「市は、前条の目的を達成するため、市民の自主性を尊重し、人権意識の高揚を図るための施策及び人権擁護に資する施策を積極的に推進するものとする」（第二条）と、人権への姿勢を明快に示している。差別団体やヘイト団体の定義はないが、条例に違反する事態を判断することが十分可能な条例である。

とはいえ、日本国憲法第一三条や第一四条に、人格権を侵害する団体や平等を損なう団体を判定する基準が明示されているわけではない。憲法以外の法律にも、ヘイト団体を認定するための定義や基準が示されていない。だからと言って、認定できないと解釈するべきではない。日本国憲法は人格権を保障し、差別の禁止を規定している。人格権を侵害する差別とは何かの認定ができるという前提に立っている。

ヘイト団体の認定ができないと即断すべきではない。差別団体やヘイト団体の「外延」が明確に線引きされていない場合であっても、その「内包」を明確に把握できれば、基準として採用することは可能である。すべての団体についてすべての場合に判断できる基準（外延）がない場合でも、「誰が見てもこの団体は差別団体である」、「どのような定義を採用しても、この団体はヘイト団体に当たる」と言える場合がある。

本件で問題となった在特会（構成員）は、これまでに京都朝鮮学校襲撃事件の刑事訴訟で有罪判決が確定している上、民事訴訟では多額の損害賠償を言い渡された。さらに水平社博物館事件民事訴訟でも損害賠償を命じられた。ロート製薬強要事件でも刑事訴訟で複数の有罪判決が確定した。いずれも団体としての活動である。

金尚均が「京都朝鮮第一初中級学校事件の京都地裁判決で『人種差別に該当し、違法』と指摘された在特会のような集団に限った事前規制は可能ではないか」と述べたのは正当である。金尚均が指摘しているように、人種差別撤廃条約に基づいた解釈が不可欠である。条約には人種差別の定義（第一条）があり、ヘイト・スピーチの定義及びヘイト団体の定義（第四条）がある。日本政府は条約第四条ａｂを留保しているが、条約第一条の人種差別の定義、第二条の人種差別の否定、第四条本文及びcを留保していないのだから、禁止された人種差別についての判断基準を持っているのであって、判断できないと解釈するべきではない。

少なくとも、第一にヘイト・スピーチを繰り返してきたことが著名な団体又は個人、特に有罪判決や損害賠償判決が確定した団体又は個人であって、第二に当該集会がヘイト集会となる恐れが高い場合、ヘイト・スピーチを繰り返す恐れが高いことが明白な場合には、公共施設の利用を拒否するべきである。

六　おわりに――条例の意義と射程

山形県と門真市では該当条例の内容が異なるが、いずれも日本国憲法第一三条、第一四条及び人種差別撤廃条約の趣旨に合致した正当な判断をしたものと考えられる。地方自治体が差別集団（ヘイト集団）に公共施設を利用させてはならないことを、より明確にするために条例の見直しが必要な場合もあるであろう（*8）。

一例として大阪についてみると、「大阪府人権尊重の社会づくり条例」は「すべての人間が固有の尊厳を有し、かつ、基本的人権を享有することは、人類普遍の原理であり、世界人権宣言及び日本国憲法の理念とするところである。かかる理念を社会において実現することは、私たちすべての願いであり、また責務でもある。しかしながら、この地球上においては、今日もなお、社会的身分、人種、民族、信条、性別、障害があること等に起因する人権侵害が存在しており、また、我が国においても人権に関する諸課題が存在している」（前文）として、「この条例は、人権尊重の社会づくりに関する府の責務を明らかにするとともに、府民の人権意識の高揚を図るための施策及び人権擁護に資する施策（以下「人権施策」という。）の推進の基本となる事項を定め、これに基づき人権施策を実施し、もってすべての人の人権が尊重される豊かな社会の実現を図ることを目的とする」（第一条）としている。大阪府条例の精神に照らしても、今回の門真市の施設利用拒否は極めて正当な措置であったと言えよう。

ヘイト・スピーチの処罰と公共施設の利用問題は性格が異なる。日本政府が人種差別禁止法もヘイト・スピーチ規制法も否定しているため、ヘイト・スピーチが犯罪とされていないし、条例で犯罪化することも難しい。しかし、公共施設の利用問題はヘイト団体に対する不利益処分という以前に、政府が人種差別に加担することの可否の問題であるから、条例によって対処することが可能であるし、対処するべきである。適切な条例を有していない自治体では、差別に加担しないための条例制定が必要である。

第3節　大阪市ヘイト・スピーチ条例

一　はじめに

二〇一六年一月一五日、大阪市議会は全国初のヘイト・スピーチ条例を可決した（＊9）。

『ヘイトスピーチ』（憎悪表現）と呼ばれる人種差別的な街宣活動の抑止を目的に実施団体名を公表する大阪市の条例が一五日夜、市議会本会議で、大阪維新の会や公明、共産両党などの賛成多数で可決、成立した。市によると、ヘイトスピーチ対策の条例制定は全国初。各地方議会が国に法規制などを求める中、在日コリアンが多い大阪市は独自制度を導入した。／ヘイトスピーチは、東京・新大久保や大阪・鶴橋で一部の団体が『殺せ』などと叫びながらデモを繰り返し社会問題化した。条例に市民団体などが求めた表現規制や罰則は盛り込まれず、抑止の実効性を疑問視する声もある」（『共同通信』一月一五日）。

ヘイト・スピーチ規制に関する条例は全国で初めてであり、注目されてきた。国が人種差別やヘイト・スピーチの規制に後ろ向きの現状を変えるために、国会に人種差別撤廃施策促進法案が上程されたが成立していない。多くの地方自治体がヘイト・スピーチ対策の必要性を指摘する議会決議を行った。条例は被害者及びカウンター行動参加者をはじめとするヘイト・スピーチを許さない市民の運動の努力の成果である。

二　条例の内容と検討

1　条例の必要性

大阪市条例制定の道筋をつけたのは橋下徹前市長である。ヘイト・スピーチ対策の必要性を唱えた橋下前市長は、二〇一四年九月、大阪市人権尊重の社会づくり条例第五条第一項に基づいて、大阪市人権施策推進審議会に「『憎悪表現（ヘイト・スピーチ）』に対する大阪市としてとるべき方策」について諮問した。

同審議会は、二〇一五年二月、「ヘイト・スピーチに対する大阪市としてとるべき方策について（答申）」を大阪市長に提出した。審議会答申は「市民等の人権擁護」とし「基礎自治体である大阪市がヘイト・スピーチに関して方策をとる目的については、ヘイト・スピーチにより被害を受けた市民又は市民の属する集団の擁護とするのが適当である」としたため、刑事規制等は含まないが、地方自治体として可能な方策を探る姿勢を示した。

これを受けて、二〇一五年六月に大阪市議会に条例案が上程されたが、自民党などからヘイト・スピーチ審査会を設置しても「人選次第では中立性が担保できない」と、表現の自由の観点から疑問点が表明された。このため委員の選任には議会の同意が必要と修正が加えられた。被害者への訴訟費用の貸付け規定についても「個人の訴訟費用を税金から出すのはどうか」との懸念が表明され、削除された。とはいえ、条例案審議を通じてヘイト・スピーチ対策の必要性の認識は共有されるようになった(＊10)。

2 ヘイト・スピーチの定義

条例はヘイト・スピーチを「特定の人種や民族に属する個人や集団を社会から排除することや、憎悪、差別意識をあおる目的で行われる表現活動」と定義した。国内法に人種差別やヘイト・スピーチの定義がない現状で、条例が定義を掲げたことは大きな意味を有する。とりわけ「排除」に焦点を当てたこと、及び「憎悪、差別意識」を並べたことが注目される。これは国際自由権規約や人種差別撤廃条約など国際人権法における定義とは異なる独自の定義である。

国際自由権規約第二〇条二項は「差別、敵意又は暴力の扇動となる国民的、人種的又は宗教的憎悪の唱道は、法律で禁止する」と定義する。人種差別撤廃条約第一条一項は「『人種差別』とは、人種、皮膚の色、世系又は民族的若しくは種族的出身に基づくあらゆる区別、排除、制限又は優先であって、政治的、経済的、社会的、文化的その他のあらゆる公的生活の分野における平等の立場での人権及び基本的自由を認識し、享有し又は行使することを妨げ又は害する目的又は効果を有するものをいう」と定義する。同条約第四条一項は「人種の優越性の思想」の宣伝、「人種的憎悪及び人種差別を正当化する企て」を掲げる。

条例の定義は諸外国のヘイト・スピーチ規制法における定義とも異なる。専門家抜きの審議会や大阪市長が国際人権法や比較法の研究をほとんど行わなかったのはやむを得ないのだろうか。

①差別の動機とされる属性、つまりヘイト・スピーチの被害を受ける個人や集団をどのように規定するか。国際自由権規約の「国民的、人種的又は宗教的」、人種差別撤廃条約の「人種、皮膚の色、世系又は民族的若しくは種族的出身」のほか、立法例では言語、ジェンダー、性的志向、さらにはホームレスなども見られる。条例は人種差別撤廃条約の「世系」を除外した。在日朝鮮人や中国人に対するもの以外にも、被差別部落出身者に対するヘイト・スピーチも見られる。条例は被差別部落について保護の対象外とする選択をしたのであろうか。

②人種差別撤廃条約の「区別、排除、制限又は優先」、国際自由権規約の「差別、敵意又は暴力の扇動となる……憎悪の唱道」に対し、条例は「社会から排除すること」、「憎悪、差別意識をあおる目的で行われる表現活動」とする。区別、制限、優先についての言及がないが、「憎悪、差別意識をあおる目的で行われる表現活動」に含めて解釈できるかもしれない。なお、刑法総則には「あおり」の定義がないが、公務員法上の争議禁止に関連して判例の積み重ねがあるので、「あおり」解釈は確立した判例に従ってなされることになるだろう。

3　ヘイト・スピーチ審査会

条例は、市が法律専門家などからヘイト・スピーチ審査会を設置し、対象となる個人や団体の言動がヘイト・スピーチに当たるかどうか、審査会の意見を聞いた上で判断し、ヘイト・スピーチであれば市長がヘイト表現者の名称を公表するとした。市長や市の機関などが一方的に判断するのではなく、法律専門家など有識者による審査会の意見を聞いて判断するという手法は評価できよう。

ただし、ヘイト・スピーチについて的確な知見を有する法律家が果たしてどれだけいるだろうか。そもそも日本の法律家にはヘイト・スピーチについての初歩的法知識が欠落しているのが実情である。

他方で、審査会の中立性を保つために当初の案とは異なって、委員の選任には議会の同意が必要とされた。この点を「より厳格になった」と評価する向きもある（『朝日新聞』一月一八日社説』）。これには疑問がないわけではない。審査会の構成を、議会における政治対立の渦中に放り込んでしまうと、審査会の構成が中立になるどころか、却って偏頗なものになる恐れがある。ヘイト・スピーチに関する専門家がわずかしかいない現状では、委員会が適正に機能しない恐れも出てくる。「中立性」を拡大解釈することなく、被害を受けやすい集団の構成員、人権ＮＧＯの活動家や研究者から選出することが望まれる。

4　氏名の公表

ヘイト・スピーチに対する対処として、ヘイトを行った者の名称を大阪市のホームページ等に公表することが定められた。ヘイト・スピーチの処罰のためには議論が熟していない上、その他の措置についても検討がなされてきていないため、氏名の公表にとどまった。氏名公表は一般論としては抑止効果が期待される。ただ、これまでヘイト・スピーチを行ってきた一部の団体は差別行為を「誇り」としている。氏名公表を歓迎する人物が含まれているため、氏名公表がいかなる効果を有するかは運用次第である。氏名を公表することによって地方自治体がヘイト活動家に認定証を交付してしまうことにならないだろうか。

他方で、公共施設をヘイト団体に利用させることの可否が議論されてきたにもかかわらず、条例はその議論を踏まえていない。外に対して氏名を公表することとは違い、自治体としてヘイト団体に協力しないことのほうが容易に選択できる方策である。

内容に即して検討すると多大の疑問を禁じえないが、大阪市条例は初めての試みである。在日朝鮮人集住地域を抱える都市が一歩前進の姿勢を見せたことに意義があることは認めておきたい。

当面の課題としては、①大阪市において人権活動家や被害を受ける恐れの高い団体などが協力して、条例の適正な運用を求めていくこと、②全国各地の自治体が、大阪市に学び、あるいはさらに先進的な取り組みを工夫していくこと、③自治体任せにせず、国会で人種差別撤廃施策推進法を制定することが求められる。

第4節　東京弁護士会意見書

一　問題点

二〇一五年九月七日、東京弁護士会は「地方公共団体に対して人種差別を目的とする公共施設の利用許可申請に対する適切な措置を講ずることを求める意見書」を公表した。

冒頭にまとめられた「意見の趣旨」は次の通りである。

「地方公共団体は、市民的及び政治的権利に関する国際規約及びあらゆる形態の人種差別の撤廃に関する国際条約に基づき、人種差別を撤廃するために、人種的憎悪や人種差別を扇動又は助長する言動など、人種差別行為を行うことを目的とする公共施設の利用申請に対して、条件付許可、利用不許可等の利用制限その他の適切な措置を講ずるべきである。」

税金を用いて運営される公共施設において、ヘイト団体が特定の人種・民族等に対する人種差別であるヘイト集会を開催することを許容して良いのだろうか。民間施設に比較して利便性が高く、利用料金が格安の公共施設を利用してヘイト集会を開催することを地方自治体（地方政府）は容認して良いのだろうか。こうした問いに対して、ヘイト団体といえども集会の自由があり、公共施設利用を認めるべきだという意見が少なくない。地方自治体はヘイト集会に協力する義務があるという異様な主張が猛威を振るった。

また、仮にヘイト団体に利用を認めないとすると、ヘイト団体の定義が明確でなければならず、地方自治体がその都度、当該団体がヘイト団体であるか否かを判断しなければならなくなり、その判断が困難なことから、利用を拒否できないという意見も提示されている。

他方で、二〇一三年六月に山形県、二〇一四年五月に門真市がそれぞれヘイト目的の公共施設の利用を拒否した。門真市の事案をもとに、いかなる場合にヘイト団体に利用を拒否するべきかの検討が進められた（*11）。この問題について、東京弁護士会が検討を重ねて意見書を公表したので、そのポイントを見ていこう。

二　東京弁護士会意見書

東京弁護士会意見書（以下、意見書）は、国際自由権規約及び人種差別撤廃条約上の義務を確認した上で、両条約に基づいて設置された国際自由権委員会及び人種差別撤廃委員会が、日本政府報告書の審査結果として日本政府に出した勧告がヘイト・スピーチの抑止と法的禁止を求めていることを確認する。

その上で意見書は「人種差別行為目的の公共施設の利用制限の必要性」について「マイノリティという『被害者』らを住民として抱えている地方公共団体においては、かかる『被害者』らの救済を求める切実な声に十分耳を傾け、自由権規約や人種差別撤廃条約に基づき、ヘイト・スピーチを根絶するための具体的措置を取ることが求められている」と検討し、「人種差別を標榜する団体が、ヘイト・スピーチなどの人種差別行為を行うための集会を開催するために、地方公共団体の管理する公共施設の利用を求めるような場合には、地方公共団体がかかる人種差別行為を後援・擁護・支持することのないよう、当該地方公共団体は、その管理権に基づき、その利用を制限するなどの具体的な措置をとることが求められる」と述べる。

次に意見書は「ヘイト・スピーチに対する地方公共団体による規制の可否」を取り上げ、「ヘイト・スピーチの『表現』を伴うという側面を重視した場合、そもそも、地方公共団体における行政的権能たる管理権の行使によって、『人種差別』という表現内容に着目した規制を行うことが、憲法上許容されるかが問題となり得る」として検討し、「表現の自由の濫用とも言うべきヘイト・スピーチ等の人種差別行為を後援・擁護・支持せず、これを禁止し、終了させるため、地方公共団体が、ヘイト・スピーチや人種差別的集会を目的とする公共施設の利用を制限することも、公共の福祉による内在的制約の観点から、憲法二一条一項に反するものではなく、許容されるものと考えられる」とする。

そして意見書は「ヘイト・スピーチ等の人種差別行為に対する規制を行う場合の留意点」を確認する。一方でヘイト・スピーチ規制の必要性は明らかであるが、他方で表現行為にかかわる場合の規制についてはその手段・方法を慎重に検討する必要があるからである。意見書は次の三点を掲げる。

①自由権規約、人種差別撤廃条約に基づき禁止される人種差別行為を制限するための利用制限であることを明確にすること――一般条項による制限ではなく、具体的な条件設定が不可欠である。「地方公共団体は、ヘイト・スピーチを含む人種差別行為を行うことが公共施設の使用許可の制限に関する一般条項における使用制限事由に該当するという合憲限定的解釈に立った上で、公共施設の利用制限を課すものであることを明らかにする必要がある。また、地方公共団体は、このような条例の自由権規約及び人種差別撤廃条約に照らしての限定的解釈を市民に明らかにするためにも、ヘイト・スピーチ等の人種差別行為を規制する条例の整備や、既に存在する公共施設の利用に関する条例における一般条項に関する解釈指針の整備等を通じて、その基準の明確性をより一層高める努力をすることが望ましい」と言う。

②厳格な要件に該当することを、適正な手続に則って認定した場合に限り、利用制限を行うこと――公共施設利用はその性格上、事前抑制とならざるをえないが、その判断は予測に基づいて行うことになり、事後制裁の場合よりも濫用される危険性を否定できない。また、実際上の抑止的効果が事後制裁の場合より大きいと考えられる。それゆえ、意見書によると、利用制限は「厳格かつ明確な要件のもとにおいてのみ許容される」。また、行政による恣意的判断を回避するための方策として「利用制限の要否・是非の判断を、国際人権法、憲法や人種差別問題に精通した研究者・法律家・NGO等の有識者の意見を聴取した上で行うこととするのが望ましい」と提言する。

③制限内容を必要最小限とすること――「当該施設の利用を通じて行われることが予想されるヘイト・スピーチ等の人種差別行為の内容や程度、ヘイト・スピーチ等の人種差別行為に加わることが予想される参加者の数、当該利用申請者に対する過去の是正措置の有無とその結果等の認定事実を踏まえ、当該施設を利用させることにより生ずる人種差別による害悪の有無・程度を具体的に検討し、このような害悪の発生を防ぐ目的との関係において、『人種差別行為を行わないよう警告する措置』、『人種差別行為を行わないことを条件として施設の利用を許可する条件付利用許可』、『施設の利用不許可』などのとり得る措置の中から、より制限的な手段を選択することが望ましい」とする。

最後に意見書は「日本においては、在日コリアン等の民族的マイノリティに向けられた言動をはじめとする激しい人種差別が、これまで繰り返し行われてきた。ヘイト・スピーチは決して『新しい』問題ではない。近時、ヘイト・スピーチとして問題となっている一連の行為・事態は、公的機関が人種差別を撤廃するという国際法上の責務を怠って来たことが重要な一因であることを、認識すべきであろう」とまとめる。この点は、人種差別撤廃法の制定を拒否し、人種差別とヘイト・スピーチを容認してきた日本政府に対する批判であるが、地方自治体も同じ批判を甘受せざるを得ないだろう。

東京弁護士会意見書は現在の日本において多大の被害を生み、危険性の増大しているヘイト・スピーチ問題について、とりわけヘイト団体による人種差別目的の公共施設利用という局面に絞って、国際人権法に基づいた検討を行っている。規制の必要性、許容性、そして留意点を慎重に検討した意見書となっている。税金によって運営される公共施設をヘイト団体による人種差別目的の集会に利用させることは、地方自治体がヘイト団体に資金援助することと同じであり、許されないのは当然である。そのことをていねいに説いた本意見書を、各地方自治体においてぜひ参照するべきである。

なお、言うまでもないことだが、ここで規制対象とされているのは、ヘイト団体による人種差別目的の公共施設利用である。ヘイト団体だからという理由で公共施設利用一般を規制するものではない。

第5節　コリアＮＧＯセンター事件

一　はじめに――大阪地裁決定

二〇一六年一二月二〇日、大阪地裁はＮＰＯ「コリアＮＧＯセンター」（大阪市生野区）が、同月二九日に予定されたヘイト・デモの差し止めを求めた申立てを受けて、大阪府内の団体メンバーにデモの実施を禁じる仮処分決定を出した。同センター事務所から半径六〇〇メートル以内での侮辱や名誉毀損行為の禁止を命じた。圏内にはＪＲ鶴橋駅やコリアタウンが含まれる（各紙報道による）。

同センターによると、当該ヘイト団体はこれまで在日朝鮮人を差別し、日本から排斥することを目的とした活動を展開してきた。「一匹を殺すことは、同胞である日本人一〇人を助けることになる」「犯罪率は突出している」などと主張してきたと言う。予定されたヘイト・デモをインターネット上で告知し、参加者を募っていた。これに対して、同センターは「在日コリアンの尊厳をないがしろにし、耐え難い苦痛を与え、職員の士気が著しく低下する」と指摘した。「平穏に事業を行う人格権が侵害される」と主張し、差し止めを求めていた。ヘイト団体によるヘイト・スピーチ目的での公共施設利用や、路上や公園など公共空間におけるヘイト活動について議論が高まり、仮処分決定が出たことは特筆すべき成果である。

同年一二月二一日、ＮＨＫ「首都圏ネット」ニュースは、ヘイト・スピーチ解消法の定義が必ずしも明確でないことから、川崎市をはじめとする自治体においてガイドライン作りが必要とされていることを紹介した。筆者は「ヘイト・スピーチは人権侵害であり、規制しなければならない」と繰り返しコメントした。

二　使用拒否の実例

1　ヘイト・デモ禁止仮処分決定

各紙報道は、大阪地裁決定を、二〇一六年六月の川崎におけるヘイト・デモを禁じた横浜地裁川崎支部決定に続く二例目として報じた。二〇〇九年一二月以後に行われた京都朝鮮学校襲撃事件の際にも、被害を受けた朝鮮学校側が申立てて仮処分決定を獲得しているので、三件目と見たほうがよいのではないだろうか。

第一に京都朝鮮学校襲撃事件である。ヘイト・デモは二〇〇九年一二月から一〇年二月にかけて三回実施されたが、朝鮮学校側が申し立てて、三回目のヘイト・デモについて接近禁止の仮処分決定が下された。刑事事件では実行犯のうち四人に有罪判決が確定し、続く民事訴訟では、人種差別撤廃条約が定義する人種差別が行われたとして、一二〇〇万円の損害賠償が命じられたことにより一躍有名事件となったが、その前に接近禁止命令が出たことも重要である（『序説』第1章参照）。

第二に川崎ヘイト・デモ事件である（本章第6節参照）。

第三にコリアNGOセンター事件である。報道によると、大阪地裁決定は横浜地裁川崎支部決定とは異なり、仮処分決定の理由を告知していないという。おそらく川崎支部決定と同様に、憲法上の人格権を根拠にしていると推測できる。

ヘイト・スピーチ解消法には公共空間におけるヘイト・デモを「事前規制」するための根拠が示されず、大阪市ヘイト・スピーチ条例の審議過程において「事前規制」が明確に否定されたのに対して、大阪地裁決定が一定の条件の下では特定のヘイト・デモを禁止することができると判断したことは重要である。

2　公共施設利用拒否事例

裁判所による仮処分決定とは別に、地方自治体による公共施設利用拒否も三件の事例がある。

第一に山形県生涯学習センター事件である。二〇一三年六月、ヘイト団体による使用申請に対して、同センター条例三条二の「センターの管理上適当でないと認めるとき」に該当するとして、利用申請を不許可とした。「管理要綱」の「集団的又は常習的に暴力行為又は不法行為を行うおそれがある団体の利益になると認められる場合」に該当すると判断したという。第二に門真市民文化会館事件である（本章第2節）。第三に川崎市ヘイト・デモ事件である（本章第6節参照）。その後も各地で同様の事例が続いているようである。

三　使用拒否違憲論の検討

人間の尊厳を侵害し、民主主義に反し、日本国憲法の精神を否定する悪質なヘイト・デモを中止させるのは当然のことである。ヘイト団体によるヘイト目的のために公共施設を利用させてはならない。

ところが、二〇一六年一二月二一日のＮＨＫ「首都圏ネット」ニュースが報じたように、各地の自治体はヘイト集会を規制できるのか、できないのか、できるとすればどのような場合なのかについて基準を持たず、悩んでいると言う。

こうした状況をもたらした一つの原因は大阪市審議会答申である。二〇一五年二月に公表された大阪市人権施策推進審議会の「ヘイト・スピーチに対する大阪市としてとるべき方策について（答申）」は、ヘイト・スピーチ目的の公共施設利用問題について「憲法が保障する表現の自由」と唱え、最高裁判例を持ち出し、「利用を制限するような趣旨の規定を条例に設けることはできない」と断定した。同答申が引き合いに出す最高裁判例とは、泉佐野市民会館事件と上尾市民福祉会館事件に関する最高裁判例である。このため各地の地方自治体においても、ヘイト・スピーチ解消法の国会審議においても、「最高裁判例があるからヘイト・スピーチの事前規制はできない」という誤解が猛威を奮うことになった。

しかし、泉佐野事件や上尾事件の事案はヘイト・スピーチとは関係がない（本章第7節参照）。事案の構造そのものが異なり、保護法益も異なり、暴力事件発生の具体的な予見可能性が問われた事件である。公共施設利用時に暴力事件が起きて公共の平穏が損なわれるか否かの問題である。これに対してヘイト・スピーチ事件では、多くの場合、事前の告知段階ですでにヘイトが予告され、ヘイトが行われるため、施設利用よりも以前に被害が発生している。「危険発生の予見可能性」ではなく、現に被害結果が生じた場合である。ヘイト・スピーチとは無関係の事案を持ち出して、あたかも最高裁判例があるかのごとく誤解させた点で、大阪審議会答申の罪は重い。法学の初歩的知識を有すれば容易にわかる判例の読み方をわきまえず、ヘイト規制を否定する暴論である。

第6節　川崎市協議会報告書

二〇一六年一二月二七日、川崎市人権施策推進協議会は優先審議事項報告書「ヘイトスピーチ対策に関する提言」を市長に提出した。地方自治体報告書としては大阪市に続く二例目であるが、川崎市報告書は注目すべき重要な内容を含んでいる（＊12）。

大阪市報告書はヘイト・スピーチの法規制はできないとして、事前規制も事後規制も否定した。ヘイト・スピーチの被害実態を軽視している上、最高裁判例の読み方が不適切である。自治体レベル初の報告書がこのような内容だったことにより、ヘイト・スピーチの規制はできないという観念が広がり、その後の事態の悪化をもたらした。川崎市報告書は大阪市報告書にとらわれることなく、ヘイト・スピーチの実態を把握し、憲法及び国際人権法に立脚して検討を加え、重要な問題提起を行っている。

一　報告書の概要

報告書は「川崎市でのヘイト・スピーチ、ヘイト・デモは在日コリアンなどマイノリティの尊厳を根底から損ない、多文化共生社会の推進に取り組んできた川崎市ひいては川崎市民全体に向けられた差別的言動である」と位置付ける。「マイノリティの尊厳」及び「多文化共生社会」をキーワードとしている。「提言」は取り組むべき事項を三点にまとめている。

1　公的施設の利用に関するガイドラインの策定

まず、「ヘイト・スピーチによる市民の被害を防止するため、市が所管する公的施設（公園、市民館等）において、ヘイト・スピーチが行われないよう対処する必要がある。／そのためには条例の制定又は改正をすべきであるが、当面は、各施設の既存の条例の解釈を明確化すべく、早急に、公的施設の利用に関するガイドラインを策定する必要がある」とする。

公的施設の利用について「不当な差別的言動が行われるおそれが客観的な事実に照らして具体的に認められる場合」には不許可とすべきであるという。そのため客観的な基準が必要であり、ガイドラインを速やかに策定する必要がある、と提言する。その基準として、「提言」は「不当な差別的言動が行われるおそれが客観的な事実に照らして具体的に認められる場合」とし、具体的なガイドラインを作るように要請している。必要な要素を別表に掲げ、規制対象や手続きの明確化の方向性も示し、「ガイドラインに盛り込むべき要素」としては目的、定義、具体的な解釈、具体的な手続き、利用制限の種類、利用許可の取消、第三者機関的なしくみづくり、を掲げている。定義や第三者機関について留意事項も付している。

「提言」のもとになった「部会報告」は「市民館の一室や市の公園などの公共施設でヘイト集会が行われることが疑いなく明白な場合にその利用を許可することは、市が差別行為を承認したことになるので、基準を明確化した上で、不許可とすべきである。また、そうした集会が公然と行われると、マイノリティがその施設を利用できなくなるなど、悪影響が大きい」との立場を明確にし、「ヘイト・スピーチに対しては公的施設の利用を制限するというガイドラインを設けることは、ヘイト・スピーチ解消法第四条第二項に言う『当該地域の実情に応じた施策』であると言えるだろう」と補足する。

「部会報告」は定義、第三者機関、手続きについてより詳しい記述をしている。特に人種差別撤廃委員会の一般的勧告三五（二〇一三年）及び「ラバト行動計画」（二〇一二年）に掲げられる六要件（「文脈」「発言者」「意図」「内容と形式」「言動行為の範囲」「切迫の度合いを含む、結果の蓋然性」）に言及している。

的確な提言である。川崎市協議会の委員たちに感謝したい。筆者は「ヘイト集会に公的施設を貸してはいけない」と主張してきた。山形県や門真市は施設利用を却下したが、多くの自治体が大阪市報告書の意見に従って「拒否することはできない」と結論付けた。しかし、川崎市報告書は一定の場合に「不許可とすべきである」と明示した。重要な二点を記しておこう。

第一に川崎市報告書は最高裁判決に言及していない。大阪市報告書は参考判例として最高裁判決（泉佐野事件、上尾事件）を掲げ、ヘイト・スピーチが行われる恐れがあるからと言って利用を不許可にすることはできないとした。しかし、右の両事件の認定事実はヘイト・スピーチとは関係ない。問われたのは暴力行為である。ヘイト・スピーチ集会のための公的施設の利用に関する最高裁判例はない。大阪市報告書は全国の自治体に圧倒的な影響を与え、各地の自治体の担当者によって筆者の主張は却下されてしまった。

川崎市報告書は最高裁判例に言及しなかったが、単に無視したわけではなく「不当な差別的言動が行われるおそれが客観的な事実に照らして具体的に認められる場合」という表現で最高裁判例の趣旨を活かして、より具体的なガイドライン作りにつなげた。

第二に川崎市報告書は人種差別撤廃委員会の一般的勧告三五及び「ラバト行動計画」に言及している（両文書について『序説』第7章参照）。自治体報告書に両文書が記されたのは初めてであろう。

2　インターネット上のヘイト・スピーチ

「提言」は「インターネット上のヘイト・スピーチによる被害は深刻であり、その解消に向けた対策を、積極的に講じていく必要がある」という。注目すべきは「インターネット上のヘイト・スピーチに関して、客観的な事実が明らかな場合、積極的に削除要請を行うべきである」とし、「たとえそれがいたちごっこになったとしても、知り得たヘイト・スピーチを放置することはあってはならないし、ヘイト・スピーチを許さないという姿勢を示すことにもなる」としている。また、検討課題として人種差別行為の被害者による訴訟の支援を例示している。

　インターネット上のヘイト・スピーチの被害の深刻性を認識している点は重要である。憲法学者の中には被害を否定したり、軽視したりする例が少なくない。これに対して川崎市協議会は審議過程において被害の聞き取りを行い、インターネット上のヘイト・スピーチ被害が深刻であることを正しく理解している。

　諸外国においてインターネット上のヘイト・スピーチに関する削除要請、削除命令の実態がどのようになされているかは必ずしも明らかではない。これまで十分調査されていないが、犯罪に該当する場合について削除は当然であろうと推測できる。川崎市報告書が「たとえそれがいたちごっこになったとしても」と明記しているように、実際には膨大なヘイト・スピーチが繰り返されているため、削除要請を行っても容易にヘイト・スピーチをなくすことはできないだろう。だからと言って、削除要請を否定するのは適切でない。ヘイトを許さない姿勢を鮮明に打ち出すことが大切である。憲法学者の中には「ヘイト・スピーチを規制してもなくならないから、規制は意味がない」とする意見が散見されるが不適切である。川崎市報告書が示すとおり、ヘイトに対しては一貫して対処し続けなければならない。

3　人種差別撤廃条例の制定

　提言は「ヘイトスピーチ解消に特化した条例ではなく、広く人種差別撤廃条約の精神を具体化する『人種差別撤廃（解消）基本条例』……（中略）……、または対象をさらに広げた『人権条例』の制定が望ましい」という。部会報告は「人種差別撤廃（解消）基本条例」等を制定すべきであるとし、ガイドラインや第三者機関なども条例に盛り込むべきとしている。

人種差別撤廃条約は反差別法・政策、ヘイト・スピーチの規制、多様な人権に関する保障、被害者救済、差別と闘う教育や情報を掲げる（本書第6章参照）。人種差別撤廃委員会は日本政府に対して包括的な人種差別禁止法を制定するよう勧告してきた。野党は人種差別撤廃施策推進法案を提案したが、成立したのは与党提出のヘイト・スピーチ解消法である。ＮＧＯの外国人人権法連絡会は包括的な人種差別禁止法を求め、自治体レベルでもＮＧＯは人種差別撤廃条例の制定を提言してきた。

川崎市報告書は包括的な人種差別撤廃条例制定を提言している。具体的内容は示されていないが、人種差別撤廃条約に即した内容が想定されていると推測できる。全面的に支持できる。

二　川崎市ガイドライン

二〇一七年一一月九日、川崎市は『本邦外出身者に対する不当な差別的言動の解消に向けた取組の推進に関する法律に基づく「公の施設」利用許可に関するガイドライン』を公表した。

二〇一六年六月にヘイト・スピーチ解消法が制定された。そこで川崎市としても、「施設管理権を適切に行使し、公の施設において不当な差別的言動が行われることを制度的に防止することが求められる」ため、「各施設の所管組織が、各施設の設置・管理条例における利用制限の検討・判断を行う際に拠るべき基準として、本ガイドラインを策定し、多文化共生社会を推進していくものである」という。

使用許可の取消しは、二〇一三年の山形県生涯学習センター、二〇一四年の門真市民文化会館の前例があり、二〇一六年五月には川崎市がヘイト団体に公園利用許可を取消した。しかし、判断基準を示したガイドライン作成は初めてである。

また、ヘイト・スピーチについて大阪市条例がいち早く制定されたが、大阪市条例は、たとえヘイト団体によるヘイト集会であっても地方自治体は公の施設を利用させる義務があるという驚愕の方針を出してしまった。地方自治体にはヘイト活動に協力する義務があるという、憲法破壊のトンデモ解釈である。

川崎市ガイドラインは、公の施設において利用許可の申請があった場合に「不当な差別的言動の行われるおそれが客観的な事実に照らして具体的に認められる場合（言動要件）」は、当該公の施設の利用等につき、「警告」「条件付き許可」「不許可」「許可の取消し」といった利用制限を行うことができるという。

大阪市条例は結果としてヘイト活動を野放しにしたが、川崎市は一定の要件を満たした場合には抑止できることを明示し、その基準を設定した。今後は川崎市ガイドラインを基に、各地で具体的な議論がなされることが期待される（＊13）。その後、国立市の人種差別禁止条例や世田谷区の条例などの動きが始まり、二〇一八年五月には東京都もヘイト・スピーチ条例制定の意向を公表した。

第7節　ヘイト・デモ「事前規制」の検討

一　川崎ヘイト・デモ事件の経過

川崎市における朝鮮人集住地域に対するヘイト・デモを行ってきた人物が、二〇一六年六月五日にヘイト・

デモを開催しようとして、川崎市に市内の公園使用許可申請を出すとともに、神奈川県公安委員会にデモ申請を行った。本件はヘイト・デモの規制はいかにして可能かという論点とともに、可決されたばかりのヘイト・スピーチ解消法をいかに活用できるかを検討する重要な素材となった。

1　川崎市の決定

デモ申請に対して、被害を受ける地域の住民から批判とデモ中止の要請がなされ、マスコミもこれを報じた。これを受けて同年五月三〇日、川崎市はヘイト・デモの公園使用許可申請に対して不許可決定をした。これまでの経緯から同様のヘイト・デモが行われる可能性が高いため「不当な差別的言動から市民の安全と尊厳を守るという観点から判断した」という。人間の尊厳を侵害するヘイト・スピーチを許してはならない。地方自治体はヘイト・スピーチに加担してはならず、容認するべきではなく、公共施設を利用させてはならない。その意味で川崎市の英断を歓迎したい。ヘイト・スピーチ解消法は不十分な内容だが、法制定が今回の川崎市決定を容易にしたとすれば、法制定にも意味があったと言うべきであろう。

2　横浜地裁川崎支部の決定

同年六月二日、横浜地裁川崎支部は、同月五日に予定されていたヘイト・デモについて、ターゲットとされた地点から半径五〇〇メートル以内のデモを禁止する仮処分決定を出した。横浜地裁川崎支部は、成立したばかりのヘイト・スピーチ解消法の定義に照らしてヘイト・スピーチに当たると認定し、不法行為になると判断した。差別的言動は違法性が顕著であり、集会や表現の自由の保障の範囲外であるとし、法人も個人も人格権を侵害される差別的言動を事前に差し止める権利があるとした(＊14)。

的確かつ明快な判断であり、歓迎したい。事前差止め仮処分については、京都朝鮮学校事件に際しての京都地裁による仮処分決定があるが、解消法制定後の判断としては初めてである。解消法は施行前であるのに、その趣旨を先取りしたと読める。同年五月三〇日に川崎市がデモ申請者に対して市内の公園使用を不許可として、ヘイト・デモを止める努力を行った。地方行政の判断に続き、横浜地裁川崎支部決定によって司法判断としてもヘイト・デモが人権侵害であり、許してはならないという姿勢が明示された。

これまで繰り返し被害を受けてきた在日朝鮮人、地域で共に暮らす街づくりをしてきた関係者、ヘイト・スピーチを許すなと立ち上がったカウンターの市民、ジャーナリスト、弁護団の努力に敬意を表したい。

3　公安委員会のヘイト・デモ容認決定

ところが、同年六月三日、神奈川県警と公安委員会は公安条例に基づいてヘイト・デモのために道路使用許可を出した。コース変更を伴うとはいえ、多くの市民の要請も川崎市と川崎支部の決定も無視して、ヘイト・デモを擁護し、被害者である在日朝鮮人の人格権を無視する悪質な判断である。

人種差別撤廃条約第二条は政府が人種差別を行わないことだけでなく、民間の人種差別行為を終わらせること、人種差別に協力・加担しないことを定めている。条約第二条bは「各締約国は、いかなる個人又は団体による人種差別も後援せず、擁護せず又は支持しないことを約束する。」とする。しかし、神奈川県警は事実上ヘイト・デモを擁護・支持した。条約第二条dは「各締約国は、すべての適当な方法（状況により必要とされるときは、立法を含む。）により、いかなる個人、集団又は団体による人種差別も禁止し、終了させる。」とする。川崎市と川崎支部は人種差別を「禁止し、終了させる」責任を果たした。しかし、神奈川県警は人種差別を実施させるために法を捻じ曲げることで、ヘイト・スピーチの共犯となった。

ポイントは二点である。第一に公安条例の解釈である。公共の秩序を中核とする各地の公安条例には、憲法との関係で学説から批判がなされてきたが、半世紀以上にわたって公安条例体制が維持されてきた。そうであれば、公安条例の解釈に地域住民の生命や尊厳を含めて解釈するのが適切な批判方法である。そうした作業抜きに公安条例の違憲性だけを唱えるべきではない。

第二に人間の尊厳や人格権の保護の法的内容をいかに把握し、法解釈に導入するかである。日本国憲法には人間の尊厳条項が明示されていないことを根拠にして人権侵害を容認する憲法学とはいったい何なのか。

4　カウンターによるデモ中止

同年六月五日、コースを変更して準備された川崎ヘイト・デモは、カウンター市民の圧倒的な圧力により中止となった。デモ参加者が十数名だったのに対して、差別反対を唱えるカウンター側に数百名の参加があった。警備の警察もデモ主催者に中止を説得した。ヘイト・スピーチ解消法以前と比べると、警察の姿勢が大幅に変化した。以前は、警察はカウンター行動の側を向いて規制を行い、ヘイト・デモを守ってきた。そのことが国連の人種差別撤廃委員会から批判されたほどである。

六月五日、警察は逆方向を向いて、ヘイト・デモを規制する隊列を組んでいるように見えたし、デモ主催者にヘイト・デモ中止を要請した。デモ中止の要請は、現場が混乱するとか、カウンター勢力が圧倒的な人数となり、場合によっては危険な状態になるかもしれないという理由によるものだったようだ。ヘイト・デモそのものを規制したのではなく、混乱を予防しただけというのが本当のところだろう。ともあれ、警察がカウンター側を敵視するような姿勢は見られなくなったとすれば、解消法が制定されたことの意義は大きい。

二　ヘイト・デモの「事前規制」とは

1　表現の自由と「事前規制」

川崎市は公園使用不許可決定の根拠として「不当な差別的言動から市民の安全と尊厳を守るという観点から判断した」という。横浜地裁川崎支部は、解消法が規定するヘイト・スピーチについて、差別的言動はもっぱら差別的意識を助長し、誘発する目的で、公然と生命や財産に危害を加えると告知することなどを考慮すれば、違法性は顕著で、もはや集会や表現の自由の保障の範囲外であることは明らかだとし、この人格権の侵害への事後的な権利回復が著しく困難であることを考慮すると、事前の差止めは許容されるとした。この数年間、各地の現場でヘイト・デモ禁止を求めてきた被害者、学者、弁護士が唱えてきた主張そのものと言ってよい。これに対して、一部の学説が「ヘイト・スピーチには被害がない」、「ヘイト・スピーチといえども表現の自由だ」という主張を並べて、「ヘイト・デモといえども集会の自由があるから、事前規制は許されない」としてきた。

しかし、川崎におけるヘイト・デモの規制を「事前規制」と見るべきではない。第一にデモ主催者はこれまでも繰り返しヘイト・デモを実行して多大の被害を与えてきた。第二にデモ主催者は、デモ申請後にインターネット上でヘイト・デモの呼びかけを行った。それ自体がヘイト・スピーチであり、この時点で新たな法益侵害が発生した。デモ申請、デモ呼びかけ及び当日のデモは一連の行為であり、密接不可分であり、それゆえ一体として評価するべきである。川崎市と川崎支部の決定は事後規制と見るべきである。

ヘイト・スピーチ、ヘイト・デモの「事前規制」と「事後規制」をめぐる議論は、事実に基づかずに展開されてきた。概念定義も不明確であり、雰囲気に流されて「表現の自由だ、集会の自由だ」という主張を繰り返すだけであり、結果としてヘイト・スピーチを容認してきた。地方公共団体の管理する公共施設の利用問題においてすでに論点は出ていたが、議論は混迷した。

2　大阪市審議会答申

例えば、大阪市人権施策推進審議会による「ヘイト・スピーチに対する大阪市としてとるべき方策について（答申）」（二〇一五年二月）は「ヘイト・スピーチを理由とする公の施設の利用制限について」と題して次のように述べた。

「最高裁判例では、『集会の目的や集会を主催する団体の性格そのものを理由として、使用を許可せず、あるいは不当に差別的に取り扱うことは許されない』とされており、ヘイト・スピーチをこれまでに行っている又は行うと思われる団体であることのみを理由に本市施設等の利用を制限するような趣旨の規定を条例に設けることはできない。」

しかし、最高裁判例はヘイト・スピーチに関する事案ではない。

3　東京弁護士会意見書

東京弁護士会の「地方公共団体に対して人種差別を目的とする公共施設の利用許可申請に対する適切な措置を講ずることを求める意見書」（二〇一五年九月八日）も、集会の自由に対する事前規制を消極的に論じている。すなわち「厳格な要件に該当することを、適正な手続に則って認定した場合に限り、利用制限を行うこと」として次のように述べている。

「地方公共団体による公共施設の利用制限の判断にあたっては、『公共施設においてヘイト・スピーチなど人種差別行為が行われるおそれが、客観的な事実に照らして具体的に明らかに認められる場合』等の厳格な要件を設定し、これに該当する場合に限って、利用制限を行う扱いとすることが要請される。」

東京弁護士会意見書は地方公共団体による人種差別とヘイト・スピーチの抑止に向けてよく練られた内容であり、基本的に高く評価できる。

ただ、右の記述は適切だろうか。「公共施設においてヘイト・スピーチなど人種差別行為が行われるおそれが、客観的な事実に照らして具体的に明らかに認められる場合」と言うが、公共施設の利用やデモにおけるヘイト・スピーチ行為の構造を的確に把握していると言えるだろうか。

4　最高裁判例の射程――ヘイト・デモの行為構造

一部の憲法学者は最高裁判例（泉佐野事件、上尾事件など）を持ち出す。しかし、これらはヘイト・スピーチ、ヘイト・デモと関係のない判例である。そもそも事案の構造が全く異なる。泉佐野市民会館事件では、関西国際空港建設に反対する集団が反対集会を開催しようとしたところ、泉佐野市長が会館使用申請を却下したため、会館使用不許可処分の取り消しと国家賠償を求める裁判が提訴された。最高裁判決は、一定の条件のもとで、差し迫った危険が生じることが具体的に予想できる場合に、集会の使用不許可をすることができると判示した。当該集会の目的や主催者の思想、信条に反対する他のグループ等がこれを実力で阻止し、妨害しようとして紛争を起こすおそれがあることを理由に公共施設の利用を拒むことができるとされた。

泉佐野事件と川崎事件は一見すると類似事案のように思えるかもしれないが、行為の構造には無視できない差異がある。すなわち、ヘイト事案の構造は次のように表現できる。

A　主催者が施設利用申請し、受理される。
⇦
B　主催者がインターネット上でヘイト集会の告知をする。
⇦

C　当該施設でヘイト集会が行われる。

注目するべきはBである。被害（法益侵害）が生じるのはBだからである。Bはヘイト・行為の予告であり、それ自体がヘイト・スピーチである場合もある。泉佐野事件は暴力行為が行われる可能性があったか否かが問われたものであって、Bに該当する部分がない。泉佐野事件の構造は次のように表現できる。

A　主催者が施設利用申請し、受理される。

⇦

C　集会の際に暴力行為等が行われて、周辺住民の平穏な生活が妨げられる。

川崎事件と泉佐野事件とでは実行行為の構造が違う。また保護法益も異なる。泉佐野事件では公共の平穏そのものが保護法益となるが、その実質は暴力行為による秩序の破壊である。川崎事件の場合も、公安条例については公共の平穏ということになるが、その実質は住民の生命と安全であり、人間の尊厳である。人間の尊厳を侵害するヘイト行為が、結果として公共の平穏を侵害すると解釈できる。それゆえ泉佐野事件最高裁判例は川崎事件にとって先例ではない。ヘイト事案について最高裁判断は示されたことがない。実行行為の構造も保護法益も異なる事案に示された最高裁判断をヘイト事件にそのまま当てはめるべきではない。

泉佐野事件では、A時点の予測に基づいて会場使用を拒否した事前規制である。ヘイト事件では、B時点で法益侵害が生じる。A時点でそれが具体的に予見できれば使用拒否すべきである。A時点では申請を受理

図表8　ヘイト集会の構造

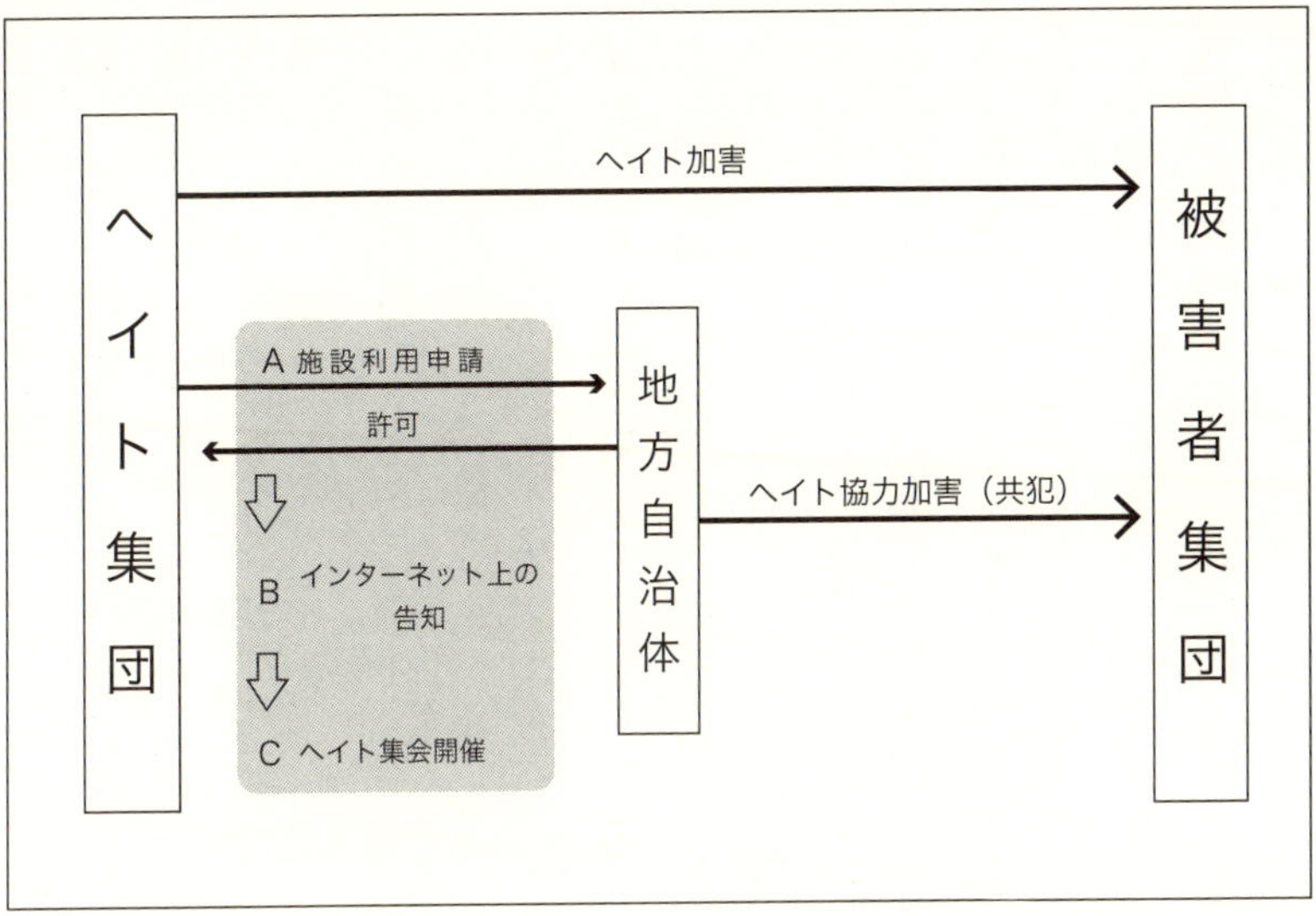

しなければならなかった場合も、Bが判明した時点で使用許可を取り消さなくてはならない。

川崎事件は社会的に注目を集め、公園使用申請がメディアで報じられた。その時点で被害を受けてきた住民に新たな脅威が生じた。B時点で、民族差別、誹謗・中傷が行われるのではないかという恐怖に襲われた。被害が生じたから公園使用を許可してはならない。これは事後規制であって、事前規制ではない。現にヘイト行為が行われているのに公共施設を利用させることは、自治体がヘイトの共犯になることであり、許されない（図表8「ヘイト集会の構造」参照）。

ヘイト集団による公共施設利用を不許可とした門真市民会館事件でも、インターネット上の集会予告それ自体がヘイト・スピーチであり、だからこそ不許可処分が正当だったのである。東京弁護士会意見書のように「公共施設においてヘイト・スピーチなど人種差別行為が行われるおそれが、客観的な事実に照らして具体的に明らかに認められる場合」と言えば、現に行われているヘイト・

スピーチにさえ対処できないことになりかねない。ヘイト集団の目的は「公共施設においてヘイト・スピーチ」を行うことではなく、「公共施設を借りた状態を利用してインターネット上でヘイト・スピーチを行う」ことと見ることができる場合がある。「公共施設において差別発言」を行っても公然性がないことが多い。公然性をもつのは、インターネット上でのヘイト予告と、集会映像のインターネットへのアップである。

5 判断基準

それではヘイト・デモ規制のための判断基準をどこに設定するべきであろうか。これについては、デモ開始時説と法益侵害時説に分けて考えることができる。

①**デモ開始時説**——予定されたデモ開始時を基準とする。デモは表現の自由として優越的地位にあるので、表現の自由の保障を最大限認め、仮に法益侵害が生じてもそれは考慮の外に置く立場である。つまり憲法第二一条だけを根拠にし、憲法第一二条や第一三条を考慮に入れない特徴がある。

②**法益侵害時説**——法益侵害が生じた時点を基準とする。表現の自由と責任を踏まえ、憲法第一二条、第一三条、国際自由権規約第一九条三項、同第二〇条二項、人種差別撤廃条約第二条、第四条を考慮する。国際人権法における「被害者中心アプローチ」からは、法益侵害時説が当然の帰結となるだろう（ヘイト・スピーチの保護法益を社会的法益とみる場合に「被害者」をいかに理解するかの議論は残る）。

川崎事件は初めてのデモではなく、前に行われたデモにより法益侵害が生じ、しかもそれが継続しているうえ、新たなデモ申請とデモ予告によって法益侵害の度合いが強まった。一連の経過を一体として捉えれば、明らかに法益侵害状態となったので規制が必要となった。これを「事前規制だから許されない」などと決めつけるべきではない（＊15）。川崎事件では、第一に主体が同一である。第二に攻撃客体とされた被害地域、被害者も同一である。第三に実行行為（A、B、C）は一連の行為であって、AがなければBがなく、BがなければCがないという条件関係にある。それゆえ一連の行為を一体として把握する必要がある。恣意的に一部だけを切り取って、デモ開始以前だから事前規制だなどと考えるべきではない（＊16）。

なお、集会の自由について、筆者は欧州安全保障協力機構（OSCE）の「平和的集会の自由に関するガイドライン」（二〇〇七年の「ワルシャワ・ガイドライン」）に準拠して考えている（＊17）。

ヘイト・スピーチ解消法の制定と川崎事件はヘイト・スピーチ、ヘイト・デモの規制を考えるための重要な素材となった。新たな現象と新たな法律の下で、事案の具体的内容を綿密に検証して議論されるべきである。今後地方自治体の条例制定を進める必要がある。また、公園や公共施設の使用許可・不許可処分、公安条例に基づくデモの許可・不許可処分に際して、ヘイト・スピーチ、ヘイト・デモの行為の構造と特性を十分に考慮して判断を下す必要がある。既存の判例を安直に転用して事足れりとするべきではない。本章の考察はいまだ十分とは言えないが、各地の動向を踏まえつつさらに検討したい。

〈註〉

（＊1）『門真市教育委員会の考え方について』（二〇一四年五月二日）は次のように述べる。「本市教育委員会としましては、門真市民文化会館が多くの市民に利用される施設であるため、本利用許可に反対の立場をとる者の妨害行為等により、他の利用者の安全確保が図れないことを危惧するとともに、いかなる団体であれ、人権、民族、門地など人が生まれながらにして持ち、自ら選択する余地のない点や国籍などの属性を捉まえての差別行為は許されないという姿勢に立ち、多くの子どもたちも利用する文化・教育の拠点である施設として、受け入れるべきではないという考え方であります。本施設の指定管理者にも、市民目線に立った総合的な判断のもと、教育委員会の考え方と軌を一にした対応を求めます。」

（＊2）『毎日新聞』二〇一四年五月三日。

（＊3）筆者は戸田ひさよし・門真市議会議員とEメールで連絡を取り合い、門真市役所の担当者にも筆者の見解を送っていた。その後、担当者からの依頼を受けて全職場研修が開催され、門真市において二回にわたってヘイト・スピーチに関する講演を行った。また、戸田議員主催による市民向けの講演会も開催された。

（＊4）山形県生涯学習センター事件が報道された際、筆者はただちに個人意見書をＦＡＸで送付したが、担当者の手に渡ったか否か確認できなかった。外部からの一方的な意見送付は迷惑と受け止められたのかもしれない。

（＊5）佐藤幸治『日本国憲法論』（成文堂、二〇一一年）一九八頁。

（＊6）金尚均『差別表現の法的規制』（法律文化社、二〇一七年）。

（＊7）人種差別撤廃条約第二条第一項は次のように定める。「締約国は、人種差別を非難し、また、あらゆる形態の人種差別を撤廃する政策及びあらゆる人種間の理解を促進する政策をすべての適当な方法により遅滞なくとることを約束する。このため、

(a)各締約国は、個人、集団又は団体に対する人種差別の行為又は慣行に従事しないこと並びに国及び地方のすべての公の当局及び機関がこの義務に従って行動するよう確保することを約束する。

(b)各締約国は、いかなる個人又は団体による人種差別も後援せず、擁護せず又は支持しないことを約束する。

(c)各締約国は、政府（国及び地方）の政策を再検討し及び人種差別を生じさせ又は永続化させる効果を有するいかなる法令も改正し、廃止し又は無効にするために効果的な措置をとる。

(d)各締約国は、すべての適当な方法（状況により必要とされるときは、立法を含む。）により、いかなる個人、集団又は団体による人種差別も禁止し、終了させる。

(e) 各締約国は、適当なときは、人種間の融和を目的とし、かつ、複数の人種で構成される団体及び運動を支援し並びに人種間の障壁を撤廃する他の方法を奨励すること並びに人種間の分断を強化するようないかなる動きも抑制することを約束する。」

（＊8）鳥取県人権侵害救済推進及び手続に関する条例は「この条例は、人権の侵害により発生し、又は発生するおそれのある被害の適正かつ迅速な救済又はその実効的な予防に関する措置を講ずることにより、人権が尊重される社会の実現に寄与することを目的とする」（第一条）とし、「人権侵害の禁止」（第三条）について「（6）身体の安全又は生活の平穏が害される不安を覚えさせるような方法により行われる著しく粗野又は乱暴な言動を反復する行為、（7）人種等の共通の属性を有する不特定多数の者に対して当該属性を理由として不当な差別的取扱いをすることを助長し、又は誘発する目的で、当該不特定多数の者が当該属性を有することを容易に識別することを可能とする情報を公然と摘示する行為、（8）人種等の共通の属性を有する不特定多数の者に対して当該属性を理由として不当な差別的取扱いをする意思を公然と表示する行為」を例示している。公共施設をヘイト団体に貸すか否かの判断基準としても有用であろう。

（＊9）田島義久「『大阪市ヘイトスピーチへの対処に関する条例』の運用状況と課題」『法学セミナー』七五七号（二〇一八年）参照。

（＊10）条例制定過程で、大阪市審議会はヘイト・スピーチ規制はできないとし、その根拠として最高裁判例を掲示した。この解釈はまったく不適切であるが、大阪市審議会が公式に報告書を出したこともあり、各地に多大の影響を及ぼした。門真市民文化会館事件以後、筆者は関西のいくつかの自治体や市民から相談を受けてヘイト団体の利用規制のための方策を伝えていたが、大阪審議会報告書が出たため、講演会がキャンセルとなり、筆者への連絡は途絶えた。このため各地のヘイト集会を阻止することができず、被害が拡大したのは残念であった。

（＊11）郭辰雄「大阪市のヘイト・スピーチ条例とその課題」『コリアNGOセンターNews Letter』四二号（二〇一六年）、藤井幸之助「大阪市『ヘイト・スピーチへの対処に関する条例』を読む」『書評』一四五号（関西大学生活協同組合、二〇一六年）等。

（＊12）神奈川新聞「時代の正体」取材班編『ヘイト・デモをとめた街』（現代思潮社）は川崎・桜本をターゲットにしたヘイト・

デモとの闘いの記録である。ヘイト・スピーチは人間の尊厳を侵害する暴力的な事態であって、単なる言説ではない。被害の深刻さを考えるならば予防し、刑事規制するのが当然である。ヘイトスピーチを許さないかわさき市民ネットワーク［編者］『根絶！ヘイトとの闘い——共生の街・川崎から』（緑風出版）も、同じ問いに正面から向き合った市民、弁護士、ジャーナリストの覚悟と理論であり、その提言をしっかりと読み取る必要がある。

（＊13）前田朗「差別団体に公共施設を利用させてよいか」『統一評論』五八五・五八六号（二〇一四年）、前田朗「自治体は人種差別を非難し、人種差別撤廃政策をとるべき」『部落解放』七一〇号（二〇一五年）。

（＊14）三木恵美子「共に生きる——ヘイト・デモ接近禁止仮処分」『青年法律家』五四六号（二〇一六年）、丹野清人「川崎からヘイト・スピーチ問題を考える」『社会民主』七三六号（二〇一六年）、師岡康子「川崎市によるヘイトスピーチへの取り組みについて」『法学セミナー』七五七号（二〇一八年）。さらに、中村英樹「ヘイトスピーチ解消法を受けた地方公共団体の取組みと課題」『法学セミナー』同前、裵明玉「ヘイト・スピーチ解消法と差別禁止法について」『愛知部落解放・人権研究』第一四巻（二〇一八年）等参照。

（＊15）上田健介「ヘイトデモ禁止仮処分命令事件」『法学教室』四三三号（二〇一六年）は、川崎ヘイト・デモに関する横浜地裁川崎支部決定に関する短い評釈である。ヘイト・スピーチ解消法は理念法にとどまるが、「しかし、司法判断を行う際の解釈指針となることが意図されており、司法がこれに応えるかたちとなった」という。続いて上田は「もっとも、本決定には、違法性の強い差別的言動が表現の自由の保護領域に含まれないとするのは行き過ぎではないか、権利保有者を（差別的言動解消法と同じく）適法に居住する者に限定するのは妥当か、といった点で疑問があり、更なる議論が必要であろう」とする。憲法学者としては当然指摘しておかなくてはならないことであろうが、「更なる議論」の中身を書いていない。他方、興味深いのは、上田が最後に次のように書いていることである。「反復的に行われた言動の将来に向けての差止めがそもそも事前抑制にあたるのかも検討する必要があると思われる」。これは筆者の主張に近い。筆者は、川崎へイト・デモ禁止仮処分は事前規制ではなく、事後規制であるから、規制できると主張してきた。理由の第一は同様のヘイト・デモがそれ以前に繰り返し行われたこと、第二にインターネット上でヘイト・デモ予告がなされたために被害がすでに生じていること、である。上田は、第一の理由と同じ理由から「事前抑制にあたるのか」と疑問を提示している。さらに詰めるべき重要論点だ。事前規制の理解について、山邨俊英「反復的に行われるヘイト・スピーチに対する将来に向けての規制は『事前抑制』か？——Clay Calvertの議論を素材として」『広島法学』四〇巻四号（二〇一七年）も参照。

（＊16）楠本孝「ヘイトスピーチ対策としての公共施設利用制限について」『地研年報』二二号（三重短期大学地域問題研究所、二〇一七年）。楠本は、公共施設の利用に関する最高裁判例の読み方について、憲法学説を批判する。一部の憲法学者は泉佐野事件や上尾事件の最高裁判例を引き合いに出して、ヘイト集団によるヘイト集会であっても利用拒否はできないと主張する。楠本はこの解釈に疑問を呈し、事案の具体的内容に即した読み方が必要と指摘する。第二に川崎市のガイドラインが設定した「迷惑要件」に疑問を呈する。解消法が制定された段階としては、ヘイト・スピーチの言動要件を満たせば深刻な被害が想定でき、それだけで法的要件を満たすと言えるので、迷惑要件は不要だと指摘する。賛同である。川崎ガイドラインは積極的な成果であり、大阪方式よりも大幅な前進なので、この点を評価することが重要であるが、楠本が言うように限界も指摘しておく必要がある。第三に解消法を前提とすれば、内容に基づく規制も憲法上許されるという。また、事前規制についても、厳格な要件の下、必要最小限度の規制を行うことは可能であるという。

筆者は、川崎事件は一連の行為を一体として把握すれば事前規制ではないので、当然規制すべきであり、公共施設を利用させてはならない、と主張した。これに対して楠本は「一連の行為でも、それを一体として把握してよいかは、事後的にのみ判断できるのではないだろうか」と批判する。前にヘイト・デモをしたからと言って、今度もヘイト・デモを行うと判断できるとは限らないから、事後的判断になるという。しかしより重要なことは、ヘイト・デモをインターネット上で予告した場合の、予告行為と予定されたヘイト・デモを一連の行為であり一体として把握することである。その際、前に行ったヘイト行為の内容が新たな予告の内容に反映するのであり、それも一体として把握する必要がある。後者はともかくとして、楠本は前者を度外視しているのではないだろうか。図式化すると次のようになる。

A　前のヘイト・デモ（そこで行われたヘイト・スピーチの具体的内容）

B　次のヘイト・デモの予告（特にインターネット上の予告）

C　予告されたヘイト・デモ（公共施設利用申請がなされている）

楠本はAとCを一体として把握することに疑問を示して、Cがヘイト・デモであることは事後的にのみ判断できるという。しかし、Ｂの予告がなされ、それがＡの継続・反復であることが明らかであれば、Ｂ自体がヘイト行為であると理解するべきである。Ｂの時点で被害が生じている。ＢとＣを一体として把握すれば、Ｂの時点でＢ及びＣを抑止する必要がある。Ｃの公共施設利用は拒否しなければならない。そうでなければ、地方自治体がヘイトに加担したことになる。

（＊17）『デモ！オキュパイ！　未来のための直接行動』（三一書房、二〇一二年）。さらに、前田朗『メディアと市民』（彩流社、二〇一八年）参照。

Ⅲ　反差別の比較法

第6章　反差別の法と政策（人種差別撤廃条約第二条関連）

第1節　本章の課題

一　はじめに

二〇一六年五月のヘイト・スピーチ解消推進法、及び同年一月の大阪市ヘイト・スピーチ条例によって、ヘイト・スピーチに対処するための政府及び地方自治体の施策が動き始めた。

ヘイト・スピーチ解消法は理念法であり、ヘイト・スピーチの定義をして一定の対処を掲げる。刑事規制をはじめとする具体的な施策は含まれていないが、地方自治体がとるべき施策の根拠となりうる。大阪市条例はヘイト・スピーチに対処する初めての地方自治体条例である。ところが、大阪市条例はヘイト・スピーチの事前規制を否定し、事後にヘイト・スピーチを行った者の氏名を公表するというレベルの対処しか認めない。

二〇一六年一二月、川崎市人権施策推進協議会は優先審議事項報告書『ヘイト・スピーチ対策に関する提言』を公表した。ヘイト・スピーチによる被害を的確に認定し、自治体が管理する公園や公共施設の利用について、ヘイト団体による利用に一定の制約を課すことを提言している。提言に基づいた川崎市条例が実現

図表9　ヘイト・スピーチの法と政策

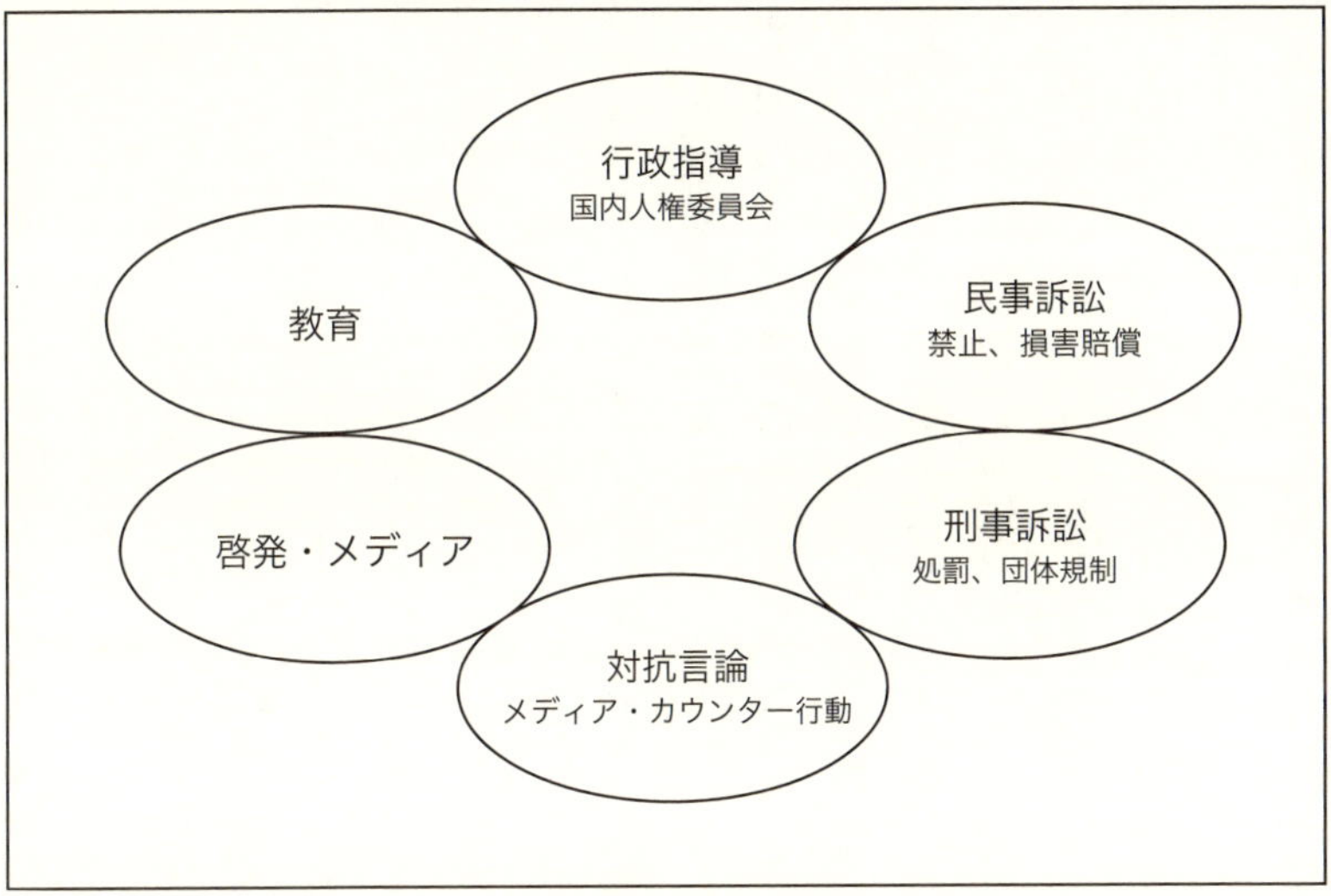

することが期待される（本書第5章第6節）。各地で川崎市提言を参考にした条例づくりを進めることが望ましい。

　しかし、ヘイト・スピーチ解消推進法や大阪市条例は差別についての認識が不十分である。ヘイト・スピーチが差別の一つであり、自治体には差別をなくす責務があるという認識が欠落している。差別とヘイトの被害を軽視しているため、「ヘイト・スピーチは表現の自由だ」という暴論に対抗できなくなる。ヘイト・スピーチ対策のためには総合的な法と政策が不可欠である（図表9「ヘイト・スピーチの法と政策」参照）

二　人種差別撤廃条約第二条

　ヘイト・スピーチに対処するためには、人種差別そのものに対処する包括的な人種差別禁止法が必要である。ヘイト・スピーチは差別の一つであり、差別撤廃のための施策は人種差別撤廃条約第二条を中心に規定されている(＊1)。すなわち、政府が人種差別に従事しないこと、人種差別を後援・擁護しないこと、差別的法令を改廃すること、人種差別を終わらせること、人権擁護団体の活動を支援することである。

人種差別撤廃委員会は、二〇一四年八月に実施した日本政府報告書の審査結果として、同年九月に日本政府に対する勧告を出したが、そこには次の通り人種差別禁止法の制定が含まれる。

「委員会は、いくつかの法律が人種差別に反対する規定を含むことに留意するものの、人種差別の行為及び事件が締約国において発生し続けており、また締約国(日本)が、被害者が人種差別に対する適切な法的救済を追求することを可能とする、人種差別の禁止に関する特別かつ包括的な法を未だ制定していないことを懸念する(第二条)。／委員会は締約国に対し、条約第一条及び第二条に従って人種差別の被害者が適切な法的救済を追求することを可能とする、直接的及び間接的双方において人種差別を禁止する特別かつ包括的な法を採択することを促す。」

また国内人権機関の設置についても次のように勧告した。

「条約の実施を促進するための国内機構の設置に関する一般的勧告一七(一九九四年)に留意し、委員会は締約国に対し、人権委員会設置法案の検討を速やかに再開し、適切な人的及び財政的資源並びに人種差別の申立てに対処するための権限を与えつつ、パリ原則(国連総会決議四八／一三四)に完全に従って、独立した国内人権機構の設置の観点からその採用を推進することを勧告する。」

NGOは条約第二条を参照して人種・民族差別禁止法案を提言してきたし、野党は人種差別撤廃施策推進法案を提唱した。

人種差別禁止法を検討するために、これまで人種差別撤廃条約及び人種差別撤廃委員会の一般的勧告が参

図表10　本章で紹介した諸国

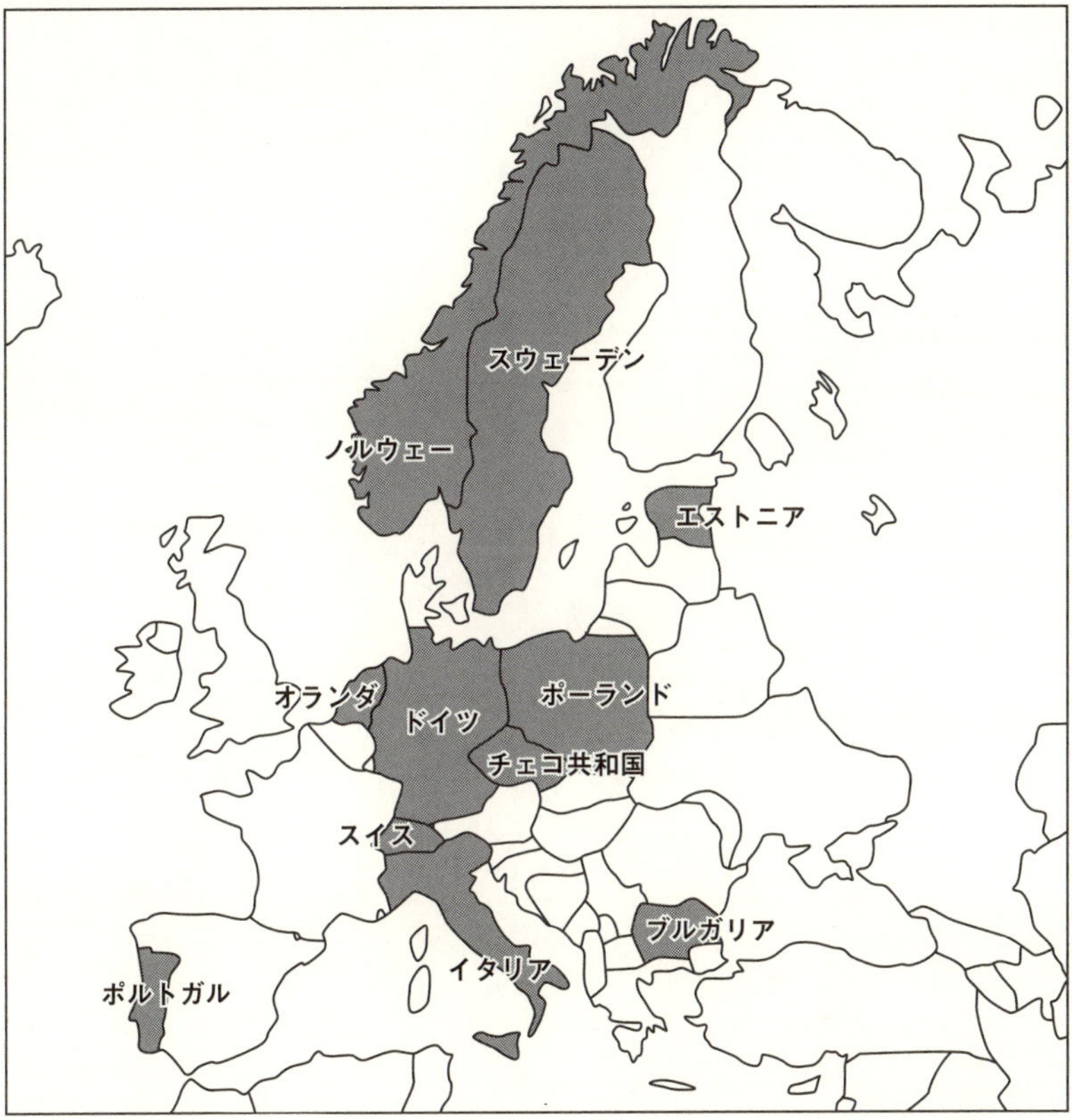

照されてきた。人種差別撤廃委員会は各国政府の報告書を審査し、個別に勧告を出してきた。そうした作業を通じて得られた情報に基づいて、一般的勧告が出されてきた。一般的勧告を応用した各国への勧告が積み上げられてきた。それゆえ条約及び一般的勧告の調査とともに、現在も続けられている審査と勧告の内容にも視線を注ぐ必要がある。それにより各国の反差別法・政策の現状を知ることができる。そこで本章では欧州における反差別法・政策の実践例として、各国政府が人種差別撤廃委員会に提出した報告書、及び人種差別撤廃委員会がこれらの諸

国に出した勧告をもとに一一カ国の状況を紹介する（＊2）。各国における人種差別の実態を知るためにはNGO報告書を見た方が良いが、法と政策の概要については政府報告書の方が好便である。なお、人種差別撤廃条約第四条については一二〇カ国を超える諸国の履行状況を紹介した（『序説』第7章及び第8章）。本書でも紹介を続けている（本書第7章及び第8章）。人種差別撤廃条約第二条について、以下では欧州諸国に限定して紹介する（図表10「本章で紹介した諸国」）。

第2節　欧州における反差別法・政策

1　スウェーデン

二〇一二年一一月五日にスウェーデン政府が人種差別撤廃委員会に提出した報告書によると、人種差別を克服するための法は、①憲法、②刑法、③民事法としての差別法、④それ以外に民族差別と闘うための一般的措置がある（＊3）。同条約第二条第二項に基づいて政府が行う施策も紹介されている。

憲法は民族差別からの基本法的保護を定めている。二〇一一年一月、自由と権利を保障するための通達を改定し、民族的言語的宗教的マイノリティの権利促進を強化した。

刑法は、国民又は民族的集団に対する煽動（第一六章第八節）と、不法な差別（第一六章第九節）の規定を有する。電波放送責任法は差別煽動を禁止している。刑法第二九章第二節は、犯罪動機が民族、人種、皮膚の色、国民的出身、宗教信念、性的志向等を理由とするものであった場合に刑罰加重事由とする。政府報告書はヘイト・クライムに関する犯罪統計を詳しく紹介している。警察段階では、ヘイト・クライムと闘うための特別措置として犯罪のヘイト動機を捜査初期段階で確認し、被害者を適切に処遇する。ヘイト・クライム専門捜査官のいる警察署もあり、ヘイト・クライムに関する研修を行っている。ストックホルム警察・電話ヘイト・クライム班はヘイト・クライムの訴えを受理する。検察段階では、新任検察官にヘイト・クライムを含む人権研修（一二講座）を義務付けている。検察局はヘイト・クライム事件を確認するための方法を改良し、事案の重大性や刑罰の量定を検討している。検察局は欧州安全保障協力機構（ＯＳＣＥ）の「検察官のためのガイドライン」を採用している。

民事法として二〇〇九年一月一日、従来の反差別法に代えて、民族、宗教その他の信念と結びついた差別を禁止する新差別法が発効した。旧法には「人種」が含まれたが、すべての人は人間という「種」に属するので、新法では「人種」概念を削除したという。差別法は社会のすべての領域における差別を禁止する。職場、教育、雇用政策、団体構成員、商品、サービス、住居、公開集会、公開イベント、保健医療、社会サービス、社会保障、失業保険、学生奨学支援、軍隊、公務労働のすべてに適用される。刑罰、被害補償の規定もある。

差別法の履行を監視するために平等オンブズマンが置かれている。以前は平等機会、民族差別、障害、性的志向差別の四つのオンブズマンだったが、二〇〇九年に平等オンブズマンに統合された。平等オンブズマンは、雇用者、教育機関責任者、企業経営者などがオンブズマンの監督業務に必要な情報提供を拒んだ場合、過料を科すことができる。オンブズマンが職場訪問し、関係者と対話することを拒否した場合も過料である。

差別法違反との申立てがあれば平等オンブズマンが調査する。申立人を代理して裁判所に事案を持ち込む。二〇〇九〜一一年の申立ては七九六〇件で、民族を理由とする事案が二八二件（二九％）であった。領域別では職場が八八三件、商品・サービスが四一四件、教育が二五五件等の順である。平等オンブズマンによる事案処理状況は、二〇〇九〜一一年では、判決が三二件、裁判外解決が五一件、差別ではないとの判断が一三六一件、労働組合に委託が一七三件等である。

一般的措置と条約第二条第二項による措置

民族差別、外国人嫌悪、その他の不寛容と闘うために政府が採る一般的措置には、第一に平等オンブズマンによる情報収集、対処、統計がある。第二に全国、地方、地域別に行われる統合政策があり、各地で採用されてきたが、現在、新たな統合政策を策定中である。第三に統計局がデータベースを担当している。雇用省は外国出身者、国内出身者ごとの統計を記録し出版している。第四に青年問題局は差別予防のための基金を創設して、反差別団体に活動資金として交付している。各地の反差別事務所もＮＧＯと協力して活動している。

条約第二条第二項はアファーマティブ・アクション（積極的是正措置）を認める規定である。政府はマイノリティの権利擁護のために積極的是正措置を講じている。二〇〇九年六月、議会は「認知からエンパワーメントへ——国内マイノリティに関する政府戦略」を採択した。マイノリティ戦略を明確化し、政府の責任を定め、フォローアップを求めている。二〇〇九年、国内マイノリティとマイノリティ言語に関する法律により、マイノリティ言語の権利が定められた。ストックホルム行政局と先住民族サーミ人のサーミ議会が法律の監視を担当する。二〇一二年二月、政府はロマ統合戦略を定め、ロマの教育における差別克服を図っている。

人種差別撤廃委員会の勧告

人種差別撤廃委員会はスウェーデン政府に対して次のように勧告した（＊4）。第一に差別法の適用を効果的にするために、市民への情報提供を確実にすること。第二に統計データの取り方を改善して、差別被害を受ける者の特定を進めること。第三にマイノリティに対する構造的差別への対処をさらに進めること。第四に平等オンブズマンの権限と財政を確立し、差別との闘いを強化すること。第五にパリ原則に従った独立の国内人権機関を設置すること。第六にメディアやインターネットにおけるヘイト・スピーチに対処すること。第七に包括的な統合戦略の成果を検証すること。第八に警察による人種的プロファイリングを予防すること。第九に差別被害者への補償・救済手続きを利用しやすくすること、等。

2　スイス

二〇一三年五月一四日にスイス政府が人種差別撤廃委員会に提出した報告書から、反差別の取り組みを紹介する（＊5）。

イスラム圏からの移住者が増えたことはEU諸国と共通の現象である。コソヴォ、ボスニア・ヘルツェゴヴィナ、マケドニア、トルコからの移住者が三〇万人を超えたという。スイス各地にイスラム教のモスクが建設され、キリスト教が圧倒的に多い地域住民に「不安」を抱かせる要因の一つとなっている。近年、地域によってはモスク排斥運動が生じ、著名人によるイスラム教排斥発言がなされることがある。二〇一四年八月にも財界人によるイスラム教排斥発言が報じられるや、直ちに文部大臣が記者会見を行い「スイスの伝統は寛容である」と釘を刺した。

憲法・刑法・移住者法

憲法第八条は平等原則と差別の禁止を定め、連邦最高裁はこれを確認してきた。憲法三六条により、基本権の制限は法律に基づいていなければならないとされる。

近年、憲法改正を求める民衆発議（国民投票）が提起されてきた。第一に二〇〇九年一一月二九日、ムスリムのモスク建設を制限する民衆発議で五七・五％の賛成票が得られた。これに対して連邦政府と議会はこの発議を拒否するよう勧告した。この発議はムスリム住民に対する差別と不寛容が増大している兆候だからである。連邦政府はムスリムとの対話の強化を促進している。第二に二〇一〇年一一月二八日、外国人犯罪者の排除に関する民衆発議で五二・九％の賛成票が得られた。連邦政府と議会はこの発議に反対した。発議は、一定の犯罪について有罪とされた外国人の在留権を奪い、国外追放すること、入国禁止に違反して違法に再入国した場合は処罰されることを求めた。憲法改正は五年以内に施行されるが、二〇一二年五月二三日、連邦政府は新憲法施行に関する二つの提案を提示した。

二〇〇一年に国際刑事裁判所規程を批准し、ジェノサイドと人道に反する罪を処罰するため刑法（第二六一条以下）及び軍刑法を改正した。人種主義の煽動などヘイト・スピーチに関する規定も刑法第二六一条以下にある（『序説』五七六頁及び六六二頁参照）。

二〇〇六年の外国人法が二〇〇八年に発効し、外国人に関する連邦政府の権限を明示している。各種の外国人の法的地位を定め、短期滞在者の家族が再統合できるように拡大した。スイス国籍者の配偶者と子どもについて、離婚後も在留資格を定めている。二〇〇五年に改正された難民法も二〇〇八年に発効し、シェンゲン協定とダブリン協定の枠組みに従うとともに、難民認定手続きを明確化し、難民の受入れと処遇を改善した。

条約第二条の留保

スイスは条約第二条第一項ａの適用に留保を付している（第二条第一項は本書三二〇頁）。具体的にはＥＵ諸国等に出自を持たない外国人の結婚と家族に関する権利の保障に一定の制約が見られる。人種差別撤廃委員会は前回審査の結果、スイス政府に対して留保の撤回を検討するよう勧告した。これに対してスイス政府は、この留保は外国人受入れシステムに由来するもので、合理的な区別であるとしている。ＥＵ諸国等との人の自由移動協定に合致して居住する過半数以上の外国人は（政治的権利以外は）スイス人と同じ権利を有する。その他の諸国出身の専門職労働者については入国者数制限をしているが、権利保障を認めている。ＥＵ諸国出身者と結婚した者や、スイス国民と同居している子どもについても家族の再統合と在留資格を認めている。

反差別政策

第一に国内マイノリティ。一九七〇年代以後、伝統的なキリスト教以外に多くの宗教集団が流入したのに対応して、政府は良心と信仰の自由（憲法第一五条）、宗教コミュニティと政府の関係（憲法第七二条第一項）、宗教的平穏、連邦及びカントンの責任（憲法第七二条第二項）、信仰の自由に対する攻撃（刑法第二六一条）に従って政策展開している。

ユダヤ人コミュニティについてバーゼル市、ベルン、フリブール、ザンクト・ガレン、チューリヒは法律で認知している。二〇〇九〜一一年、人種主義、反ユダヤ主義に対する施策に財政手当をしている。二〇一〇年一月二七日、アウシュヴィッツ解放のホロコースト記念日に、反ユダヤ主義の『語られないことを経験する』というデモが行われた。二〇一一年、ジュネーヴで反ユダヤ主義に反対する学校生徒のためのイベントが開催された。アールガウ大学政治教育センターは『学校におけるショアー』の年次会議を開催し、オンライン『歴史ヘルプライン』を開設した。チューリヒでは「歴史と今日の反ユダヤ主義」プロジェクト、フリブールのサンクロワ大学では人種主義とショアー経験者の証言が行われた。全カントン教育監督官会議はホロコースト記念日を学校教育で実施するよう推奨し、各地の学校で多様な取り組みがなされた。

第二にムスリム・コミュニティ。各地からのムスリム移入があり、一様ではないという。ムスリムを代表する組織はないが、イスラム団体調整機関とイスラム団体連盟がある。イスラムの墓地のために法改正を行ったカントンもある。連邦司法省は『対話二〇一〇――在留ムスリムとの意見交換』を出版し、法の下の平等や民主主義のガイドラインを明示している。ジュラ、ゾロトゥルン、シャフハウゼン等のカントンも同様の出版をした。

第三に反レイシズム行動。ダーバン反人種主義世界会議のフォローアップ会議をジュネーヴで開催してきた。二〇一一年九月、ダーバン会議一〇周年セレモニーにも積極的に参加した。連邦政府は二〇〇一年二月に「レイシズムと闘う部局」を設置し、レイシズムや排外主義を予防する政策を策定している。NGOによる反レイシズム・プロジェクトへの資金援助、学校における人権教育への資金援助、反差別のための法整備、差別情報の収集整備（被害申立て、法手続き、判決）を行い、人種主義と差別に関する年次報告書『スイスにおける差別』を公刊した。

二〇〇三年、連邦政府は極右に関する調査プログラムを設定し、極右勢力が市民社会や軍隊に影響を及ぼしていないかを検討している。二〇〇七年、連邦政府は『都市プロジェクト――住宅地域における社会統合』を公表した。特にスポーツ・イベントにおける極右の影響がみられ、人種主義暴力事件が生じているので、二〇〇八年、オーストリアと協力してスポーツ・トーナメントにおける対策を講じた。マイノリティ・スポーツ文化統合団体などの活動を支援している。二〇〇九年、欧州反レイシズム・フットボール組織スイス支部がレイシズム対策をリードしている。

人種差別撤廃委員会の勧告

人種差別撤廃委員会は次のような勧告を出した（＊6）。条約第六条にも明示されているように、国内裁判所及びその他の国家機関によって、その管轄権内にある誰もが効果的な保護と救済を受けられるように措置を講じること。法律家が人種差別に対処する国際規範に敏感になるようにすること。民衆発議（国民投票）と国際人権規範との間に対立が生じないように努力を強化し、民衆の意識を喚起すること。パリ原則に従った国内人権機関を設立することを検討すること。反レイシズム連邦委員会に適切な予算を配分し、人種差別と闘うために効果的に活動できるようにすること。

3　ポーランド

人権擁護機関

二〇一三年八月六日にポーランド政府が人種差別撤廃委員会に提出した報告書は、人種差別撤廃条約の条項に即した記述と、人種差別撤廃委員会による前回勧告に応答した記述から成る（＊7）。

ＥＵの平等処遇原則を履行するために制定された人権擁護庁法により、人権擁護庁及び平等処遇担当官は平等処遇分野における政府方針の実施、特にジェンダー、人種、民族的出身、国籍、世界観、宗教、宗派、年齢、障害、性的志向に基づく差別との闘いを担当する。平等処遇立法、現行法制の評価、平等処遇原則違反結果を根絶するための措置、社会状況の評価、平等処遇思想の促進普及、平等処遇国家計画の策定、その履行に関する報告書を担う。平等処遇担当官は市民やＮＧＯからの申立てや情報を受理し、自らの判断で行動する（現行法の修正、差別的措置の廃止の要請）。差別に関する独立調査、報告書作成・出版、差別問題に関する勧告、人権と自由に関する年次調査も行う。二〇〇九～一一年、人権擁護庁は国籍や人種に基づく差別事件の申立てを一四三件受理した。

二〇一一年、平等処遇担当官事務所はワルシャワ大学院及びヤジロニアン大学と協力して、良き統治の基準としての平等処遇プロジェクトを立ち上げ、行政のあらゆるレベルで平等処遇を考慮する戦略の準備・実施を担当している。

二〇〇九年一二月、司法省に人権局を設置した。人権局はポーランドが負っている責任に関する出版を行う。国際条約の当事国としての責任――拷問等禁止条約や国際自由権規約、及び条約委員会の報告書、勧告、申立手続きに関する情報も含まれる。人権機関への申立てやアクセス方法に関する情報や人権侵害被害者のためのガイドも公開している。

二〇一一年一二月、内務省の人種主義・外国人排斥監視班をもとに人権擁護班が設置された。任務はヘイト・クライム事案の監視、予防が中心であり、内外の監視機関やＮＧＯと協力している。警察や国境警備隊の人権擁護訓練を実施し、警察の違法行為を捜査する独立機関の活動に協力する。

人種差別撤廃委員会の勧告等を受けて、ロマ共同体の支援計画（二〇〇四～一三年）を実施してきたし、今後も継続する。教育、雇用、住居の分野でロマの状況改善を図り、二〇〇九～一〇年には一二〇〇の住居を提供した。内務省はＮＧ

〇の協力を得て、支援計画を進めている。人間的都市計画（二〇〇七～一三年）により、二〇一一年末までに二八四二人のロマに職業的統合訓練を提供した。ロマ共同体の貧困対策のため長期的な教育支援を行っている。政府、自治体、利害当事者の関与と協力を強化している。教育省のロマ共同体支援予算は、二〇〇九～一一年には七万ズウォティ（一六万六千ユーロ）である。

法執行機関

警察は警察官に民族差別や反ユダヤ主義について啓発活動を行っている。二〇一〇～一二年、警察庁レベルで人権擁護庁協力のもと、寛容を促進する活動を実施した。内務省は「ヘイト・クライムと闘う法執行官プログラム」の訓練を行い「ヘイト・クライムに反対する特別コース」も設置した。国境警備隊は二〇一一年八月～一二月、「職業と人間の尊厳尊重」、「ステレオタイプと偏見」、「文化的差異の注意喚起」などの訓練を行った。拘禁センターでは、寛容と非差別の原則を履行するための手続きを準備し、外国人の拘禁条件に注意を払っている。刑事施設や刑事施設職員養成学校において差別予防のための討論をし、移住者・難民・マイノリティの権利保護に関連し、あらゆる形態の差別と闘う訓練を行った。

人種、民族等の理由で標的とされた集団の代表に対するヘイト・クライムの訴追に注意を払っている。検察に人種主義専門官を置き、検察官がヘイト・クライム事案における訴追に際し典型的な誤りを犯さないよう注意している。二〇一一年一一月、検察庁はヘイト・クライム訴追に関するガイドラインを作成し、証拠収集、実行者特定の方法論を提示した。二〇一〇年の犯罪統計では、三〇件三七人が起訴され、うち三五人が有罪、二人が無罪となった。

歴史的モニュメントと教育

二〇〇七年、歴史的モニュメントやマイノリティの墓地を保護する政府メモランダムがつくられ、二〇〇八年、警察が地方における歴史的モニュメントやマイノリティの墓地の保護行動計画を策定した。警察官のワークショップ、関連団体主催の訓練と会議、ＮＧＯと共同の教育活動、墓地管理人のための会合、青年向けの会合を実施した。

反ユダヤ主義や人種主義と闘うためにユダヤ人の歴史、特にホロコーストの教育方法を開発している。①アウシュヴィッツ教育国際センター、ホロコースト博物館と協力してセミナーと訓練コース、②「緊密な共生」――イスラエルとポーランドの青年交流、③ホロコースト子ども協会と連携して作文コンテスト、④ホロコースト博物館での教員研修、国際ホロコースト記憶の日の教育プログラム等を実施した。

二〇〇八年、スポーツ・イベントにおける暴力・犯罪に関する欧州条約に従って、閣議決定によりスポーツ・イベント安全委員会が設置された。安全強化のための予防プログラム、その実施の評価、暴力行為予防プログラム策定、差別予防監視プロジェクト、禁止されたシンボル使用の監視などを行っている。内務省とロッズ大学の協力により「私はフェアである」プログラムを実施し、人種主義、外国人排斥と闘う教育的要素として「フェア・プレイ」を普及し、フーリガニズム対策を行っている。ロッズ地域のサッカー・チーム、学校、オリンピック委員会、「二度と繰り返すな」協会、「人種主義にレッドカード」協会などが協力している。二〇〇九年八月～一一年一二月の間に、スポーツにおける人種主義が五二件報告され、うち五件は裁判にかけられ判決が出た。

内務省、オリンピック委員会、「二度と繰り返すな」協会が協力して二〇〇九年と一〇年に、「スポーツにおける人種主義にノー」会議を開催した。二〇〇九年一〇月の会議で政府代表と四四のスポーツ団体が「スポーツにおける人種主義にノー」宣言に署名した。二〇一〇年一二月の会議では、スポーツ・ジャーナリズムに人種主義との闘いと「フェア・プレイ」促進を訴えた。

ヘイト・スピーチ

ポーランドは人種的動機による憎悪宣伝や人種主義文書の流布を処罰する。刑法第二五二条は偏見に動機をもつ犯罪に関する規定であり、第二項改正により、ファシスト又は全体主義国家体制を公然と宣伝する印刷物、並びに国民、民族、人種及び宗教的差異に動機を持つ憎悪煽動の内容等の製造、記録、所持、提示、移送又は移転を処罰する。実行者は罰金、二年以下の自由制限、又は二年以下の自由剥奪に処する。第四項により、第二項の有罪を言い渡す際、裁判所は第二項にかかわる物が実行者の所有物でなくても没収を命じることができる。インターネットによる憎悪煽動にも適用される。

人種差別撤廃委員会の勧告

人種差別撤廃委員会はポーランド政府に次のように勧告した（＊8）。条約の内容を裁判官や弁護士の研修のために配布し、憲法に国際文書を直接適用できるような規定を採用すること。人権擁護機関に適切な人的財政的資源を提供して、公領域でも私領域でも人種差別に対処できるようにすること。人種差別・排外主義・関連する不寛容の予防委員会が入手した情報を提供すること。

4　オランダ

差別に対する取組みと統合政策

二〇一三年一一月一八日にオランダ政府が人種差別撤廃委員会に提出した報告書は、人種差別撤廃委員会による前回勧告に応答した記述から成る（＊9）。

憲法第一条は差別を禁止している。政府は人種、宗教、信念、性別、性的志向その他の理由による差別を排除している。差別に対処するために平等処遇委員会がある。二〇一〇年の差別と闘う国家行動計画には次の諸点が含まれる。①差別されたと感じた人々を支援する地方の反差別担当デスクへのアクセスを至便にする。②差別事件報告制度を確立する。③政府のウェブサイトに反ヘイト・クライム・キャンペーンをアップする。④差別被害申立ての書式を統一する。⑤差別動機による犯罪捜査について検察庁が重い量刑を要求することにする。⑥以上の結果を議会に年次報告する。⑦学校教育課程におけるレイシズムとホロコースト教育を強化する。

反差別局（及びホットライン）への通報は二三六三件（二〇〇九年）、二五七二件（二〇一〇年）、二七八〇件（二〇一一年）である。平等処遇庁への報告は六六件（〇九年）、五五件（一〇年）、九四件（一一年）であり、平等処遇庁による裁決は一八件（〇九年）、二九件（一〇年）、二二件（一一年）である。

憎悪の煽動や人種主義行為に対する法律が整備されている。二〇一〇年、オランダはサイバー条約追加議定書を批准し、コンピュータ・システムにおける人種主義行為に対処することにした。オランダは人種主義と排外主義に関する欧州評議会枠組み決定を履行している。

議会は差別に取り組む努力を常に前進させてきた。二〇一〇年九月一三日の国家行動計画に関する政府書簡、二〇一一年七月七日の差別と闘う厳格措置に関する政府書簡など、政府と議会の連絡も密である。二〇〇九年以来、検察庁は差別動機の刑罰加重を二五％から五〇％加重に変更した。二〇一一年、特に重大な影響を及ぼす場合には一〇〇％加重とした。

二〇一二年九月に改正された市民統合法が家族形成・再統合のために入国する者に適用される。市民統合政府基金が廃止されたが、低収入者には貸与がなされる。政府は統合審査に関する情報を六カ月ごとに公表している。ＥＵ籍者やアメリカ、日本などの国民には短期滞在許可が免除されている。同法の評価結果として、オランダにおける生活が適切に準備され、許容できない偏見にさらされていないと言える。

教育における隔離との闘い

教育は偏見や差別と闘い、寛容と相互理解を促進するのに役立つ。外務省が人権教育支援計画を策定した。教育査察官が学校における人権教育をモニターする。二〇一一年、教育委員会が改めて人権教育に関する意見を表明した。性別やＬＧＢＴに関する人権教育通達が二〇一二年一二月に発効した。政府の要請で、教育課程開発国立研究所が市民と人権教育の教育ガイドを作成した。

オランダは多様で開かれた社会である。レイシズムと闘う計画に照らして、オランダではレイシズム発言は刑事責任を問われる行為とされている。政党がそうした行為を行ったか否かを裁判所が判断するが、報告書の対象期間にそのように判断した実例はない。民法第二条二〇項は、公共政策に反する活動を行う法人を、検察官の申立てに基づいて裁判所が解散させる場合があることを示している。刑法第一四〇条では、禁止された団体の活動に継続的に参加した者は刑事犯罪を行ったとされている。政党の禁止や解散は最終手段である。

憲法上の表現の自由は絶対的ではない。表現の自由といえども、差別的理由による中傷、憎悪の煽動、差別、暴力の宣伝を保護するものではない。オランダ政府は公共の議論の重要性を強調する。積極的又は中立的な表現の自由に保護が与えられ、攻撃的、ショッキングなものは刑法上の制約を受ける場合がある。例えば、ハンディサイド対イギリス事件・欧州人権裁判所一九七六年一二月七日判決参照。例外的差別事件の場合、検察庁の差別専門センターが担当する。

映画『フィトナ』を製作した自由党党首ゲート・ウィルダーは憎悪と差別の煽動容疑で起訴されたが、二〇一一年六月二三日、アムステルダム地裁判決は無罪とした。控訴がなされなかったので本件は終結した。

表現の自由は重要であり、オンラインでも同じである。刑法はヘイト・スピーチを犯罪としているが二次的手段であり、欧州人権裁判所と最高裁の判例法に従って表現の自由が保障される。差別的内容がオンラインに投じられた場合、人々がホットラインに連絡することができ、差別的内容を削除する努力がなされる。すべての通報が記録に残される。

人種差別撤廃委員会の勧告

人種差別撤廃委員会はオランダ政府に次のように勧告した（＊10）。中央政府には条約を履行し、反人種差別政策をとる責任があることに留意して、地方レベルで条約を履行させるために必要な措置を講じること。すべての地方政府が反差別政策を採用すること。条約第一条に合致した人種差別の定義を法律に導入すること。刑事法における刑罰加重事由に人種的動機を含めること。

5　ノルウェー

二〇一三年一一月二一日にノルウェー政府が人種差別撤廃委員会に提出した報告書は、条約第二条に即して最近の状況を報告するとともに、委員会の前回勧告に応答している（＊11）。条約第二条bとの関連で、子ども・平等・社会統合省は二〇一二年一〇月に包括的統合政策に関する白書を公表した。すべての者に平等機会、権利、責任があるとしている。統計局は二〇〇二年以来、移民に関する世論調査を継続している。二〇一二年の世論調査では「ほとんどの移民はノルウェーの労働生活に有益な貢献をしている」が八〇％であった。

政府は民族差別と闘うために「平等促進・民族差別予防行動計画（二〇〇九～一二年）」を策定し、直接差別と間接差別への対処を掲げた。二〇一三年も同じ行動計画が継続し、二〇一四年には新行動計画が策定される。前回報告書で報告したとおり、「統合・多様性理事会」が設立されているが、二〇一三年一月、同理事会の活動についての外部評価が始まった。二〇一一年、政府とＮＧＯ諸団体とが合意に達し、難民と移住者の統合促進努力が継続している。条約第二条ｃとの関連で、二〇一三年六月二四日、外務省はノルウェー人権センターの活動評価のため協議文書を回覧した。評価はパリ原則に基づいて行われる。

統計と条約の国内法化

人種差別撤廃委員会は前回、住民の民族的構成に関する統計を報告するよう勧告した。ノルウェーは出身国や国籍に関する情報を保有しているが、民族構成については保有していない。年次統計や十年毎の国勢調査を行っており、六カ月以上の在住住民の調査である。先住民族のサーミ人についての統計状況を改善している。サーミ人の人口、教育、言語、労働生活に関する統計を公表している。二〇〇六年二月六日の「サーミ人の日」に最初の統計発表をノルウェー語とサーミ語で行い、二年毎に継続している。政府内部にサーミ統計分析集団を設置し、二〇〇八年以来、統計分析をサーミ社会に提供している。

ＥＵの国内マイノリティ保護枠組み条約に従えば、ノルウェーにはユダヤ人、ノルウェー系フィンランド人、森林フィンランド人、ロマというマイノリティが存在する。民族登録の濫用が行われた経験があるため、どのマイノリティ集団も民族登録には懐疑的であり、民族構成の統計情報はない。

人種差別撤廃委員会は前回、人種差別撤廃条約を一九九九年の人権法に組み入れて、より高度の水準で国内法秩序に導入することを検討するよう勧告した。二〇〇九年に女性差別撤廃条約を国内法化した際、人種差別撤廃条約の国内法化について議論がなされた。結論として国内法化は見送られた。人権法に組み入れるのは一般的な人権条約であって、特殊な条約ではないという理由であった。政府は委員会勧告について検討したが、二〇〇九年の結論を維持している。

差別の理由、差別に対処する対話

人種差別撤廃委員会は前回、条約第一条に示された差別の理由のすべてを反差別法に盛り込むように勧告した。反差別法が禁止しているのは民族、国民的出身、世系、皮膚の色、言語、宗教又は信念に基づく差別である。二〇一三年六月一三日、反差別法が改正され、民族、宗教、信念に基づく差別をそれぞれ区別して記載した。国民的出身、世系、皮膚の色、言語は民族の一部の要素として規定された。ノルウェー政府は人種を明記する必要はないという結論に達した。人種主義と闘うためには「人間は人種にカテゴライズされうる」という考え自体を克服することが重要である。条文に人種という言葉を用いると、この考えを容認する結果となりかねない。政府は、法律の要件としては人種に関連する差別は民族差別と見なされるとしている。

人種差別撤廃委員会は前回、関連する集団やコミュニティと協議し、彼らが直面している差別に対処する措置を講じ、多文化教育を推進するために予算を増額するよう勧告した。ノルウェー政府は移住者集団と対話集会を重ね、移住者・当局コンタクト委員会が独立諮問委員会として機能している。

改正反差別法は民族、宗教、信念に関する平等促進を目的とし、社会のすべての領域に適用される。新差別法は直接差別と間接差別の両方を禁止し、ハラスメント、報復、それらの教唆・幇助を禁止している。差別された者は平等・反差別オンブズマンに提訴できる。二〇〇九年一月一日から、反差別法により積極的措置を講じ、報告する義務が導入された。当局には、法律の目的を促進するために積極的組織的に努力する義務が負わされた。この義務は公企業はもとより、五〇人以上の従業員を雇用する私企業にも適用される。従業員組織及び使用者組織にはこの義務に積極的に応じる義務がある。

二〇〇四年、難民のための心理社会センターは暴力・トラウマ研究センターに改組され、四つの地域センターが暴力、トラウマ、自殺予防に関する領域で活動している。トラウマを抱えた難民と一緒に活動するための知見、専門家の増員が必要だからである。

人種差別撤廃委員会の勧告

人種差別撤廃委員会は次のような勧告をした（＊12）。ノルウェー法には差別の理由として人種という言葉が欠落している。人種差別撤廃条約第一条に明示されたすべての差別の理由を法律に盛り込むよう勧告する。他の人権条約を国内法化しているにもかかわらず、人種差別撤廃条約を国内法化しないという政府の立場を変更すること。議会が二〇一五年四月に新しい国内人権機関を設置する法律を採択したが、その後、組織が立ち上げられていない。国内人権促進保護機関の国際的調整委員会の支援のもと新しい法制度を具体化するため、その任務遂行のために必要な人的措置及び財政的措置を講じること。

6　エストニア

二〇一三年五月二三日にエストニア政府が人種差別撤廃委員会に提出した報告書によると、エストニアは一九九八年に国内マイノリティ保護枠組条約に加入し、条約を国内法化している（＊13）。エストニア統合計画（二〇〇八～一三年）は民主的参加を「言語や文化の尊重」と「マイノリティの尊重と寛容」の二つの観点で促進している。憲法が人種差別を禁止し、平等処遇法、ジェンダー平等法、雇用契約法、刑法その他の法律で差別問題を扱っている。ジェンダー平等・平等処遇コミッショナーは、平等処遇法とジェンダー平等法の履行を監視し、差別申立の提出を援助する。二〇〇九年の改正公共サービス法によると、政府及び地方当局は平等処遇法とジェンダー平等法に従って、人々を差別から保護する責務がある。

ジェンダー平等・平等処遇コミッショナー・統合計画

コミッショナーが扱った事案は二〇〇九年に一六一件であり、そのうち民族的出身・人種事案が一一件、民族的出身に基づく差別申立が一一件、差別と認定したのは二件であった。二〇一〇年は二八八件であり、そのうち民族的出身・人種事案が一五件、民族的出身に基づく差別申立が一五件、差別と認定したのは二件であった。二〇一一年は三五八件であり、そのうち民族的出身・人種事案が二六件、民族的出身に基づく差別申立が二六件、差別と認定したのは八件であった。

二〇一一年の事案には次のようなものがあった。第一にある非営利団体が第三国出身の人々にサービスを利用する機会を提供しなかったと書いた新聞記事が、人種主義的であり、国籍に基づく差別だと申立てた事案である。第二に人種や皮膚の色に基づく差別を危惧した申立人が施設を利用できなかったという申立である。

二〇一一年の人口はエストニア人が六九%、ロシア人が二五%、その他が各種国籍又は国籍不明である。外国人をエストニア社会に統合し、文化的に多様な社会を形成する長期の過程が進んでいる。二〇〇七年に統合計画が策定され、統合移民財団が設立され、文化省が責任官庁である。文化省のみならず各省庁が協力している。二〇一三年までの達成目標は、①エストニア語を母語としない者のエストニア語習得、②異なる言語を用いる人々の接触・コミュニケーション、③市民権を有しない人の低減、④エストニア語を母語としない人々への情報提供、⑤雇用・収入格差の低減等である。

NGOとの協力

二〇〇九年以来、統合移民財団はNGO、異なる民族的出身者が参加する青年組織に財政援助している。国内マイノリティの文化活動も支援対象である。統合計画では非営利団体、教育施設、科学研究組織、NGOなど四〇〇以上の協力団体が得られている。人権センターは二〇〇七年以来『エストニアの人権』という年次報告書を出版している。これには差別の禁止、国内マイノリティの状況が含まれる。人権・法律情報センターは法律扶助と情報提供を担当し、二〇〇五年以来、差別被害者のための電話ホットラインを行っている。二〇〇八年、同センターは欧州人権擁護協会のメンバーになった。二〇〇一九九二年設立のエストニア人権研究所は「欧州草の根反レイシスト運動」及びEU基本権プラットフォームに属し、国連、EU、欧州評議会と協力している。エストニア歴史記憶研究所はソ連占領下におけるエストニアの人権状況の概観を提供する。欧州史を研究する国際的専門家の協力を得ている。人道に対する罪の調査国際委員会が第二次大戦に関する検討を行っている。

タリン技術大学ロースクールは二〇一〇～一二年、PROGRESS（EU雇用・社会連帯計画）の枠組みの下で平等を喚起し、ヘイトと闘うプロジェクトを実施した。二〇一〇年は「レイシズムと闘う」、二〇一一年は「障害を持った人々の社会的地位の向上」、二〇一二年は「ビジネスにおける平等処遇」に焦点を当てた。二〇一一年、エストニア社会統合監視のアンケート調査では、過去数年の国籍や言語による差別について、回答者の二〇%が国籍間の不平等を認知した（二〇〇八年は四九%であった）。その半数が不平等の反復継続を報告した。国籍に基づく紛争を経験したのはエストニア人で一〇%、その他の国籍の人々で七%である。

人種差別撤廃委員会の勧告

人種差別撤廃委員会は次のように勧告した（＊14）。パリ原則に従った独立した国内人権機関がないので、委員会の一般的勧告第一七号を想起し、これを設置すること。刑事施設において被収容者がエストニア語を理解しないがゆえに規律違反の制裁を受けることのないようにすること。

7　ドイツ

二〇一三年一〇月一八日にドイツ政府が人種差別撤廃委員会に提出した報告書によると、ドイツ基本法第三条は公的機関による人種差別からの保護を定める（＊15）。移住者・難民・統合連邦政府コミッショナーは構造的差別を低減させる任務を有する。ドイツはレイシズムと不寛容に反対する欧州委員会やEU基本権機関に属している。基本権侵害を受けた者は基本法及び連邦憲法裁判所法に従って提訴することができる。人種差別撤廃条約第二条一項の人種差別の禁止、特にヘイト・スピーチの禁止は刑法で対処している。

連邦の立法においては、連邦諸大臣の共同手続規則第四六条に従う必要がある。各州においても、バイエルン手続規則第四条、ブランデンブルク手続規則第二二条、ハンブルク手続規則第一〇条、ヘッセン手続規則第五八条及び第六七条、メクレンブルク・ヴェストポメルン手続規則第四条等がある。

国際協力

条約第二条二項に従って人種差別と闘うために、外交関係の文脈では二〇〇九年のダーバン宣言見直し会議に参加した。ドイツ政府は国連人権高等弁務官事務所に協力してきた。二〇〇九年にはギトゥ・ムイガイ現代人種主義問題特別報告者がドイツを訪問したが、その調査報告書をドイツで出版した。二〇一〇年、レイシズムと不寛容に反対する欧州委員会がドイツ人権研究所と協力して、ベルリンで会議を開催した。二国間協力ではたとえばルーマニア政府と協力してロマの状況に関するデータ作成を行っている。

ドイツは人種主義に反対する国内行動計画を策定し、NGOと協力している。一九九八年以来、人種主義に反対するフォーラムを設置し、五五のNGOが参加している。二〇〇〇年には民主主義と寛容のための連合を設立し、二〇一一年には市民教育のための連邦機関に統合された。二〇〇八年、ECRIがドイツを訪問調査し、報告書が出版された。二〇一〇年五月、ECRIがベルリンでドイツ人権研究所と一緒に会議を開催し、政府代表が参加した。ドイツはECRIに資金援助している。欧州安全保障協力機構（ＯＳＣＥ）は人種的動機による差別と闘う活動を続けている。焦点となっているのは今や一般的な解決ではなく、個別の実施措置である。

ドイツは移住労働者家族権利保護条約の批准のための検討を続けている。同条約が国連で採択された際にドイツが表明したように、同条約の「移住労働者」という概念の定義が明確でなく、無許可でドイツに滞在し、雇用されている者も含まれる。条約の批准につき検討を重ねている所である。

反レイシズム国家行動計画はＮＧＯとの協議の結果作成された。レイシズム対処には市民社会の支援が重要である。政府は五五のＮＧＯの参加を得た反レイシズム・フォーラムと情報交換している。フォーラムは欧州反レイシズム年に続いて一九九八年に発足した。二〇〇七年に国家統合計画を作成し、二〇一二年に発展させられ、連邦、諸州、都市のイニシアティヴを統合し、国家、社会、人民の努力を明示した。

統合と多様性に関する計画「ＸＥＮＯＳ」が周縁化や差別と闘う措置を促進している。「ＸＥＮＯＳ」は国家行動計画の一部であり、連邦労働省と欧州社会基金によって担われる。焦点は移住の背景を有する少年や青年にあてられる。連邦の「寛容を促進し、技能を高める」計画があり、民主主義を強化し、右翼過激主義や反ユダヤ主義に対処するために地方レベルや政府レベルで取り組む組織やネットワークを支援する。州政府もレイシズムや差別に対処する努力をしている。例えばノルトライン・ヴェストファレンでは二〇〇九年以来、反差別の活動を支援し、情報提供、技能形成に焦点を当てて、五つの反差別計画が取り組まれた。二〇一四年、ニーダーザクセンでは移住の背景を持つ人々に障壁をなくすために三二自治体で計画が取り組まれた。

マイノリティ保護

条約第二条二項に従って住民の集団を保護するため、第二次大戦下の歴史的経験を踏まえて、欧州評議会の国内マイノリティ保護枠組み条約に加わっている。シンティ・ロマ住民については、ハンガリー系住民委員会、ドイツのシンティ・ロマ中央委員会などと協力している。二〇〇五年、ラインラントでの取り組みを行った。ブレーメンでは二〇一二年に枠組み協定を結んだ。二〇〇七年にはババリア共同宣言を出し、ノルトライン・ヴェストファーレンではシンティ中央委員会と協力している。

ドイツにおけるユダヤ共同体には一一万人の住民がいる。一〇八の共同体の代表がユダヤ人中央委員会を形成している。連邦政府が財政支援している。リベラル派や急進派は二二共同体が先進的ユダヤ人連盟を形成している。宗教の自由は基本法第四条や国際自由権規約第一八条に基づいて保障されている。ユダヤ人世界会議との協力も進めている。残念ながら反ユダヤ的な犯罪が繰り返し発生してきたが、減少しつつある。二〇一一年には一二三九件が認知されているが、過去一〇年間では最少である。そのうち一一八八件は右翼的な政治的動機に基づくものである。二〇〇八年、連邦議会は、反ユダヤ主義と闘い、ユダヤ人の生活を支援することを決議した。それには連邦内務省の財政支援による独立の専門家グループの設置が含まれる。二年間の調査に基づいて専門家グループが報告書を作成した。

ドイツには四〇〇万人のムスリムが居住している。スンニ派が七四%、シーア派が七%である。そのうち六三%がトルコ出身であるが、二〇〇九年には約半数がドイツ国籍を保有している。ムスリムの二〇%が宗教団体に所属している。すべてのムスリム諸団体を代表したり統合する組織はない。ドイツのイスラム共同体は二三五〇ほどである。連邦政府及び州政府は二〇〇六年に設立されたドイツ・イスラム会議等との協力関係も構築している。ドイツ・イスラム会議及びドイツ科学と人道委員会の勧告に基づいて、エアランゲン・ニュルンベルク、フランクフルト・ギーセン、ミュンスター・オスナブリュック、チュービンゲンのイスラム神学のための四大学センターが設立された。青年のイスラム過激主義に対処するため、内務省は二〇一一年、「安全パートナーシップ・イニシアティヴ」を開始し、安全保障部隊とムスリムの間の協力を強化している。

人種差別撤廃委員会の勧告

人種差別撤廃委員会は次のように勧告した（＊16）。ドイツは国内法と条約を調和させるための措置を講じ、一般平等処遇法を制定し、刑法第四六条で人種差別を刑罰加重事由としているが、一般平等処遇法は公の当局による人種差別を対象としていないし、効果的な補償を受けるためのアクセスに障害がある。ドイツ基本法は当局に対する提訴を認めているが、この手続きを通じての補償はなされていない。ドイツ国内法におけるギャップのため人種差別との適切な闘いが困難となっている。一般平等処遇法その他の法令が人種差別からの効果的な保護と救済を可能としているかを評価し、連邦及び州における間接差別を含む人種差別を禁止し、全国にＮＧＯによる反人種差別助言センターを設置すること。

8　チェコ共和国

チェコ共和国政府が人種差別撤廃委員会に提出した報告書

によると、子ども売買・買春に関する子どもの権利条約選択議定書、越境組織犯罪対策条約及び議定書、欧州評議会サイバー犯罪条約を批准した。欧州評議会ロマ問題専門家委員会に加わっている（＊17）。同委員会は二〇一一年、「欧州における反ジプシーとロマに対する人種主義攻撃の増強に関する宣言案」を作成した。EUメンバー一三カ国によるEUロマ・ネットワークに参加している。EU諸国による「ロマ統合の一〇年（二〇〇五～一五年）」にも参加している。

二〇〇九年、平等処遇と差別からの保護に関する反差別法が発効した。同年、軽犯罪法における差別的行為に関する罰金を五〇〇〇コロナから二万コロナに増額した。二〇一〇年に発効した新刑法は、条約第四条に従って、ヘイトの動機による犯罪を規制している。二〇一一年、法人の刑事責任に関する法律を制定し、法人による人種差別を訴追できるようにした。二〇一一年、犯罪被害者の地位を高める刑事訴訟法改正を行い、財産損害への補償とは別に、非物質的損害に関する補償を受けられるようにした。

反差別法はその性質上、条約第一条に規定されたすべての領域に関する差別を禁止する一般法規範であり、制定以来強化されている。二〇一二年、反差別法に従って平等処遇を確保し差別を禁止する雇用法改正がなされた。反差別法に明示されていない事由による差別からの保護は、憲法及び各種国内法によって担保されている。反差別規定は私法（反差別法）にも公法（刑法、軽犯罪法等）にも明記され、状況の性質に応じて、公共の利益及び私的利益の双方に及んでいる。差別被害者は私法に訴えるか公法に訴えるかを選択できる。

ロマの状況

チェコ政府は二〇一〇～一三年に「ロマ統合コンセプト」を実施し、二〇一一年には「社会的排除と闘う戦略（二〇一二～一五年）」を設定した。社会的排除と貧困をなくす取り組みであり、社会的排除された地域と人々の環境に対処し、排除を予防する。二〇〇八～一二年にマイノリティに関する警察戦略をはじめ、二〇一三～一四年のために改定した。教育分野では、欧州人権裁判所のD・H対チェコ政府事件判決に従って、二〇一二年に行動計画を策定し、知的障害のある子どもの学校への統合のための条件整備を行い、排除につながる教育課程を禁止した。

統計データとオンブズマン

平等を実現し差別と闘うために統計データが重要であるが、人種・民族的出身に関する統計データ収集には本人の同意に基づく必要がある。人々には強制なしに自己の国籍を選択する自由がある。ロマやマイノリティに属するメンバーの情報を収集することは個人を特定しない形で行うことができる。二〇一一年の国勢調査では、複数の国籍を選択する回答を許容した。民族に関する情報については義務的ではなく、国籍を明らかにしない住民もいる。二〇一一年の調査でロマと回答したのは一二、九五三人であった。そのうち五、一三五人はロマであるとだけ回答し、七、八一八人はロマであると同時に他の所属も有すると回答した。

人権の保護と促進の主要機関としてオンブズマンがあり、法と善き統治の原則に従って活動する。その権限は特別法に定めがある。オンブズマンは司法に介入することはできないが、独立に捜査し、その結論に基づいて公的機関に勧告を行う。当局にはオンブズマンに協力し、是正措置に関する情報を提供する義務がある。オンブズマンは記者発表や出版を通じて政府に情報提供する。オンブズマンは拷問等禁止条約選択議定書に基づいて自由を奪われた者の所在する場所への監視も行う。その他に政府の人権委員会、国内マイノリティ委員会、ロマ・マイノリティ問題委員会、女性と男性の平等処遇委員会、高齢者や障害者のための政府委員会等がある。

人種差別撤廃委員会の勧告

人種差別撤廃委員会は次のように勧告した（＊18）。チェコは人権擁護機関を設置しているが、パリ原則に従った独立機関になっていない。国内人権機関をパリ原則に従った機関とすること。「ロマ統合コンセプト」及び「社会的排除と闘う戦略（二〇一二〜一五年）」が十分な財政基盤を持たず、ロマ共同体と十分な協議ができていない。これらの戦略にロマが最大限に直接参加できるように措置を講じること。ロマの経済的社会的権利についてさまざまな制約がある。教育課程や就職の分野でロマの女性や青年を援助する措置を具体的に講じること。ロマのための住居政策を拡充すること。

9　ポルトガル

二〇一五年一一月一六日にポルトガル政府が人種差別撤廃委員会に提出した報告書は前回審査後の進展状況を掲げたうえで、委員会の前回勧告に応答している（＊19）。

一九九六年に設置された移住と民族的マイノリティ高等委員会を、二〇〇七年に改組して、内閣府の下に移住と文化間対話高等委員会とした。この委員会の権限には、人種主義との闘い、移住者とロマ・コミュニティの統合、文化間対話の促進が含まれる。さらに二〇一四年、移住状況の変化に応じて、移住者高等委員会に改組し、移住に関する統合政策を調整する任務を付与した。

二〇〇七年以後、移住者の統合のための基本政策として、社会的な議論を経て二つの行動計画をつくった。雇用、保健、教育、司法、住居、文化・言語、市民参加、人身売買に関する分野を対象とし、ジェンダー問題も配慮している。移住状況の変化に応じて、二〇一四年、移住者統合行動計画を移住戦略計画に再編し、二〇一五年三月に施行した。戦略計画は雇用、保健等の分野における移住者統合を促進し、ポルトガル人移住者の外国からの帰国も扱う。戦略計画には一〇〇を超える措置が含まれ、移住者統合政策、新しい市民統合政策、移住者流入の調整、ポルトガル人移住者の帰還支援、人身売買対策が含まれる。

戦略計画（二〇一五〜二〇年）の例は次の通りである。①平等・反差別委員会の構成と機能を刷新する法律、②平等・反差別委員会のウェブサイトの改訂、③移住者団体への支援強化法、④移住者企業支援事務所設置、⑤外国人へのポルトガル語教育支援、⑥就学・就労支援のためのＩＴ教育によるディジタル統合、⑦青年の大学進学経済支援、⑧外国人学生のポルトガル大学への入学促進、⑨移住者高等委員会のウェブサイト開設、等。戦略計画における移住者統合政策の例は次のとおりである。①非正規移住者の保健サービスへのアクセス促進、②外国市民の保健制度への案内ガイド履行、③移住者など被害を受けやすい住民の保健サポートのためのモニター強化、④保健システム情報の整備、等。

選択プログラム

二〇一三〜一五年、政府の「選択プログラム」を進めている。移住者やロマなど社会的に不利な条件のもとに置かれている子どもや若者（六〜二四歳）の支援プログラムである。二〇一三年、四四、〇〇〇人の子どもと若者を対象とした。そのうち三、三〇〇人の子どもと若者が就学、就労でき、又は就労訓練に受け入れられた。選択プログラムには地方自治体、市民社会団体、企業など九六三の参加を得ている。二〇一三〜一四年、七、〇〇〇人を超える子どもと若者が就学、就労、又は就労訓練に受け入れられ、四八、八九六人がプログラムに参加した。

選択プログラムには次のような戦略分野がある。①学校教育からの早期の離脱を防止する闘い、②公教育及び非公教育を通じて能力開発による就学支援・促進、③両親監視過程を通じての家族共同責任の促進。作業部会の設置も行われている。「新しい市民」作業部会は一八人の若者の困難に対処した。

ポルトガルとケープヴェルデの間で「リーダーになる」作業部会は三〇人の若者の参加を得て、民主主義制度、権利と義務、司法、メディアについてのグループ・ミーティングを行った。二〇一四年、選択プログラムは第三期「国境なき少年司法」をはじめ、子どもの権利について法的及び心理学的支援を行っている。

ロマ・コミュニティ統合戦略

二〇一三年、政府の全部局、市民社会団体、研究者、専門家、ロマ・コミュニティ代表による討議の末、ロマ・コミュニティ統合戦略（二〇一三～二〇年）を策定した。教育、保健、住居、雇用の領域、及び差別、市民教育、社会的安全、ロマの歴史・文化の尊重、ジェンダー平等に関連して一〇五の措置を盛り込んでいる。ロマ・コミュニティの統合、偏見や誤解の撤廃、人権保障のための重要文書である。ロマはポルトガルに数世紀にわたって居住してきた市民であり、四～五万の住民がいる。ロマの人々が貧困と排除から保護される必要がある。二〇一三年、戦略実施のために八三の具体的行動、二〇一四年には六〇の行動が行われた。

移住者政策の国際的承認

二〇一五年、ヨーロッパ評議会による移住者統合政策指標に従って、ポルトガルは移住者統合のための最善の政策をとっている国三一カ国の第二位にランクされた。正規滞在か非正規滞在かにかかわらず義務教育年齢の子どもの平等な就学を支援している。ジャン・ジャラブ人権高等弁務官事務所欧州地域代表はポルトガル移住者高等委員会が人権享受に果している役割を評価している。リスボン、ポルト、ファロで実施されている移住者支援センターの「ワン・ストップ・ショップ」アプローチは、移住者支援として重要であるとジャラブ代表が認めている。

二〇一二年、国際大学生評価プログラムにおいてポルトガルはＯＥＣＤ加盟三四カ国の中でも移住者の大学生への統合が進んでいる国と認められた。二〇一三年の国籍法改正により、セファルディク・ユダヤ人の子孫に国籍が認められた。二〇一五年、海外で出生したポルトガル人の孫に国籍付与が認められた。移住者の子どもの就学促進のために「母語でないポルトガル語」プログラムとして、公立学校に母語でないポルトガル語のクラスを設置した。二〇〇一年に試験的に始め、二〇〇六年に本格化し、二〇一二～一三年には三六カ国出身の生徒が就学している。教育科学省と移住者高等委員会は、二〇一二年、教育機会における多様性を促進するプロジェクトを開発した学校を表彰するため、多文化学校賞を創設した。二〇一五年にはリスボンのイスラム・センターで多文化学校セレモニーが開催された。移住者高等委員会は多文化学校キットを作成し、教育機関に提供している。

前回審査の結果、人種差別撤廃委員会はポルトガル国内法と人種差別撤廃条約の間の不一致を指摘した。憲法第八条は国際法原則は国内法の一部となり、批准した国際条約規範は国内法の一部となるとしている。この枠組みに従って世界人権宣言や国際人権規約はポルトガル領域内で完全に効力を有し、公的機関及び民間機関を拘束する。

人種差別撤廃委員会の勧告

人種差別撤廃委員会は次のように勧告した（＊20）。政府報告書には判例についての情報がない。裁判官、検察官、弁護士に条約を周知し、裁判において適用するように勧告する。次回報告書において国内裁判所における条約適用について報告すること。ロマ・コミュニティをはじめとする関連コミュニティについての包括的統計データがない。統計データを収集し、利用可能にすること。民族、国籍、出身国に基づいて経済的社会的指標に即して統計を取ること。人種差別を規制する刑法二四〇条があるが適用事例が少ない。関連司法統計を報告すること。被害者の申立てが少ない理由が、被害者が自分の権利に気づかず、報復を恐れ、言語の壁によって警察にアクセスできないためではないか検討すること。行政不服申立てメカニズムについて詳しく報告すること。

10　ブルガリア

二〇一六年三月二一日にブルガリア政府が人種差別撤廃委員会に提出した報告書によると、二〇一二年、欧州人権条約に従って国家・自治体賠償責任法改正がなされ、国家等による人権侵害被害者への賠償が定められた（＊21）。二〇一三年、法律扶助法が改正され、社会的に不利益な集団（危機にある子ども、DV被害者、性暴力被害者、人身売買被害者等）が司法にアクセスする範囲を拡大した。二〇一三年一〇月、政府は「法律扶助ホットライン」を開設した。二〇一四年、法律扶助充実戦略が策定され、子ども、犯罪被害者、人身売買被害者、難民その他の市民への法律扶助を拡充し、NGOの協力を得て法律家への研修を行うことにした。

オンブズマン、差別からの保護委員会

拷問等禁止条約選択議定書に従ってオンブズマンが国立予防機関として活動することにした。国家オンブズマンの機能拡充が続いてきており、諸大臣や国会に人権擁護関連法草案の提出、国際人権条約の批准についての提言、憲法裁判所への付託も含まれた。

差別からの保護委員会は被害を受ける集団に関連して、青年、法律家、警察官、メディア、労働組合向けのセミナーを毎年実施している。委員会は反差別法を促進するための出版を続け、「移民と難民への偏見と差別」、「教育制度におけるマイノリティ子どもと障害を持った子どもへの偏見と差別」（以上二〇〇九年）、「初等中等教育の教科書や教育課程における偏見と差別」（二〇一一年）、「経済危機や予算削減が被害を受けやすい集団に与える影響の研究」（二〇一四年）の調査を行った。「平等と差別に関する政府調査」では次の結果が出ている。差別の主原因は障害（六〇～七〇％）、年齢（一三～一四％）、民族性（八～九％）である。民族性のうちではロマ（二五％）、トルコ出身（一二％）が多い。宗教的動機は六％未満である。メディアが差別に関する主な情報源である。差別被害者は健康サービスへのアクセスが限定されるが、差別のためというよりも健康サービス自体の不備のためである。社会的要因として差別を過小評価する傾向があり、啓発の努力をしている。

民族・統合問題協力委員会は、各省庁、民族マイノリティ集団の属する市民NGO、民族マイノリティの統合のためのNGOから成り、統合政策履行のための規範、戦略、文書草案作成を行う。「ロマ統合戦略国家行動計画（二〇一二～二〇年）」及び「ロマ包摂の一〇年（二〇〇五～一五年）」を作成した。

二〇一〇年九月、委員会五人パネルは国会議員がメディアにおいて宗教、政治的立場、社会的地位に関するハラスメント、侮辱、差別発言を行ったとの申立を受けて調査を行った結果、ハラスメントがあったと認定し、実行者に二五〇レフの罰金（行政罰）を科した。委員会は当該議員に、人間の尊厳を侵害する目的、又は敵対的環境をつくり出す発言を将来行わないように指示した。決定文書の出版経費は当該議員の負担である。当該議員は決定の履行に関して一五日以内に文書で回答するよう求められた。

二〇一三年、委員会はスポーツ新聞第一面の「イタリア人、スウェーデン人、二人の黒人」という記事について調査を行い、新聞社主、編集者は法律で禁止された「人種（皮膚の色）」に基づく直接差別を行ったとした。委員会は人種差別撤廃条約第四条及び第五条に言及し、新聞社主に予防のための社内規則を作成し、不平等措置を回避するように勧告した。

二〇一四年、委員会は「ブルガリアにおけるロマ民族共同体の名声や尊厳を損ない、ロマ民族共同体への暴力と憎悪を呼びかける」オンライン・コメントに関して、NGOの申立により調査を行った。NGOは「この議論はロマにとってハラスメントであり、不安、非人間化、恐怖、孤立を感じさせる」と指摘した。委員会特別パネルは、民族性に基づく差別的発言がサイト上になされたにもかかわらず被申立人が不作為であったと認定した。委員会は、法律違反の差別を認定し、被申立人である会社による負担で委員会決定をウェブサイト上に掲載する義務を課した。委員会五人パネルの二〇〇八年決定は、関係当局に反差別と多文化主義の職員研修を行うよう義務付けた。黒人子どもへの差別発言に関する二〇〇九年決定は、反差別研修を行うよう助言した。ナイジェリア人フットボール選手に関する二〇一〇年決定は、人種的理由で攻撃されたとの申立てを調査し、申立ては却下したが、その後の刑法改正提案につながった。

統合政策

政府、ロマ共同体、そのリーダー、NGOの協力で統合政策を進めている。統合の基本戦略は平等機会、平等、平等参加であり、社会各層における積極的是正措置である。労働・社会政策省は「民族的マイノリティ間でもっとも周縁化された共同体、特にロマに焦点を絞った包括的統合措置の発展」プロジェクトとして健康、教育、雇用、収入、生活基準、住居、平等機会、非差別の統合政策を進めている。自治体レベルで特別措置を計画するための実践ガイドラインを出版した。二〇一三年、「ロマその他の被害を受けやすい集団の社会的包摂」基金協定を締結した。ヴァルナ、シュメン、スリヴェン、ツンジャ、マグリス、ビアラ・スラティナの自治体は欧州評議会の共同研究に加わった。

人種差別撤廃委員会の勧告

人種差別撤廃委員会は次のように勧告した(＊22)。ブルガリアでは条約が直接適用可能なことに留意するが、条約が適用された判例に関する情報がない。裁判官、検察官、弁護士が条約に習熟するように研修するなどの適切な措置を講じること。次回報告において国内裁判所における条約適用について報告すること。

民族的マイノリティと「市民でない者」が条約で保護された権利を享受していることに関する統計情報が欠落している。民族構成や刑事施設収容人員の統計が欠落している。個別の民族集団の社会的経済的状態に関する統計情報を収集し、公表すること。刑事施設収容者の民族構成を報告すること。差別からの保護委員会及びオンブズマンの権限を強化する措置が講じられたことに留意するが、委員会の独立性、オンブズマンの財政的人的資源の十分性が制約されている。人種・民族を理由とする差別事案の報告数が少ない。委員会の独立性、オンブズマンの財政的人的資源を改善する迅速な措置をとり、オンブズマンがパリ原則に完全に合致するようにオンブズマン法を改正すること。人種主義的ヘイト・クライムを取り扱うために現行制度の信頼性を高めること。一般公衆や特に差別を受けやすい集団に申立てをしやすくする啓発キャンペーンを行うこと。

11　イタリア

二〇一五年五月一八日にイタリア政府が人種差別撤廃委員会に提出した報告書によると、二〇一四年一一月六〜七日、EUのイタリア代表は「EUにおける平等政策の将来を形成する」という非差別と平等のためのハイレベル会議をローマで開催した（＊23）。各国政府代表、ビジネス界、市民社会、メディア、研究者・専門家など二五〇名が参加した。取り上げたテーマは、経済復興における平等と非差別、多様性のための新しい規則、平等と多様性に価値を付与する可能性、文化変動、司法へのアクセスの将来等である。会議では、反差別法の実効的な履行が焦点となった。会議の成果文書として「ローマ宣言」に一四カ国が署名した。

イタリアの法制度には人種主義・排外主義言説と闘う規定があり、これには人種民族憎悪を広げる言説や煽動への対策が含まれる。人種主義の煽動や排外主義を目的とする団体結成の禁止も含まれる。イタリア議会は、二〇〇八年のEU議会枠組み決定をイタリア法に組み入れ、ジェノサイド、人道に対する罪、戦争犯罪の公然たる否認や美化を犯罪化した。

政治における人種主義言説の例として、二〇一三年七月、レガ・ノルド政党員のドロレス・ヴァランドロが当時の内務大臣セシル・キェンゲに対して攻撃的コメントをインターネット上に書いたことについて一三カ月の刑事施設収容、三年の公職禁止、及び一万三千ユーロの罰金が言い渡された。

スポーツにおける差別対策

スポーツ分野では、一九九三年のスポーツ正義法によりスポーツ行事における差別的行為の抑止が図られ、差別行為が人種、皮膚の色、宗教、言語、性別、国籍、民族的出身の動機を持つ侮辱や、法律で禁止されたイデオロギー的宣伝に当たる場合に、処罰される。フットボール選手、マネージャー、協会、パートナーが対象となり、クラブにはサポーターによる人種主義表現や差別表現となる絵画、スローガン、シンボル、エンブレム等を禁止する責任がある。イタリア・オリンピック委員会は、スポーツ行動綱領において、人種や民族に動機を有するすべての差別行動を行わないよう表明した。二〇一二年一〇月、スポーツ行事における不法な暴力と闘うための緊急措置として、スポーツ施設への入場禁止を含む措置を定める新しい規定が導入され、二〇一四年八月に発効した。

二〇一三年、一人が逮捕され、七三件が警察に報告された。そのうち一五件はフットボール・フーリガンであった。二〇一四年、七九件が報告された。五四件は反ユダヤ主義、一七件は人種差別、六件は宗教差別、二件は人種主義であった。

一九九九年、内務省にスポーツ行事監視委員会が設置され、フットボール等の監視を任務としている。警察及び関連する公企業及び私企業により構成される。スポーツ行事における差別事象、そのリスクレベルの確認、スポーツ施設における安全性確保、予防措置の促進を行う。二〇一三年、内務省のスポーツ行事における安全タスクフォースが発足し、反レイシズムのために活動する。二〇一四年のシーズンで、タスクフォースは合法性教育に力を注ぎ、スポーツ行事における人種、民族、宗教的差別と闘う措置を強化し、差別事象を監視する戦略的ガイドラインを確認し、学校における啓発キャンペーンと合法性教育を行うことにした。フットボールにおいて、ウェブメディア上で人種差別が拡散されないように監視し、電信コミュニケーション警察はウェブの閉鎖のために捜査をする。情報保護当局と協力して、放送メディア企業、メディア・オペレータ協会、全国報道連盟、イタリア・スポーツ報道連盟等に適用される「メディアとスポーツにおける自主規制綱領」の違反を監視する。

メディアの反差別機能

メディアは反人種差別のために重要な役割を有する。移住者、難民、人身売買のような問題に関する正確な情報を提供するためのガイドラインとして「ローマ憲章」がある。新聞記者や放送番組による人種憎悪情報をチェックする必要がある。政府は全国報道連盟と協力して二〇一二年一月以来、カラブリア、カンパニア、アプリア、シシリアのジャーナリズム学校学生に研修を行う支援をしている。新聞やウェブマガジンの日々の情報を監視する常設機関も設置された。二〇一三年七月以来、五〇以上の全国紙・地方紙、三〇以上の週刊誌等の移住者、難民、民族マイノリティに関する記事を検証した。二〇一四年一〇月末時点で、一三、三一二点の記事のモニターが終了した。多くのメディアが関心を持ち、七〇〇以上のメディア関係者にローマ憲章に関する研修が行われた。

インターネット上の人種主義と不寛容の現象と闘うために、政府はウェブサイト、ソーシャルネットワーク、ブログ等オンライン上の人種主義に反対する諸手段を採用している。予防的アプローチでは監視が容易でない。「移住者による侵略」といった言葉や、ムスリムに対する烙印などの人種主義言説が用いられる。イタリアは二〇一一年九月、インターネットによる人種主義行為の犯罪化に関する欧州サイバー犯罪条約追加議定書に署名した。著名事件として、ネオナチ組織のストームフロント事件がある。二〇一一〜一二年、組織のメンバーが民族の優越性を支持し、ホロコーストの事実を否定し、移住者のための措置を非難するメッセージやヴィデオを匿名でオンラインにアップした。二〇一三年四月八日、ローマ地裁は四人のメンバーに有罪を言い渡し、ウェブサイトの閉鎖を命じた。

人種差別撤廃委員会の勧告

人種差別撤廃委員会は次のように勧告した（＊24）。市民社会の協力を得て、パリ原則に従った国内人権委員会を遅滞なく設立すること。反人種差別事務所が活動を継続しているが、独立性が欠けている。法的にも事実上も十分な人的財政的資源を備えるように改善すること。政治言説に移住者、ムスリム、アフリカ系、ロマ、シンティ、カマニナンティ共同体の人々への人種主義的言説や否定的ステレオタイプが見られる。インターネット上のヘイト・スピーチも見られるので、これらに対処すること。条約第二条に従って人種間の障壁を除去し、人種的分断の強化につながる政策を低減すること。

〈註〉

（＊1）人種差別撤廃条約第二条第一項の全文は本書三二〇頁。

（＊2）西欧諸国の一部について個別領域ごとに詳細な先行研究があるが、欧州諸国の反差別法・政策全体の展開過程を一望した研究は見当らないようである。個別領域や個別テーマに即した研究は数多い。例えば労働分野について、森戸英幸・水町勇一郎編著『差別禁止法の新展開』（日本評論社、二〇〇八年）。性差別について、クレア・シャーマン・トーマス『アメリカ性差別禁止法』（木鐸社、一九九七年）。障害者差別について、リチャード・スコッチ『アメリカ初の障害者差別禁止法はこうして生まれた』（明石書店、二〇〇〇年）。ＬＧＢＴ差別について、ＬＧＢＴ法連合会『「ＬＧＢＴ」差別禁止の法制度って何だろう?』（かもがわ出版、二〇一六年）。その他、障害者差別解消法、部落差別解消法の制定に伴い、欧米各国における差別禁止法の個別研究が増加している。

（＊3）CERD/C/SWE/19-21. 5 November 2012.
（＊4）CERD/C/SWE/CO/19-21. 23 September 2013.
（＊5）CERD/C/CHE/7-9. 14 May 2013.
（＊6）CERD/C/CHE/CO/7-9. 13 March 2014.
（＊7）CERD/C/POL/20-21. 6 August 2013.
（＊8）CERD/C/POL/CO/20-21. 19 March 2014.
（＊9）CERD/C/NLD/19-21. 18 November 2013.
（＊10）CERD/C/NLD/CO/19-21. 24 September 2015.
（＊11）CERD/C/NOR/21-22. 21 November 2013.
（＊12）CERD/C/NOR/CO/21-22. 25 September 2015.
（＊13）CERD/C/EST/10-11. 23 May 2013.
（＊14）CERD/C/EST/CO/10-11. 22 September 2014.
（＊15）CERD/C/DEU/19-22. 18 October 2013.
（＊16）CERD/C/DEU/CO/19-22. 30 June 2015.
（＊17）CERD/C/CZE/10-11. 31 March 2014.
（＊18）CERD/C/CZE/CO/10-11. 25 September 2015.
（＊19）CERD/C/PRT/15-17. 16 November 2015.
（＊20）CERD/C/PRT/CO/15-17. 31 January 2017.
（＊21）CERD/C/BGR/20-22. 21 March 2016.
（＊22）CERD/C/BGR/CO/20-22. 31 May 2017.
（＊23）CERD/C/ITA/19-20. 18 May 2015.
（＊24）CERD/C/ITA/CO/19-20. 17 February 2017.

第７章　ヘイト・スピーチ法の制定状況（人種差別撤廃条約第四条関連）

第１節　本章の課題と概要

本章では、世界各国における人種差別禁止法やヘイト・スピーチ規制法の動向を紹介する。先行研究においては、アメリカ合州国ではヘイト・スピーチの規制が非常に限定的であることばかり強調されてきた。近年ようやく、ドイツの民衆煽動罪やフランスのヘイト規制法に関する研究成果が蓄積されてきた。とはいえ、ヘイト・スピーチ法制定状況及び適用状況について、見るべき比較法研究はごく僅かしかなかった。偶然入手した情報に基づいて議論するのが常態であり、系統的な比較法研究を見ることができない。断片的な情報を紹介したにすぎないのに、突如としてこれを一般化する奇矯な憲法学説が氾濫している。このためヘイト・スピーチ対策について「アメリカ型」と「欧州型」があるなどという誤解が憲法学を支配してきた。

本章では『序説』第８章に引き続き、世界各国のヘイト・スピーチ法制定状況を紹介する。その方法論的問題意識は『序説』第８章で示したとおりである。すなわち、ヘイト・スピーチに関する比較法研究の第一歩であり、最低限の基礎知識を提供する。依拠した資料は、人種差別撤廃条約を批准した諸国が同条約に基づいて設置された人種差別撤廃委員会に提出した報告書である。人種差別撤廃委員会が各国政府に出した最終見解における勧告も紹介する。各国の歴史、政治状況、人種差別の実態等の詳細に立ち入ることはできず、おおよそのヘイト・スピーチ規制法の動向を提示するにとどまる。従来の比較法研究がその名称にもかかわらず比較法の最低条件すら満たしていないことへの反省が前提となっている。

『序説』では、人種差別撤廃委員会第七〇会期から第八二会期にかけて、各会期ごとに時系列で各国のヘイト・スピーチ法制定状況を紹介した。本章では、人種差別撤廃委員会第八三会期から第九三会期において審査対象となった各国政府の報告書を紹介する（＊1）。ただし、『序説』で採用した時系列方式ではなく、本書では地域別に分類し、配列した（＊2）。

本章の記述から明らかとなった点を若干まとめておこう。

第一に、ヘイト・スピーチ刑事規制は世界の常識である。ＥＵ諸国はヘイト・スピーチ規制を義務としているのでヨーロッパ諸国にはヘイト・スピーチ刑事規制が多く、立法状況の報告が詳細である。しかし、ことはヨーロッパに限られない。アフリカ諸国、アジア太平洋諸国、南北アメリカ諸国でもヘイト規制が一般的であり、かつ徐々に増加している。ヘイトの被害が重大であり、そのことが認識されれば当然のことであるし、国際人権法の要請でもある。ヘイト・スピーチ刑事規制を否定する非常識な時代は終わっている。法の形式について、次頁図表11「ヘイト・スピーチ法の形式」参照。

なお、近年のアフリカ・中東地域からの難民の急増に関連してヨーロッパ地域における世論には大きな影響があったが、法律レベルでの変化の有無は今後明らかになるであろう。本章ではギリシアの報告にすでに関連事情が含まれている。他方、イギリスではＥＵからの離脱に関する国民投票の際にヘイトの増加がみられた。こうした動きが法律にどのように影響を与えるかも今後の検討課題である。

第二に、ヘイト・スピーチ刑事規制が常識とはいえ、その具体的内容には多様性があり、全体の傾向を単

図表11　ヘイト・スピーチ法の形式

刑法典	ベラルーシ、ポーランド、スイス、エストニア、デンマーク、フランス、ドイツ、チェコ共和国、オランダ、マケドニア、ノルウェー、リトアニア、スロヴェニア、トルコ、スペイン、ギリシア、ポルトガル、ブルガリア、キプロス、フィンランド、モルドヴァ、スーダン、ニジェール、エジプト、ルワンダ、トーゴ、カザフスタン、イラク、モンゴル、オマーン、アルメニア、ホンデュラス、エルサルバドル、ペルー、スリナム、ウルグアイ、エクアドル
特別法	ロシア連邦（半過激活動法）、ブルキナ・ファソ（情報法、結社の自由法）、カメルーン（選挙法）、ナミビア（人種差別禁止法）、ケニア（国民団結統合法）、パキスタン（反テロリズム法）、チリ（反差別法、先住民族法、人種差別法）、コロンビア（差別法）、アルゼンチン（差別行為犯罪化法）、ニュージーランド（人権法、有害デジタル・コミュニケーション法）
刑法典及び特別法	モンテネグロ（刑法、公共の平穏と秩序法、スポーツイベント暴力犯罪予防法）、ジブチ（刑法、サイバー犯罪法、コミュニケーション行為法）、ウズベキスタン（刑法、マスメディア法）、アゼルバイジャン（刑法、マスメディア法）、ジョージア（刑法、放送法）、レバノン（刑法、テレビ・ラジオ放送法、印刷出版法）、スリランカ（刑法、テロ行為予防法）、アラブ首長国連邦（刑法、サイバー犯罪法）

図表12　主な制定法における実行行為の規定

中傷、侮辱、嘲笑	チェコ、リトアニア、トルコ、フィンランド、カメルーン、トーゴ、ケニア、モンゴル、スリランカ、アラブ首長国連邦
煽動、教唆（※）	ベラルーシ、スウェーデン、ベルギー、ポーランド、スイス、エストニア、フランス、ドイツ、チェコ、オランダ、リトアニア、スロヴェニア、トルコ、スペイン、ギリシア、イギリス、ウクライナ、ブルガリア、キプロス、モルドヴァ、ロシア連邦、ブルキナ・ファソ、スーダン、エジプト、ルワンダ、南アフリカ、カザフスタン、イラク、モンゴル、アゼルバイジャン、ジョージア、オマーン、パキスタン、スリランカ、アルメニア、ヴェネズエラ、ホンデュラス、ペルー、コロンビア、アルゼンチン、ウルグアイ
歴史否定発言	モンテネグロ、ドイツ、ギリシア、ブルガリア、ロシア連邦、ジブチ

（※）差別の煽動、憎悪の煽動、憎悪の促進、不和、対立を引き起こす、唱道、公然教唆、憎悪の誘発、敵意を掻き立てるなどの表現も含まれる。

図表13　ヘイト・スピーチの刑罰（法定刑）の例

スウェーデン	脅迫又は侮辱の煽動	2年以下の刑事施設収容 重大な場合、6月以上4年以下
ベルギー	差別思想の流布	1月以上1年以下の刑事施設収容及び／又は50以上100ユーロ以下の罰金
モンテネグロ	歴史否定	6月以上5年以下の刑事施設収容
ポーランド	憎悪煽動	罰金、2年以下の自由制限、又は2年以下の刑事施設収容
オランダ領アルバ	差別行為、侮辱的発言	6カ月以上2年以下の刑事施設収容又は第2級乃至第4級の罰金
オランダ領キュラソー	差別的侮辱	1年以下の刑事施設収容又は第3級の罰金 常習の場合、2年以下の刑事施設収容又は第2級の罰金

オランダ領 サンマルタン	差別的侮辱	1年以下の刑事施設収容又は第3級の罰金
トルコ	憎悪公然煽動 公然侮辱	1年以上3年以下の刑事施設収容
ギリシア	憎悪煽動 憎悪目的集団組織 歴史否定発言	3ヶ月以上3年以下の刑事施設収容、及び5000以上2万以下のユーロ
ブルガリア	憎悪宣伝又は煽動 憎悪目的集団組織	1年以上4年以下の刑事施設収容及び罰金
キプロス	憎悪公然煽動	3年以下の刑事施設収容及び／又は5000ユーロ以下の罰金
ブルキナ・ファソ	憎悪煽動	1月以上1年以下の刑事施設収容、及び10万以上100万以下のCFAフランの罰金
ルワンダ	ジェノサイド思想の犯罪	5年以上9年以下の刑事施設収容、及び10万以上100万ルワンダフラン以下の罰金
	差別目的表現	7年の刑事施設収容及び10万ルワンダフランの罰金
ジブチ	差別宣伝、侮辱	5年以上10年以下の刑事施設収容
トーゴ	民族侮辱	2千～3万CFAフランの罰金
ウズベキスタン	尊厳攻撃、憎悪煽動	5年以下の自由剥奪
イラク	憎悪煽動	10年以下の刑事施設収容
モンゴル	憎悪煽動	5年以上10年以下の刑事施設収容
アゼルバイジャン	憎悪煽動	1000以上2000マナト以下の罰金、又は2年以下の矯正、又は2年以上4年以下の刑事施設収容
オマーン	憎悪煽動	10年以下の刑事施設収容
スリランカ	人種的宗教的敵意助長	5年以上20年以下の刑事施設収容
アルメニア	尊厳侮辱煽動	最低賃金の200以上500以上の単位の罰金、又は2年以上4年以下の刑事施設収容
チリ	憎悪敵意助長出版	25以上100以下の月額罰金
ホンデュラス	ジェノサイドの直接煽動	8年以上12年以下の刑事施設収容
	ジェノサイドの間接煽動	5年以上8年以下の刑事施設収容
コロンビア	反ユダヤ主義助長、 促進流布	96月以上180月以下の刑事施設収容、最低賃金月額の666.66倍以上1500倍以下の罰金、及び80月以上180月以下の公的権利の剥奪
	憎悪煽動	12月以上36月以下の刑事施設収容及び最低賃金月額の10倍以上15倍以下の罰金
アルゼンチン	迫害又は憎悪煽動	1年以上3年未満の刑事施設収容
ウルグアイ	憎悪鼓舞団体助長、 組織、指令	10月以上5年以下の刑事施設収容
	憎悪鼓舞団体参加	3月以上15月以下の刑事施設収容
	憎悪暴力煽動	3月以上18月以下の刑事施設収容

純にまとめることは難しい。差別の定義もヘイトの定義も様々である。規制の規定様式も犯罪成立要件も刑罰も多様である。まして適用状況も次章で見るように各国それぞれである。本章では立ち入ることができないが、各国の政治社会経済的状況、歴史、民族構成、宗教状況が様々であり、マイノリティの存在状況も大きく異なるので、差別現象やヘイト現象にも多大の相違があるため、これに対処する方策にも自ずと差異が見られる。法文上に示された実行行為の規定方法については、図表12「主な制定法における実行行為の規定」にまとめた。

第三に、刑罰についてみると、図表13の「ヘイト・スピーチの刑罰（法定刑）の例」から、法定刑がかなり重いことが明らかである（『序説』七二五頁も参照）。ヘイトの被害が重大だから刑罰もこれに応じて重く設定されている。ヘイト・スピーチを単に「気に入らない表現」や「汚い表現」と認識するのは日本的特徴にすぎない。

第四に、ヘイト・スピーチを刑事規制する諸国は、その他の多様な措置（民事介入、行政介入、教育、啓発活動、研修等々）にも力を注いでいる。差別とヘイトをなくすことが国家の責務だからである。あれかこれかの不毛な二者択一を唱えるのは日本の憲法学者だけである。ヘイト・スピーチは差別の一種であり、差別をなくすことは国家の責務であるから、差別とヘイトに対処するために多様なアプローチをとることは当然であり、人種差別撤廃条約の要請である。前章及び本章を通覧すれば明らかである。

第2節　ヨーロッパ諸国

1　ベラルーシ

行政刑法及び刑法は人種、民族、宗教的憎悪に基づく行為に関する責任を定める（＊3）。行政刑法第九条二二項はベラルーシ語及びその他の言語の公然たる侮辱又は中傷、その言語使用の妨害又は制約、言語を理由とする憎悪の唱道には責任が生じるとする。行政刑法第七条三項は人種、民族、宗教的憎悪に基づいた行政犯は刑罰加重事由とする。刑法第一九〇条は平等を含む憲法上の権利と自由の剥奪は刑事責任を生じるとする。刑法第一三〇条は人種、民族、宗教的憎悪又は不和の煽動は責任を生じるとする。一項は人種、民族又は宗教的敵意又は不和の煽動に向けられた犯罪。二項は人種、民族又は宗教的敵意又は不和の煽動に向けられた犯罪を、暴力を用いて、又は公務員が権力を行使して行った場合。三項は一項及び二項の犯罪が集団によって行われ、人の死を惹起した場合。人種、民族又は宗教的憎悪又は不和、一定の社会集団に対する政治的イデオロギー的敵意又は憎悪に基づいて犯罪を行った場合の責任として、ジェノサイド（刑法第一二七条）、人道に対する罪（刑法第一二八条）、殺人（刑法第一三九条）、故意の重大傷害（刑法第一四七条）を定める。

人種差別撤廃委員会は次のように勧告した（＊4）。条約第四条に合致した、人種差別煽動を禁止する包括的な特別法がない。ヘイト・スピーチと闘う法律が存在しない。条約第四条に関する一般的勧告第一五号を想起し、直接形態でも間接形態でも人種差別を禁止し、人種主義団体、人種主義ヘイト・スピーチ、人種主義暴力の煽動を犯罪とし、人種主義ヘイト・スピーチを刑罰加重事由とする包括的立法を行うこと。反過激主義法の解釈が非常に広汎な方法でなされている。条約の諸原則を厳格に理解して、反過激主義法の解釈と適用を行い、人種差別撤廃のために活動する人権擁護者の不利益にならないようにするべきである。反過激主義法の解釈と適用に関する具体的状況を報告すること。

2　キプロス

反差別担当部局が差別の様々な根拠に関する社会意識調査を行った（＊5）。最初の調査は民族差別に焦点を当て、ポンティアック出身者に対するキプロス市民の態度と、キプロス市民に対するポンティアック出身者の態度を調査した。次に、キリスト教正統派キプロス人の他の宗教の人々への態度を調べた。三回目の調査は障害を持った人々への態度の調査であ

図表14　本節で紹介した諸国

る。四回目は雇用におけるセクシュアル・ハラスメントの調査である。政府の対処は各条文の箇所で述べる。

アフリカ出身者に対する若者による人種主義的暴力・攻撃事件について反差別担当部局が調査している。実行犯に対する制裁と被害者の保護を警察が怠った場合にオンブズマンがいる。警察庁長官は人種差別事件と闘うためのガイドラインを出している。反差別担当部局は、人種主義的事件について民主社会では許容できず、寛容を促進し外国人嫌悪と闘うために文化間教育が重要だと強調している。レイシズムと多文化主義のために政府は一連の措置を講じているが、それについては条約第七条の箇所で述べる。二〇〇八年のレイシズムと外国人嫌悪の諸形態と表現と闘うためのEU枠組み決定を刑法に移管するために、二〇一一年の法律第一三四号は、犯罪に人種主義的動機があれば刑罰加重事由であるとする。

人種差別撤廃委員会は次のように勧告した（＊6）。極右やネオナチ集団が外国出身者、アフリカ出身者、人権擁護者、トルコ系キプロス人に対して、人種的動機による言葉での攻撃や物理的攻撃を行っている。こうした人種的事案を速やかに捜査し、訴追し、責任ある者を処罰し、被害者に補償すること。将来の再発防止措置を講じ、人種差別を煽動する集団を違法団体と宣言すること。政治家やメディアによって外国人に対する偏見を助長する人種主義的議論が行われている。人種差別の煽動を違法とし、徹底的に捜査し、適切な場合には訴追すること。

3 スウェーデン

条約第四条aについて前回報告書以後変化はない（＊7）。

条約第四条bについて、人種、皮膚の色、国民的又は民族的出身、宗教的信念、性的志向に言及して、国民、民族又はその他の集団に対して脅迫又は侮辱を含んだメッセージや情報を口頭又は文書で流布することは、国民又は民族集団に対する煽動として犯罪であり、二年以下の刑事施設収容、当該犯罪が微罪の場合は罰金に処される（前回報告書は『序説』五七八頁）。犯罪が重大な性質を有すると判断された場合、刑は六月以上四年以下となる。国民又は民族集団に対する煽動は文書による場合もテレビ放送による場合も禁止される。組織的な犯罪活動への参加は、犯罪実行の共謀、準備、未遂又は共犯として処罰される。刑法第二三章第四節の共犯規定によると、犯罪実行をした者だけではなく、助言や教唆によって促進した者にも刑罰が科される。刑法第二三章第一節によると、犯罪実行に着手すれば既遂に至らなくても一定の危険を生じた場合には処罰される。刑法第二三章第二節によると、犯罪実行の準備をした者は処罰される場合がある。二〇〇八年の組織犯罪と闘うための欧州評議会枠組み決定に従って、二〇一一年、準備と未遂の適用範囲が拡大された。

条約第四条cについて、裁判所、行政機関等は、法の前におけるすべての者の平等を考慮し、客観性と公平性を守ることを要求される。この規定は自然人にも法人組織にも適用される。民族差別の支持や助長は刑法及び民法の適用を受ける。

人種差別撤廃委員会は次のように勧告した（＊8）。排外主義や人種的動機による犯罪に関する充実した統計があるが、ヘイト・クライムに対する措置が国家の一部の地域でしかなされていないため、効果が制約されている。ヘイト・クライムの警察への申告が増加しているが、特に国民又は民族集団に対する煽動の捜査や有罪判決の数が減少している。ヘイト・スピーチの諸形態について制限的な解釈がなされている。ヘイト・クライムを取り扱う警察・検察の捜査手法を高める明確な戦略を採用し、全国的にヘイト・クライム局や特別捜査官を置くこと。警察官、検察官、裁判所にヘイト・クライムを適切に扱えるよう訓練すべきである。ヘイト・クライムの公の明確な定義を導入し、刑事司法を通じてヘイト・クライムを統一的に扱うこと。

極右政治家による、ムスリム、アフリカ系スウェーデン人、ロマ、ユダヤ人などのマイノリティに対する人種的動機によるヘイト・スピーチが増えている。メディアやインターネットにおけるヘイト・スピーチが増加しているので、追加の措置が必要である。委員会の一般的勧告第七号及び第三〇号を想起し、すべてのヘイト・クライムを捜査、訴追、処罰し、メディアやインターネットにおけるヘイト・スピーチと闘う効果的な措置を講じること。寛容、異文化間の対話、多様性の尊重を促進するのに必要な措置を取ること。人種主義団体や極右団体の活動が増えている。刑法規定が条約第四条の要求を完全には取り入れていないことを懸念する。人種憎悪を助長する団体を違法とし処罰する明白な法規定がない。条約第四条に従って、人種憎悪を助長する団体を違法とし処罰するよう法改正を行うこと。

4　ベルギー

二〇〇三年、憎悪、差別、暴力の煽動に関する規定が修正され、刑罰加重事由として卑劣な動機が加えられた（＊9）。二〇〇七年五月一〇日の法改正により、ジェンダー差別や一般的な差別禁止とは異なる特別規定が導入された（前回報告書は『序説』五七〇頁）。第二一条は人種的優越性や人種憎悪に基づく思想の流布を処罰する。この犯罪の成立には特別の意図が必要であり、一月以上一年以下の刑事施設収容及び／又は五〇以上一〇〇ユーロ以下の罰金である。フラームズ・ベラングは本条が表現の自由違反であると申し立てたが、憲法裁判所は却下した。第二二条は人種差別や隔離を表明する団体・組織に属する者を処罰する。第二四条は家屋、ホテル、ケータリングなどの商品・サービス、雇用における人種差別に関する民事不法行為に刑罰を付加した。

人種差別撤廃委員会は次のように勧告した（＊10）。人種差別を促進・煽動する団体を違法とする法律を制定していない。一般的勧告第七号、第一五号、第三五号を想起し、条約第四条のすべての側面を履行する法律を制定し、人種差別を促進・煽動する団体を違法とすること。イスラモフォビアと反ユダヤ主義が増加している。反ユダヤ主義やイスラモフォビアと闘う措置を強化し、反差別キャンペーンを実施し、実行者を捜査・訴追・処罰し、それらの原因を調査すること。

5 ルクセンブルク

政府報告書には、条約第四条については次の僅かな記述しかない（＊11）。「犯罪の人種的動機はルクセンブルクでは刑罰加重事由としていない。というのも、ルクセンブルク刑法はそもそも刑罰加重事由を認めていない。」

人種差別撤廃委員会は次のような勧告をした（＊12）。人種的動機を刑罰加重事由とするべきである。ルクセンブルクでは人種差別を煽動する団体をアプリオリに禁止することができ、裁判所の判決によって処罰し、解散させることができるという説明に留意する。しかし、人種差別を煽動する団体を明確に禁止し、違法とする法律を採用していない。一般的勧告第一五号及び第三五号を想起し、条約第四条のすべての要素を法律に導入すること。人種憎悪を煽動する団体を禁止し、解散するための司法手続に関する情報を提出すること。

6 モンテネグロ

刑法第一五章「市民の自由と権利に対する犯罪」において差別に対処している（＊13）。刑法第一五八条は、マイノリティが自己の言語を用いることを当局が妨げて市民の権利を否定・制限した場合、平等侵害の特別形態として罰金又は一年以下の刑事施設収容とする（前回報告書は『序説』五八三頁）。刑法第一六〇条は国民の文化的表現の侵害を犯罪とし、罰金又は一年以下の刑事施設収容とする。公務員が公務中に犯した場合は三年以下の刑事施設収容である。刑法第一六一条は宗教に関する信仰や活動の自由を侵害する犯罪を罰金又は二年以下の刑事施設収容とする。刑法第一九九条は名誉・評判に対する罪であり、国民、国民的民族的集団に対する嘲笑は罰金三〇〇〇以上一万以下のユーロとする。

刑法第三七〇条は、人種、皮膚の色、宗教、出身、国民的民族的所属に基づいて定義される集団又は集団構成員に対して、公然と、暴力又は憎悪を招くことによる、国民的、人種的又は宗教的憎悪を惹起する犯罪を定め、六月以上五年以下の刑事施設収容とする。上記の集団又は集団構成員に対して暴力又は憎悪を惹起する方法で、人種、皮膚の色、宗教、出身、国民的民族的所属に基づいて行われたジェノサイド、人道に対する罪、戦争犯罪であって、モンテネグロ法廷又は国際刑事法廷によって有罪が確定した事例を、公然と容認し、事実を否認し、重大性を矮小化した者にも同じ刑罰が科される。当該犯罪が強制、不法処遇、危険化、国民的、民族的又は宗教的シンボルへの嘲笑の表明、記念碑への冒涜等によって行われた場合、一年以上八年以下の刑事施設収容とされる。刑法第三五章にはジェノサイド、人道に対する罪の犯罪規定とともに、ジェノサイド実行の煽動の罪が規定されている。

公共の平穏と秩序法第一七条は、公共の場において口頭、文書、サインその他により、市民の人種、民族、宗教的感情や公共道徳を侵害した者を最低賃金の三倍以上二〇倍以下の罰金、又は六〇日以下の拘留とする。スポーツイベント暴力犯罪予防法第四条一項は、物理的紛争、民族的人種的宗教的その他の憎悪又は不寛容を呼びかけたり、助長する内容のスローガンを叫んだり、歌をうたうことを違法行為としており、スポーツイベント参加禁止等の命令をすることができる。

人種差別撤廃委員会は次のように勧告した（＊14）。人種差別を助長・煽動する組織を違法と宣言する法改正をすること。人種、国民、民族、宗教的動機を刑罰加重事由に加える刑法改正をすること、人種差別や人種憎悪の煽動の事件をオンブズマンに報告するよう啓発キャンペーンを行うこと。判事、検事、弁護士、警察官に人種的動機による犯罪を立証し、制裁を科す方法を研修すること。人種主義、平等処遇、非差別に関して判事、検事、弁護士、警察官に研修を行い、その評価を次回報告すること。人種憎悪煽動や人種的動機によるヘイト・クライムに関連する犯罪行為が訴追されるようにすること。これらの事件の認知、記録、分析を行う機関を設立すること。

7　ポーランド

最近改正された刑法第二五六条二項は、公然とファシズムその他の全体主義国家体制をプロパガンダし、国民的、民族的、人種的、宗教的差異、又は宗教的信念を持たないことによる差異に動機を持つ憎悪を煽動する内容の、印刷物、記録、その他の物を頒布する目的を持って、製造、記録、販売、所有、提示、輸出入又は運搬する行為に対する刑罰を科す（＊15）。罰金、二年以下の自由制限、又は二年以下の刑事施設収容である。同条四項により、当該物品は裁判所の命令により没収される。本条項は映画、レコード、ガジェットなどインターネットを通じて憎悪を煽動する場合にも適用される。ただし、美術、教育、学術目的の場合は禁止されない（前回報告書は『序説』五九一頁）。

二〇一〇年九月八日、刑法第一一九条改正が発効した。差別的動機に基づいて人の集団又は特定個人に対して、物理的暴力や違法な脅迫を行った者に対する刑罰を定める。改正前の旧第一一九条二項は暴力や脅迫の公然煽動を扱っていたが、これは新たに第一二六条aになった。刑法第一一八条a

は政治的、人種的、国民的、民族的、文化的、宗教的理由、又は世界観やジェンダーが異なるという理由による人の集団に対する迫害を犯罪とする。第一二六条aはジェノサイドを行うことを公然煽動する犯罪である。第一二六条bは適切に統制する義務のある者が義務を履行せずに、ジェノサイドや人道に対する罪を許した場合の刑事責任に言及する。刑法第五三条二項により、裁判所は有罪判決に際して犯罪に人種主義的動機があったことを考慮に入れる。刑法第一一九条一項や第二五七条では個別の犯罪成立要件に加えて量刑事情として明示されている。

人種差別撤廃委員会は次のような勧告をした（＊16）。刑法第五三条二項は犯罪の人種的動機を刑罰加重事由と明示していない。刑法を改正して、犯罪の人種的動機を刑罰加重事由にすること。スポーツ分野における人種主義とヘイト・スピーチに関心を有する。インターネット上のヘイト・スピーチが広範に見られる。二〇〇九年にブルツェクの裁判所が禁止命令を出したにもかかわらず、ファシズム体制を助長する四つの極右団体が活動を続けている。二〇一〇年にヴロクワ裁判所が人種差別を助長するウェブサイトを作ったとして有罪判決を出したにもかかわらず、当該サイトが維持されている。スポーツ分野における人種主義と闘うために、人種主義行為をするサポーターのクラブに罰金を科すこと。条約第四条に従った措置を講じ、インターネット上のヘイト・スピーチに取り組むこと。人種憎悪を助長するウェブサイトに対する措置を講じること。人種差別を煽動する政党や団体を違法と宣言すること。

8　スイス

条約第四条aに関して、人種的に動機づけられた行為は刑法第二六一条bis及び軍刑法第一七一条cにより犯罪とされている（＊17）。連邦・反レイシズム委員会がこの刑罰規定の適用を監視している。

条約第四条bに関して、二〇〇五年、連邦委員会は暴力と人種差別を説く過激運動を助長するシンボルを公然と使うことを処罰する法案を議会に提出した。法案審議に際して、処罰される行為と処罰されない行為の間の区別が不明確であること、人種主義のシンボルの定義が不明確であることに議論が集まり、議会は法案採択を控えた。人種主義シンボルが人種、民族、宗教を侮辱する目的などで使われた場合は処罰できる。二〇〇七年、スイス民主党は表現の自由を唱えて、刑法第二六一条bisを廃止または弱体化させる法案を提出するための国民投票運動を行い、期日（二〇〇九年二月七日）までに八万の署名を集めたが、必要な一〇万に届かなかった。

議会は二〇一二年、人種差別と闘う法案の採択を否決した。

スイスは条約第四条の適用を一部留保しているため、前回審査の結果、人種差別撤廃委員会は留保の撤回を勧告した（前回報告書は『序説』五七六頁）。スイス政府は二〇一二年の人権理事会普遍的定期審査の際に、キューバ政府から同様の勧告を受けて、政府見解を表明した。現行刑法第二六一条bisが個人も団体も対象としている。不法な目的を有する団体については民法第七八条に従って、裁判官が解散を命じることができる。スイス政府の留保は、個人が人種差別団体に単に参加するだけなら処罰しないという範囲の留保である。表現の自由や結社の自由に照らして、憲法第二三条に照らして、この留保が正当であると考える。

人種差別撤廃委員会は次のように勧告した（＊18）。スイス市場への外国人参入規制法との関係で条約第二条一項aの適用を留保し、意見及び結社の自由を理由に条約第四条の適用を留保していることについて、前回と同じ勧告をする。なぜ留保が必要なのか、より詳細な理由を次回報告の際に説明すること。右翼ポピュリズム政党やメディアの一部にアフリカ出身者、南東欧州出身者、ムスリム、ロマ、難民認定請求者及び移住者に対する人種主義ステレオタイプが広まっている。人種主義や排外主義的内容の政治ポスターが見られる。市民でない者に対する排外主義的な国民投票運動が行われ、「外国人犯罪の根絶」「大量の移住者に反対」を掲げる国民投票運動も行われた。公共領域や政治領域において、烙印、一般化、ステレオタイプ、偏見をもったメッセージが広がっているので、系統的に意識喚起をすること。民族集団のメディア表象が尊重、公平性、ステレオタイプの予防の原則に基づくようにすること。法律家が意見表現の自由に関する規範と人種主義ヘイト・スピーチに反対する規範について学べるようにすること。

9　エストニア

前回勧告を受けて刑法改正作業にとりかかったが、憎悪の煽動及びヘイト・クライムを行う目的を持った人種主義団体の結成に関する刑法第一五一条の改正はなされていない（＊19）。刑法第一五一条改正案は市民権、国籍、人種、身体的特徴、健康状態、性別、言語、出身、宗教、性的志向、政治的信念又は社会的地位に基づいて、組織的に又は公共の平穏を乱す方法で、憎悪、暴力、差別を煽動する文書、写真、シンボルその他の物を使用、配布、共有する行為を犯罪として処罰する。刑法改正案は二〇一三年一月段階では準備中である。改正案には公衆、特に法執行官にヘイト・クライムの規制について意識を涵養することが含まれる。司法省は国際的経験や国際機関による勧告を考慮して、憎悪の動機の認定のための方法論的基礎を研究している。外務省は人種主義や差別について公務員に訓練を行い、警察官も参加している。警察は人種差別と闘うための国際イベントに参加している。二〇一〇年一〇月一二日、警察と国境警備隊は倫理会議を開催し、差別問題を論じた（前回報告書は『序説』六〇四頁）。

人種差別撤廃委員会は次のように勧告した（＊20）。ヘイト・クライムに関する刑法改正案に留意するが、人種主義団体の禁止、人種的優越性や人種憎悪に基づく観念の配布、人種的動機によるヘイト・スピーチ及び憎悪煽動の犯罪化がない。二〇一一年に刑法第一五一条の事件（インターネット上の憎悪煽動）で適用された刑罰がわずか一〇〇ユーロの罰金にとどまる。一般的勧告第三五号を想起し、刑法の関連規定を条約第四条に合致させること。ヘイト・スピーチの犯罪の重大性に応じた刑罰を用意すること。人種主義的性質の行為を犯罪化するサイバー犯罪条約追加議定書を批准すること。刑法を改正して、憎悪の動機を刑罰加重事由に加えること。

10　ボスニア・ヘルツェゴヴィナ

人種差別撤廃委員会は前回報告書審査の結果、ヘイト・スピーチとヘイト・クライムに対処する刑法を強化し、寛容と、異なる民族集団、宗教集団の平和的共存を図る措置を講じるよう勧告した（前回報告書は『序説』六〇二頁）。憲法第二条は意見・表現の自由を保障する（＊21）。かつてヘイト・スピーチの最悪の結果を経験した。民族憎悪、殺害、民族浄化を煽る言論は言論の自由ではない。倫理綱領があるにもかかわらず、個人や集団に対する脅迫を表明するプレスがある。倫理綱領に反するジャーナリストもいる。自主規制機関であるプレス委員会の決定も無視される。名誉毀損法が二〇〇二年に施行され、ジャーナリストやメディアに対する訴訟が増えた。法は迅速手続きを要請しているのに、名誉毀損ゆえの損害賠償請求訴訟が不合理に長引いている。判決の数は少ない。コミュニケーション法によりコミュニケーション規制局が設置されている。ラジオや放送だけでなく、インターネットも対象とする。規制局は表現の自由を保護し、ジャーナリストの反倫理的姿勢を規制し、専門倫理ルール違反に制裁を科す。罰金は一五万兌換マルク以下である。再犯は三〇万兌換マルク以下。二〇一一年、規制局はすべての規則をＥＵメディア・サービス指令に合わせた。プレス委員会は二〇〇〇年に、欧州評議会決定一六三六に従って設置された自主規制機関である。その任務はジャーナリストの専門職に反する行為から公衆を保護し、表現の自由を保護することである。

人種差別撤廃委員会は次のような勧告をした（＊22）。帰国者に対する人種的動機による犯罪が減っているが、マイノリティ帰国者に対する身体的攻撃が起きている。メディアや政治家発言においてヘイト・スピーチが見られる。人種主義へイト・スピーチと闘う一般的勧告第三五号に従って、ヘイト・スピーチとヘイト・クライムを適切に抑止すること。すべての領域で、異なる国籍や宗教集団の理解、寛容、平和的共存を促進する意識啓発キャンペーンを継続すること。

11　デンマーク

報告書は、委員会の前回勧告への応答に始まる（＊23）。前回、検事長が捜査中断や訴因撤回の強い権限を有していることに関心を示し、検事長の決定を監視する独立機関を設置するよう勧告した（前回報告書は『序説』六〇三頁）。また、刑法第二六六条b廃止要求に反論するよう勧告した。デンマーク刑事訴訟法は便宜主義原則を採用しているので、検事長決定に対する監視機関を設置すると基本原則を変更することになる。ヘイト・クライム実行者に対する効果的訴追の重要性にかんがみ、刑法第二六六条bを廃止する予定はない。

二〇一一年九月二二日、警察コミッショナー、各地の検察官、検事長はヘイト・クライム事件の効果的訴追を履行する責務を強調した。検事長は刑法第二六六条b及び人種差別禁止法の違反事件の捜査と訴追に関する新たなガイドラインを提示した。人種主義的動機による犯罪について、二〇一一年及び二〇一二年、すべての警察管区でヘイト・クライム・セミナーを開催した。二〇一三年、検事長がヘイト・クライム年次セミナーを開催し、検察官、弁護士、裁判官が参加した。

人種主義発言に関する刑事事件について、二〇一一年、検事長の新たなガイドラインにより、新たな報告制度が始まった。予審にかけられた刑法第二六六条b事件が検事長に報告され、検事長が訴追の可否を決定する。地方検察官の決定も検事長に報告される。裁判所の判断も検事長のウェブサイトに公表される。

人種差別撤廃委員会は次のように勧告した（＊24）。住民の四五％が民族的マイノリティであり、差別体験を持っている。新たなガイドラインにもかかわらず、ヘイト・クライム事件の判決数が少ない。憲法第七八条二項によると、異なる見解の人々に対する暴力を助長する団体の裁判所による解散を認めているが、ヘイト団体や団体参加を禁止する刑法がない。人種差別禁止法に関する意識を強め、被害者を救済する措置を講じること。次回報告書において、ヘイト・スピーチ事件の処理に関する統計を報告すること。条約第四条の規定は義務的である。人種差別助長団体を違法とし、処罰するべきである。刑法を条約第四条bに完全に合致するように改正すること。二〇一五年九月の総選挙に向けて、外国人排斥が強まっている。人種主義的出版やイスラモフォビアが増えていて、二〇一五年二月に、コペンハーゲンでユダヤ人に対するテロ攻撃が起きている。スウェーデンで人種主義的犯罪故に有罪となったスウェーデン人アーティストによる暴力を煽動する絵画を、表現の自由と称してデンマーク国会で展示した。人種的偏見、暴力、外国人排斥、不寛容との闘いを強化すること。政治家には寛容と文化間の相互理解を促進する責任がある。表現の自由は無制限ではなく、人間の尊厳と平等という人権の中核的原則を否定するヘイト・スピーチについては一定の制約が課されることを想起する。

12　フランス

刑法は人種差別の宣伝を処罰し、一八八一年のプレスの自由法とその修正法は差別煽動を禁じる（＊25）。オンライン情報の増加により、インターネットを用いた人種主義との闘いが重要となっている。オンライン上の差別煽動に対処する法律を模索してきた。二〇〇四年六月二一日の法律第六条に従って、インターネットサービス・プロバイダーは、違法な内容の書き込みがなされた場合に速やかに公の当局に通報しなければならない。速やかな手続きを確保するために、「PHAROS」というハーモナイゼーション、分析、相互チェックのためのプラットフォームを設置した。警察官など数十人の調査員チームが関連情報を調査する。二〇〇七年三月五日の法律は一八一八年法律の修正法で、人種主義的差別メッセージの流布を停止する。民族集団、国民、人種、宗教等の理由に基づいて、個人又は人の集団に対する差別、憎悪又は暴力を煽動する内容が公然と書き込まれた場合、検察官又は関係者の請求により、裁判官は明らかに不法な内容のサービスを停止することができる（前回報告書は『序説』六〇五頁）。

人種差別撤廃委員会は次のような勧告をした（＊26）。刑法は人種、民族、皮膚の色等の動機があったことを刑罰加重事由とするが、人種憎悪の煽動が条約第四条に従った単独の犯罪とされていない。フランスは条約第四条に留保を付している。人種差別や暴力の煽動を単独の犯罪とすること。一般的勧告第三五号を想起し、条約第四条の留保を撤回すること。フランスでは政治領域やメディアにおいて人種主義ヘイト・スピーチが増加している。PHAROSをはじめ予防措置が講じられているが、インターネット上の人種主義が存在する。政治領域やメディアにおける人種主義ヘイト・スピーチを強く非難すること。すべての人種主義的排外主義的言説事件を捜査し、責任者を訴追すること。異なる集団間の寛容と理解を促進する措置を強化すること。PHAROSの枠組みを強化し、意識啓発キャンペーンを実施すること。

13　ドイツ

人種主義犯罪と闘うための包括的刑法があり、裁判手続き・予備捜査手続きにおいて履行されている（＊27）。刑法第八六条は違憲の集団の宣伝物の流布を犯罪とする（前回報告書は『序説』五八〇頁）。刑法第一三〇条は人種憎悪の煽動を犯罪とする。「国民的、人種主義的、宗教的、民族的出身により決まる集団」に対する煽動を取り上げる。人種ゆえの個人に対する煽動も憎悪煽動犯罪となる。二〇〇八年の人種主義に関する枠組み決定、二〇〇一年の欧州サイバー犯罪条約追加議定書（コンピュータ・システムを通じた人種主義的性質の行為の犯罪化）を採用した。人種的動機はすべての犯罪について刑罰加重事由である。刑法第四六条二項の一般規定に含まれていて、裁判所は量刑に際して犯行者の動機を考慮する。社会民主党は人種主義や外国人排斥の動機や目的を刑法第四六条二項の加重事由に追加する刑法改正案を連邦議会に提出した。二〇一二年六月一三日、専門家公聴会では多数が反対し、連邦議会法務委員会は法案否決を勧告した。二〇一二年一〇月一八日、連邦議会は法案を否決した。

人種差別撤廃委員会は次のような勧告をした（＊28）。人種差別からの効果的保護と救済のため一般平等処遇法及びその他の反差別法の評価を行うこと。連邦法においても州法においても間接差別を含むすべての人種差別を禁止すること。全国でNGOの反差別アドバイスセンターを支援し、すべての州で公的な反差別機関を創設すること。マジョリティ住民とさまざまな民族集団の間の理解と寛容を促進する政治意思を明確にすること。人種主義に対抗するすべての手段を活用し、政治指導者、公的人物による人種主義発言を強く非難すること。人種差別と闘うため警察、検察官、判事に研修を義務づけ、人種的動機による行為を効果的に捜査し、適切な場合には訴追・処罰するため包括的な戦略を策定すること。インターネット上での人種主義の拡散と闘うため、人種差別や憎悪を煽動するウェブサイトをブロックするなど、適切な措置を執ること。イスラム嫌悪をはじめとする人種主義ヘイト・スピーチの統計情報を次回報告すること。連邦警察法を改正して差別的プロファイリングを法的に禁止すること。人種的プロファイリングにつながる法規定を見直すこと。法執行官の研修・教育課程に人種差別の定義を盛り込むこと。連邦及び州レベルで法執行官による人種差別行為を捜査するための独立した不服申立機関を設置すること。

14　チェコ共和国

二〇〇九年に反差別法が制定（二〇一〇年発効）され、差別行為は軽罪として五〇〇〇～二万チェココルナの罰金とされた（＊29）。二〇一三年、犯罪被害者法が制定された。刑法は集団や個人に対する暴力犯罪（第三五二条）、危険な脅迫（第三五三条）、ストーキング（第三五四条）、国民、人種、民族その他の集団の中傷（第三五五条）、人の集団に対する憎悪の煽動又は人の権利と自由の制限の煽動（第三五六条）を犯罪とした。最も深刻な犯罪は人道に対する罪、人道に対する攻撃、アパルトヘイト、迫害（第四一三条）、人の権利と自由を抑圧する目的の運動（第四〇三条）などである。殺人、重大傷害、拷問などの犯罪に人種的動機があれば刑罰加重事由となる。刑法は被害者が当該集団構成員であったことを必要としていない。犯行者が、被害者がその構成員であると考えたことで足りる。犯行者の主観的推測によって動機づけられた攻撃を処罰する（前回報告書は『序説』五六二頁、六一九頁）。

人種差別撤廃委員会は次のような勧告をした（＊30）。ウェブサイトやソーシャルメディアを通じて、特に青年の間に難民や難民認定申請者に対する偏見とステレオタイプが流布している。「チェコにイスラムはいらない！」という反ムスリム集団のようにイスラム嫌悪の表現が増加している。メディアの犯罪報道において民族的出身や国籍に過剰に焦点を当てている。公務員や政治家によるヘイト・スピーチを明確に非難し、人種主義ヘイト・スピーチと人種的動機による暴力を効果的に捜査し、適切な場合は実行者を訴追すること。公衆に多様性を尊重し、人種差別を撤廃する啓発を行うこと。人種差別撤廃条約の諸原則と人権基準をメディア規範に取り入れるよう適切なメディア法を制定すること。

15　オランダ

公共政策に反する目的を有する組織は、検事局の申請に基づき裁判所の命令によって解散できる（＊31）。刑法第一四〇条は「禁止された組織」の活動に参加した者を犯罪とする（前回報告書は『序説』六〇〇頁）。政党の禁止又は解散は最終手段として行われる措置である。公共の事柄について公共の議論を広めることは重要である。しかし、表現の自由に限界がないということではない。社会的利益のために表現の自由を制限する必要がある場合もある。その判断は、検察官と裁判所が国内法や欧州人権裁判所判例に照らして慎重に行う。集団に対する侮辱事件では、判例法を通じて形成された三段階モデルがある。第一にその発言自体が刑法第一三七条cの意味での侮辱に該当するか（故意に人の集団を侮辱する意見を公然と表現したか）。第二にその発言がなされた文脈がその侮辱の性格を無効にするか。第三にその発言が公的議論に加わる過程でなされたものか（政治的意見の表明を含む）、又は宗教的信念や芸術表現の文脈でなされたものか。その発言の侮辱的性格が文脈によって無効になる場合は、不必要に有害な場合だけ犯罪とみなされる。人の身体的統合に脅威となる発言は犯罪となる。そうした発言の犯罪性は表現の自由を引き合いにして減じることはできない。脅威の性格や発言がなされた状況が、被害者が脅威にさらされたと感じるようなものでなければならない。

オランダ領アルバでは、刑法第二：六〇条から第二：六四条により差別行為は禁止される。彼又は彼女の人種ゆえに公然と人を攻撃することは禁止される。侮辱的発言、文書、電子データも禁止である。他人に特定集団に対する差別を教唆すること、差別的性格の文書を出版すること、差別目的活動を財政支援することも禁止される。刑罰は六カ月以上二年以下の刑事施設収容又は第二級乃至第四級の罰金である。

オランダ領キュラソーの刑法第一：六条一項dはコンピュータ・システムや電磁的ネットワークを通じて、人種主義的排外主義的性質の行為を行った者に刑事管轄権を与えている。これはサイバー条約ストラスブール議定書に合致する。刑法第二：六〇条は宗教、信念、政治的見解、人種、皮膚の色、言語、国民的又は社会的出身、心身の障害、性別、性的志向、マイノリティであることを理由に人の集団を侮辱する見解を故意に公然と表明することを犯罪とする。一年以下の刑事施設収容又は第三級の罰金である。常習の場合、複数人の犯行の場合、二年以下の刑事施設収容又は第四級の罰金である。刑法第二：六一条はコンピュータ・システムによる図像やデータを用いて憎悪、差別、暴力を煽動すること、刑法第二：六二条は公然と発言し、そうした発言が含まれていることを知りながら印刷物を配布すること、刑法第二：六三条は人に対する差別を目的とする活動に参加し、財政支援すること、刑法第二：六四条は職場において故意に人を差別することを、犯罪とする。

オランダ領サンマルタンの刑法第二六九条は宗教、信念、政治的見解、人種、皮膚の色、言語、国民的又は社会的出身、心身の障害、性別、性的志向、マイノリティであることを理由に公然と口頭、文書、図像、データにより人の集団を侮辱した者は、一年以下の刑事施設収容又は第三級の罰金とする。

人種差別撤廃委員会は次のように勧告した（＊32）。政治的議論やメディアにおいてユダヤ人やイスラム共同体に対する差別が強まり、ヘイト・スピーチが起きているので、インターネット上の人種主義発言や脅迫に対処すること。特にサッカーにおける人種主義的行為と闘うこと。ヘイト・クライムを処罰するための法律要件を明確にすること。メディアやインターネット・プロバイダーに、ステレオタイプや差別を回避する重要性を注意喚起すること。民族集団構成員へのステレオタイプ化や烙印と闘う特別な措置を取り、間接差別に特別な注意を払うこと。人種差別に対する国家行動計画を策定すること。学校における民族的嫌がらせを撤廃する措置を強化すること。マイノリティ集団構成員を法執行官に採用すること。政党による民族集団構成員へのステレオタイプ化や烙印付けを避ける戦略を発展させること。次回報告書において、警察による職務質問や所持品検査に関するデータを収集し報告すること。アフリカ出身者が直面している人種的プロファイリングや差別を撤廃する是正措置を取ること。アフリカ出身者の社会的経済的状況、特にジェンダー観点について次回報告すること。奴隷制と植民地化の時代のアフリカ出身者の複雑な歴史と、人種差別について社会全体に知らせる公教育キャンペーンを行うこと。

16 マケドニア

憲法第九条は性別、人種、皮膚の色、国民的又は社会的出身、政治信念、宗教的信念、財産及び社会的地位にかかわらず、権利と自由において平等とする(＊33)。二〇一〇年四月、差別予防・保護法を制定し、二〇一一年一月に発効した。同法第三条は性別、人種、皮膚の色、ジェンダー、周縁的集団への所属、民族的出身、言語、国籍、社会的出身、宗教、その他の形態の信念、教育、政治的見解、社会的地位、心身の障害、年齢、家族の地位、財産状態、健康状態その他の理由に基づく、直接差別、間接差別、差別の煽動・助長、差別的取り扱いの援助を禁止する。ハラスメント、被害者化、隔離が含まれる。刑法には次の犯罪が規定されている。市民の平等侵害(第一三七条)、安全の危殆化(第一四四条)、国民的人種的宗教的憎悪、不和、不寛容の惹起(第三一九条)、コンピュータ・システムを通じた人種的排外主義的文書の流布(第三九四条d)、人種的その他の差別(第四一七条)。結社・財団法は結社の自由を保障するが、同法第四条は憲法秩序の暴力的破壊、国民的人種的宗教的憎悪を燃え上がらせること、テロ行為を目的とする結社を禁止する。同法第六五条は、国民的人種的宗教的憎悪を燃え上がらせることを目的とする活動を行う組織を禁止する。二〇〇九年の刑法修正法第三九条五項は人種差別が伴った場合を刑罰加重事由とする。

人種差別撤廃委員会は次のように勧告した(＊34)。刑法は人種主義団体への援助や資金援助を取り扱っていない。二〇一〇年の差別防止保護法の規定が不明確であり、既存の法と整合的でない。刑法を改正して人種主義の定義を条約第一条に合致させること。条約第四条のすべての側面を法律に含め、人種差別を助長・煽動する組織を禁止し、人種差別組織への参加や援助を禁止すること。差別防止保護法を改正して、裁判所による保護、挙証責任、特別措置を盛り込むこと。

17　ノルウェー

前回審査の結果、人種差別撤廃委員会は、公的議論におけるレイシズムに対処する戦略を発展させ、被害の申立、捜査や訴追の結果などの統計データを報告するよう勧告した（前回報告書は『序説』六一四頁）。ノルウェー政府はヘイト・クライムの記録作業を強化している（＊35）。二〇一二年以後、ヘイト・クライムは年次統計において独立項目とされている。人種や民族、宗教、性的志向に関するヘイトや偏見に動機を有する犯罪の統計がとられている。警察庁及び司法省の協力により、ヘイト・クライムの報告制度が詳細に策定されている。二〇一二年、警察大学校は、過激主義やインターネット上の暴力的過激主義に関する報告を強化する制度の検討を行っている。委員会はメディアにおける人種主義発言やヘイト・スピーチへの関心を示した。財政措置を講じて、スピーチの自由、多様性、開かれた議論を促進している。オンライン・ヘイト・スピーチと闘う欧州評議会との戦略的パートナーシップに参加している。

人種差別撤廃委員会は次のように勧告した（＊36）。政治家によるヘイト・スピーチや排外主義発言が増えている。メディアやインターネット上でのマイノリティや先住民族、とりわけサーミ人、西欧以外の欧州出身者、ロマ、難民認定請求者に対するヘイト・スピーチも増えている。刑法第一三五条aがヘイト・スピーチからの保護のために適切に適用されていない。一般的勧告第三五号に照らして、被害を受けやすい集団の権利を保護し、人種主義的ヘイト・スピーチから保護し、次の措置を取ること。政治家やメディア関係者による人種主義的ヘイト・スピーチや排外主義発言を強く非難すること。刑法に基づいて効果的に捜査し、責任者を適切に訴追すること。ヘイト・スピーチ事件の統計を収集し、利用できるようにすること。ヘイト・スピーチに反対する意識喚起キャンペーンを行い、これと闘う長期戦略を発展させること。ヘイト・スピーチの有害な影響を除去し、学校教育課程や教材に関連する情報を含めること。

一般的勧告第七号、第一五号及び第三五号を想起し、条約第四条の規定が義務的であることを想起し、人種差別を助長・煽動する団体を違法とし、禁止する法規定を設けること。

18 ヴァチカン

主な法源はカノン法である（＊37）。イタリア法も補充的法源である。ヴァチカンで適用される刑罰の多くは罰金である。刑事施設収容は通例は六カ月を超えない。二〇一三年七月一一日に教皇フランシスのもと刑法が改正され、条約第四条に従った犯罪には五年以上一〇年以下の刑罰が科される。二〇〇三年、欧州安全協力機構が開催した反レイシズム会議を支援し、各国国内および旧ユーゴスラヴィア国際刑事法廷及びルワンダ国際刑事法廷における人種主義行為への効果的な処罰を促進してきた。二〇〇五年、反ユダヤ主義に関する会議に協力した。二〇一二年、欧州安全協力機構が開催した人種主義と闘う会議を支援した。

人種差別撤廃委員会は次のような勧告をした（＊38）。法源によると条約第四条に列挙された犯罪のいくつかが禁止されているが、条約第二条に照らして人種差別が禁止されていない。条約第二条に照らして人種差別を禁止する措置をとること。条約第四条に関連して、一般的勧告第三五号パラグラフ一二に従って、比較的重大でない犯罪について刑罰を科しているか、そうではないかについて明らかにすること。

19 リトアニア

二〇一四年一月一日に施行された立法原理法改正は、すべての立法が欧州人権条約、欧州人権裁判所判決、及びリトアニアが当事国となった国際条約に合致するよう求めている（＊39）。法は人種・民族憎悪の煽動及び流布について刑事責任と行政責任を定める（前回報告書は『序説』六一二頁）。二〇〇九年七月九日の刑法第一七〇条改正によると、性別、性的志向、人種、国籍、言語、世系、社会的地位、宗教、信仰を理由として人の集団又は人に対して嘲笑し、侮辱を表明し、憎悪を推進し、又は暴力を煽動する記事を配布、作成、取得、送付、輸送、保管した者は刑事責任を問われる。刑法第一七〇一条によると、性別、性的志向、人種、国籍、言語、世系、社会的地位、宗教、信仰を理由として人の集団又は人に対して差別し又は煽動する目的をもって集団を組織した者、そうした集団の活動に参加した者又はそうした集団に資金援助その他の援助をした者は刑事責任を問われる。これらの行為は行政犯から刑法犯となった。

二〇〇五年、欧州評議会の人種主義・不寛容に反対する委員会は、リトアニアに人種的動機を刑罰加重事由とする規定を採用するように勧告した。二〇〇九年六月一六日の刑法改正はヘイト・クライムの刑罰を加重した。刑法第一二九条（殺人）、第一三五条（重大な健康侵害）、第一三八条（重大でない健康侵害）について年齢、性別、性的志向、障害、人種、国籍、言語、世系、社会的地位、宗教、信仰を理由として憎悪を表明するために犯罪が行われた場合、刑罰加重事由とした。二〇一二年四月に司法大臣が国会に提出した行政犯罪法改正草案は、犯罪が人に対する憎悪を表明したり、差別することによって行われた場合、刑罰加重事由とする。

人種差別撤廃委員会は次のように勧告した（＊40）。一般的勧告第三五号等に照らして、人種主義ヘイト・スピーチや憎悪煽動から保護する集団の権利を保護することの重要性を想起し、以下のような適切な措置を取ること。政治家やインターネットを含むメディアから発せられる人種主義ヘイト・スピーチや差別発言を強く非難し、政治家やメディア専門家に不寛容、烙印付け、憎悪煽動を行わないように呼びかけること。すべてのヘイト・スピーチ事件を刑法の下で記録し、効果的に捜査し、責任者を訴追し、有罪と認定された場合は、適切な刑罰で罰すること。ヘイト・スピーチ事件の統計を取ること。ヘイト・スピーチに反対するために意識喚起キャンペーンを行い、これと適切に闘うために長期戦略を開発すること。

20　スロヴェニア

二〇〇八年刑法は二〇一一年に改正された（＊41）。刑法第二九七条（旧第三〇〇条）は憎悪、暴力、不寛容の公然の煽動を刑事犯罪とした。犯罪がウェブサイトを通じて行われた場合、サイトの管理人やその代理人を訴追する。旧第三〇〇条はメディアの編集者を訴追することしかできなかった。改正は、憲法第一四条の法の下の平等、団体加盟その他の個人的事情に基づいた差別の禁止に従ったものであると同時に、二〇一〇年に欧州人権条約第一二選択議定書を批准したことによる。改正刑事訴訟法は検察官と裁判所の仕事を促進するために答弁取引の制度を導入し、手続きを迅速化した。平等原則を侵害する犯罪や憎悪、暴力、不寛容の公然の煽動の事案を効果的に訴追できるようになった。二〇〇六年の公共秩序保護法は国民、人種、ジェンダー、民族、宗教及び政治的不寛容、並びに性的志向に基づく不寛容を煽動する意見表明を一定の軽罪として罰金を科している。

人種差別撤廃委員会は次のように勧告した（＊42）。二〇一一年刑法改正がなされたが、人種的動機が刑罰加重事由となっているのは殺人罪だけで他の犯罪では加重事由になっていない。政治家による人種主義発言に対する対応がなされていない。警察による人種的ファイリングなどの申立てを捜査する独立機関がない。人種主義ヘイト・スピーチ事件に関する刑事司法制度の対応を強化するため、ウェブサイト管理人などによる犯罪の立件を確実にし、警察官、検察官、裁判官への訓練を行うこと。すべての犯罪について人種的動機を刑罰加重事由にすること。国会議員のための行動綱領を作成し、人種主義発言を回避し、非難することの重要性を強調すること。警察の違法行為を捜査するため、内務省から独立した制度を創設すること。

21 トルコ

刑法第二一六条は次のように定める（＊43）。

(a)公共の秩序に明白かつ切迫した危険となる方法で、社会階級、人種、宗教、宗派又は地域差に基づいて他者への敵意又は憎悪を住民の集団に公然と煽動した者は、一年以上三年以下の刑事施設収容とする。

(b)社会階級、人種、宗教、宗派又は宗教の差異に基づいて住民の一部を公然と侮辱した者は、一年以上三年以下の刑事施設収容とする。

(c)住民の一部の宗教的価値を公然と侮辱した者は、その行為が公共の平穏を歪めた場合、六月以上一年以下の刑事施設収容とする。

刑法第二一八条は、第二一六条の犯罪がメディアやプレスを通じて行われた場合、刑罰を半分加重する。刑法第二一六条は、明白かつ切迫した危険となる方法で社会、人種、宗教又は地域の敵意又は憎悪の煽動を予防するために表現の自由を制約する。行為が刑法第二一六条の射程に収まるために、具体的に公共の安全が危険にさらされる方法で行われなければならない。二〇一一年のラジオ・テレビ局設置法第八条bは人種、言語、宗教、性別、階級、宗教及び宗派、地域に基づいて差別することによる憎悪及び敵意を社会に煽動するメディア・サービスを禁止する（前回報告書は『序説』五八六頁）。

人種差別撤廃委員会は次のように勧告した（＊44）。刑法第二一六条は人種的憎悪の煽動の訴追条件に「公共の秩序に明白かつ切迫した危険」を定めている。刑法が人種的動機を刑罰加重事由としていない。刑法第二一六条が表現の自由を制約し、ジャーナリスト、人権活動家、マイノリティの権利擁護者を処罰するのに利用されてきた。刑法第二一六条を条約第四条に合致するように修正すること。一般刑法に刑罰加重事由として人種的動機を定めること。集団の権利を人種主義ヘイト・スピーチから保護する必要の重要性を想起し、適切な措置を講じること。公的議論において政治家等による人種主義ヘイト・スピーチや差別発言を非難すること。ヘイト・スピーチとヘイト・クライムを記録し、刑法のもとで実効的に捜査し、処罰すること、統計を収集すること。条約四条の規定に従って、人種的憎悪を助長する団体に関する効果的な立法を行うこと。

22　スペイン

刑法第三一二条、第五一〇条、第五一五条、第六一〇条、及び二〇〇七年のスポーツにおける暴力、人種主義、外国人排斥、不寛容に関する法がある（＊45）。「人種主義、人種差別、外国人排斥及び関連する不寛容に対する包括戦略」に刑法改正草案が含まれ、議会で審議中である。集団又はマイノリティに対する憎悪及び暴力の煽動行為の規制が含まれる（前回報告書は『序説』六一七頁）。

提案された改正は次の二つの類型である。第一に、直接間接を問わず、人種主義、反ユダヤ主義、その他イデオロギー、宗教、民族性、他のマイノリティ集団であることに基づいて、個人又は集団に対して憎悪又は暴力を煽動する行為。これには憎悪又は敵意並びにジェノサイドや人道に対する罪の否定を煽動しうる資料の作成、開発、配布が含まれる。第二に、個人及び／又は集団に屈辱を与え又は侮辱を示す行為、個人及び／又は集団若しくはその構成員に対して差別的理由から行われた犯罪を正当化又は擁護する行為。インターネット又はその他のソーシャルメディア上で行われた場合は刑罰加重事由となる。当該犯罪を行うために用いられた文書、記録、資料の破棄又はアクセス制限が含まれる。犯罪組織が関与した事案では刑罰が加重される。裁判官及び裁判所が命令することのできる特別措置として、刑法第五一〇条の改正案には犯罪に用いられた資料等の破棄、削除が盛り込まれている。

「人種主義、人種差別、外国人排斥及び関連する不寛容に対する包括戦略」には、次の意識啓発の要素が含まれる。政党が人種又は民族的出身、信念又は信仰の支持を理由として、人々の集団を犯罪者と一般化又は特徴づけることを避けるよう勧告すること。政党が公開の議論において軽蔑的、人種主義的、差別的言語を用いることを避けるよう勧告すること。差異、平和共存、調和を理解し尊重する政治的議論、平等への権利の尊重を助長する議論を促進すること。差別、排除又は暴力を公的に非難すること。平等処遇・差別防止委員会は二〇一一年五月、「選挙運動期間の差別、人種主義又は排外的演説の回避」を決議した。決議には「移住者に対するポピュリズム的、排外的、デマゴギー的演説」を回避することも含まれる。

人種差別撤廃委員会は次のように勧告した（＊46）。マスメディアやソーシャルメディアにおけるさまざまなマイノリティに関する否定的なステレオタイプがある。犯罪報道においてメディアが被告の民族的人種的出身に言及する傾向がある。独立公正な機関を設置、又は既存機関を再編して、ステレオタイプを克服するための特別措置を取ること。条約第四条及び第七条に合致して、憎悪や人種差別の煽動と闘うため、責任あるメディアの利用を促進すること。

23 ギリシア

一九七九年の法律九二七号が差別、憎悪、暴力の扇動を処罰してきた（前回報告書は『序説』五九〇頁）。二〇一四年九月、これを改正する法律四二八五号が採択された（＊47）。改正理由は二〇〇八年の人種主義表現と闘うためのEU評議会枠組み決定である。二〇一四年改正法により次の四項が処罰対象とされた。

①口頭、印刷物、インターネットその他の手段で公共の秩序を危険にし、上記の人々の生命、自由、身体の統合（完全性）に脅威となる方法で、人種、皮膚の色、宗教、門地（世系）、国民的民族的出身、性的志向、ジェンダー・アイデンティティ、障害の特徴を有する諸個人又はその集団に対して差別、憎悪、暴力を惹起する行為や活動を公然と教唆又は煽動すること。

②公共の秩序を危険にする方法で、上記の人々が使用する物への損害を煽動すること。

③上記の行為の実行を組織的に追求するため組織又は連合を設立又は参加すること。

④口頭、印刷物、インターネットその他の手段で、国際法廷又はギリシア議会によって認定されたジェノサイド犯罪、戦争犯罪、人道に対する罪、ホロコースト及びナチス犯罪の実行又はその深刻さを、公然と否定すること等。

刑罰は三ヶ月以上三年以下の刑事施設収容、及び五〇〇〇以上二万以下のユーロである。犯罪が実行に至ったり、犯行者が公務員であった場合、刑罰は加重される。インターネット上で行われた場合も処罰される。改正法は法人の責任を導入した。上記の犯罪行為が法人（国家や国際機関を除く）の利益のために又は法人のために、又は人々の連合のために、又は法人の機関として行われた場合、一万以上一〇万以下のユーロの罰金である。当該法人は公益事業、公共サービス、公共契約から一月以上六ヶ月以下の期間、排除される。

二〇〇五年の法律三三〇四号第一六条は、公共への商品やサービス提供に関して民族又は人種的出身、宗教又はその他の信仰、年齢、性的志向を理由に差別的取扱いの禁止に違反した者は、六ヶ月の刑事施設収容及び一〇〇〇以上五〇〇〇以下のユーロの罰金とする。二〇一三年の法律四一三九号第六六条は、刑法第七九条三項を導入し、ヘイト動機の犯罪実行を刑罰加重事由とし、執行猶予を付さないことにした。二〇一三年一一月、外国人市民の店舗に対する放火事件でこの条項が初適用となった。

二〇一〇年の大統領命令一〇九号がラジオ・テレビに適用されるだけでなく、ニューメディアにも適用される。大統領命令一〇九号はマイノリティの保護に脅威となる場合やヘイトの煽動の場合、放送の自由に制限を加えている。大統領命令第七条二項は、公共放送も民間放送も人格、名誉、私生活等を尊重するように定める。インターネット利用者のアクセスを制限する規定はない。

人種差別撤廃委員会は次のように勧告した（＊48）。二〇一四年の法律四二八五号の積極面に留意するが、人種的優越性の思想の流布を犯罪としていない上、人種主義団体を違法であると宣言し禁止する手続きの定めがないので、条約第四条に完全に合致させること。現代的人種主義に関する特別報告者が勧告したように、政党の「黄金の夜明け」のような人種差別を助長・煽動する組織を違法であると宣言し、禁止するべきである。「黄金の夜明け」の登場した二〇〇九年以来、メディアやインターネット上で移住者、ロマ、ユダヤ人、ムスリムに対するヘイト・スピーチが増えている。ヘイト・スピーチとヘイト・クライムを効果的に予防し、これと闘い、処罰するよう促す。条約第四条に定める行為について個人を訴追するために適切な措置を講じ、次回報告書において報告すること。裁判官、警察官、検察官にヘイト・クライムやヘイト・スピーチと闘うための研修を強化すること。メディアが非市民や民族的マイノリティにステレオタイプや否定的な攻撃を行わないよう監督と規制を強化すること。関連諸団体と協力して人種主義事件の報告がなされるようにすること。ヘイト・クライムの統計のため情報収集制度を促進すること。反レイシズム行動計画を策定し、効果的に実施すること。

24　イギリス

イギリス法は人種憎悪を煽動することを禁止し、オンラインでもオフラインでも、個人に対するものにも適用される（＊49）。個人には住民の多数派の意見に反対する意見を持ち、表明する言論の自由を保障してきた（前回報告書は『序説』六二四頁）。政府はメディアの内容を統制しないが、ジャーナリストには人種憎悪を煽動しない責任がある。人種差別は二〇一〇年の平等法によって禁止されている。独立プレス基準機構は差別を禁止し、差別記事からの個人の保護を目的としている。編集者協会はオンライン管理者にユーザーがウェブサイト新聞に投稿する際に人種、信仰、性的志向、トランスジェンダー又は障害に基づいて憎悪を煽動しないよう確保するためのガイドを出版した。

情報通信庁放送綱領は犯罪を惹起するオンスクリーンの差別を扱う。犯罪を惹起しかねない記事については、その内容から正当化できるようなものでなければならない。放送者はその内容が編集上正当化されるものでなければ、人種的内容や記事を回避しなければならない。放送者は文化的多様性に注意する必要がある。二〇一〇年、情報通信庁は差別的記事を含む攻撃的な言語に関する視聴者の意見を調査した。情報通信庁によると、攻撃的言語や差別的言語の性質に関する理解が重要である。二〇一一年には、テレビにおける民族的マイノリティに関する表現について分析が行われた。

前回審査において人種差別撤廃委員会は、条約第四条についての解釈宣言の撤回を勧告したが、イギリスは解釈宣言を維持する。

人種差別撤廃委員会は次のように勧告した（＊50）。二〇一六年六月に実施されたＥＵ離脱をめぐる住民投票の前後に人種主義ヘイト・クライムが急増した。住民投票キャンペーンが分断を煽り、反移民と排外主義の言説を多用し、政治家や有名人がそれを非難せず、偏見を強化する発言をした。ヘイト・クライムが増加し、多くの事例が不処罰のままである。ヘイト・クライムを捜査し、実行者を訴追し処罰すること。情報を系統的に収集し、人種主義ヘイト・クライムと闘うこと。人種主義ヘイト・クライムの報告を強めるように具体的措置を採用すること。人種主義ヘイト・スピーチ、排外的政治家発言と闘う包括的措置を講じること。人種主義的メディア記事と闘う効果的措置を講じること。条約第四条についての解釈宣言を撤回すること。

25 ウクライナ

煽動及び人種差別行為の根絶に関する法律には前回報告書以来変化がない。条約第四条に従って人種的優越性の思想や人種憎悪を非難している（＊51）。二〇〇八年の検事総長命令及び二〇一一年の検事総長代理命令に従って、検事局は民族的国民的不寛容や排外主義の表現に関連して、訴追状況を評価検討してきた。この評価の基礎は中央政府、検事局、クリミア自治政府及びキエフ並びにセヴァストポル各検事局のデータである。

人種差別撤廃委員会は次のような勧告をした（＊52）。公的言説における人種主義ヘイト・スピーチや差別発言を強く非難し、ヘイト・スピーチ事件を記録、捜査、裁判にかけ、責任者に制裁を科すこと。ヘイト・クライム事件を刑法第一六一条の下で記録し、実効的に捜査すること。一定の集団の公共の場所へのアクセスを否定する慣行を非難し、捜査すること。ヘイト・スピーチとヘイト・クライムの報告件数、その性質、裁判件数を収集すること。「右翼セクター」「アゾフ市民部隊」「社会国民会議」のような人種憎悪と人種主義プロパガンダを行う組織があり、マイノリティ集団に属する者に対する人種的動機の暴力を行っているが、処罰されていない。人種憎悪やプロパガンダを行う組織に関する条約第四条に従うこと。

刑法第一六一条の適用には、人種差別行為が公開イベントの間に行われたことという要件があり、その適用に困難がある。適用を妨げる要件を削除すること。人種差別の申立が適切に記録され、差別的人種的動機があったか否かが裁判で最終的にどのように判断されたか確認すること。

26　イタリア

法制度は人種主義や外国人排斥現象に対処している（＊53）。人種・民族差別に関する現在の刑事規制は前回までに報告した一九七五年一〇月一三日の法律第六五四号（一九九三年改正のマンチーニ法、及び二〇〇六年改正）による（前回報告書は『序説』五七三頁、六三一頁）。二〇一〇年、「差別行為からの安全監視機関（ＯＳＣＡＤ）」が内務省に設置され、警察の活動によりヘイト・クライムの予防を担当している。ＯＳＣＡＤの任務は差別犯罪の過少申告の克服、差別対策領域における警察活動の促進、捜査情報の共有の強化、国際レベルでの最善の実務による研修、差別の監視、コミュニケーションと予防のイニシアティヴである。具体的には、①差別行為の報告受理、②受理案件に関する介入、③警察に届いた差別申立のフォローアップ、④人種差別と闘うための公共機関及び民間機関との連携、⑤警察官や公共施設職員への反差別研修、⑥差別予防のための世論への情報イニシアティヴ、⑦国際的レベルでの情報収集と共有、である。

人種差別撤廃委員会は次のような勧告をした（＊54）。一般的勧告三五を考慮して、人種的優越性や憎悪の観念を流布した政治家を含む個人に責任をとらせ制裁を科すこと。人種主義ヘイト・スピーチについての議員免責をやめること。被害者が効果的な救済を受けられるようにすること。インターネット上のヘイト・スピーチを禁止し、コンピュータ・システムを通じた人種主義・外国人排斥行為の犯罪化に関するサイバー犯罪条約追加議定書を批准すること。メディアが条約の諸原則及び基本的人権基準に従ってメディア専門倫理綱領・プレス綱領を作成するのを促すこと。条約第四条ｃに合致して全国レベルで公の当局による人種差別の助長や煽動を禁止すること。すべての人種主義ヘイト・クライムを捜査、訴追、処罰し、被害者に効果的な救済を提供すること。統計データを系統的に収集し、被害報告のための環境を整備し、被害者が警察や司法制度を信頼できるようにすること。人種憎悪が複合的動機となった場合に刑罰加重を強化すること。

27　ポルトガル

刑法第二四〇条は人種差別を犯罪とし、刑法第一三二条の謀殺罪や刑法第一四五条の身体の統合（完全性）に対する重大犯罪は人種的動機を刑罰加重事由としている（＊55）。平等・反人種差別委員会が人種主義の予防と寛容と相互理解の促進のための幅広い措置を講じている。二〇一五年七月二〇日の法律第七二号は、二〇一五～一七年の刑事政策の目的と方向性を定め、スポーツイベントにおける人種主義、外国人排斥、不寛容を予防する行動を求めている（前回報告書は『序説』六二七頁）。

二〇〇九年にサイバー犯罪条約及びコンピュータ・システムを通じての人種主義・外国人排斥行為の犯罪化に関する追加議定書を批准し、サイバー犯罪の予防と捜査を優先事項としている。メディア分野での計画や措置としては、多文化学校賞、全国的な統合啓発キャンペーンとして「移住者に関する神話と事実」、二〇一三年の移住者政策高等弁務官による詩のコンテスト、インターネットとフェイスブックにおける「あなたの色を見つけよう！」キャンペーン等を行った。

政治家による人種主義・外国人排斥発言について、憲法第四六条は人種主義やファシズム・イデオロギーを擁護する政党を禁止する。二〇〇三年の法律も人種主義やファシズム・イデオロギーを提示する政党を禁止する。これらの政党は検察官の請求により憲法裁判所の判決によって解散させられる。経済危機においても人種主義、人種差別、移住者に対する発言が増えてはいない。移住者については社会的合意が形成されており、政治的議論として利用する政党はない。得票率〇・三％の極右政党が一つあるが議員はいない。

人種差別撤廃委員会は次のような勧告をした（＊56）。人種差別申立てが過小報告されている。平等・反人種差別委員会の財政を充実させること。スポーツ、メディア、インターネットにおいて、ロマ、ムスリム、アフリカ出身者への人種主義ヘイト・スピーチと行動が続いている。政治キャンペーンにおける政治家のヘイト・スピーチなどヘイト・スピーチを捜査し適切に訴追、処罰すること。メディアやスポーツにおける規制機関が人種主義や外国人排斥を統制できるようにすること。公衆や法執行官に、難民、移住者、ロマ、ムスリム、アフリカ出身者へのステレオタイプ、偏見、差別と闘うため文化的多様性をはぐくむ意識啓発を行うこと。

28　ブルガリア

二〇一一年二月二五日に国会が採択した「国家安全戦略」のパラグラフ一二三は「国家は市民及び市民組織と協力して、ヘイト・スピーチの利用を抑止し、外国人排斥、民族的、宗教的その他の不寛容の類型のすべての行為に反対する活動を組織し実行する」と定める（＊57）。刑法第一六二条一項・二項は「国民的人種的平等に対する犯罪」である（前回報告書は『序説』五八一頁）。同条第一項は言説、プレスその他のメディアを通じて、電磁的情報システムを通じて又はその他の方法で、人種、国民又は民族的出身に基づいて差別、暴力、憎悪の宣伝又は煽動を行った者は、一年以上四年以下の刑事施設収容及び罰金とする。人種、世系、国民的民族的出身のゆえに人又は人の集団に対して暴力又は暴力の煽動を行った場合も法律によって処罰される。刑法第一六二条三項・四項は差別、暴力又は憎悪の公然煽動の実行を目的とする組織又は集団の結成、指導者、構成員はいずれも犯罪とする。刑法第一六三条は人種、国民的、民族的出身、宗教又は政治見解をもとに、住民の集団、個々の市民、その財産を攻撃する大衆デモに参加した者を取り扱う。刑法第一六四条一項は、二〇〇八年の欧州評議会枠組み決定を履行するために改正され、差別、暴力、憎悪の煽動の処罰を強化した。新刑法第四一九条aは、平和に対する罪及び人道に対する罪を容認、否定又は矮小化する行為は、それによって人種、皮膚の色、世系、宗教、又は国民的民族的出身に基づいて人又は人の集団に対する暴力又は憎悪を煽動するような方法で実行された場合、犯罪となる。人種又は外国人排斥的動機は、殺人罪の刑罰加重事由である（刑法第一一六条一項）。人種差別を助長・煽動する組織、組織的宣伝活動は違法であり禁止される。

人種差別撤廃委員会は次のような勧告をした（＊58）。差別からの保護法を改正して、条約第四条のヘイト・スピーチの定義を盛り込むこと。公務員や政治家によるヘイト・スピーチを予防・非難し、人種主義ヘイト・スピーチ及び人種的動機による暴力事件を捜査し、実行者を訴追すること。多様性を尊重し、人種差別を撤廃するため啓発活動を行うこと。メディア関連法を国際基準に合致させ、メディアにおける人種主義現象を予防、制裁、抑止すること。刑法第一六二条二項は法執行官による人種主義犯罪を抑止するために適用されていない。司法へのアクセスを促進し、警察、検察官、裁判官その他の専門家に研修を行い、人種主義行為の実行者の訴追の重要性を知らせること。ヘイト・クライム／スピーチ担当特別検察官を任命すること。反差別規定の裁判所による適用について情報をアップデイトすること。

29 キプロス

二〇一五年の刑法改正により、新たに性的志向又はジェンダー・アイデンティティを加えた（＊59）。性的志向又はジェンダー・アイデンティティゆえに人に対して差別、憎悪、暴力となる行為の公然煽動は三年以下の刑事施設収容及び／又は五〇〇〇ユーロ以下の罰金とする。オンブズマン事務所は欧州評議会の「ノー・ヘイト・スピーチ運動」キャンペーンに即して、反差別局が「憎悪を定義し、追放する」（二〇一四年三月）というマニュアルを作成し、青年に人種憎悪の多様な現象を理解させ、人種憎悪を避けるようにしている。有色のフットボール選手に対する人種主義的侮辱に関連して、キプロス・スポーツ団体の協力の下、人種主義スローガンは法律により禁止されているが、効果的に適用されていない。二〇一五年、この問題に対処するためにテレビ放映などで「フットボールにおける人種主義と闘うキャンペーン」を実施した。二〇一一年の刑法改正により、人種主義動機は犯罪の刑罰加重事由となった。差別犯罪に限定されず、すべての犯罪について適用される。二〇一五年五月一三日、検事総長は警察庁長官への手紙において、刑法改正に従って人種主義動機はすべての犯罪について刑罰加重事由であるとし、人種差別撤廃条約批准法に言及した。二〇〇五年以来、人種主義と闘う警察事務局が人種主義動機犯罪の統計を取っている。継続的に更新し、年次統計としてウェブサイトに公表している。

人種差別撤廃委員会は次のような勧告をした（＊60）。極右団体やネオナチ集団による外国人、アフリカ系の人々、トルコ系キプロス人に対する人種主義動機の差別発言や身体への攻撃がある。公的領域でもマイノリティに対する人種主義ステレオタイプやヘイト・スピーチがある。民族的マイノリティや人権活動家の安全を守る措置を講じること。一般的勧告三五号を想起し、条約第四条の要請を満たす包括的ヘイト・スピーチ法を制定すること。犯罪を抑止し、不処罰を終わらせるためヘイト・クライム／スピーチの実行者を訴追する法規定を施行すること。ヘイト事件についての統計を次回報告すること。

30 フィンランド

ヘイト・クライムに関連する一般犯罪には民族アジテーション、侮辱、違法な脅迫がある（＊61）。ヘイト・クライム／スピーチは刑法では区分されていない（前回報告書は『序説』五八三頁、六三七頁）。二〇一一年刑法改正により、ヘイト・

スピーチ及びその他の人種主義犯罪に介入を強化した。コンピュータ・システムを通じて行われる人種主義・外国人排斥行為の犯罪化に関する欧州評議会サイバー条約追加議定書は二〇一一年九月に発効した。インターネット監視を推進し、全国的に犯罪予防をするためオンライン監視を集約している。インターネットのより効果的な監視策として、犯罪を認知した市民が積極的に報告するよう周知する。人種主義コンテンツを発見した市民は、ウェブサイト上でブルーボタン（警察のネットチップ・サービス上のチップ）を利用して通知する。

人種差別撤廃委員会は次のような勧告をした（＊62）。人種主義動機のヘイト・クライムが増加しているが、訴追に至った事件数は少ない。ロマ、ムスリム、ソマリア人、ロシア人、スウェーデン語使用者に対する敵対感情が強まっている。政治難民に対する反難民感情も強まっている。ヘイト・スピーチ、人種憎悪の煽動、人種主義動機の暴力事件を効果的に捜査し、責任者を訴追し制裁を科すこと。すべての法執行官にヘイト・クライムと非差別に関する研修を義務づけること。オンラインメディアも含めて、公務員や政治家によってなされたヘイト・スピーチや外国人排斥発言を公的に非難し、政治家が不寛容、烙印付け、憎悪煽動となる公然発言をしないようにさせること。ヘイト・クライムの件数、性格、判決、被害者補償について次回報告すること。

31　モルドヴァ

二〇一二年一二月の法律三〇六号は、重大な差別の諸形態の刑事責任を設定するため、刑法第一七三条（セクシュアル・ハラスメント）、第一七六条（市民権侵害）、第三四六条（国民、民族、人種、宗教的憎悪、差別、不和の煽動）を改正した（＊63）。二〇〇八年一〇月二四日の違警罪法は職場、教育、公的サービス・商品に関する差別についての行政責任を改正した（前回報告書は『序説』五七三頁、六一三頁）。

同時に司法省は、二〇〇三年二月二一日の過激活動と闘う法律の改正草案を作成している。過激活動と闘う法律の適用に困難があるため、憲法秩序にとって脅威となっている。法執行機関の権限が十分でなく、過激活動に対する刑事規制の法律が不備である。

人種差別撤廃委員会は次のような勧告をした（＊64）。刑法第三四六条が改正されたが、条約第四条のヘイト・スピーチの禁止に十分に沿っていない。ヘイト・クライム法もない。刑法第三四六条を条約第四条に適合させ、ヘイト・クライムを犯罪化する包括的立法を行うこと。人種動機を刑罰加重事由とすること。偏見の原因に対処し、寛容を促進、多様性を尊重する教育キャンペーンを行うこと。すべてのヘイト・クライム／スピーチ事件を捜査、訴追し、公的地位にあろうとも、実行者を処罰すること。統計データを提供すること。

32　ロシア連邦

二〇〇二年七月二五日の反過激活動法は過激活動を犯罪としている（＊65）。過激活動には、社会、人種、国民又は宗教的不和を煽動すること、社会、人種、民族、宗教又は言語のアイデンティティや宗教に基づく人の排除の唱道又は優越性・劣等性の唱道、同じ理由による人権、自由利益の侵害、ナチスの用具又はシンボルの展示、過激活動組織の道具又はシンボルの展示、過激活動の公然煽動、過激主義とされるものの大量配布、その準備又は保管、それらの活動の組織化又は準備、及び財政支援が含まれる。国の高官は不寛容や過激主義をもたらす脅威について公的に言及し、人種主義、国民主義、外国人排斥、ネオナチの拡散に反対するよう注意喚起している（前回報告書は『序説』五七七頁、六四四頁）。

ロシア刑法には過激主義に反対する一連の諸規定がある。刑法第二八〇条は過激主義行為の公然煽動、第二八二条は憎悪又は敵意の掻き立て、人間の尊厳の侮辱、第二八二条一項は過激主義結社の組織、第二八二条二項は過激主義組織の活動、第二八二条三項は過激主義活動への財政支援である。第一三六条は人間の平等と市民の権利・自由の侵害である。政治、人種、民族又は宗教的憎悪又は敵意による犯罪は刑罰加重事由となる。ナチス・ドイツ及びイタリア・ファシズムの指導者の著述を出版することは禁止されている。

一九九五年五月一九日の法律は、祖国愛戦争（第二次大戦）のソ連邦の勝利を称揚しているが、二〇一四年一一月四日の改正によって、ナチスのシンボルの使用、ニュルンベルク裁判で有罪とされた集団や組織に協力する組織の道具やシンボルの公然展示、及びニュルンベルク裁判において認定された事実を否定することは禁止される。これらの道具又はシンボルを販売目的又は宣伝目的で公然展示、製造、販売することは行政罰の対象となる。二〇一四年五月五日の法律は、ナチスの復興に関連する諸犯罪を規定する。人種の優越性の観念の助長や、人種憎悪又は差別を正当化又は助長する理論に反対する必要性に即している。ニュルンベルク裁判判決で認定された犯罪を公然と是認することは責任を問われる。

人種差別撤廃委員会は次のような勧告をした（＊66）。包括的な反差別法を制定し、直接差別及び間接差別を明確に定義すること。反過激活動法にはあいまいで広範な概念が用いられている。民族的マイノリティ、先住民族又は非市民といった差別にさらされる集団に沈黙効果を生む危険性がある。「外国の代理人」「望ましくない機関」という概念は、ＮＧＯの活動に対して消極的な作用を及ぼす恐れがある。反過激活動法及び刑法第二八〇条、第二八二条を改正して、条約第四条に合致させること。これによりマイノリティや先住民族とともに活動するNGOの活動を助長・保護すること。超国家主義者やネオナチ・グループによる人種主義暴力の実行者を訴追し、適切に処罰すること。警察、検察、裁判所など法執行官に人種差別に関する研修プログラムを開発し、ヘイト・クライム／スピーチを確認、記録、捜査、訴追できるようにすること。警察による人種主義プロファイリングをやめること。政治運動における政治家によるヘイト・スピーチを捜査、訴追、処罰すること。メディア規制機関が人種主義、外国人排斥、不寛容の示威運動を抑止できるようにすること。公衆、公務員、法執行機関に文化的多様性と民族間の理解の重要性を啓発すること。中央アジア出身者、コーカサス出身者、ロマ、先住民族、ムスリム、アフリカ出身者に対するステレオタイプと闘うこと。

第3節　アフリカ諸国

33　ブルキナ・ファソ

情報法第一一二条二項は人種、地域的出身、宗教ゆえの集団への中傷は、市民や住民の間に憎悪を煽動する故意があった場合、刑罰は一月以上一年以下の刑事施設収容、及び一〇万以上一〇〇万以下のCFAフランの罰金とする（＊67）。人種差別を煽動し助長する団体は解散させられ、指導者は訴追される。一九九二年の結社の自由法第四七条は、結社や結社の連合体が不法な理念や目的を有していること、規定に反する活動を行ったこと、公共の秩序や平穏を妨げる活動を行ったこと、私的軍隊活動を行ったことが認定された場合に、解散できる。指導者は刑法第一三二条により訴追される。ブルキナ・ファソには六〇ほどの民族集団が平穏に暮らしているが、農民や農牧民の間に家畜や農地をめぐる紛争が起きる。コミュニティにおいて解決できない場合、当事者が公式ルートに訴える。時に暴力沙汰になることもある。人権大臣が紛争の調停に乗り出して、解決することもある。

人種的優越性の主張、憎悪、人種差別の煽動、人種、皮膚の色、民族的出身に対する暴力や煽動、人種主義的活動への援助や資金援助は犯罪として処罰される。刑法第一三二条は、良心の自由や礼拝の自由に反する差別行為に対して、一年以上五年以下の刑事施設収容及び五年の居住制限を課している。この規定は人種差別の実行者を訴追することも可能とする。刑法第一部第四章は「人種、地域主義、宗教、性差別又はカーストに基づく犯罪」である。

人種差別撤廃委員会は次のように勧告した（＊68）。ブルキナ・ファソの法律は人種差別に関する一定の行為を犯罪としているが、その規定が条約第四条に規定された諸要素をカバーしていない。一般的勧告第一号、第七号、第一五号が条約第四条の規定は義務的なものとしているので、現行法を改正し、刑法を条約第四条に合致させること。

34　チャド

政府は憲法の諸規定において差別を助長する宣伝と闘っている（＊69）。憲法第五条は「国民統合や国家の世俗性を傷つけようとする民族、部族、地域的又は宗教的性格のいかなる宣伝も禁止する」としている（前回報告書は『序説』五八七頁）。

人種差別撤廃委員会は次のように勧告した（＊70）。条約第四条に合致した法律を制定していない。一般的勧告第一号、第七号、第一五号によれば条約第四条は義務的性格を有するので、刑法を改正して、条約第四条に合致させること。

35　カメルーン

条約第四条について各種の措置を講じている（＊71）。人種又は宗教に対する侮辱は刑法第二四一条で犯罪とされている。二〇一二年の選挙法第八九・三条によると、選挙委員会は選挙文書ポスター等が暴力の煽動、国土の一体性への攻撃、政府の民主的形態、主権に対する攻撃の煽動、当局、市民、市民の集団への憎悪の煽動を含む場合は印刷を拒否できる。人種や宗教に対する侮辱の場合、刑罰は二倍に加重される。刑法第二四二・三条によると、犯罪が市民の間に憎悪又は軽蔑を鼓舞する意図で行われた場合、刑罰は二倍になる（前回報告書は『序説』五九六頁）。

人種差別撤廃委員会は次のように勧告した（＊72）。刑法改正が進んでいるが、人種差別の禁止が条約第一条の定義を満たしていない。条約第一条、第二条、第四条に合致して、人種差別を禁止する法的措置を講じること。人種差別行為及び人種憎悪の煽動を条約に即して犯罪とする刑法改正を行うこと。条約第三条に従って、人種隔離を予防、禁止、撤廃するのに必要な措置を講じること。

36　スーダン

憲法規定に効力を与える行政措置には、人種差別の煽動を撤廃する措置が含まれる（＊73）。憲法第一条はスーダンを民主的、脱中心的、多文化、多言語、多人種、多民族、多宗教

図表15　本節で紹介した諸国

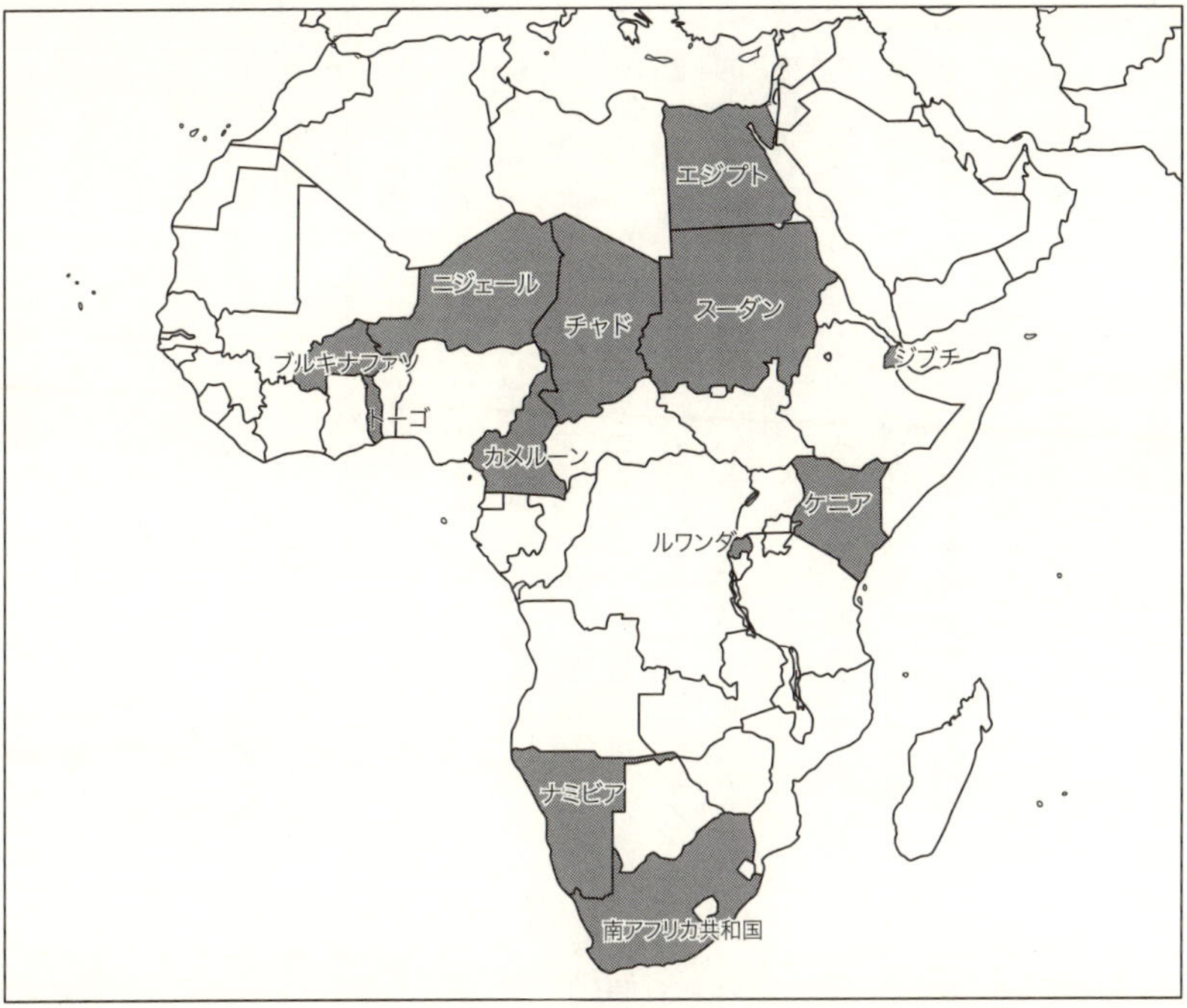

国家とし、人間の尊厳、正義、平等を掲げる。一九九一年の刑法第六四条のもとで、共同体の間で、又は共同体に対する憎悪煽動は法律で処罰される犯罪である。人種、皮膚の色又は言語の差異ゆえに共同体に対して、又は共同体の間での憎悪、軽蔑、敵意の煽動も対象である。刑法第六五条は犯罪組織やテロリスト組織を処罰する規定である。スーダン内外で犯罪を行うことを目的とする組織を設立、運営、意図的に参加又は支援する者の処罰である。

人種差別撤廃委員会は次のような勧告をした（＊74）。憲法には平等と非差別の規定があるが、反差別法が制定されていない。法律に人種差別の包括的定義を採用すること。人種主義動機を刑罰加重事由にすること。条約第四条に従って、人種的民族的優越性に基づく思想の流布、人種憎悪の表明、人種差別の煽動を禁止する法律に実効性を持たせること。

37　ニジェール

一九九一年以来ニジェール憲法は人権、政治的多元主義、国民の統合、参加型の開発、すべての差別との闘いを掲げてきた（＊75）。条約第四条に効力を持たせる立法を行った。憲法第八条は「ニジェール共和国は法の支配により統治され、性別、社会的人種的民族的宗教的出身による区別なしに、すべての人に法の下の平等を保障する。」と規定する。刑法第二部第一章は人種的、地域主義的、宗教的性格の犯罪を定める。刑法第一〇二条は人種的民族的差別行為、地域主義的プロパガンダ、良心の自由への侵害を一年以上五年以下の刑事施設収容とする。刑法第二〇八条三項は、ジュネーヴ諸条約及び議定書によって保護された人及び財産への加害を戦争犯罪とし、アパルトヘイト、人種差別に基づいた人間の尊厳への侵害も含まれる。条約第四条bに従って、一九八四年の結社に関する命令及びその手続きに関する通達を出している。命令第二条は法に違反する目的の結社を禁止し、地域、民族集団、人種的出身の特徴を持することを目的とする結社を定義している。命令は、外国人のための結社を許可している。

人種差別撤廃委員会は次のように勧告した(＊76)。刑法第一〇二条は人種主義的活動への援助や財政支援を含まず、条約第四条cも反映していない。刑法を条約第四条に即して、人種的優越、憎悪、差別の煽動、人種的動機による暴力を助長する観念の流布、及び人種主義活動の援助を禁止すること。

38 エジプト

エジプトは平等の権利の保護と差別を禁止し、雇用、教育、NGO及び報道に関する法において犯罪としている(＊77)。二〇〇六年の刑法第一七六条は人種、出身、言語、宗教又は信念に基づいて集団に対する差別を煽動し、公共の平穏を侵害する場合、刑事施設収容に処するとしている。教育課程の発展のための規則と基準は、国際的人権概念と基準をカバーする文脈で社会的教育を保障し、差別を拒否している。現行法改正作業が進んでおり、差別行為、憎悪の煽動、人間からの強制搾取、すべての形態の人身売買を犯罪化しようとしている。

人種差別撤廃委員会は次のように勧告した(＊78)。刑法第一七六条は人種差別を犯罪とするよう改正されたが、平穏侵害のあった場合に限定されている。一般的勧告第三五号に照らして、刑法を条約第四条に従って人種主義的ヘイト・スピーチをカバーするように改正すること。人種的優越性又は憎悪に基づく観念の流布、人種的民族的差別の煽動、人種主義団体の設立や援助を禁止するべきである。犯罪の人種的民族的動機を刑罰加重事由とするべきである。

39　ナミビア

憲法第一〇条は法の下の平等と、性別、人種、皮膚の色、民族的出身、宗教、宗派、社会的地位又は経済的地位に基づく差別からの自由を定める（＊79）。保護される集団は生来の性質を共有する集団も自己の選択によって形成した集団も含まれる。一九九一年（一九九八年改正）の人種差別禁止法、農地改革法、積極的是正措置法、教育法、子どもの地位法、共有地法、文化機関法、国立美術館法なども国民的和解を目指す法律である（前回報告書は『序説』五七七頁）。一九九八年の人種差別禁止法第一一条は次の目的を持った言語の公然使用、文書の出版及び頒布、物の展示を禁止している。①特定の人種集団に属することを理由として人又は集団を威嚇し、侮辱する目的。②異なる人種集団間に憎悪を惹起、助長、煽動する目的。③人種的優越性に基づく観念の流布。人種差別禁止法第一条は、公共団体、中央政府、地方政府に、人種差別の助長、煽動を禁止する。他人に公共施設の利用を否定すること。他の者に許されているよりも不利益な条件で施設利用を許可すること。特定の人種集団構成員であることを理由として施設利用を中止させること。

人種差別動機を刑罰加重事由とすることについて、言論の自由と差別の禁止の間で考慮する。リーディング・ケースは一九九三年のS対ヴァン・ウィク事件最高裁判決であり、最高裁は人種的動機を刑罰加重事由とした。一九九三年のS対ホテル・オンドゥリ事件最高裁判決は、人種動機による宿泊・滞在の不許可を差別犯罪として有罪とするにあたり、人種差別禁止法第三条に従って特定の人種集団に対する公共サービス提供の拒否に該当するとした。

人種差別撤廃委員会は次のように勧告した（＊80）。一九九八年の人種差別禁止法改正が完結していない。一九九五年のカウエサ対家族大臣事件において、裁判所がヘイト・スピーチを「人種、皮膚の色、民族的出身、宗派又は宗教に基づく憎悪又は偏見を煽動するスピーチ」と定義し、定義から世系が除外された。条約第四条は義務的性格を有する。一般的勧告第三五号に照らして、改正法の定義を条約第四条に沿うように、また条約第一条の定義に合致させること。

40　ルワンダ

憲法はダーバン宣言や人種差別撤廃条約等を尊重している（＊81）。一九九四年にジェノサイドが発生した。二〇〇三年の憲法第九条はジェノサイドの思想との闘い、民族的地域的分断の根絶、法の支配による統治の確立、女性と男性の平等、意思決定機関における女性比率三〇％以上を掲げている。憲法第一一条は権利と義務の平等を明示し、民族的出身、部族、皮膚の色、地域、社会的出身、宗教又は信仰、意見、経済状態、文化、言語、社会的地位、心身の障害に基づく差別は法によって禁止され、処罰されるとしている（前回報告書は『序説』六一五頁）。刑法第一三五条はジェノサイド思想の犯罪、その他関連する犯罪を行った者は五年以上九年以下の刑事施設収容、及び一〇万以上一〇〇万ルワンダフラン以下の罰金に処すとしている。差別犯罪を行った者は五年以上七年以下の刑事施設収容、及び一〇万以上一〇〇万ルワンダフラン以下の罰金とする。刑法第一三六条はラジオ、テレビ放送、集会又は公共空間において人を差別し、セクト主義の種をまく目的で、言説、文書、絵画・図像、シンボルを公表した者は七年の刑事施設収容及び一〇万ルワンダフランの罰金とする。

差別・セクト主義法第一条、第七条、第八条によると、差別の煽動及び宣伝は非難され、処罰される。同法第一条によると、差別とは民族、地域、出身国、皮膚の色、身体特徴、性別、言語、宗教に基づく、言説、文書又は行動、あるいは個人や集団を拒む思想を意味する。セクト主義とは人々を分断し、人々の間に紛争や、差別に基づいて人々の間に争いを引き起こす言説、文書又は行動を意味する。政府公務員、元公務員、政党職員、民間セクター代表、NGO代表等は、差別犯罪について六月以上一年以下の停職とする。重大な結果を惹起した場合、刑罰を二倍とすることができる。

ジェノサイドの思想に寛容ではありえない。人種差別の理論に基づく宣伝と団体の予防のため、憲法第三三条は差別に基づく思想の宣伝を非難する。二〇一二年の政府機構法は結社が不法目的や、法、公共秩序、道徳に違反する場合は認められない。刑法第六四七条は、公共の利益に関わる公共サービスに従事する者がサービスを受けようとする者に不当に便宜を図り、憎悪、又は縁故者に有利に決定を行った場合、一年以上三年以下の刑事施設収容、及び三〇万以上二〇〇万ルワンダフラン以下の罰金とする。

人種差別撤廃委員会は次のように勧告した（＊82）。ルワンダが刑法改正中であることに留意するが、刑法が条約第四条の要素を完全に満たしていない。条約第四条に関連する一般的勧告第七号、第一五号を想起し、刑法改正作業を加速し、条約第四条の要素を盛り込むこと。

41 南アフリカ

人種に基づく憎悪の唱道の禁止は憲法第一六条二項に基礎を有する（＊83）。第一六条は表現の自由を保障するが、憲法は人種、民族、ジェンダー、宗教に基づく唱道が実害の原因となる煽動に当たる場合、表現の自由の範囲から除外する。ある表現がヘイト・スピーチとなるためには二つの要素が必要である。人種などの理由に基づいて憎悪の唱道がなされたこと、及び煽動が実害を生じたことである。

ヘイト・スピーチ禁止法は条約第四条に由来し、ヘイト・スピーチを規制すると同時に、開かれた民主社会の基礎となる価値を認める。同法は人種、民族、ジェンダー、宗教に基づくヘイト・スピーチへの参加や助長を犯罪とする。政府は二〇〇一年のダーバン行動計画に従って、人種主義、人種差別の現代的諸形態を取り扱う政策を作成中である。

人種差別撤廃委員会は次のような勧告をした（＊84）。ヘイト・クライム／スピーチが増加し、公務員や政治家による差別発言や、ソーシャルメディアとインターネットにおける人種主義ヘイト・スピーチの宣伝が増えているが、対処する法律がない。ヘイト・クライム／スピーチ予防克服法案が提出されていることを歓迎し、法案の成立を期待する。すべてのヘイト・クライム／スピーチ事件を捜査・訴追し、実行犯が処罰されるようにすること。偏見の原因を根絶し、寛容の促進と多様性の尊重のための教育キャンペーンを行うこと。ジャーナリストと公務員の役割と責任に焦点を当てること。

42　ジブチ

憲法第一条は言語、出身、人種、ジェンダー又は宗教についてすべての者に区別なく法の下の平等を保障する（＊85）。憲法第三条一項は言語、人種、ジェンダー又は宗教の区別なく市民を認知するとする。一九九五年の刑法第三九〇条は差別を次のように定義する。「差別とは、自然人に関して出身、ジェンダー、家族状況、健康状態、障害、モラル、政治的意見、労働組合活動、若しくは特定の民族集団、国籍、人種、又は宗教の構成員であること乃至そう考えられたことに基づいて行われる区別と定義される」。この定義は条約第一条の定義とほぼ同じである。刑法第三九〇条の定義する差別行為を行った場合、二年以下の刑事施設収容又は五〇万ジブチ・フランの罰金を科す。公務員が行った場合は三年以下の刑事施設収容又は一〇〇万ジブチ・フランの罰金である。

二〇一四年のサイバー犯罪法は「人種主義及び排外主義」とは「その人種、皮膚の色、祖先又は国民的民族的又は宗教的背景に基づいて、人又は人の集団に対して憎悪、差別又は暴力を容認又は助長し、差別の諸形態を導き又は煽動する文書、映像又は思想や理論の表明」とする。非差別と平等の原則はすべての法律に一貫している。政治的レベルでは宗派主義や人種憎悪を煽動する有害な態度が見られる。憲法第六条及び一九九二年の政党法は特定の人種、民族集団、ジェンダー、宗教、宗派、言語又は地域に特化した政党を、行政罰又は刑罰で禁止している。これに違反した政党は認められない。

一九九二年のコミュニケーション行為法は「コミュニケーションの自由は人種主義、部族主義又はファナティズムをもたらすメッセージを保護しない」とする。二〇一四年のサイバー犯罪法は人種主義と排外主義目的で新しいテクノロジーを用いる行為に、五年以上一〇年以下の刑事施設収容として いる。①人種主義又は排外主義的性質の観念や理論を文書、メッセージ、写真又は図画で制作、ダウンロード又は配布した者、②人種主義的威嚇又は侮辱を行った者。二〇一四年のサイバー犯罪法は「ジェノサイド又は人道に対する罪に相当する行為を、故意に否定、容認又は正当化した者」を処罰する。

人種差別撤廃委員会は次のような勧告をした(＊86)。人種差別に関する一定の行為を犯罪とする法律規定があるが、サイバー犯罪法を含めて、条約第四条に含まれる要素すべてを含んでいない。現行法を条約第四条に合致するよう改正すること。ヘイト・クライム／スピーチの実行犯を訴追・処罰する改正について追加報告すること。

43　トーゴ

憲法第四八条四項は「人種主義、地域主義、外国人排斥の行為や表現は法によって処罰される」とする(＊87)。一九八〇年の刑法第五九条二項は、被害者の民族的出身、宗教又は国籍への軽蔑的言及を含む侮辱には二〇〇〇～三万ＣＦＡフランの罰金、公然となされた重大事案はその二倍の罰金、刑事施設の監督の下での社会奉仕労働一〇～三〇日とする。雇用における差別については労働法第三〇一条が規定する。二〇一〇年一二月三一日、ＨＩＶ／ＡＩＤＳ患者保護法が制定された。刑法第三〇四条改正案はＨＩＶ／ＡＩＤＳ患者、特に女性を差別から保護する。第三〇五条改正案は、六月以上二年以下の刑事施設収容及び／又は五〇万以上二〇〇万以下のＣＦＡフランの罰金とする。第三〇六条は、いかなる形態のコミュニケーションであれ、差別を煽動した者は一年以上三年以下の刑事施設収容及び／又は一〇〇万以上三〇〇万ＣＦＡフランの罰金とする。さらに女性であるがゆえに土地や生産手段の所有を制限したり、移動の自由、統合の自由、集会への参加を制限した者は六月以上二年以下の刑事施設収容及び／又は五〇万以上二〇〇万ＣＦＡフランの罰金とする。プレス・放送法第八六条は文書であれオーディオヴィジュアルであれ人種・民族間の憎悪煽動を処罰する（前回報告書は『序説』五七九頁）。

人種差別撤廃委員会は次のような勧告をした（＊88）。人種主義活動の支援や財政支援を犯罪とし、人種主義プロパガンダをする組織を禁止する法律がない。条約第四条の規定が予防的義務的性格を有することに照らし、新刑法に条約第四条に完全に効力を与える規定を導入すること。

44　ケニア

憲法第三三条は表現の自由の権利を保障するが、戦争宣伝、暴力の煽動又はヘイト・スピーチは含まれない。民族煽動に当たる憎悪の唱道や被害を惹起する煽動も含まれない。憲法が保障する差別の禁止に基づく（＊89）。二〇〇八年の国民団結統合法第一三条は、ヘイト・スピーチを行う者について刑事犯罪とする。第一三条によると、第一に威嚇、罵声、中傷の言葉や態度を取り、文書を展示すること、第二に文書を出版又は頒布すること、第三に公然たるパフォーマンスをすること、第四にヴィジュアルな画像を頒布、展示、上映すること、第五に威嚇、罵声、中傷する番組を放映、制作又は監督すること、又は威嚇、罵声、中傷の言葉や態度を用いることで、実行者に民族憎悪をかき立てる意図があり、すべての条件に照らして、民族憎悪がかき立てられた場合、とされる。

二〇〇七年のメディア法はケニア・メディア委員会を設置し、メディア基準を策定し、メディアによって傷つけられた者が不服申立てをする不服委員会を設置した。ヘイト・スピーチの申立てを受理する。ジャミア・モスク委員会対ケニア・タイムズ事件では、「アラーの名において」という記事が不正確で、虚偽で、誤解を招くという申立てを受けて、委員会は謝罪するよう命じた。ビジネス分野でも対策が進んでおり、新聞社「デイリー・ネーション」は購読者からの指摘を受け付ける内部オンブズマンを設置した。

人種差別撤廃委員会は次のような勧告をした（＊90）。人種差別行為の訴追、判決、被害者救済に関する包括的な情報収集がなされていない。国民団結統合委員会の財源を強化する必要があるという情報を入手している。条約第四条と合致するように法改正すること。人種差別と人種主義ヘイト・スピーチを訴追し、検事局と国民団結統合委員会の権限を強化すること。ヘイト・スピーチに関する不服申立て、訴追、判決、行政手続き、被害者救済に関する情報を提供すること。

第4節　アジア太平洋諸国

45　カザフスタン

刑法は人種的不寛容に動機のある犯罪の責任を定めている（＊91）。刑法第五四条によると、国民、人種、又は宗教的憎悪又は敵意を動機とする犯罪の実行は刑罰加重事由とされる。刑法第一四一条は市民の平等権侵害を犯罪とする。市民の平等権侵害は出身、社会的、公的、財産的地位、性別、人種、国籍、言語、宗教的見解、意見、居住地、任意団体の構成員であること、その他の事情に基づいて、個人の権利及び自由を直接又は間接に制限することである。刑法第一六四条一項は社会、国民、民族、人種又は宗教的敵意の煽動に当たる行為を列挙する。社会、国民、民族、人種又は宗教的敵意又は不和を煽動する行為、市民の国民的名誉、尊厳、宗教感情に対する侮辱、市民の排除、優越性又は劣等性の助長が、公然と又はマスメディアを通じて、又は文書その他の情報の流布によって、行われた場合である。刑法第一六〇条はジェノサイドの処罰を定める。刑法第三三七条二項は人種、国民、民族、社会、階級に基づいた、又は宗教的不寛容又は排除を主張し、実行する任意団体の設立又は指導者になることを犯罪とする（前回報告書は『序説』五九五頁）。

人種差別撤廃委員会は次のように勧告した（＊92）。国民、民族又は宗教的敵意の煽動に法律を適用した事例が報告されているが、メディアやインターネットにおけるヘイト・スピーチ事案と闘うための措置に関する情報がない。効果的に捜査し、適切な場合には訴追、処罰すること、メディアやインターネットにおけるヘイト・スピーチと闘う適切な措置を講じること。寛容、文化間対話、多様性の尊重を促進し、ジャーナリストや公務員の役割に焦点を当てること。刑法第一六四条及び第三三七条が条約第四条の要請に十分合致していない。人種、皮膚の色、民族的出身による人の集団に対する暴力の煽動を禁止すること、人種的憎悪を促進・煽動する団体及び宣伝活動を違法であると宣言し、条約第四条に従って差別団体への参加を禁止・処罰すること。刑法第一六四条の規定が過度に広範であり、表現の自由、特にマイノリティ共同体構成員の表現の自由に不必要な干渉をすることになる。犯罪の定義を明確にし、表現の自由、特にマイノリティ共同体構成員の表現の自由に不必要な干渉をなくすこと。

46　ウズベキスタン

憲法第五七条は「戦争や、社会的民族的人種的宗教的対立

図表16　本節（本章）で紹介した諸国

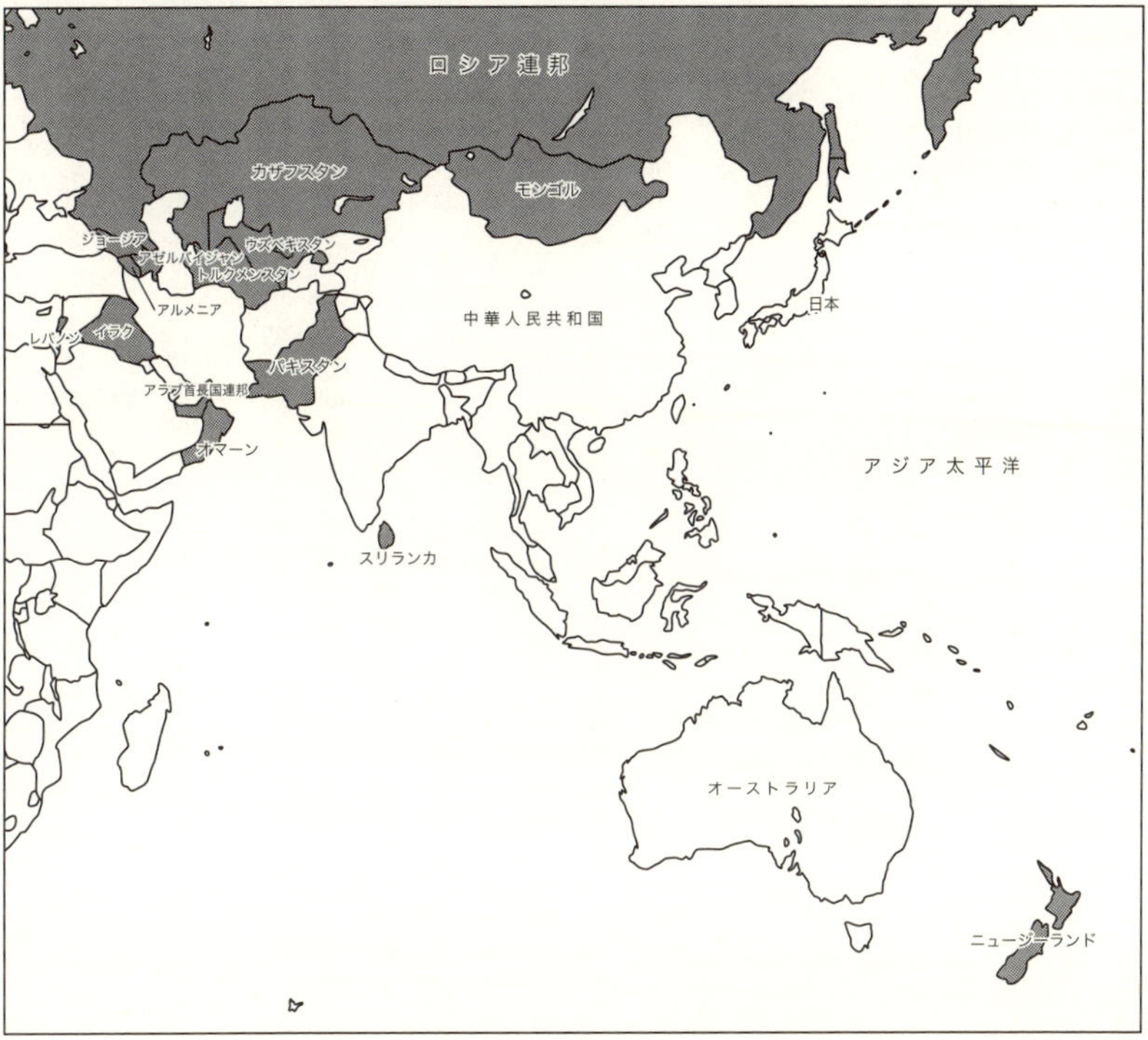

を唱道すること、人員の健康道徳を低下させること、民族的宗教的基準で議会内党派や政党を結成することで、憲法体制を実力で変更しようとする政党や結社を禁止している」。一九九六年の政党法、一九九九年のNGO-NPO法、一九九八年の良心の自由と宗教団体法も同様である（＊93）。二〇〇七年のマスメディア法改正は戦争、暴力やテロ、宗教的過激主義、分離主義や原理主義のためのプロパガンダ、又は国民、人種、民族、宗教的敵対を煽動する情報を流布してはならないとしている。

刑法第一五六条「民族、人種、宗教的憎悪の煽動」は国民的出身、人種、民族的背景又は宗教に基づいて人の集団に向けられた敵意、不寛容、不調和を煽動し、直接又は間接に権利を制限し、国民的出身、人種、民族的背景又は宗教に基づいて直接又は間接の特権を拡大しようとして、民族共同体の名誉と尊厳を攻撃し、支持者の心情を侮辱することを五年以下の自由剥奪としている。刑法第一四一条のもとで性別、人種、民族集団、言語、宗教、社会的背景、信仰、個人の地位又は社会的地位に基づいて市民の権利を侵害、制限したり、特権を付与することは、最低賃金の五〇倍の罰金とする。刑法第九七条二項は故意の殺人が民族又は人種的敵意を動機とした場合、一五年以上二五年以下又は終身自由剥奪刑とする。傷害罪についても刑罰加重事由としている。

人種差別撤廃委員会は次のように勧告した（＊94）。第四条aの事案を犯罪とする規定もないし、政党法等の法律は条約第四条の一部しかカバーしていない。人種差別動機による刑罰加重が重大犯罪に限られている。条約第四条の規定に従って、人種的優越性や憎悪に基づく思想の流布、人種その他皮膚の色、民族的出身の異なる集団に対する暴力行為、その煽動を犯罪とすること、人種差別を助長し、煽動する団体結成、及びその宣伝活動を禁止し、処罰すること。

47 イラク

憲法第一章第七条の基本原則は宗教的憎悪を鼓舞すること又は差別、敵意、暴力を助長することを禁止している（＊95）。宗教施設、教会、シンボルは尊重・保護されるべきである。憲法第一〇条は宗教施設及び信仰の自由を尊重するとしている。憲法第四二条は思想・良心・信仰の自由を定める。憲法第七条に従って、人種主義、テロリズム、民族浄化を禁止する法律案が準備されている。法案第二条二項は民主主義及び権力の平和的移行に反する考えを支持する政党や政治団体を禁止する。第二条三項は憲法の原則に反する目的や活動を行う政党や政治団体を禁止する。第九条は人種主義や民族浄化を支持、煽動、正当化、促進した者、及び民主主義及び権力の平和的移行に反する考えを支持した者は最長一〇年までの刑事施設収容とする。第一一条一項は法によって規定された権利を市民から剥奪した者、宗派的、宗教的又は倫理的理由で公務を妨害した者を、最長五年までの刑事施設収容とする。

刑法第三七二条は次のように定める。「a　信仰共同体の信念を公然と攻撃し、宗教行為を誹謗した者、b　信仰共同体や宗教行事を意図的に誹謗した者、c　信仰共同体が信仰のために使用する建造物、宗教シンボル、その他の聖なる物を、破壊、破損、落書き、汚した者は、最長三年までの刑事施設収容及び三〇〇ディナールの罰金とする」。

人種差別撤廃委員会は次のような勧告をした（＊96）。改革が遅れている。条約第四条に従って人種差別とヘイト・スピーチを禁止する法規定がない。社会保護法のような差別的法規定が残存している。イラク政府に優先事項として次のように勧告する。宗教的民族的マイノリティ集団の権利を保障する法の制定。条約第一条一項に従って人種差別の定義を刑法に盛り込む改正。条約第四条に完全に合致する人種差別禁止法の制定。労働法に直接差別と間接差別を盛り込む改正。クルディスタン地域において人種差別を禁止する法的枠組みをつくること。

48　モンゴル

条約第四条ａについて、人種的優越又は憎悪に基づく思想のあらゆる流布、人種差別の煽動、いかなる人種若しくは皮膚の色若しくは種族的出身を異にする人の集団に対するものであるかを問わずすべての暴力行為又はその行為の煽動を禁止している（＊97）。二〇〇二年の改正刑法第八六条一項は「人々の間に国民、人種、宗教的憎悪を掻き立て、差別によって人々の権利を直接又は間接に制限し、又は特権を設ける宣伝を行うことは、五年以上一〇年以下の刑事施設収容とする」としている。二〇〇八年の刑法第三〇二条はジェノサイドについて二〇年以上二五年以下の刑事施設収容又は死刑とする。

条約第四条ｂについて、二〇〇二年の広告法は、国民的民族的出身、言語、人種、社会的出身又は地位、年齢、性別、職業、教育、宗教及び意見を侮辱するために、攻撃的な言語、揶揄、描写を用いてマスメディア広告を通じて公衆に広告又は放送することを禁止する。議員選挙法と雇用促進法にも差別を禁止する規定がある。

条約第四条ｃについて、一九九九年の政府決定「行政職員行動綱領」第四項は、職務遂行に当たって人を差別しないという一般的規定だが、二〇一〇年の「行政職員行動綱領」第五項三・二は、公務員は国民的民族的出身、人種、年齢、性別、社会的出身、財産、職業、地位、宗教、意見、教育、健康状態及び性的志向に基づいて差別してはならないとする。

公共サービス法第一六条は市民には差別されない権利があるとしている。二〇一〇年の国家統計局の調査によると、警察官六四二〇人のうちカルカス五六二三人、カザフ一六二人、ダーベド一六三人、ブリヤート六六人、バヤド一〇八人、ダリガンガス五八人、ウリアンカイス三六人、ザクチンス六七人のように少数民族からも採用している。二〇一三年、人種差別に関する申立事例はなかった。

人種差別撤廃委員会は次のように勧告した（＊98）。人種主義ヘイト・スピーチを禁止する法規定が条約第四条に合致していない。二〇一五年にも刑法改正が行われたが、ａ　人種的優越又は憎悪に基づく思想のあらゆる流布、ｂ　人種差別の煽動、ｃ　いかなる人種若しくは皮膚の色若しくは種族的出身を異にする人の集団に対するものであるかを問わずすべての暴力行為又はその行為の煽動を禁止すること。二〇一〇年に改正された外国市民の地位法が人種主義ヘイト・クライムを予防・処罰しているが、外国人に対する人種主義動機による暴力事件が生じており、ダヤル・モンゴル及びツァガーン・カースのような超国家主義的ネオナチ組織がある。ダヤル・モンゴルに関する解散手続きが進行しているが、その結果について報告すること。人種差別を助長・煽動する団体、人種差別団体への参加、及び活動を違法とし、処罰できる犯罪とし禁止すること。人種主義的動機による暴力事件を迅速かつ効果的に捜査し、実行犯を訴追すること。超国家主義者やネオナチの偏見と闘うために教授、教育、文化、情報の分野において適切な措置をとること。

49　アゼルバイジャン

憲法第四七条は人種、民族、宗教、社会的憎悪又は敵意を助長又は煽動宣伝することを禁止している（＊99）。刑法第二八三条によると、国民、人種、社会又は宗教的敵意の煽動、人間の尊厳を貶めること、若しくは国民、人種、社会又は宗教的理由で市民の権利を制限し又は特権を与えることの煽動が、公然と又はマスメディアを通じて行われた場合、一〇〇〇以上二〇〇〇マナト以下の罰金、又は二年以下の矯正、又は二年以上四年以下の刑事施設収容とする。実力の行使又はその威嚇が伴った場合、地位の乱用によって行われた場合、若しくは組織集団によって行われた場合、三年以上五年以下の刑事施設収容とする（前回報告書は『序説』五八七頁）。

マスメディア法第一〇条は国民、人種、社会的敵意又は不寛容を助長するためにマスメディアを利用することを禁止する。テレビ・ラジオ放送法第七・〇・七条によると、公共放送者に、宗教又は人種の差別を助長する番組を放送しない義務を定めている。政党法第四条、労働組合法第八条、ＮＧＯ法第二・三条も同様の行為を禁じている。

人種差別撤廃委員会は次のように勧告した（＊100）。憲法第二五条は人種、国籍、言語による特権付与を禁じているが、特別措置を講じていない。条約第四条に従って、不利益を受けるマイノリティ集団や個人を保護する目的の特別措置を取ることを許すよう法律を改正すること。刑法第一一一条や第二八三条、並びに労働組合法やＮＧＯ法の諸規定が条約第四条の要件に適っていない。特に人種的優越性に基づく思想の流布、人種主義活動の援助、人種差別を助長し煽動する宣伝、人種差別を煽動する組織や活動への参加を、その流布の手段や非公然か公然かに関わらず、禁止し処罰すること。ナゴルノ・カラバフ紛争に関する立場の相違を基に刑法第二八三条が恣意的解釈の下で用いられている。人種主義スピーチとの闘いが、不正義に抗議する者、政治的反対者を沈黙させるために用いられるべきではない。委員会は一般的勧告第三五号を想起する。歴史的事実に関する意見表明が学術的議論の文脈で行われ、憎悪、暴力、差別を煽動することがない場合、禁止されるべきではない。個人や集団の人権を擁護するためのスピーチは刑事制裁を科されるべきではない。

50　ジョージア

二〇一四年五月二日、諸外国の事例を参考にし、人種主義と不寛容に反対する欧州委員会の勧告を受けて議会は人種差別撤廃法を採択した（＊101）。すべての形態の差別を撤廃し、人種、皮膚の色、言語、国民、民族又は社会的所属、性別、性的志向、ジェンダー・アイデンティティ、健康状態、障害、年齢、国籍、出身、出生地、居住地、社会的地位、宗教又は信念、政治的その他の理由にかかわらず、法が定める権利を平等に享受することを保障する。直接差別も間接差別も禁止する。差別の禁止は全ての領域に及ぶ（前回報告書は『序説』六二〇頁、そこではグルジアと表記した）。刑法第一四二条（平等侵害）及び第一四二一条（人種差別）を定める。刑法第一四二一条は「国民又は人種的憎悪、民族の尊厳を貶めることを目的とする行為」を犯罪としている。作為も不作為も含まれ、身体的挙動のみならず、スピーチや言説も含まれるので、憎悪や民族の尊厳を貶める目的で人種主義言説や人種的観念を流布することは禁止する。共犯規定が適用されるので、犯罪の実行を教唆、幇助した者も刑事責任を問われる。人種差別撤廃委員会の前回勧告に従って、二〇一二年、量刑に関する刑法第五三条を改正し、人種、宗教、国民、民族的不寛容、又は差別的理由によって犯罪が行われた場合、刑罰加重事由となる。刑法第一五五条は墓地や宗教施設の暴力やその威嚇を犯罪とする。刑法第一五六条はスピーチ、意見、良心、宗教、宗派等に基づく迫害を犯罪とする。

放送法第五六条は人種、民族、宗教的憎悪や集団への差別を行う放送番組を禁止する。集会法第一一条は集会における憎悪を表明する公然発言や煽動を禁止する。市民の政治組織法（政党法）は、政党活動の禁止は憲法裁判所決定によらなければならないとする。選挙法は選挙運動における憎悪や紛争の教唆を禁止する。文化法は市民に文化生活における差別なき平等を強調している。

人種差別撤廃委員会は次のように勧告した（＊102）。政府公務員、政党代表による民族的又は宗教的マイノリティに対する身体攻撃や差別発言がなされ、メディアやインターネットでヘイト・スピーチが見られるが、十分な捜査と訴追がなされていない。二〇一二年の量刑法改正を歓迎するが、裁判所が効果的に適用した事例が報告されていない。ヘイト・クライムを徹底捜査し、刑事手続きにおいて人種主義動機を考慮し、実行者を捜査、訴追、処罰し、被害者に補償を行うこと。条約第四条に従い、人種主義ヘイト・スピーチを禁止すること。人種主義表現はもっとも重大な事案を犯罪化し、それ以外は刑法以外の手段によるようにすること。人種的動機による犯罪を刑罰加重していることについて、公衆に意識喚起のキャンペーンを行うこと。

51 オマーン

前回、人種差別撤廃委員会はオマーン政府にヘイト・スピーチ処罰法の制定と人種差別的な組織暴力の抑止を勧告した（＊１０３）。刑法には人種差別を抑止する規定がある。ジェンダー、人種、その他の理由に基づいた集団に対する差別を禁止する規定である。刑法第一三〇条ｂｉｓは宗教宗派紛争又は住民の間に憎悪又は忌避の感情を助長又は煽動した者は一〇年以下の刑事施設収容とすると、重大犯罪の刑罰を定めている。基本法第一七条は平等を定め、基本法第七五条、第七六条、第八〇条は締結した条約の遵守を定めている。

人種差別撤廃委員会は次のように勧告した（＊１０４）。条約第一条に合致した人種差別の定義、条約第四条に合致した立法が存在しない。人種差別を防止しこれと闘う包括的な立法がない。一般的勧告第七号及び第一五号を想起して、条約第一条の定義、及び第四条の要請に従った立法、人種差別を助長及び煽動する組織を禁止する立法を行うこと。

52 レバノン

レバノン憲法前文は意見・表現の自由を民主主義の保障としている（＊１０５）。憲法第九条は信仰の自由を定め、憲法第一三条は意見の自由を確認し、表現の自由に口頭、文書、プレスの自由、集会結社の自由も含まれる。権利への制限は個別に刑事立法に明示されている。刑法第三一七条は派閥や宗教対立を助長する目的とする著述や言明、共同体の間に対立を煽動する著述や言明を犯罪化している。刑法第三一八条は第三一七条に示された目的のために設立された結社への参加者を処罰する。刑法第二九五条は戦時に又は戦争直前に、国民感情を傷つけ、派閥や宗教対立を助長する目的のプロパガンダを重罪とする。一九九四年のテレビ・ラジオ放送法第三条はオーディオヴィジュアル・メディアは自由であり、情報の自由は憲法及び法律に従って行使されるとする。憎悪及び過激主義の流布、人種主義や皮膚の色及び民族に基づく優越性を伝える行為に刑罰を定めている。印刷出版法を改正した一九七七年の法律第二四条は、出版、プレスにおける言明その他の類似の行為によって犯罪実行を煽動した者に、刑法

第二一八条に従って刑罰を科すとしている。犯罪を呼び掛け、唆す文書は煽動に当たる。同法第二五条はレバノンで承認された宗教のいずれかを軽んじ、派閥や人種的対立を助長し、平穏を害し、レバノンの安全、主権、統一を危険にする出版物の流布を犯罪とする。検察は当該出版物を差し押さえ、管轄裁判所に事案を送り、最低六カ月の間出版を停止できる。常習犯については刑罰を二倍にすることができる。

多くの地方自治体はこの種の不法行為に忙殺されている。近隣諸国の政治状況の影響で外国人労働者や難民が多く滞在し、事件が続いている。自治体は一定の時期の外国人の移動の禁止によってこうした行為を予防する措置をとっている。こうした措置は、安全が損なわれ、犯罪が増加し、レバノン市民に危険が生じていることによって正当化されている。人種的優越性や人種差別に基づく外国人労働者に対する宣伝の禁止について、二〇一四年一一月、労働省は覚書四八／一を出して、人道的価値に反する広告を除去するように通達した。

人種差別撤廃委員会は次のような勧告をした（＊106）。人種主義表現を禁止する法規定に明確性が欠ける。憎悪を正当化し、憎悪と差別を煽動する中傷表現を厳密に禁止し、制裁を科すこと。移住者や難民に対する人種主義ヘイト・スピーチや差別発言を非難すること。刑法第三一七条及び第三一八条が条約第四条に部分的に合致するが、個人に対する人種差別行為を禁止していない。特定の人種の優越性の観念の流布を犯罪化していない。個人や集団に対する人種等の脅迫や暴力の煽動を犯罪化すること。いかなる手段であれ人種的民族的優越性の観念の流布、人種差別を助長又は煽動する組織への参加を犯罪化すること。人種差別を助長・煽動する組織を禁止すること。人種的動機を刑罰加重事由とすること。

53　パキスタン

パキスタンには人種主義団体は存在しない（＊107）。宗教又は民族的理由に基づく憎悪を促進する団体を禁止する法律についての情報を報告する。一九九七年の反テロリズム法によれば、宗派的憎悪の煽動は犯罪である。暴力の煽動や、国民、人種、宗教的憎悪又は暴力による行為を含むテロリスト行為に関する犯罪である。個人による犯罪だけでなく、団体の関与によるテロリスト行為も犯罪である。ヘイト・スピーチに対処する努力を行っている。パンジャブ州では新しい州法が採択され、違反者や拡声器の悪用に対処する。実際に多数の逮捕がなされている。報告書の対象期間に、憎悪文書の出版に関連して全国で一七七七以上の事件が記録され、一七九九人が逮捕されている。パキスタン司法当局は多数の憎悪文書を押収している（前回報告書は『序説』五八四頁）。

二〇〇二年のプレス・新聞・報道機関・出版登録法第五条A(b)は、宗派主義、民族性、人種主義に基づいた声明、コメント、観察、意見の印刷表現物の出版を制限する。二〇〇七年の電子メディア規制庁命令によって規制範囲が強化された。同命令は電子メディアプログラムに暴力、テロリズム、人種、民族、宗教的差別、宗派主義、好戦主義、憎悪を含まないように指示する。命令第三三条が刑罰を定める。宗教団体間に敵意を促進すること、そうした目的で犯罪を行うこと、そうした活動に参加することも犯罪である。刑罰が科された事例は多数ある。先例としてはザーラ対内務大臣事件がある。ハザラ共同体に属する女性とその娘にCNICを更新することを拒否した事案である。裁判所はCNICの発行を命じただけでなく、補償として五〇〇〇ルピーを払うよう命じた。裁判所は地方行政官にハザラ共同体に対する偏見があるとし、憲法はこの種の差別を禁止しているとした。

人種差別撤廃委員会は次のような勧告をした(＊108)。憲法及び法律が条約第一条に合致した人種差別の定義を採用せず、人種差別を法規制する管轄権が設定されていない。人種差別とは何かを理解し、すべての公務員と公衆に人種差別撤廃条約を周知するのに必要な措置を執ること。個人に対する人種差別行為を禁止する特別法がなく、人種的優越性の観念の流布や憎悪や人種差別の煽動を違法と禁止する法律がない。包括的な反差別法の制定がなされていない。一般的勧告三五を想起し、包括的な反差別法を含む法的枠組みを採用して、条約第四条に沿ってすべての人種差別を犯罪とすること。

54 スリランカ

憲法第一二条二項は平等への基本権を保障し、人種、宗教、言語、カースト、性別、政治的意見、出生場所又はその他の理由に基づく差別を禁止している(＊109)。憲法第一五条二項、三項、四項に「人種的宗教的調和の利益」と明記されており、一定の基本権の行使に制限を課すことができる。二〇〇七年の法律五六号は国際自由権規約法であり、その第三条一項は何人も戦争を宣伝してはならず、国民、人種、宗教的憎悪を唱道して、差別、敵意、暴力を煽動してはならないとする。一九七九年の法律四八号はテロ行為予防法であり、話されたり読まれる言葉、サイン、視覚表現その他の方法で、暴力行為又は宗教的人種的又はコミューンの調和を乱す原因を作ろうとした者、異なるコミュニティ、人種的宗教的集団の間に敵意をつくろうとした者は責任があるとする。この犯罪で有罪とされた者は五年以上二〇年以下の刑事施設収容とする。

刑法第二九〇条によると、宗教を侮辱する意思で、又は当該行為が一定の人々にとって侮辱とみなされるものであることを知りながら、教会又は一定の人々にとって神聖な場所を破壊し、損壊し、汚した者は処罰される。刑法第二九〇〜二九二条は教会に関連して、一定の人々の宗教を侮辱する意思で、故意に合法的な宗教集会を妨げた場合も同様である。

人種差別撤廃委員会は次のような勧告をした（＊110）。条約における諸権利を国内実行するための法と政策を採用すること。人種差別とヘイト・クライムを申告する方法に関する教育キャンペーンを行うこと。人種差別とヘイト・クライムが申告され、それらが訴追され、どのような判決が出たかを次回報告すること。民族的宗教的マイノリティが職場で安全に保護される迅速な措置を執ること。条約第四条の要請を実現する包括的ヘイト・スピーチ法を制定し、人種的優越性や憎悪や人種的憎悪の煽動を禁止すること。人種的動機を刑罰加重事由にすること。ヘイト・スピーチ実行者を訴追し、不処罰を予防すること。捜査、訴追、判決、被害者への補償について次回報告すること。コミュニティ間の緊張をなくすため対話を促進し寛容を図ること。

55　トルクメニスタン

二〇一二年一月一〇日、民主化改革の一環として政党法が採択された（＊111）。政党法は憲法上の諸権利の実現を目指すが、政党法第八条は暴力によって憲法秩序を変更し、その活動において暴力を容認し、戦争及び人種、民族、宗教的憎悪を唱道する政党の設立を禁止する。この政党法によって複数政党制が採用された（前回報告書は『序説』六三三頁）。

人種差別撤廃委員会は次のような勧告をした（＊112）。ヘイト・スピーチを規制する刑法第一七七条があるが、実際に執られた措置に関する情報がない。ヘイト・スピーチを規制する措置が表現の自由を過剰に制約していないか疑問がある。刑法第一七七条を条約第四条及び委員会の一般的勧告に合致させること。すべてのヘイト・クライム／スピーチ事件が捜査、訴追、処罰されるようにすること。

56　アルメニア

二〇〇三年八月一日発効の刑法第二二六条一項は、国民、人種、宗教的敵意、人種的優越性、国民の尊厳の侮辱の煽動を犯罪とし、最低賃金の二〇〇以上五〇〇以下の単位の罰金、又は二年以上四年以下の刑事施設収容とする（＊113）。同条第二項は加重事由として、上記の行為を公然と又はマスメディアを使って行い、暴力又は暴力の威嚇を行い、権限濫用によって行った場合、三年以上六年以下とする。刑法第六三条は国民、人種又は宗教的憎悪、宗教的熱狂の理由で犯罪を行った場合、刑罰加重事由とする。刑法第三九二条は、排除、不法拘禁、奴隷化、大量処刑、誘拐による失踪、拷問又は残虐行為が、人種、国民、民族的背景、政治見解、信仰をもとに行われた場合、七年以上一〇年以下、又は終身の刑事施設収容とする（前回報告書は『序説』六一〇頁）。

条約第四条bの要請に関して、憲法第二八条は結社の自由を定め、第四七条は憲法秩序の転覆、国民、人種、宗教的憎悪の煽動、暴力の宣伝及び戦争の宣伝の目的で結社の自由を行使することを禁止する。二〇〇一年のNGO法第二一条は、人種的憎悪の煽動を目的とする場合、その解散を裁判所が判断することにしている。政党法にも同様の規定がある。

人種差別撤廃委員会は次のような勧告をした（＊114）。反差別法案が提出されているので速やかに採択すること。刑法第二二六条にもかかわらず、条約第四条bに沿って人種主義組織の結成や参加を犯罪化する法律がない。人種差別を助長・煽動する組織を禁止し、そうした組織への参加を処罰すること。政治家、メディア、インターネットなど公的言説におけるヘイト・スピーチや差別発言が存在する。人種主義的ヘイト・スピーチや差別発言を強く非難すること。ヘイト・スピーチ事件を記録、捜査、裁判にかけ、責任者に制裁を科すこと。ヘイト・クライムを独立犯罪として規定すること。

57 アラブ首長国連邦

一九八七年の刑法第一〇二条は公務員が地位又は権限を利用した場合を刑罰加重事由とする（＊115）。差別と憎悪に関する二〇一五年の法律は、すべての形態の人種差別と闘うための規定を有する。宗教及び聖なる物への中傷を含む行為を犯罪としている。神性、宗教、預言者、伝道者、聖書、礼拝所に対する侮辱を禁止し、宗教、宗派、教義、信仰集団、宗教コミュニティ、人種、皮膚の色又は民族的出身に基づく個人又は集団への差別を禁止する（前回報告書は『序説』五九二頁）。インターネット、テレコミュニケーション、ウェブサイト、情報技術、印刷メディア、オーディオメディアを通じて、口頭、文書、図画その他の表現方法で、個人又は集団への不和、争闘、差別を煽動する言説又は行為を犯罪とする。宗教を侮辱し、差別を行い、ヘイト・スピーチを煽動、助長する目的で、結社、センター、団体、組織、連合、集団その他を結成、設立、運営した者は、刑罰を科せられる。これらの団体にその目的を知りながら加入、参加、援助した者も刑罰を科される。二〇一二年のサイバー犯罪と闘う法律のもとで、インターネット上又は情報テクノロジーを通じて、不和、憎悪、人種主義、分派主義を煽動し、社会の平穏を害し、公共の秩序又は公衆道徳を破壊する情報を流布した者は刑罰を科される。

人種差別撤廃委員会は次のような勧告をした（＊116）。差別の禁止規定が「連邦の市民」に限定され、住民の九〇％を占める非市民に適用されないことに関心を有する。条約第一条二項を想起して、市民と非市民の同等の権利を保障すること。人種差別を禁止する法律を条約に合致させること。差別と憎悪に関する二〇一五年の法律の差別の定義には世系や国民的出身が含まれていないので、条約第一条に合致させること。ヘイト・スピーチに関する法律を条約第四条に合致させること。刑事制裁が合法性、均衡性、必要性の要請を満たすようにすること。統計データを次回報告すること。教育啓発において人種差別とヘイト・スピーチの申立て方法を周知すること。警察、検察官、裁判官、労働査察官その他の公務員に人種主義事件を確認・登録する方法を研修し、これについて次回報告すること。

58　ニュージーランド

皮膚の色、人種、又は民族的国民的出身を根拠に出版によって人の集団に対して敵意を煽動、又は侮辱をすること、若しくは文書又は口頭で公然と流布することは違法である（＊117）。人権法第一三一条は、人種的不和の煽動を犯罪とする。二〇〇二年の量刑法第九条一項ｈによると、犯罪が人種、皮膚の色、国籍のような共通の特徴を有する人の集団に向けられた敵意ゆえに犯された場合は刑罰加重事由とされている。犯行者が被害者はその特徴を有すると信じていた場合も刑罰加重事由である。二〇一五年七月二日、議会は有害デジタル・コミュニケーション法を制定した。有害デジタル・コミュニケーションとは、デジタル・コミュニケーションを通じてなされたいじめ、ストーキング、ハラスメント、悪意のなりすまし、重大な脅迫である。デジタル・コミュニケーションを通じての人種憎悪煽動は禁止される。同法の制定は、二〇一二年、ニュージーランド立法委員会が、中傷、脅迫による犯罪などの有害コミュニケーションについての救済が新たな現象に適切に対応していないと判断したことによる。二〇一四年四月、みだらな出版及びわいせつ法が成立した。子どもの搾取などを含むみだらな出版犯罪の改正法である。人種差別を含むみだらな出版物を所有、輸出、輸入、提供、配布、製造した場合の刑罰を加重する。

警察は共同体における犯罪防止のために多様な民族共同体と協力している。警察の太平洋マオリ・サービス局はマオリ人、太平洋その他の人々の適切な政策とサービスを提供する。オークランド保安パトロールは三〇以上の民族集団から一七〇人のボランティアによる、一カ月に五〇〇時間以上のパトロールを行っている。二〇一二年、警察は人権委員会が開催した多様性フォーラムを支援し、人種差別の撤廃のために協力した。二〇一五年、警察は民族共同体戦略を更新した。『民族共同体とともに働く――未来』戦略の目的は、民族的責任、民族的多様性の構築、ともに働くことを掲げる。二〇一五年、一二の民族代表者とともに民族共同体フォーカス・フォーラムを設立し、民族共同体政策を担当する。警察は異なる多様な出身・背景を有する職員募集キャンペーンを実施している。二〇一三年、マオリ人は警察職員の一〇％である。

人種差別撤廃委員会はニュージーランド政府に次のように勧告した（＊118）。人種的不和の煽動を犯罪化しているが、報告書対象期間に訴追事例がない。人種主義ヘイト・スピーチの訴追、判決に関する包括的統計がない。条約第四条に合致した枠組みでヘイト・スピーチを扱うように現行法を見直すこと。人種主義ヘイト・クライム／スピーチが捜査、訴追され、処罰され、被害者に救済がなされるよう確保すること。人種主義ヘイト・スピーチの事案の捜査、訴追、判決に関する包括的統計を収集することを優先事項とすること。

第5節　南北アメリカ諸国

59　チリ

反差別法第二七条は被害者のイデオロギー、政治的意見、宗教又は信念、国籍、人種又は民族的社会的集団への帰属、性別、性的志向、ジェンダー・アイデンティティ、年齢、個人的容貌、病気又は障害のゆえに犯罪が行われた場合、刑罰加重事由としている（＊119）。

先住民族法第八条は「出身又は文化のゆえになされた先住民に対する明白かつ意図的な差別は犯罪と見なされる」と規定する。二〇一一年四月に発効した法律二〇五〇七号は人身売買の予防と処罰を定める。この法律は国連のパレルモ議定書に従っている。憲法はいかなる検閲なしに、意見を表明、情報を交換する自由を保障するが、その自由を行使する際に行われた犯罪についての責任は残される。意見・情報の自由に関する法律第一九七三三号第三一条は何らかの社会的コミュニケーション手段によって人種、性別、宗教又は国籍を理由として、個人又は集団に対する憎悪又は敵意を助長する出版物を製作した者を、二五以上一〇〇以下の月額罰金制で処罰し、再犯の場合は二〇〇以下とする（前回報告書は『序説』

図表17　本節で紹介した諸国

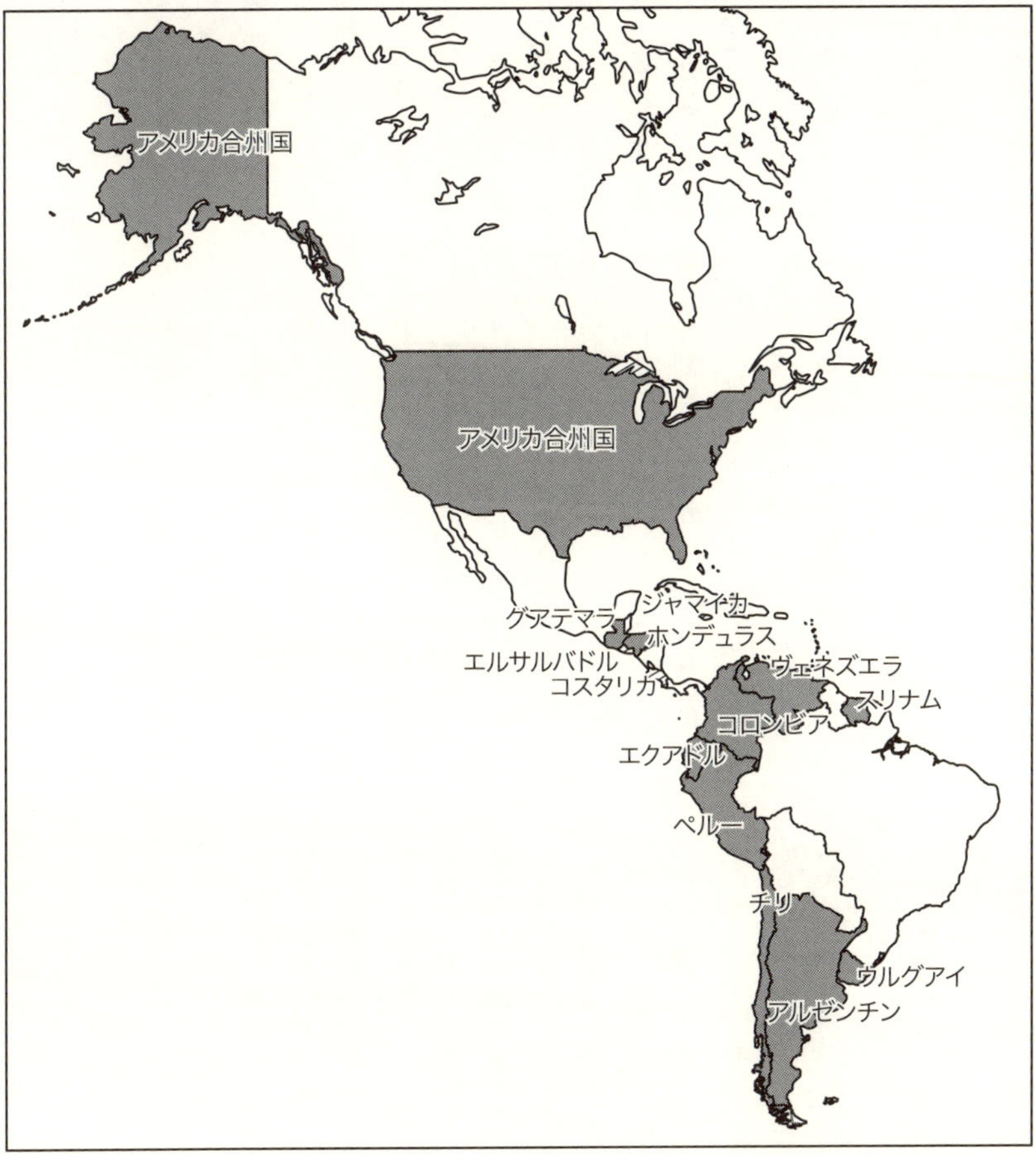

五八八頁）。

人種差別撤廃委員会は次のように勧告した（＊120）。立法に前進のあることに留意するが、反差別法は「恣意的差別」を禁止する条項を持ち、これでは一定の差別行為を正当化する解釈がなされ、これらの行為をした行為者の責任を問うことができない。差別のカテゴリーに「恣意的でない」ものも含めて、反差別法を条約に合致させること。条約第四条に完全に合致する法律がない。条約第四条は義務的性格を有するので、条約第四条に完全に合致した法改正を行い、社会における寛容を促進し、外国人嫌悪や人種偏見と闘うこと。次回報告書に人種差別や憎悪の煽動に関する捜査、裁判、判決についての統計を含めること。

60　ジャマイカ

憲法第三章（基本権と自由の憲章）は人種に基づく差別からの保護を規定する（＊121）。第一三条三項は男女の性別、人種、出生場所、社会階級、皮膚の色、宗教又は政治的意見に基づく差別からの自由の権利を定める。前回審査結果として、人種差別撤廃員会はジャマイカに対して、条約第四条に対する留保を撤回し、特に条約第四条bの人種主義団体規制法を制定するよう勧告した。条約第二条に関連する憲法上の保障があるので、憲法第三章（基本権と自由の憲章）の下で効果的な措置が存在しており、人種や出生場所に関わらず基本権と自由が保障されている。

人種差別撤廃委員会は次のように勧告した（＊122）。一九九六年のテレビ・音声放送規制第三〇条が「下品で冒涜的」な内容の放送を禁止し、暴力を促進する歌の放送を禁止しているが、条約第四条に効力を与える国内法が存在しない。条約第四条に効力を与える法律その他の措置を講じること。

61　ヴェネズエラ

条約第四条に関連する法律は多数あり、報告書ではそのうち主要なものを紹介するにとどめる（＊123）。一九九九年の憲法第八九条は政治、年齢、人種、性別、信条又はその他の理由に基づいて差別することを禁止している。二〇〇九年の教育法は教育の基本原則を定め、すべての市民に差別のない平等を保障する。教育法第一〇条はすべての教育機関・学校に、印刷、映像その他のメディアを通じて出版、広告、宣伝その他の方法で、憎悪、暴力、危険、不寛容を煽動すること、言葉を人間の共存、人権、先住民族の権利の尊重に有害な形に変形することを煽動することを禁じている。重大な違反行為については制裁が予定され、場合によっては違反した機関の閉鎖・解散も可能である。二〇一〇年のラジオ・テレビ・電子メディア責任法第三条は人々の間の社会的理解、平和、寛容、平等、友好を発展させる責任を定める。人種差別法第一条は人種差別を予防、対処、根絶、処罰するためのメカニズムを規定する。第四条は人間の尊厳、社会正義、参加促進、ジェンダー平等、多文化主義、多民族性、文化交流、多言語主義、連帯、寛容、平等に照らして、原則を定める。第七条は合法目的の結社の自由を定め、人種差別を促進・煽動する組織を禁止する。人種差別禁止法により反人種差別国家機関が設置され、検事局とオンブズマン事務所が任務を担当する。

人種差別撤廃委員会は次のような勧告をした（＊124）。

教育法、ラジオ・テレビ・電子メディア責任法のように、人種憎悪の煽動と闘う法律がある。しかし、先住民やアフリカ系人民に対する人種憎悪の事案があることに照らして、人種憎悪、人種的優越性に基づく観念の流布や、人種差別の煽動を処罰する法律基準がない。人種差別を条約第四条に従って処罰する法律を制定すること。人種的動機を刑罰加重事由とする立法を行うこと。裁判所において扱われた人種差別事案に関する情報が欠如しているので、人種差別に関する統計情報を提供すること。

62　ホンデュラス

政府が提出した初めての報告書によると、憲法第六〇条は平等の権利と差別からの保護を定め、「性別、人種、階級その他の人間の尊厳を損なう理由によるすべての形態の差別は処罰される」とする（＊125）。二〇一〇年八月一七日、最高裁判所憲法部は平等原則について、すべての者が法の下に平等の取り扱いを受けること、特別の事情の下で異なる取り扱いがなされることを妨げないことを確認した。憲法第六一条はいかなる差別もなしに安全、自由、平等、所有権を保障されるとしている。刑法第三二一条は差別犯罪を次のように定める。「性別、人種、年齢、階級、宗教、政党、政治的姿勢、障害、その他の人間の尊厳を損なう理由に基づいて他人を差別した者は、三年以上五年以下の刑事施設収容及び三万以上五万レンピラ以下の罰金に処す。実行者が外国人の場合、判決執行後に国外追放することができる」。この定義は条約第一条の人種差別の定義に合致していない。条約の定義に合致させるために刑法第三二一条の改正案が国会に提出されている。「性別、ジェンダー、年齢、性的志向、ジェンダー・アイデンティティ、政治的意見、市民的地位、先住民やアフリカ系ホンデュラス人の一員であること、言語、国籍、宗教、家族的背景、財産状態、社会状態、異なった能力や障害、健康状態、身体的外見、その他の人間の尊厳を損なう理由に基づいて個人又は集団の権利の行使を、恣意的又は違法に妨げ、制限し、減少させ、妨害し又は無効にした者は、三年以上五年以下の刑事施設収容及び三万以上五万レンピラ以下の罰金に処す」。「実行行為に暴力が伴った場合、刑罰は三分の一加重される。公務員や公的従業員が職務中に行った場合、累犯の場合、当該公務員や公的従業員の刑事施設収容期間を二倍とする。実行者が外国人の場合、判決執行後に国外追放することができる」。

刑法第三一九条はジェノサイドの罪を定める。ジェノサイドの煽動及び共謀も処罰される。ジェノサイドの直接煽動は八年以上一二年以下の刑事施設収容、間接煽動は五年以上八年以下の刑事施設収容である。司法人権省は、刑法第一一七条の殺人罪について憎悪動機があった場合は刑罰加重事由とするという改正案を国会に提出している。労働法、子ども青年法、民事訴訟法、公選法、基礎教育法、文化遺産保護法などにも差別禁止規定がある。

人種差別撤廃委員会は次のような勧告をした（＊126）。憲法及び刑法における人種差別の定義が条約第一条の定義の全要素を含んでいない。現行の人種差別の定義を条約第一条の定義に合致させること。刑法第三二一条及び第三二一条Aは条約第四条が提示する事案全体をカバーしていない。人種差別犯罪を条約第四条に含まれる定義に合致させること。

63 エルサルバドル

刑法第二九二条は「公務員や公務被雇用者、法執行官、公的当局者が国籍、人種、ジェンダー、宗教又はその他の人的属性に基づいて、人に対して、憲法が認める個人の権利を否定した場合、一年以上三年以下の刑事施設収容及び同じ期間の職務停止とする」とする（＊127）。刑法第二四六条は「ジェンダー、妊娠、出身、市民的地位、人種、社会的地位又は身体的条件、宗教又は政治的信念、労働組合員であること又は組合員でないこと、企業における他の労働者との親類関係に基づいて、職場において重大な差別行為を行った者は、六月以上二年以下の刑事施設収容とする」。人種的優越や憎悪に基づく行為や観念、人種、皮膚の色又は民族的出身の異なる集団に対する暴力の煽動行為を排除する法規定を有している（前回報告書は『序説』六〇四頁）。人種差別を促進・煽動する組織活動や宣伝活動は見られない。人種差別を促進・煽動する国家当局の行為はなされていない。二〇〇六年の政府倫理法第四条は公務員の行為原則として非差別を掲げ、国籍、人種、ジェンダー、宗教、イデオロギー、政治的見解、又は社会的経済的条件による差別を禁じている。司法・公共安全省市民警察はイサルコ及びナフイサルコ地域における先住民族地域を管轄する。二〇一一年、市民警察人権班は「被害を受けやすい状況に直面する集団」に関するワークショップを全国で行った。

人種差別撤廃委員会は次のように勧告した（＊128）。刑法第二四六条と第二九二条及び政府倫理法第四条は公務員による差別や職場における差別に限定されている。エルサルバドル法は条約第四条に掲げられた行為をカバーしていない。条約第四条に沿って人種差別犯罪に関する法規定を採用すること。人種差別について意識を涵養すること、人種的ステレオタイプと闘う手段として文化間対話を促進すること。

64　ペルー

刑法第三二三条は差別、並びに差別の煽動を二年以上の刑事施設収容にあたる犯罪とする（＊129）。政党法第二条cは政党の目的の一つは人権増進に寄与することとする。二〇〇八年の立法的命令一〇四四号第一八条によると、出身、人種、性別、言語、宗教的見解、経済状態その他の差別に基づく差別行為又は攻撃は社会的是正原則に反する行為とされる。二〇一〇年の消費者保護法は人種、性別、言語、宗教、意見及び経済状態に基づく消費者に対する差別を禁止する（前回報告書は『序説』五九一頁）。

人種差別撤廃委員会は次のように勧告した（＊130）。刑法第三二三条は「差別又は差別の煽動」としているが、条約第四条に掲げられた行為を含んでいない。人種差別の根絶に関する一般的勧告第七号及び第一五号に照らして、刑事立法に条約第四条のすべての要素を取り入れること。人種的動機を刑罰加重事由とすること。

65　アメリカ合州国

アメリカは奴隷廃止及び公民権運動を通じて、歴史的に人種差別撤廃の努力を積み重ねてきた（＊131）。平等の正義への道に終わりはないが、過去に比較してはるかに善き公正な国になっている。二〇〇九年六月にカイロでオバマ大統領が演説したように、攻撃的スピーチやヘイト・スピーチに対する最善の解毒剤は、そうしたスピーチに反対する建設的対話である。政府は攻撃的スピーチやヘイト・スピーチに反対表明し、寛容を促すべきである。寛容と尊重を促進するために、表現、集会、結社の自由の制限を行わないことが重要である。アメリカは条約当事国になる際に条約第四条と第七条に留保を付した。民主主義は思想の自由な交換の上に成り立つので、表現の自由を守るべきである。憲法修正第一条の下でアメリカは差し迫った暴力の煽動を許していない。これは表現の自由の例外であり、差し迫った不法行為の煽動に向けられた言論だけが規制できる。ブランデンバーグ原則やマシュー・シェパード・ヘイト・クライム予防法の説明がなされている。人種、国民的出身、民族に基づいてなされた犯罪は連邦レベルでも州レベルでも一九九四年のヘイト・クライム量刑法のように刑罰加重事由である（前回報告書は『序説』五七四頁）。

人種差別撤廃委員会は次のように勧告した（＊132）。差し迫った暴力の煽動の禁止以外に、人種主義ヘイト・スピーチの禁止がなく、条約第四条に幅広い留保をしている。ヘイト・クライムの被害者が警察等に届け出ることが少ない。FBIのヘイト・クライム統計は任意的性格である。表現の自由を保障しながら人種主義ヘイト・スピーチと闘うために、条約第四条の留保を撤回するか、留保の範囲を狭めること。FBIが行っているヘイト・クライム統計のデータ収集を整備すること。人種主義ヘイト・スピーチに関する統計情報を提供し、人種主義ヘイト・スピーチと闘うために国家がとった措置の成果を評価できるようにすること。

66 グアテマラ

市民の福利を図り、人種主義と人種差別を撤廃することが立法の義務であるので、先住民族を支援する法案を促進してきた（＊133）。二〇一二年、国会は先住民族の諸団体と協議して必要な立法を進めてきた。先住民族委員会がそのための意見書を提出した。二〇一三年、人種差別撤廃委員会の権能を認める宣言が採択された。前回審査の結果、人種差別撤廃委員会は条約第四条に従って人種差別を処罰する法律を制定するように勧告した。差別と人種主義に関する大統領委員会が刑法改正案（四五三九号）を提出し、刑法第二〇二条bisにおいて人種差別を厳しく処罰することにした。先住民族諸団体の意見聴取をしている。国会が採択すれば、委員会勧告に応じた法律となる。人種差別撤廃委員会の権能を承認する法律案も係属中である（前回報告書は『序説』五九三頁）。

人種差別撤廃委員会は次のような勧告をした（＊134）。人種的優越性や憎悪に基づく考えの流布や、人種差別の煽動を犯罪とする法律がない。人種差別に関する裁判所の決定がわずかしかない。刑法第二〇二条は人種差別に対する刑罰を設けているが軽い罰金しか定めていない。条約第四条に十分な効力を与えて、人種差別の煽動や人種的動機による暴力行為を、その重大性に応じた制裁を科すようにすること。

67 コロンビア

二〇一一年の差別法（法律第一四八二号、刑法改正法）が人種差別撤廃を定めている（＊135）。差別法第三条（人種主義又は人種差別の行為）「人種、国籍、性別又は性的志向を理由に人民の権利の完全な行使を恣意的に妨げ、制限した者は、一二月以上三六月以下の刑事施設収容及び最低賃金月額の一〇倍以上一五倍以下の罰金に処す」。同法はジェノサイドの唱道を犯罪化している。いかなる手段であれジェノサイドや反ユダヤ主義を助長、促進又は正当化する思考や原理を流布した者は、九六月以上一八〇月以下の刑事施設収容、最低賃金月額の六六六・六六倍以上一五〇〇倍以下の罰金、及び八〇月以上一八〇月以下の公的権利の剥奪に処すとしている（前回報告書は『序説』五八九頁）。

第四条（人種、宗教、イデオロギー、政治的意見又は国民的民族的文化的出身に基づいたハラスメント）「人種、民族性、宗教、国籍、政治的イデオロギー又は哲学、性別又は性的志向に基づいて人、人の集団、コミュニティ又は人民に心身の損害を惹起することを目的としたハラスメント行為、行動又は態度を促進又は煽動した者は、一二月以上三六月以下の刑事施設収容及び最低賃金月額の一〇倍以上一五倍以下の罰金に処す」。次の場合は刑罰を加重する。①公共の場所で行われた。②マスメディアを利用した。③政府の雇用者が行った。④公的サービス提供時に行った。⑤子どもや高齢者に行った。⑥被雇用者の権利を否定又は制限するために行った。

人種差別撤廃委員会は次のような勧告をした（＊136）。条約第一条の定義に従って人種差別を定義し、条約第五条の諸権利との関係で公的生活における直接差別と間接差別を禁止し、人種差別事件を徹底的に捜査し、責任者を適切に処罰する法律を効果的に履行すること。

68　コスタリカ

前回の審査結果として委員会は、刑法を条約に合致するように改正すること、条約第四条に掲げられた犯罪行為の諸要素を定義し、犯罪の重大性に均衡するように刑罰を加重するべきであると勧告した（前回報告書は『序説』五六七頁）。現在、条約第四条の行為を犯罪とする法案は作成されていない。二〇一二〜一三年、国際人権義務の監視と履行のための省庁間委員会が、人種主義、人種差別、外国人排斥から自由な社会を構築するための国家政策と行動計画を準備中である。そのテーマの一つが「人種主義を犯罪とし、さまざまな形態の人種差別に刑事制裁を科す法案」である。条約第四条に含まれた犯罪の定義に関する委員会勧告に応答する努力をしている（＊137）。

人種差別撤廃委員会は次のような勧告をした（＊138）。人種差別犯罪の法律が改正されず、コスタリカはこれら差別は罰金で対処する軽罪だと主張している。ヘイト・スピーチに対する刑罰を犯罪の重大性に見合ったものに改正すること。人種差別動機を刑罰加重事由とすること。学校教科書において先住民族やアフリカ系出身者についてステレオタイプな記述がなされている。文学的価値のある作品であるか否かとは別に、この教科書の使用が人種主義的侮辱と威嚇に関連することに関心を有する。学校教育制度がアフリカ系出身者や先住民族の文化的慣行を認識できるようにすること。人種主義的ニュアンスの内容を有する教科書を初等義務教育から取り除くこと。

69 スリナム

刑法は二つの犯罪カテゴリーを区別している（＊139）。第一のカテゴリーでは個人の共同体としての社会が中心であり、法によって保護される社会の権利や利益の侵害を生じる行為。第二のカテゴリーでは個人が中心であり、個人の権利と自由、人格や財産の侵害を生む行為。すべての犯罪は人権と自由の侵害であり、国際文書に含まれるのと同様、刑法に従って処罰される。殺人、傷害、虐待、誘拐、拘禁、強姦、侮辱、不法侵入は犯罪である。横領、腐敗、偽造、怠慢なども犯罪である（前回報告書は『序説』五八五頁）。条約第二条に関して、刑法第一七五条及び第一七六条bには、人種差別を促進・煽動する団体を禁止する明示規定はないが、刑法第一八八条によれば、犯罪を行う目的を有する団体への参加は処罰される。人種差別を助長・煽動する行為を行った諸個人は個人として処罰される。人種差別を助長・煽動することを目的とする団体の設立は許されない。ただ、条文の具体的内容は不明である。憲法第八条は、出生、性別、人種、言語、宗教、出身、教育、政治参加、経済的地位又は社会的条件その他に基づく平等と非差別を規定する。憲法第七条はスリナム共和国が植民地主義、新植民地主義、人種主義、ジェノサイドと闘い、国民の自由、平和、社会進歩のために闘う他国の人々との連帯と協力を促進する、としている。

人種差別撤廃委員会は次のように勧告した（＊140）。人種差別を効果的に禁止する包括的な法的枠組みがなく、人種差別を助長し煽動する団体を禁止する規定がない。条約第一条の定義を採用して人種差別を禁止し、すべての法分野において直接差別と間接差別を禁止すること。人種差別を助長し煽動する団体を禁止する法律を制定すること。

70 アルゼンチン

ラジオ・テレビにおける差別の監視のため、オーディオヴィジュアル通信機構や国立女性委員会が協力して、差別的内容が含まれる放送番組の制作や内容の分析、差別に抗する代替番組の発展のための支援、差別と闘うための法とガイドラインに関する助言、番組や広告が本当に差別言説を含むか否かの研究を行っている（＊141）。オーディオヴィジュアル通信機構の研究成果はウェブサイトを通じて公開される。政府は市民社会組織に財政支援、援助、研修も行っている。二〇一一年一二月、政府は文化・宗教・民族の分断領域における調査・発展・研修センターを設置し、アルメニア人、ユダヤ人、イスラム教徒、ラヌス大学、宗教省事務局と連携している。主要目的は、公的セクターにおける差別に関連する共同研究の促進である（前回報告書は『序説』五九四頁）。一九八八年の差別行為の犯罪化法第一条は差別行為に対して民事罰を課すこととし、損害賠償も命じている。第三条は人種、宗教、国籍又は政治イデオロギーに基づく迫害又は憎悪の煽動に関する犯罪を、一年以上三年未満の刑事施設収容としている。第二条は刑法犯が人種、宗教、国籍の迫害又は憎悪による場合や、特定の集団の全部又は一部を破壊する目的で行われた場合、最小で三分の一、最大で二分の一の刑罰加重事由を定める。第六条は公共に開かれた施設の所有者、組織者、責任者が憲法上の平等原則に違反し、警察や裁判所が差別に関する申立てを受理する義務を履行しなかった場合、五〇〇以上一〇〇〇ペソの罰金とする。

人種差別撤廃委員会は次のような勧告をした（＊142）。条約に従って人種差別を定義していないので、条約第四条に記述された行為を犯罪とすること。二〇〇九年以来、オンブズマンの席が空席となっているので、オーディオヴィジュアル通信のためのオンブズマンを指名すること。

71　ウルグアイ

人種差別に対処する多様な法制度を創設している（＊143）。一九四二年一一月一九日の法律第一〇二七九号は人種間の争闘や憎悪を鼓舞する結社、団体を助長、組織、指令した者に一〇月以上五年以下の刑事施設収容とした。結社への参加は三月以上一五月以下の刑事施設収容である。現行刑法第三部第一章は、皮膚の色、人種、宗教に基づく憎悪又はその他の暴力表現を犯罪化している。刑法第一四七条は犯罪実行の公然煽動であり、三月以上二四月以下の刑事施設収容である。刑法第一四八条は犯罪行為の賞賛であり、三月以上二四月以下である。刑法第一四九条は法の破壊の煽動であり、二〇以上五〇〇以下の単位の罰金である。刑法第一五〇条は犯罪の共謀であり、共謀のみであれば六月以上五年以下、他の重大犯罪とともに行われた場合は一八月以上八年以下である（前回報告書は『序説』六一七頁）。二〇〇三年七月二九日の法律第一七六七七号は、憎悪と暴力の煽動について刑法第一四九条の刑罰を三月以上一八月以下に改正した。皮膚の色、人種、宗教、国民的民族的出身、性的志向、性的アイデンティティを理由とする心理的及び身体的暴力行為は六月以上二四月以下である。二〇〇四年九月六日の法律第一七八一七号は人種主義や外国人排斥との闘いを宣言し、人種主義・外国人排斥・差別と闘う委員会を設立することにした。

　人種差別撤廃委員会は次のような勧告をした（＊144）。人種的優越性や憎悪の観念の流布や人種差別助長団体への参加が犯罪とされていない。条約第一条に従って人種差別を禁止すること。刑法を改正すること。人種、皮膚の色、世系又は国民的民族的出身に基づく動機を刑罰加重事由とすること。

72　エクアドル

二〇一四年の包括的基本刑法は人々の個人的権利や集団的権利の侵害に制裁を科している（＊145）。刑法第一七六条は差別犯罪について一年以上三年以下の刑事施設収容とする。差別とは民族又は文化的アイデンティティのゆえに異なる取り扱い、制限、排除、優先することである。公務員によって行われた場合、三年以上五年以下である。刑法第一七七条はヘイト・クライムを、一人又は複数の人に対してその民族性又は文化的アイデンティティのゆえに心身の暴力を行う行為であり、一年以上三年以下の刑事施設収容とする。刑法第八〇条はエスノサイドの罪を定め、一六年以上一九年以下の刑事施設収容とする。コミュニケーション・情報・コミュニケーション発達庁法はメディアが排除や差別を予防する戦略を提示する。発達庁は異なる民族や文化のための領域をつくり、人種差別と闘うために重要なステップを手にできるようにする。公衆に暴力や差別について啓発するワークショップを開催している。二〇一五〜一六年、一二の教育援助プログラムを実施した。多文化主義の研究にも力を入れている。司法委員会が司法研修所を設置し、平等、非差別、統合、多文化主義、司法の多元主義、先住民族の保護を研修に取り入れている（前回報告書は『序説』五七六頁）。

　人種差別撤廃委員会は次のような勧告をした（＊146）。包括的基本刑法による刑法改正を歓迎するが、その適用が制限されている。包括的基本刑法が実際に適用され、人種差別事件が捜査され、責任者が処罰されるようにすること。民族、性別、年齢、地方ごとに収集された差別犯罪とヘイト・クライムの司法統計を委員会に提供すること。


〈註〉


（＊1）本章で紹介した会期の開催日程及び審査対象国は次のとおりである。

人種差別撤廃委員会第八三会期（二〇一三年八月一二日

〜八月三〇日、ベラルーシ、ブルキナ・ファソ、チャド、チリ、キプロス、ジャマイカ、スウェーデン、ヴェネズエラ）
人種差別撤廃委員会第八四会期（二〇一四年二月三日〜二月二一日、ベルギー、ホンデュラス、カザフスタン、ルクセンブルク、モンテネグロ、ポーランド、スイス、ウズベキスタン）
人種差別撤廃委員会第八五会期（二〇一四年八月一一日〜八月二九日、カメルーン、エルサルバドル、エストニア、イラク、日本、ペルー、アメリカ合州国）
人種差別撤廃委員会第八六会期（二〇一五年四月二七日〜五月一五日、ボスニア・ヘルツェゴヴィナ、デンマーク、フランス、ドイツ、グアテマラ、スーダン）
人種差別撤廃委員会第八七会期（二〇一五年八月三日〜八月二八日、コロンビア、コスタリカ、チェコ共和国、オランダ、ニジェール、ノルウェー、スリナム、マケドニア）
人種差別撤廃委員会第八八会期（二〇一五年一一月二三日〜一二月一一日、エジプト、ヴァチカン、リトアニア、モンゴル、スロヴェニア、トルコ）
人種差別撤廃委員会第八九会期（二〇一六年四月二五日〜五月一三日、アゼルバイジャン、ジョージア、ナミビア、オマーン、ルワンダ、スペイン）
人種差別撤廃委員会第九〇会期（二〇一六年八月二日〜八月二六日、ギリシア、レバノン、パキスタン、パラグアイ、南アフリカ、スリランカ、ウクライナ、イギリス）
人種差別撤廃委員会第九一会期（二〇一六年一一月二一日〜一二月九日、アルゼンチン、イタリア、ポルトガル、トーゴ、トルクメニスタン、ウルグアイ）
人種差別撤廃委員会第九二会期（二〇一七年四月二四日〜五月一二日、アルメニア、ブルガリア、キプロス、フィンランド、ケニア、モルドヴァ）
人種差別撤廃委員会第九三会期（二〇一七年七月三一日〜八月二五日、カナダ、ジブチ、エクアドル、クウェート、ニュージーランド、ロシア連邦、タジキスタン、アラブ首長国連邦）

（＊2）地域は、ヨーロッパ諸国、アフリカ諸国、アジア太平洋諸国、南北アメリカ諸国に分類した。これは国連人権高等弁務官事務所が、国際自由権規約第一九条（表現の自由）と第二〇条（差別煽動の禁止）の解釈のために開催した会議の分類に従ったものである。二〇一三年に作成された『差別煽動禁止に関するラバト行動計画』の準備過程でウィーン（ヨーロッパ）、ナイロビ（アフリカ）、バンコク（アジア太平洋）、サンティアゴ（南北アメリカ）

でそれぞれワークショップが開催された。『序説』第7章第3節（五〇〇頁以下）参照。トルコはヨーロッパとアジアにまたがるが、ヨーロッパに分類した。その他、地理的分類は必ずしも厳密と言うわけではない。

（＊3）CERD/C/BLR/18-19. 15 November 2012.

（＊4）CERD/C/BLR/CO/18-19. 23 September 2013.

（＊5）CERD/C/CYP/17-22. 12 April 2013.

（＊6）CERD/C/CYP/CO/17-22. 23 September 2013.

（＊7）CERD/C/SWE/19-21. 5 November 2012.

（＊8）CERD/C/SWE/CO/19-21. 23 September 2013.

（＊9）CERD/C/BEL/16-19. 27 May 2013.

（＊10）CERD/C/BEL/CO/16-19. 14 March 2014.

（＊11）CERD/C/LUX/14-17. 29 May 2013.　なお、ルクセンブルクの前回報告書を紹介する。政府が人種差別撤廃委員会に提出した前回（二〇〇四年）の報告書（CERD/C/449/Add.1. 15 May 2004）によると、刑法第四五七―一条は口頭、文書又はその他のオーディオヴィジュアル・メディアを通じてなされた、憎悪又は人種主義暴力の煽動を処罰する。同様に自然人、法人、集団又はコミュニティに対する憎悪又は人種主義暴力を煽動することを計画した文書をルクセンブルク及び国外において製作、所持、送付及び流布することを処罰する。刑事制裁は八日以上二年以下の刑事施設収容、及び／又は二五一以上二五〇〇〇ユーロ以下の罰金である。結社の自由は憲法第二六条において保障される。条約第四条の要請するように人種主義団体を特に禁止していない。一九二八年の非営利団体・基金法第一八条は、公共法秩序を乱す活動を行った結社を解散させる可能性を規定している。解散手続きは検察官又は第三者の申し立てにより民事訴訟を通じて行われる。刑法第四五七―一条は、差別、憎悪、人種主義暴力を煽動することを目的とし、又はその活動を行った団体に属するすべての者を処罰する。刑事制裁は八日以上二年以下の刑事施設収容、及び／又は二五一以上二五〇〇〇ユーロ以下の罰金である。刑法第四五六条は、公の当局に雇用された者、公的サービスの職務を担う者が違法な差別を行った場合、自然人に対してであれ、法人、集団、コミュニティに対するものであれ、一月以上三年以下の刑事施設収容、及び／又は二五一以上二五〇〇〇ユーロ以下の罰金である。

（＊12）CERD/C/LUX/CO/14-17 13 March 2014.

（＊13）CERD/C/MNE/2-3. 12 July 2013.

（＊14）CERD/C/MNE/CO/2-3. 13 March 2014.

（＊15）CERD/C/POL/20-21. 6 August 2013.

（＊16）CERD/C/POL/CO/20-21. 19 March 2014.

（＊17）CERD/C/CHE/7-9. 4 May 2013.
（＊18）CERD/C/CHE/CO/7-9. 13 March 2014.
（＊19）CERD/C/EST/10-11. 23 May 2013.
（＊20）CERD/C/EST/CO/10-11. 22 September 2014.
（＊21）CERD/C/BIH/9-11. 18 November 2013.
（＊22）CERD/C/BIH/CO/9-11. 12 June 2015.
（＊23）CERD/C/DNK/20-21. 30 October 2013.
（＊24）CERD/C/DNK/CO/20-21. 12 June 2015.
（＊25）CERD/C/FRA/20-21. 23 October 2013. 最近のフランス政治の動向について、畑山敏夫「マリーヌ・ルペンとフランスの右翼ポピュリズム」『佐賀大学経済学論集』四六巻一号（二〇一三年）、畑山敏夫「二〇一二年大統領選挙・国民議会選挙と『マリーヌの国民戦線（FN）』」『佐賀大学経済学論集』五〇巻三号（二〇一七年）、四号、五一巻一号（二〇一八年）、森千香子「カラー・ブラインドの建前とカラー・コンシャスの事態」樽本英樹編著『排外主義の国際比較』（ミネルヴァ書房、二〇一八年）参照。
（＊26）CERD/C/FRA/CO/20-21. 10 June 2015.
（＊27）CERD/C/DEU/19-22. 18 October 2013. 最近のドイツについて、佐藤成基「なぜ『イスラム化』に反対するのか」樽本編著『排外主義の国際比較』前掲註（25）。
（＊28）CERD/C/DEU/CO/19-22. 30 June 2015.
（＊29）CERD/C/CZE/10-11. 31 March 2014.
（＊30）CERD/C/CZE/CO/10-11. 25 September 2015.
（＊31）CERD/C/NLD/19-21. 18 November 2013.
（＊32）CERD/C/NLD/CO/19-21. 24 September 2015.
（＊33）CERD/C/MKD/8-10. 22 November 2013.
（＊34）CERD/C/MKD/CO/8-10. 21 September 2015.
（＊35）CERD/C/NOR/21-22. 21 November 2013.
（＊36）CERD/C/NOR/CO/21-22. 25 September 2015.
（＊37）CERD/C/VAT/16-23. 4 September 2014.
（＊38）CERD/C/VAT/CO/16-23. 11 January 2016.
（＊39）CERD/C/LTU/6-8. 1 September 2014.
（＊40）CERD/C/LTU/CO/6-8. 6 January 2016.
（＊41）CERD/C/SVN/8-11. 22 September 2014.
（＊42）CERD/C/SVN/CO/8-11. 11 January 2016.
（＊43）CERD/C/TUR/4-6. 17 April 2014.
（＊44）CERD/C/TUR/CO/4-6. 11 January 2016.
（＊45）CERD/C/ESP/21-23. 28 November 2014.
（＊46）CERD/C/ESP/CO/21-23. 21 June 2016.
（＊47）CERD/C/GRC/20-22. 27 November 2015.
（＊48）CERD/C/GRC/CO/20-22. 3 October 2016.
（＊49）CERD/C/GBR/21-23. 16 July 2015. イギリスについ

て、樽本英樹「英国における多文化市民権と排外主義――ヘイトスピーチ規制に着目して」『移民政策研究』第九号（二〇一七年）、同「多文化主義は死んだのか――英国における排外主義の展開」樽本編著『排外主義の国際比較』前掲註（25）。

（＊50）CERD/C/GBR/CO/21-23. 26 August 2016.

（＊51）CERD/C/UKR/22-23. 5 October 2015.

（＊52）CERD/C/UKR/CO/22-23. 4 October 2016.

（＊53）CERD/C/ITA/19-20. 18 May 2015. イタリアについて、秦泉寺友紀「イスラムはなぜ問題化されるのか――イタリアの排外主義の現状」樽本編著『排外主義の国際比較』前掲註（25）。

（＊54）CERD/C/ITA/CO/19-20. 17 February 2017.

（＊55）CERD/C/PRT/15-17. 16 November 2015.

（＊56）CERD/C/PRT/CO/15-17. 31 January 2017.

（＊57）CERD/C/BGR/20-22. 21 March 2016.

（＊58）CERD/C/BGR/CO/20-22. 31 May 2017.

（＊59）CERD/C/CYP/23-24. 27 January 2016.

（＊60）CERD/C/CYP/CO/23-24. 2 June 2017.

（＊61）CERD/C/FIN/23. 17 February 2016.

（＊62）CERD/C/FIN/CO/23. 8 June 2017.

（＊63）CERD/C/MDA/10-11. 2 March 2016.

（＊64）CERD/C/MDA/CO/10-11. 7 June 2017.

（＊65）CERD/C/RUS/23-24. 1 July 2016.

（＊66）CERD/C/RUS/CO/23-24. 20 September 2017.

（＊67）CERD/C/BFA/12-19. 17 April 2013.

（＊68）CERD/C/BFA/CO/12-19. 23 September 2013.

（＊69）CERD/C/TCD/16-18. 25 January 2013.

（＊70）CERD/C/TCD/CO/16-18. 23 September 2013.

（＊71）CERD/C/CMR/19-21. 9 January 2014.

（＊72）CERD/C/CMR/CO/19-21. 26 September 2014.

（＊73）CERD/C/SDN/12-16. 2 October 2013.

（＊74）CERD/C/SDN/CO/12-16. 12 June 2015.

（＊75）CERD/C/NER/15-21. 25 February 2014.

（＊76）CERD/C/NER/CO/15-21. 25 September 2015.

（＊77）CERD/C/EGY/17-22. 30 June 2014.

（＊78）CERD/C/EGY/CO/17-22. 6 January 2016.

（＊79）CERD/C/NAM/13-15. 6 March 2015.

（＊80）CERD/C/NAM/CO/13-15. 10 June 2016.

（＊81）CERD/C/RWA/18-20. 12 December 2014.

（＊82）CERD/C/RWA/CO/18-20. 10 June 2016.

（＊83）CERD/C/ZAF/4-8. 15 April 2015.

（＊84）CERD/C/ZAF/CO/4-8. 5 October 2016.

（＊85）CERD/C/DJI/1-2. 12 April 2016.

（＊86）CERD/C/DJI/CO/1-2. 15 September 2017.
（＊87）CERD/C/TGO/18-19. 8 January 2016.
（＊88）CERD/C/TGO/CO/18-19. 18 January 2017.
（＊89）CERD/C/KEN/5-7. 28 January 2016.
（＊90）CERD/C/KEN/CO/5-7. 8 June 2017.
（＊91）CERD/C/KAZ/6-7. 5 August 2013.
（＊92）CERD/C/KAZ/CO/6-7. 14 March 2014.
（＊93）CERD/C/UZB/8-9. 13 May 2013.
（＊94）CERD/C/UZB/CO/8-9. 14 March 2014.
（＊95）CERD/C/IRQ/15-21. 2 October 2013.
（＊96）CERD/C/IRQ/CO/15-21. 22 September 2014.
（＊97）CERD/C/MNG/19-22. 29 August 2014.
（＊98）CERD/C/MNG/CO/19-22. 5 January 2016.
（＊99）CERD/C/AZE/7-9. 6 March 2015.
（＊100）CERD/C/AZE/CO/7-9. 10 June 2016.
（＊101）CERD/C/GEO/6-8. 31 October 2014.
（＊102）CERD/C/GEO/CO/6-8. 22 June 2016.
（＊103）CERD/C/OMN/2-5. 24 December 2014.
（＊104）CERD/C/OMN/CO/2-5. 6 June 2016.
（＊105）CERD/C/LBN/18-22. 31 August 2015.
（＊106）CERD/C/LBN/CO/18-22. 5 October 2016.
（＊107）CERD/C/PAK/21-23. 26 November 2015.
（＊108）CERD/C/PAK/CO/21-23. 3 October 2016.
（＊109）CERD/C/LKA/10-17. 7 December 2015.
（＊110）CERD/C/LKA/CO/10-17. 6 October 2016.
（＊111）CERD/C/TKM/8-11. 25 January 2016.
（＊112）CERD/C/TKM/CO/8-11. 7 February 2017.
（＊113）CERD/C/ARM/7-11. 19 February 2016.
（＊114）CERD/C/ARM/CO/7-11. 31 May 2017.
（＊115）CERD/C/ARE/18-21. 17 May 2016.
（＊116）CERD/C/ARE/CO/18-21. 13 September 2017.
（＊117）CERD/C/NZL/21-22. 20 April 2016.
（＊118）CERD/C/NZL/CO/21-22. 22 September 2017.
（＊119）CERD/C/CHL/19-21. 19 April 2013.
（＊120）CERD/C/CHL/CO/19-21. 23 September 2013.
（＊121）CERD/C/JAM/16-20. 5 November 2012.
（＊122）CERD/C/JAM/CO/16-20. 23 September 2013.
（＊123）CERD/C/VEN/19-21. 16 January 2013.
（＊124）CERD/C/VEN/CO/19-21. 23 September 2013.
（＊125）CERD/C/HND/1-5. 13 May 2013.
（＊126）CERD/C/HND/CO/1-5. 13 March 2014.
（＊127）CERD/C/SLV/16-17. 29 July 2013.
（＊128）CERD/C/SLV/CO/16-17. 25 September 2014.
（＊129）CERD/C/PER/18-21.25 October 2013.

（＊130）CERD/PER/CO/18-21. 25 September 2014.
（＊131）CERD/C/USA/7-9. 3 October 2013. アメリカについて、南川文里「『移民の国』のネイティヴィズム——アメリカ排外主義と国境管理」樽本編著『排外主義の国際比較』前掲註（25）。
（＊132）CERD/C/USA/CO/7-9. 25 September 2014.
（＊133）CERD/C/GTM/14-15. 28 October 2013.
（＊134）CERD/C/GTM/CO/14-15. 12 June 2015.
（＊135）CERD/C/COL/15-16. 7 April 2014.
（＊136）CERD/C/COL/CO/15-16. 25 September 2015.
（＊137）CERD/C/CRI/19-22. 16 April 2014.
（＊138）CERD/C/CRI/CO/19-22. 25 September 2015.
（＊139）CERD/C/SUR/13-15. 11 April 2014.
（＊140）CERD/C/SUR/CO/13-15. 25 September 2015.
（＊141）CERD/C/ARG/21-23. 28 February 2016.
（＊142）CERD/C/ARG/CO/21-23. 11 January 2017.
（＊143）CERD/C/URY/21-23. 30 September 2015.
（＊144）CERD/C/URY/CO/21-23. 12 January 2017.
（＊145）CERD/C/ECU/23-24. 19 May 2016.
（＊146）CERD/C/ECU/CO/23-34. 15 September 2017.

第8章　ヘイト・スピーチ法の適用状況

第1節　本章の課題と概要

前章に引き続き、本章では国際社会におけるヘイト・スピーチ対策としての刑事規制について、その実際の適用状況を紹介する。

本章で依拠した資料は、人種差別撤廃条約を批准した諸国が同条約に基づいて設置された人種差別撤廃委員会に提出した報告書である。ヘイト・スピーチの実態については政府報告書よりもＮＧＯ報告書が参考になるが、法の適用状況については警察・検察・裁判所の統計資料等が参考になる。本章では政府報告書における適用状況の情報を紹介する。主要各国におけるヘイト・スピーチの実態を含めた総合的な研究が必要である。今後の課題としたい。

『序説』第9章では、人種差別撤廃委員会七〇会期から八二会期にかけて、各会期ごとに時系列で各国のヘイト・スピーチ法の適用状況を紹介した。これに対して本章では、人種差別撤廃委員会第八三会期から第九三会期において審査対象となった各国政府の報告書を紹介する。ただし前章と同様に、時系列ではなく、地域別に分類した。

本書の概要として次の点を確認しておこう。

図表18　主な適用事例

ベラルーシ	2008～09年、「キリスト教イニシアティヴ」という会社が「汚い戦争」「ロシアの殺人者を裁く」「ユダヤ人と非ユダヤ人」などの書物を流布、ユダヤ人の名誉と尊厳を侵害し、民族憎悪を煽動。ミンスク地裁により著作押収、販売所閉鎖、団体解散。
ベルギー	2011年、ネオナチ組織「血と名誉のフランドル」の3人がヴュルネ刑事裁判所で、3月の刑事施設収容（うち2人は執行猶予付）。 2012年、急進的イスラム運動「シャリア4ベルギー」スポークスマンは非ムスリムに対する憎悪暴力煽動で、アントワープ刑事裁判所、2年以下の刑事施設収容及び550ユーロの罰金。
ポーランド	ワルシャワ検事局、「われらの大陸の安全を守れ。白いヨーロッパだ。イスラムにノー」というリーフレットで3人を起訴。 ルゼソウ検事局はバナーに「鉤鼻の連中に死を」という言葉とユダヤ人の風刺画を描いた被疑者を起訴。
ドイツ	2008年、連邦内務大臣は「人間大学」及びその付属団体の「農民救援」、及び「ホロコースト追跡再建協会」を禁止。 2009年、「ドイツ忠誠青年団」などを禁止。 2011年、連邦内務大臣は「ドイツ国民政治犯救援組織（HNG）」を禁止。
オランダ	2011年、映画『フィトナ』を制作したゲルト・ウィルダース、アムステルダム地裁によって、憎悪差別煽動等に無罪。
ノルウェー	2012年、最高裁判所、エンターテインメント会場のドアマンを貶め、「馬鹿な黒人」「愚かな黒人」と繰り返し叫んだ被告人に有罪。
スロヴェニア	2008年、リュブリアナ高裁、「今度の金曜日の7時、そこで会おう。断固たる計画を実施し、手を振ったら、ロマに対する人身攻撃の合図だ」との発言につき被告人を無罪とした一審判決を破棄差戻。 2008年のリュブリアナ高裁、「そこで虐殺が起きる。きっと。確かなことだ。焼き尽くして、奴らを殺す。いまカメラに向かって言ってやる。一億パーセントの確率で起きる。俺の子どもや俺に何かが起きたら、すべてが進行する。言葉はいらない、俺を信用しろ」と述べた被告人につき無罪とした一審判決を破棄差戻。
ウクライナ	2012年、オデッサ検事局、「まっすぐな道」組織による「一神論に対する侵犯」というパンフレットが憎悪煽動として訴追、2人が有罪。
モルドヴァ	2011年、ソロカのスクヴァチーナ・クラブが「ジプシー民族は立入禁止」という差別メッセージを掲げ、ロマ市民の入場を禁止。ロマ市民が法廷に被害当事者として立つことを断ったため、地方検事局が事件を終結。 2011年、ファレスチ地方検事局、ステファン・セル・マレ通りの戦死兵士記念メモリアル銘文破壊の件で2名を起訴し、両名は罰金刑。
ロシア連邦	2015年、ネオナチの「ピラニア74」の2人がチェリャビンスク県マグニトゴルスク市のオズドニキツェ地方裁判所で有罪。 2015年、超国家主義組織のロシア国民主義軍事組織リーダーのニキータ・メチホーノフらが、イデオロギー的国民的憎悪の動機による殺人で有罪。
南アフリカ	2003年、南アフリカ人権委員会は「自由戦線」事件において「農民を殺せ、ボーア人を殺せ」という政治スローガンは憎悪の唱道であるとした。 2010年、高等裁判所はアフリフォーラム等対マレマ事件において、憎悪と殺人を煽動する歌を公然と歌うことを禁止。 タメシュ・ダラムシェ・ジェタラル対ユニバーサル音楽事件で、ダーバン高等裁判所はインド人を貶める「アマンディヤ」という歌の出版、販売、配布を禁止。
カザフスタン	2009年、携帯電話で「カザフ人よ、ロシア人を叩き出せ」と書いてテレビ局のSNSに送付し、1時間、そのメッセージが放映され、テミルタウ裁判所は被告人を30カ月賃金相当の罰金。 2010年、3人の女性がアルマティ市の複合住宅の壁にカザフ人の代表の名誉と尊厳を侵害する言語をスプレーで書き、メデオ裁判所は3人に2年の刑事施設収容。
アゼルバイジャン	2009年、宗教的集会で憎悪又は敵意の明白な発言を行ったスレイマノフ・アブゴウル・ネイマトに有罪認定。
ペルー	2005年、不正申立監視委員会は「彼らは我々を小さなペニスと見たがっている」という広告を配布した企業に制裁、裁判所が罰金を科した。
エクアドル	2013年、エロイ・アルファロ軍事学校において大尉が下級将校に対して非人道的な取扱いの申立て、人種的憎悪の犯罪の嫌疑で、2015年、被告人は5カ月と4日の刑事施設収容。

第一に、政府報告書の中にはヘイト・スピーチ規制法の紹介があっても、その適用状況や統計への言及のない場合も少なくない。人種差別撤廃委員会から、統計データなど具体的な適用状況を報告するようにと勧告される国が多数ある。このため本章で紹介する国は前章よりも少ない。

第二に、適用状況の報告が比較的充実しているのはやはりヨーロッパ諸国である。ただし、判例を具体的に報告する国もあれば、統計数字のみを報告する国もあり、各国の状況を比較することは難しい。政府報告書とは別に統計データを付録として提出する国が出ている。これらは人種差別撤廃委員会事務局に保管されているが、本書でそこまでフォローすることはできていない。

第三に、実際の適用における宣告刑については図表18「主な適用事例」参照。刑罰の種類は、刑事施設収容、罰金、社会奉仕命令、団体解散が通例である（『序説』七二三頁以下）。刑事施設収容や罰金については報告事例があるが、社会奉仕命令はごく僅かの例にとどまる。団体解散については、解散命令とともに指導者等の処罰もなされているはずだが、詳細が明確に報告されている例は少ない。解散手続きの詳細は必ずしも明らかでない。結社の自由との関係があるので、より詳細な情報が必要である。今後の課題である。

第2節　ヨーロッパ諸国

1　ベラルーシ

人種差別に基づいて行われた刑法犯は、四件(二〇〇三年)、二件(二〇〇六年)、一件(二〇〇八年)、一件(二〇〇九年)である(*1)。刑法第一三〇条の有罪人員は、刑法第一三〇条一項(人種、民族又は宗教的敵意又は不和の煽動)は一名。同条二項(一項の犯罪が、暴力又は公務員が権力を行使して行った場合)は一名(三年の刑事施設収容)。同条三項(一項及び二項の犯罪が集団によって行われ、人の死を惹起した場合)は四名であり、うち二名は五年の刑事施設収容、残りの二名は八年であった。二〇〇四年四月、ホミエルで民族紛争を煽るパンフレット五〇〇〇部を押収、破棄した。二〇〇四年五月、「ロシア国民統合」という地方団体とその指導者が行政犯の責任を問われた。二〇〇六年、ムスリム・コミュニティの指導者から検事局に、新聞『ゾーダ』が預言者マホメットを嘲笑するイラストを掲載したと通報があり、刑法第一三〇条に該当するため刑事手続きが開始された。二〇〇八年から〇九年にかけて、「キリスト教イニシアティヴ」という会社が「汚い戦争」「ロシアの殺人者を裁く」「ユダヤ人と非ユダヤ人」などの書物を流布し、ユダヤ人の名誉と尊厳を侵害し、民族憎悪を煽動した。二〇〇八年一二月、ミンスクの地方裁判所はこれらを過激文書と判断した。二〇〇九年反過激主義法に基づいてこれらを押収し、「キリスト教イニシアティヴ」の販売所を閉鎖し、団体は解散となった。

2　ベルギー

差別煽動団体と闘うことはベルギーにとって優先事項である(*2)。二〇一一年三月九日、ネオナチ組織として知られる「血と名誉のフランドル」の三人のメンバーがヴュルネ刑事裁判所で、三月の刑事施設収容(うち二人については執行猶予付)を言い渡された。二〇一二年二月一〇日、急進的イスラム運動の「シャリア4ベルギー」のスポークスマンは非ムスリムに対する憎悪と暴力の煽動で訴追され、アントワープ刑事裁判所で、二年以下の刑事施設収容及び五五〇ユーロの罰金を言い渡された。同年三月三〇日、量刑がやや軽くなったが、有罪が確定した。この団体は欧州にシャリア法を確立しようとし、これまでも同様の活動をして訴追された。非民主的団体の禁止に関する法律案が議会で審議中である。

自由を脅かす政党として懸案事項となってきた「フラームス・ベラング」に関して、国家が政党助成しないという提案が二〇〇六年五月一七日に議会に提出された。フラームス・ベラングは基本権に対する敵意を表明してきたことで批判されてきた。フラームス・ベラングの提訴により、憲法裁判所は助成金否定根拠条項と表現や結社の自由との両立性について予備審査を行った。憲法裁判所は、助成金否定根拠条項はそこで用いられている「敵意」概念を明らかにして、現行法に違反する煽動を意味するものと理解されるならば、表現や結社の自由に反することはないとした。ある意見がまぎれもなく民主主義の主要原則の一つを侵害することを人に煽動するものであるか否かの問題は、その内容と文脈に従って判断される。議会は表明された思想が過激で物議を醸すもの、社会の一部の間に敵意をかきたて、不寛容の風潮を促進するものと定義した。不安を呼び起こすとか、攻撃的であるだけでは、現行法を侵害することを煽動したと判断されない。それゆえフラームス・ベラングは政党助成を受け続けている。

3　ポーランド

二〇一〇年、検事局が扱ったヘイト・クライムは全国で一六三件、うち三〇件は訴追に至り、七二件は却下、五四件は予備審問に入らず、六件は保留である（＊3）。却下された事案の多くは被疑者不詳（三八件）、該当条文なし（一三件）である。公然侮辱事案の多くはオンラインや壁の落書きである。検察官は他の犯罪類型と異なり、法律上の成立要件及び被疑者の特定に苦労している。二〇一一年前半、一〇九件の手続きが終了した。うち一一件は訴追に至り、五三件は却下、三六件は予備審問に入らなかった。被疑者不詳（二九件）、該当条文なし（一二件）、証拠不十分（一〇件）である。

ヘイト・クライムは、オンライン上で行われたのが四二件（二〇一〇年）、四五件（二〇一一年前半）、壁の落書き等が一七件（二〇一〇年）、一六件（二〇一一年前半）、スタジアムにおけるフットボール・ファンによるものが六件（二〇一〇年）、五件（二〇一一年前半）、著書や音楽活動によるものが三件（二〇一〇年）、四件（二〇一一年前半）である。グダンスク検事局は二〇一〇年九月一六日に、ファシズムのプロパガンダをする音楽CD及びナチスのシンボルのTシャツを販売するオンラインを開設した被疑者を起訴した。ファシズム正当化事案は、二〇一〇年、三七件が予備審問にかけられ、うち六件が訴追に至り、一九件が棄却であった。反ユダヤ主義は、四二件（二〇一〇年）、二七件（二〇一一年前半）、ロマ共同体に対するものが一四件（二〇一〇年）、八件（二〇一一年前半）である。ワルシャワ検事局は、バス停留所に「われらの大陸の安全を守れ。白いヨーロッパだ。イスラムにノー」というリーフレットを置いた三人を起訴した。フットボール試合で他人に対する侮辱を叫んだ実行者の特定が困難である。実行者が特定されても、叫んだ言葉が民族集団に対するものではなく、相手方クラブのサポーターに対するものとされがちである。スローガンをバナーに書いた事案では特定性が高い。ルゼソウ検事局はバナーに「鉤鼻の連中に死を」という言葉とユダヤ人の風刺画を描いた被疑者を起訴した。

4 スイス

刑法第二六一条ｂｉｓについて一九九五年以後の裁判所判決をインターネット上に公開している（＊4）。警察犯罪統計は全カントンと都市を対象とし、二〇一〇年以後、公開している。警察統計によると刑法第二六一条ｂｉｓ事案は、二〇〇九年に二三〇件の申立てがあり、捜査を行い、一五九件が立件された。三〇件の有罪判決が言渡され、執行された。二〇一〇年には二〇四件が申立てられ、一五六件が立件された。二〇一一年には一八二件が申立てられ、一二八件が立件された。二〇一〇年以後の有罪判決数はまだ報告がない。ほとんどが文書や口頭での人種主義発言である。電磁的方法での人種主義見解の流布も多い。連邦・反レイシズム委員会は人種主義に関する文書システムを作り、二〇〇八年以来人種主義事件を報告している。多くは皮膚の色に関係する事案と、ムスリムに関係する事案である。反レイシズム財団、スイス連邦ユダヤ人コミュニティなども統計を発表している。

5 ボスニア・ヘルツェゴヴィナ

政府報告書の対象期間に、コミュニケーション規制局は放送におけるヘイト・スピーチに関する一〇件の申立てを受け取った（＊5）。一件はヘイト・スピーチと認定され、ＴＶ局に罰金が科せられた。九件はヘイト・スピーチ規定に違反していないと判断された。

6 デンマーク

人種主義発言に関する刑事事件について、二〇一一年、検事長のガイドラインにより、新たな報告制度が始まった（＊6）。ヘイト・スピーチ事件について、表現の自由との関連が整理された。予審にかけられた刑法第二六六条ｂ事件が検事長に報告され、検事長が訴追の可否を決定する。地方検察官の決定も検事長に報告される。二〇〇七年〜一一年の刑法第二六六条ｂのヘイト・スピーチ事件は、次のとおりである。

二〇〇七年：告発一五、訴追六、有罪八、略式罰金一、無罪四。

二〇〇八年：告発九、訴追八、有罪二、略式罰金四、無罪〇。
二〇〇九年：告発一五、訴追六、有罪四、略式罰金〇、無罪〇。
二〇一〇年：告発二九、訴追一三、有罪七、略式罰金一、無罪二。
二〇一一年：告発二八、訴追一九、有罪五、略式罰金二、無罪四。
二〇一二年：告発二六、訴追一四、有罪四、略式罰金四、無罪四。

人種差別禁止法違反事件も検事長に報告されることになった。二〇〇九～一二年に二件が有罪となり、一件が略式罰金、一件が無罪であった。

7　フランス

二〇一二年の人種主義、反ユダヤ、反ムスリム行為は二三%増加し、二〇〇九年の七%減、二〇一〇年の二六%減と対照的である（＊7）。警察の新しい犯罪報告システムが二〇一三年一月に運用開始となり、インターネット上の人種主義攻撃を記録するようになった。インターネット上の人種主義との闘いとして、二〇〇九年一月、ＰＨＡＲＯＳが運用開始となった。インターネット上の違法なメッセージ等（人種主義的内容、憎悪の呼びかけ、ペドフィリア、犯罪実行の煽動）に関してサービス・プロバイダー等が報告し、情報収集する。ＰＨＡＲＯＳは国立サイバー犯罪防止機関内に置かれている。二〇一一年、ＰＨＡＲＯＳの機能が強化された。二〇一一年一月一日から一一月三〇日、九万二二六一件の通報を受け取った。そのうち八六〇五件が差別的内容であった。二一四件について捜査が行われた。捜査班を支援するため、ＳＯＩＲＡＸ（人種主義、反ユダヤ、排外主義と闘う利害シンボル）がつくられた。個人情報を含まないが、極右団体が用いる記号、シンボル、言語、コードをリストアップする。

8　ドイツ

刑法第八六条について、旧西ドイツ領地域では二〇〇四～〇六年に有罪判決が四〇二件から五五四件である（＊8）。二〇〇八年は全連邦で一一三九件とピークになった。二〇〇九年と二〇一〇年には減った。

刑法第八六条ａについて、二〇〇四～〇六年は五九〇件から六八一件であり、二〇〇八年は八一六件である。たいていは刑法違反で罰金が科された。

刑法第一三〇条の憎悪煽動について、二〇〇七年がピークで三一八件の有罪判決、その後減って、二〇一〇年には一八四件である。刑事施設収容は約二〇%であるが、刑法第一三〇条一項については三七%から四六%である。四一%（〇四年）、四六%（〇五年）、四〇%（〇六年）、四五%（〇七年）、四〇%（〇八年）、四一%（〇九年）、三七%（一〇年）。刑法第一三〇条二項のラジオ、メディアサービス、テレコミュニケーションによる憎悪煽動犯罪は、有罪判決は二〇〇四年～〇六年は四七件から三四件、二〇〇七年以来六〇件から六八件のレベルである。刑法第一三〇条三項はナチスの支配下で行われた犯罪（国際刑事法典第六条一項にあたる犯罪）を容認、否定、矮小化する行為を犯罪としている（ホロコースト否定犯罪）。二〇〇四年には二四件程度、二〇一一年には六〇件であった。二〇〇五年三月二四日の集会法・刑法改正は、刑法第一三〇条四項のナチスの恣意的暴力支配を賛美することを含むが、二〇〇六年以来、三件から八件のレベルである。

条約第四条bについて、ドイツ連邦も諸州も人種差別を助長し、呼びかける団体と闘う。二〇〇五年三月から二〇一二年九月にかけて二〇の極右団体を禁止した。

二〇〇八年五月七日、連邦内務大臣は「人間大学」、その付属団体の「農民救援」及び「ホロコースト追跡再建協会」を禁止した。二〇〇九年三月三一日、「ドイツ忠誠青年団」などを禁止した。二〇一一年九月二一日、連邦内務大臣は「ドイツ国民政治犯救援組織（ＨＮＧ）」を禁止した。拘禁された極右活動家の再社会化に反対する目的を有する団体で、自由な民主主義的基本秩序への憎悪と攻撃をしていた。二〇〇二年七月三一日、連邦内務大臣は、ハマス（ＨＡＭＡＳ）に財政支援をした「アル・アクサ」を禁止した。二〇〇五年八月三〇日、その継承団体である「父親のいない子ども救援」、二〇〇六年二月二二日、同じ理由から「アナドルダ・ヴァキト」を禁止した。州レベルでも、「仲間の旗竿」、「ドルトムント国民抵抗」など人種主義的思想の団体を禁止している。

9　チェコ共和国

政府は「過激主義と闘う戦略」を採用し、年次報告書を作成している（＊9）。過激主義の抑制、予防、特に若者への影響に焦点を当てている。二〇一二～一五年の戦略は人種、国籍、宗教を動機とする犯罪の根絶である。人種主義の予防、メインストリーム社会と民族的マイノリティの共存に力を入れている。二〇一二年、「サイバー犯罪報告」のための警察ホットラインが始まった。ウェブサイトから誰でも報告できる。二〇一二年八月～一二月、申立は一六〇九件、犯罪と認定されたのは二四二件であった。過激主義の事例が三九件あり、二七件で人の集団に対する憎悪の煽動又は人の権利と自由の制限の煽動が見られた。事案は捜査中である。人種的動機による犯罪は法人による場合も規制する。政党などの団体は登録されるが、平等を抑圧し、市民の権利と自由を脅威に曝し、他人の人格権を否定する目的を持った場合、登録が拒否される。違法な活動を行えば団体解散もある。二〇一〇年二月一七日の最高行政裁判所判決は労働者党を解散させる判断をした。最高行政裁判所は違法性の状況、違法活動の責任の状態、具体的危険、政党の結社の自由への介入の均衡性の四つを考慮した。すべての条件を満たせば団体解散となる。

10　オランダ

映画『フィトナ』を制作したゲルト・ウィルダースは自由党党首、議員であるが、二〇一一年六月二三日、アムステルダム地裁によって憎悪と差別の煽動及び差別的理由に基づく人の集団への侮辱について、無罪を言渡された(＊10)。検事局が控訴しなかったため手続きは終結した。

オランダは表現の自由を強く支持し、表現の自由分野では刑法は二次的役割を有するに過ぎない。オンラインに差別的発言が投稿された場合、人々はホットラインに通報できる。すべての報告が記録される。ホットラインの役割は、差別的投稿の削除ができることである。二〇一〇年～一二年四月まで、検察局が扱った事件は多様であり、モロッコ出身の警察官に対する暴言、ナチスのシンボルやスローガンを刻んだ短剣の輸入、人種主義の歌のオンライン配布、外国出身の若者の食品販売店からの排除などであった。多くの事件で裁判所により刑罰を科されたが、無罪例もある。無罪理由は、発言が訴因に該当しない場合や、誰が行ったか証明されなかった場合である。

11　マケドニア

二〇一一年、差別保護委員会は六三件の申立を受理し、うち一六件は手続きが進んでいないが、差別認定が四件、和解が二件、手続き中が五件、差別でないと判断したのが二〇件であった(＊11)。二〇一二年、委員会は七四件の申立を受理し、一四件は手続きに乗らず、二六件は差別でないと判断した。憲法裁判所は二〇〇八年、差別被害申立六件を受理し、五件を差別からの保護案件と認定した。うち一件は終局判断として差別でないとした。二〇〇九年、一四件受理し、九件が差別からの保護事案だが、最終的には却下された。二〇一〇年、六件のうち三件が差別からの保護事案だが、却下された。オンブズマン事務所は二〇〇七～一二年に、新規受理が一三一件、前年からの引き継ぎ事案が五四件、合計一八五件を扱い、差別被害を認定したのが三五件、法的措置を講じたのが一二件、措置を取らなかったのが四件であった。

12 ノルウェー

二〇一二年三月三〇日、最高裁判所は二〇〇五年六月三日の改正刑法第一三五条aに導入された差別的スピーチからの保護を厳しく強化した規定に関する判決を言渡した（＊12）。立法者は、それ以前の諸決定よりも刑事責任を問うための要件を低くするように意図した。本件被告人は酩酊状態でエンターテインメント会場のドアマンを貶め、皮膚の色に基づいて職務にふさわしくないと揶揄する人種主義的発言を行った。「馬鹿な黒人」「愚かな黒人」と繰り返し叫んだ。最高裁は、従業員が接客しているさなかに公開の場でなされた文脈を強調し、表現の自由の権利によって保護される価値に関係しないと強調した。この発言は憲法的保護を強く受けるものではない。被告人は刑法第一三五条a違反で有罪とされた。

13 リトアニア

二〇〇九年から一三年六月一日までの間、刑法第一六九条から第一七〇二条に至る平等権や良心の自由に関する犯罪の捜査は八八八件行われた（＊13）。性別、性的志向、人種、国籍、言語、世系、社会的地位、宗教、信仰を理由として、人の集団又は人に対して差別又は憎悪を煽動することが含まれる。この期間に捜査が行われた事件のうち、捜査が終結し事件が裁判所に送致されたのは二五一件である。二八四件は証拠不十分のために終結した。人種主義思想の流布、これらの性質の憎悪の煽動の捜査、ロマ、ユダヤ人、ポーランド人に対する事件が含まれる。平等権や良心の自由に対する犯罪事件の九五〜九八％はサイバースペースで、オンラインへの書き込み、社会的ネットワーク・ウェブサイト、個人ブログ等の事件である。ヘイト・スピーチのカテゴリーであって暴力事案ではない。人の民族や国籍を理由とする暴力事件は三件であった。二件は有罪判決が出され、一件は係属中である。人種主義団体活動に関する事件の捜査は、三人が非公式で小さなナショナリスト団体に参加した事件以外にはなかった。刑法第一六九条の差別事件について三二件の捜査が行われ、うち五件はロマとユダヤ人に対する差別事件であった。いずれもサイバースペースでの差別宣伝事件であった。

14 スロヴェニア

ヘイト・スピーチに関する刑法第二九七条（旧第三〇〇条）

の判決例を紹介する（＊14）。二〇〇八年のリュブリアナ高裁決定によると、被告人は地域センターにおける集会において「今度の金曜日の七時、そこで会おう。断固たる計画を実施し、手を振ったら、ロマに対する人身攻撃の合図だ」。この言葉は、この地域で緊張状態にあったロマのある家族に言及したものである。地裁は旧第三〇〇条の憎悪、暴力、不寛容の煽動について被告人を無罪とした。検事控訴の結果、高裁は別の裁判官に差戻した。憲法第六三条は表現の自由の特定の局面を規制し、差別の煽動や憎悪の煽動を禁止している。イタリア人とハンガリー人のコミュニティだけが特別に保護されるという一審判決は正しくない。ロマ・コミュニティはロマ・コミュニティ法によって保護されるだけであるという一審判決は正しくない。ロマ・コミュニティは憲法第六五条の保護を受ける。国民的マイノリティではないが、民族的コミュニティであり、憲法上の権利を享受する。

二〇〇八年のリュブリアナ高裁決定によると、被告人は国営テレビのインタヴューで「そこで虐殺が起きる。きっと。確かなことだ。焼き尽くして、奴らを殺す。いまカメラに向かって言ってやる。一億パーセントの確率で起きる。俺の子どもや俺に何かが起きたら、すべてが進行する。言葉はいらない、俺を信用しろ」と述べた。この地域のロマに言及し、マジョリティ住民とロマに闘いをたきつけるものである。一審は被告人を無罪としたが、検察官控訴の結果、高裁は差戻した。旧第三〇〇条は国民、人種、宗教集団の構成員の間に不平等をつくり出すことを目的とした行為を禁止している。一審判決は、スロヴェニアにおけるロマの地位の比較に焦点を当てて、憲法が保護するのはイタリア人とハンガリー人のコミュニティだけであるとした。しかし、刑法規定は煽動によって他の国民構成員を攻撃させたり、紛争を惹起する実行者に適用される。政治的決定過程に参加しようとするロマの努力を考慮して、高裁はロマ・コミュニティは民族基準に合致するとした。ロマに対して向けられた行為は民族的憎悪の煽動に該当する。

二〇一〇年のリュブリアナ高裁判決によれば、地裁は被告人を旧第三〇〇条の平等原則に違反した憎悪、紛争、不寛容の煽動犯罪で有罪とし、三カ月の刑事施設収容・二年の執行猶予とした。被告人が控訴し、高裁は控訴を棄却し一審判決を支持した。事案はあるロマ家族に向けられた不寛容の表現である。高裁によると、刑法は憲法に従って解釈されなければならない。それゆえ旧第三〇〇条の解釈にあたって、憲法第六三条、第一四条及び批准した国際文書を考慮し、「民族」概念には、社会学的意味においては国民の特徴を有しないコミュニティが含まれると解釈されるべきであるとした。

二〇〇六年の公共秩序保護法は、ヘイト・スピーチ規定の適用についてモニタリングを推奨している。二〇〇七〜〇九年における不寛容に関する軽罪の分析によると事件数は少ない。第二〇条違反（不寛容の煽動）は一二七件であった。二〇一〇年は四三件、二〇一一年は六一件、二〇一二年は五六件であった。刑法第二九七条で刑事裁判となったのは二九件であった。二〇一〇年は三四件、二〇一一年は四四件、二〇一二年は三一件であった。警察官に対するあらゆるレベルの教育訓練が必要である。合法的かつ包括的に安全イベントを行う必要がある。予防措置を通じて寛容促進が必要である。重大犯罪予防のために軽罪事案に注意を払う必要がある。

15　トルコ

二〇〇九〜一二年の刑法第二一六条及び第二一八条の司法統計は次のとおりである（＊15）。刑法第二一六条ａ（憎悪公然煽動）につき、二〇〇九年の告発一〇九件、判決一六二件、有罪人員三五、無罪七一、二〇一〇年は告発二六一件、判決二四九件、有罪人員二六、無罪四五、二〇一一年は告発三〇〇件、判決一六八件、有罪人員五、無罪六〇、二〇一二年は告発一四一件、判決二一八件、有罪人員一三、無罪八三である。刑法第二一六条ｂ（公然侮辱）につき、二〇〇九年の告発二二件、判決一八件、有罪人員五、無罪九、二〇一〇年は告発一三四件、判決一二三件、有罪人員五、無罪一七、二〇一一年は告発三二件、判決二〇件、有罪人員一、無罪一三、二〇一二年年は告発四一件、判決六六件、有罪人員九、無罪二一である。刑法第二一八条（メディア・プレスによる煽動・侮辱）につき、二〇〇九年の告発一件、判決四件、有罪人員〇、無罪〇、二〇一〇年は告発一件、判決四件、有罪人員五、無罪一、二〇一一年は告発五件、判決一件、有罪人員〇、無罪〇、二〇一二年は告発二件、判決三六件、有罪人員〇、無罪〇である。

16　ギリシア

二〇一二〜一三年、在住外国人に対する攻撃が起きた（＊16）。過激主義団体や個人が経済危機の影響を受けて住民の一部に対する怒りや不同意を表明している。ギリシアがＥＵへの通路に当たるため、年間一〇万人に及ぶ非正規の移住者という事態に対する反発である。二〇一一年、国家人権委員会は二三のＮＧＯが参加する「レイシスト暴力記録ネットワーク」を設立し、人種主義事件を記録している。二〇一三年には一六六件の事件を記録し、うち一四三件が移住者や難民に対するものであった。国家人権委員会は一連の報告と勧告をまとめ、人種主義に対処している。二〇一三年、オンブズマンが人種主義暴力現象に焦点を当てた報告書を出した。人種主義攻撃の中立二八一件を調査し、人種主義暴力事件の捜査、被害者保護、人権教育について勧告を出した。二〇一三年、「黄金の夜明け」という政党が議会に進出したが、学者やメディアはこの政党をネオナチと呼んでいる。この犯罪組織の構成員が捜査対象となり、指導者など七〇名が訴追された。裁判は二〇一五年四月二〇日に始まる。二〇一三年の法律四二〇三号第二条に従って、政党指導者が「犯罪組織」構成員として訴追されたので、国家助成を停止した。

17　ウクライナ

人種的民族的背景に基づく平等権侵害事件は単発的に起きている（＊17）。刑事訴訟法及び二〇一二年の刑事総長命令により予審段階捜査規定に従って、犯罪報告制度が統一された。二〇一〇年、検事局が扱った刑法第一六一条の事件は六件であり、うち二件が裁判所に送られた。内務省が扱った事件は二件であった。二〇一一年、刑法第一六一条の事件は二件であり、裁判所に送られ、犯行者は有罪となった。内務省が扱った人種的民族的不寛容事件は三件であり、裁判所に送られた。二〇一二年、刑法第一六一条の事件は三件であった。二〇一二年四月三日、オデッサ検事局は「まっすぐな道」組織による「一神論に対する侵犯」というパンフレットが宗教的敵意と憎悪を煽動する内容であるとして、刑法第一六一条一項及び第二六三条一項で訴追した。二〇一二年六月二〇日、二人が刑法第一六一条一項及び第二六三条一項で訴追され、有罪となった。二〇一二年、内務省は人種的民族的不寛容による生命に対する犯罪を二件捜査し、関係者を訴追した。二〇一三年、検事局は異なる人種的民族的背景を有する人への平等権侵害について予審段階捜査を行う決定をした。二〇一三年一二月九日、ルヴィヴ検察局は刑法第一六一条一項の事件を一件扱った。本件は現在進行中である。二〇一三年九月二五日、チェルニフツィ行政長官及び内務省が取り扱った事案で、一人の公務員に責任があると判断された。移住者や難民に対する排外主義の調査に基づいて検事局は二〇一三年に四五件の事案を扱い、うち二三人の公務員を懲戒にした。一〇人は移住局に勤務していた。二〇一三年、内務省捜査班による予審段階捜査に付されたのは六二件、うち四四件は犯罪事実なしとして終結した。二〇一三年、裁判所は六件一五人について、人種的民族的不寛容の事件の訴追を受理した。

18　イタリア

二〇一〇年、「差別行為からの安全監視機関（ＯＳＣＡＤ）」

が内務省に設置され、警察の活動によりヘイト・クライムの予防を担当している（＊18）。具体的任務は、①差別行為の報告受理、②受理案件に関する介入、③警察に届いた差別申立のフォローアップ、④人種差別と闘うための公共機関及び民間機関との連携、⑤警察官や公共施設職員への反差別研修、⑥差別予防のための世論への情報イニシアティヴ、⑦国際的レベルでの情報収集と情報交換、である。ＯＳＣＡＤの具体的活動の例は次のようなものである。①ＯＳＣＡＤとフットボールリーグの協力により、二〇一三年三月一七日、第九次反人種主義週間に、フットボールの試合開始前にすべてのスタジアムで横断幕を掲げ、各チーム代表が差別問題への配慮を呼び掛けた。「人種主義を蹴り出せ」というメッセージを掲げた有名選手達の写真が何万枚も配信された。②スポーツイベント監視団と協力して、二〇一三年一二月五日、タスクフォースのメンバーが人種主義に反対するメッセージを掲げた。③反人種主義国内行動計画を踏まえ、人種主義とスポーツに関する啓発、研修、差別犯罪の抑止行動を行っている。反差別国内局はヘイト・クライム／スピーチを取り扱い、内務省、ジャーナリスト、大学機関などの協力により「人種主義と外国人排斥と闘う行動」を一八カ月間行った。

二〇一三年には一一四二件が反差別国内局に報告された。約七〇％が人種差別行為と判断され、一〇％が性的志向、障害者、年齢による差別であった。マスメディアはもっとも差別的観念を流布するおそれがあり、ヘイト・クライムはマスメディアで報じられた民族コミュニティに対するものが多い。公的生活やレジャーにおける差別行為も増加している。地域への侵攻、排外的横断幕、選挙などの公的言論、スポーツイベントが多い。二〇〇八年から一三年、反差別国内局は九八八件の犯罪事案を取り扱った。制度的差別も増加し、公共サービスが七・七％、職場が七・五％、住居が五・一％である。被害者はイタリア人が二六・五％、モロッコ人とルーマニア人が八・五％、その他三八カ国の国籍者である。

19　ポルトガル

人種差別に基づいて起訴された事案は、二〇一二年四件、二〇一三年七件、二〇一四年三件、二〇一五年四件である（＊19）。外国人の安全サービス担当警察による事件処理は、二〇一二年三件、二〇一三年七件、二〇一四年三件、二〇一五年四件である。内務省刑事局の事案は、二〇一三年は一件が留保、六件が差別の証明なし、三件は次の通り。第一は検事局を通じてリスボン北西部地裁に送付。第二はレイリア地裁に送付依頼。第三はロウレス地裁に送付。二〇一四年は三件が差別の証明なし、二〇一五年は一件が差別の証明なし、二件が留保、一件が西リスボン検事局に送付。

20　フィンランド

二〇一一～一五年、フィンランド検察庁に人種主義犯罪を担当する専門検察官を置いた（＊20）。現在、全体の見直し中である。二〇一六年には新制度になる。二〇一一年と一二年、検事総長は言論の自由に関連する犯罪及び人種主義犯罪に関する検察官への研修を組織した。警察大学校の年次報告書『警察が認知したフィンランドにおけるヘイト・クライム』がインターネット上の人種主義犯罪の情報を示す。インターネット上の犯罪の認知件数は少ない。二〇一三年報告書によると、インターネット上の人種主義犯罪の嫌疑は四五件であり、全犯罪の約四％である。警察はソーシャル・メディア、フェイスブック、ユーチューブも対象とする。警察は検事総長が設立した作業部会に参加し、何が処罰可能なヘイト・スピーチ流布にあたるか、オンラインの行為者はどこが異なるかなどの評価にとり組んでいる。作業部会は二〇一二年一二月、報告書『インターネット上の処罰可能なヘイト・スピーチの流布』を提出した。二〇一三年～一五年、教育文化省の財政支援のもと、プラン・フィンランド財団が欧州評議会の「ノー・ヘイト・スピーチ運動」に取り組んだ。

21　モルドヴァ

人種差別の不服申立てについて、二〇一一～一三年、検察庁は差別行為についての申立てを受け取っていない（＊21）。各地の地方検事局には二〇一〇年～一三年九月までに差別及び宗教的憎悪の申立てが三二件あった。うち二五件は、刑事訴訟法第二七四条により立件されている。三件は併合され、四件は請願法に従って手続きが進んでいる。一三件は刑事手続きに乗らず、三件は現在審議中、九件は刑事手続きが始まった。そのうち一件は刑法第一七六条（市民権侵害）、八件は刑法第三四六条（国民、民族、人種、宗教的憎悪、差別、不和の煽動）の事案である。地方検事局によると、二〇一一年八月一一日、刑法第一七六条による刑事裁判が始まった。ソロカのスクヴァチーナ・クラブの運営において行われた犯罪が、任意団体バレ・ロムによって告発された。同クラブは何らの理由もなしに入口に「ジプシー民族は立入禁止」という差別メッセージを掲げて、ロマ市民の入場を禁止した。バレ・ロム代表は、自分も他のロマ市民も重大な権利侵害を受けていないという理由で法廷に被害当事者として立つことを断ったため、地方検事局が事件を終結させた。

二〇一〇～一二年、刑法第二八八条（野蛮行為）のもとで社会的民族的憎悪の動機をもつ六件の刑事事件が始まった。うち二件が刑事裁判となり、一件は軽罪に切り替わり、いずれも有罪判決が出た。三件は捜査中。ファレスチ地方検事局によると、二〇一一年七月二八日、警察捜査局が刑法第二八八条違反容疑の刑事事件を扱っている。ファレスチのステファン・セル・マレ通りのアフガニスタン及びトランスニストリアで戦死した兵士の記念メモリアル・センターの銘文が破壊された。S・BがN・Vと共謀して破壊したと判明し、両名は罰金刑を言渡された。

22 ロシア連邦

刑法第二八二条の過激主義事件は二〇一三年に四九二件、二〇一四年に五九一件であった（＊22）。インターネットを通じた事案は二〇一三年が二八二件、二〇一四年は四二八件であった。刑法第二八〇条は二〇一三年が一四三件、二〇一四年は一八一件であった。裁判所による有罪判決は、二〇一三年が四四九人、二〇一四年が五〇八人である。二〇一五年二月、ネオナチ・グループの「ピラニア74」の二人のメンバーがチェリャビンスク県マグニトゴルスク市のオズドニキッェ地方裁判所で有罪を言渡された。二〇一五年四月、二〇〇八年設立の超国家主義組織のロシア国民主義軍事組織のリーダーのニキータ・メチホーノフらが、イデオロギー的国民的憎悪の動機による殺人で有罪とされた。二〇一二年以後、インターネットを利用した差別宣伝が増加している。不法集団による武装行動や人種主義的優越性の主張がEメールで大量に呼びかけられている。これらと闘うために監視行動を継続している。インターネット上の投稿の監視は、二〇一三年に二二七〇件、二〇一四年に八一一四件である。

第3節　アフリカ諸国

23 南アフリカ

二〇〇三年、南アフリカ人権委員会は「自由戦線」事件において「農民を殺せ、ボーア人を殺せ」という政治スローガンは憎悪の唱道であるとした（＊23）。その人々が特定のコミュニティや人種に属しているがゆえに殺せと呼びかけることは、明らかに文脈が異なる場合以外は、憎悪の唱道である。ボーア人という言葉は明らかにアフリカーナーを指しているので、このスローガンは人種又は民族に基づいた憎悪の唱道である。人権委員会によれば、憲法第一六条二項の目的にとって実害とは、身体的害悪に限定されず、心理的感情的害悪も含まれる。二〇一〇年三月頃、ＡＮＣ青年部長がデモの際にうたった歌をめぐって論争がなされ、人権委員会に訴えが寄せられた。高等裁判所はアフリフォーラム等対マレマ事件において、憎悪と殺人を煽動するという理由で、その歌を公然と歌うことを禁止した。南アフリカ人権裁判所対南アフリカ放送局事件において、放送局不服委員会はズールー人の歌の中でインド系住民について侮蔑し煽動する歌詞は人種に基づく憎悪の唱道であると主張した。その歌はズールー人とインド人を対立させ、インド人を貶め、ズールー人の貧困の原因はインド人であるとし、インド人は白人よりも悪質だというものである。裁判所は表現の自由を支持するので、歌が実害の原因となる煽動に当たらなければ、ヘイト・スピーチと言えないとした。タメシュ・ダラムシェ・ジェタラル対ユニバーサル音楽事件で、ダーバン高等裁判所はインド人を貶める「アマンディヤ」という歌の出版、販売、配布を禁止した。この歌は三カ月前から市場に出ており、インド人に対する黒人による暴力事件は起きていないが、中立人はその歌が人種暴動の原因となるとの恐れを抱いていた。その歌は憲法第一六条二項に言うように、黒人とインド人を対比する人種主義的なものであり、人種憎悪の唱道を目的とはしていないが、実害の原因となる煽動にあたる人種憎悪の唱道であると判断された。憎悪の唱道と実害を引き起こす煽動の両方が存在した。暴力事件は起きていなかったので、裁判所は禁止の範囲を限定した。

24　ケニア

二〇一二年のチルア・アリ・ンワクエレ対ロバート・マベラ等事件の高裁判決は、国民団結統合法第一三条以下の規定は憲法第三三条が保障する表現の自由を侵害するものではないとした(＊24)。高裁は、戦争宣伝、暴力の煽動、ヘイト・スピーチ、憎悪の唱道の有害性ゆえに、刑法によってこれらの行為に制裁を科す責務があるとした。国民団結統合法第一三条と第六二条はヘイト・スピーチ禁止によって民族の調和と国民の団結を促進する国家目的に実効性を与える。この目的は人間の尊厳、公正、社会正義、統合、平等、人権、非差別、周縁化された者の保護という憲法の価値と原則に合致する。同法第一三条は、民族憎悪をかき立てようと意図する者の表現の自由を制限する。この規定は表現の内容よりもヘイト・スピーチをする者の意図に影響を及ぼそうという規定である。第六二条は敵意や憎悪の感情を煽動する意図を強調する。

第４節　アジア太平洋諸国

25　カザフスタン

二〇〇九～一二年前半期に刑法第一六四条の国民的不和の煽動は二〇件であった（＊25）。二〇〇九年が七件、一〇年が八件、一一年が一件、一二年が四件。二〇件のうち裁判で実体審理になったのが一二件、執行猶予が二件、中断が一件、強制医療措置処分が一件、係争中が四件。二〇〇九年三月二一日、ある男性が携帯電話で「カザフ人よ、ロシア人を叩き出せ」と書いてテレビ局のＳＮＳに送付し、一時間、そのメッセージが放映された。テミルタウ裁判所は被告人を刑法第一六四条違反の罪で有罪とし、三〇カ月賃金相当の罰金とした。二〇一〇年一月、三人の女性がウイグル民族団体の名前で行動し、アルマティ市の複合住宅の壁にカザフ人の代表の名誉と尊厳を侵害する言語をスプレーで書いた。二〇一〇年四月二四日、アルマティのメデオ裁判所は三人を刑法第一六四条二項違反とし、二年の刑事施設収容を言渡した。

26　ウズベキスタン

二〇一〇～一二年前期に、労働社会保護省は人種差別事案の申立を受け取っていない（＊26）。司法統計では二〇一〇年、刑法第一五六条の「民族的人種的宗教的憎悪の煽動」で有罪判決の言渡しを受けたのは、刑事裁判の〇・一二％、二〇一一年は〇・一％、二〇一二年前期は〇・〇八％である。人権コミッショナー（オンブズマン）が市民の権利侵害の申立を受け取る。ウズベク市民、在住外国人、無国籍者も申立できる。良心の自由に関して、オンブズマンは二〇一〇年に宗教的理由で拘禁、訴追、有罪判決を受けたという二八八の申立を受けた。二〇一一年にこの申立は減少したが、オンブズマンは良心の自由と宗教団体法が適切に適用されていないと見ている。検察統計によると、二〇一一年と二〇一二年前期、刑法第一五六条について過激宗教団体のゆえに二〇名について捜査が行われた。刑法第一四一条の事案はない。

27　アゼルバイジャン

二〇〇〇年八月二五日の大統領令に従って、国家安全保障大臣は刑法第二八三条に関する予審捜査を行うことを捜査機関に命じた（＊27）。二〇〇九年八月～一三年八月に刑法第二八三条に関する刑事事件は一件だけである。宗教的集会の群衆の前で、国民、人種、社会又は宗教的憎悪又は敵意の明白な発言を行った公共の秩序違反を行った。裁判所はスレイマノフ・アブゴウル・ネイマト被告人を有罪と認定した。

28　ジョージア

二〇一〇～一三年、刑法第一四二条及び第一四二一条の適用事例はない（＊28）。刑法第一五五条について七件の捜査が行われ、三件は犯罪成立ゆえに終了した。一人が有罪認定され、一年の執行猶予を言い渡された。刑法第一五六条について三三件が立件され、一四件は犯罪不成立で終了した。四人が訴追された。うち三人は刑事責任ではなく、矯正労働手続きに移管した。一人は有罪となり、一年の執行猶予となった。二〇一三年五月一七日のホモフォビアとトランスフォビアに反対する国際デーに関連して、刑法第一六一条（集会に参加する権利を暴力を用いて妨害する罪）で五人が告訴され、一人は刑事免責となり、四人の手続きが進行中である。

第5節　南北アメリカ諸国

29　ペルー

二〇〇五年、不正申立監視委員会は「彼らは我々を小さなペニスと見たがっている」という広告を配布した企業に制裁を科し、二〇〇六年、裁判所が罰金を科した（＊29）。二〇一二年二月、文化省は「人種主義に警告する」プラットホームを設定し、人種差別事件を市民が報告できるようにした。

30　アメリカ合州国

アメリカではヘイト・クライムと不寛容が際立っている（＊30）。ＦＢＩの統計によると、二〇一一年に人種、宗教、性的志向、民族的・国民的出身、心身の障害に向けられ偏見の結果として六二二二の刑事事件及び七二五四件の軽罪が報告された。四六・九％が人種的偏見、一一・六％が民族的・国民的出身による偏見である。四件の殺人、七件の強姦も報告された。軽罪のうち七二％は黒人に対する偏見、一六・七％は白人に対する偏見、四・八％はアジア太平洋地域出身者への偏見であった。被害者の人種ゆえに行われた十字架燃やし、放火、銃撃、暴行は厳しく訴追している。二〇〇九～一二年に一四〇の被告人が有罪になった。その前の四年よりも七三％増である。二〇〇九～一二年、マシュー・シェパード・ヘイト・クライム予防法で起訴されたのは一五事件、三九の被告人であり、アーカンサス、ケンタッキー、ミシガン、ミネソタ、ミシシッピ、ニューメキシコ、ニューヨーク、オハイオ、サウスカロライナ、テキサス、ワシントンである。

31 エクアドル

二〇一四年以後、全国で四六件が裁判にかけられた（＊31）。差別犯罪が三一件、ヘイト・クライムが一五件である。刑事司法制度において民族、宗教、言語、国民的マイノリティに関する集計データはない。二〇一五年一一月、アフリカ系エクアドル人に対する人種的憎悪の犯罪で、軍の大尉による人種差別があったと認定した判決が下された。人種差別犯罪に関する先例となる判決である。事件は二〇一三年に、エロイ・アルファロ軍事学校において大尉が下級将校に対して非人道的な取扱いをしたと申立てがあった。捜査の結果、人の統合の権利、平等の権利、民族的理由によって差別されない権利の侵害があったと判断され、裁判所に送付された。被告人は人種的憎悪の犯罪の嫌疑で未決拘禁された。二〇一五年、被告人は有罪とされ、五カ月と四日の刑事施設収容、軍事学校には被害者への公式謝罪が命じられた。

〈註〉

（＊1）CERD/C/BLR/18-19. 15 November 2012.

（＊2）CERD/C/BEL/16-19. 27 May 2013. フラームス・ベラングについて、エリック・ブライシュ『ヘイト・スピーチ』（明石書店、二〇一四年）。

（＊3）CERD/C/POL/20-21. 6 August 2013.

（＊4）CERD/C/CHE/7-9. 14 May 2013.

（＊5）CERD/C/BIH/9-11. 18 November 2013.

（＊6）CERD/C/DNK/20-21. 30 October 2013.

（＊7）CERD/C/FRA/20-21. 23 October 2013. 二〇一五年二月にサッカーのイングランド一部チェルシーのファンがパリ中心部の地下鉄駅で黒人男性を地下鉄から追い出した事件につき、二〇一七年一月三日、フランスの裁判所はチェルシーファン四人に対して、人種差別的な暴力行為を犯したとして六カ月から一年の刑事施設収容（執行猶予付）、及び合計一万ユーロの賠償金支払いを命じた（『朝日新聞』二〇一七年一月四日夕刊）。

（＊8）CERD/C/DEU/19-22. 18 October 2013.
（＊9）CERD/C/CZE/10-11. 31 March 2014.
（＊10）CERD/C/NLD/19-21. 18 November 2013.
（＊11）CERD/C/MKD/8-10. 22 November 2013.
（＊12）CERD/C/NOR/21-22. 21 November 2013.
（＊13）CERD/C/LTU/6-8. 1 September 2014.
（＊14）CERD/C/SVN/8-11. 22 September 2014.
（＊15）CERD/C/TUR/4-6. 17 April 2014.
（＊16）CERD/C/GRC/20-22. 27 November 2015.
（＊17）CERD/C/UKR/22-23. 5 October 2015.
（＊18）CERD/C/ITA/19-20. 18 May 2015.
（＊19）CERD/C/PRT/15-17. 16 November 2015.
（＊20）CERD/C/FIN/23. 17 February 2016.
（＊21）CERD/C/MDA/10-11. 2 March 2016.
（＊22）CERD/C/RUS/23-24. 1 July 2016.
（＊23）CERD/C/ZAF/4-8. 15 April 2015.
（＊24）CERD/C/KEN/5-7. 28 January 2016.
（＊25）CERD/C/KAZ/6-7. 5 August 2013.
（＊26）CERD/C/UZB/8-9. 13 May 2013.
（＊27）CERD/C/AZE/7-9. 6 March 2015.
（＊28）CERD/C/GEO/6-8. 31 October 2014.
（＊29）CERD/C/PER/18-21. 25 October 2013.
（＊30）CERD/C/USA/7-9. 3 October 2013.　マシュー・シェパード法について、『序説』一九四頁以下。
（＊31）CERD/C/ECU/23-24. 19 May 2016.

〈初出一覧〉

＊初出は次のとおりである。ただし、大幅に加筆する一方、削除・圧縮し、再編成をしたため、原形をとどめていない場合もある。

第1章　歴史的課題と本書の構成

「朝鮮人に対するヘイト・スピーチ小史（一）（二）」『部落解放』七一五号・七一六号（二〇一五年）、「徳島事件高裁判決の意義」『人権と生活』四二号（二〇一六年）、「朝鮮学校無償化除外裁判判決――政府による差別煽動の現在」『社会評論』一九〇号（二〇一七年）、「部落差別とヘイト・スピーチ（一）（二）」『部落解放』七二四号・七二五号（二〇一六年）、「部落差別解消推進法を読む」『部落解放』七五〇号（二〇一七年）、「メッセージ犯罪としてのヘイト・クライム」『マスコミ市民』五七二号（二〇一六年）、「相模原事件――ヘイト・クライムは社会を壊す」『思想運動』九八六号（二〇一六年）、「ヘイト・スピーチ規制の刑事立法論」『部落解放』七五五号（二〇一八年）

第2章　植民地主義と人種差別

「グローバル・ファシズムは静かに舞い降りる」木村朗・前田朗編『21世紀のグローバル・ファシズム』（耕文社、二〇一三年）、「植民地主義との闘い――ダーバン宣言とは何だったのか」『社会評論』一八七号（二〇一七年）

第3章　「慰安婦」へのヘイト・スピーチ

「裁かれた戦時性暴力――ベンバ事件・国際刑事裁判所一審判決」『Let's』八七号（二〇一六年）、「上野千鶴子の記憶違いの政治学」『マスコミ市民』三四六号（一九九七年）、「『慰安婦』問題と〈粗野なフェミニズム〉」『統一評論』三九五・三九六・三九七号（一九九八年）

第4章　ヘイト・スピーチの憲法論

「人間の尊厳とは何か（一）〜（三）」『部落解放』七二九号・七三〇号・七三一号（二〇一六年）、「日本国憲法のレイシズム（一）〜（三）」『部落解放』七四五号・七四六号・七四七号（二〇一七年）、「ヘイト・スピーチ法研究の探訪」『刑事法と歴史的価値とその交錯』（法律文化社、二〇一六年）、「ヘイト・スピーチの憲法論を考える」『情況（第四期）』二〇一五年六月号、「憲法の基本原則とヘイト・スピーチ——市川正人論文に応えて」『部落解放』七三五号（二〇一七年）、「ヘイト・スピーチをめぐる紙上討論から」『部落解放』七一九号（二〇一六年）、「ヘイト・スピーチに関する憲法学説——民主主義観をめぐって」『社会評論』一八九号（二〇一七年）、「日本国憲法はヘイト・スピーチを許しているか——齊藤愛論文への応答」『部落解放』七四二号（二〇一七年）

第5章　地方自治体とヘイト・スピーチ

「大阪市ヘイト・スピーチ条例の意義」『部落解放』七二三号（二〇一六年）、「ヘイト団体の公共施設利用について」『部落解放』七二一号（二〇一六年）、「公共空間におけるヘイトの規制」『部落解放』七三七号（二〇一七年）、「川崎市ヘイト・スピーチ報告書を読む」『部落解放』七三九号（二〇一七年）、「全国初の川崎市ガイドライン公表」『部落解放』七五一号（二〇一八年）、「人種差別撤廃モデル条例案」『部落解放』七六一号（二〇一八年）、「川崎ヘイト・デモ事件の論点——ヘイト・デモの『事前規制』をめぐって」『社会評論』一八五号（二〇一六年）

第6章　反差別の法と政策（人種差別撤廃条約第二条関連）

「スウェーデンにおける反差別法・政策」『部落解放』七一三号（二〇一五年）、「スイスにおける反差別法・政策」『部落解放』七一八号（二〇一五年）、「ポーランドにおける反差別法・政策」『部落解放』七二七号（二〇一六年）、「オランダにおける反差別法・政策」『部落解放』七三三号（二〇一六年）、「ノルウェーにおける反差別法・政策」『部落解放』七四〇号（二〇一七年）、「ポルトガルにおける反差別法・政策」『部落解放』七四三号（二〇一七年）、「ドイツにおける反差別法・政策」『部落解放』七四九号（二〇一七年）、「ブルガリアにおける反差別法・政策」『部落解放』七五三号（二〇一八年）、「欧

州における反差別法・政策の紹介」『人権と生活』四四号（二〇一七年）

第7章　ヘイト・スピーチ法の制定状況（人種差別撤廃条約第四条関連）

第8章　ヘイト・スピーチ法の適用状況

「ヘイト・スピーチ法研究の探訪」『刑事法と歴史的価値とその交錯』（法律文化社、二〇一六年）、「ヘイト・スピーチのグローバル化と日本」『社会評論』一八四号（二〇一六年）

あとがき

『ヘイト・クライム』（三一書房労組）、『なぜ、いまヘイト・スピーチなのか』、『増補新版ヘイト・クライム』、『ヘイト・スピーチ法研究序説』、『ヘイト・クライムと植民地主義』（いずれも三一書房）に続いて本書をまとめることができた。二〇一〇年代の私はヘイト・クライム／スピーチ研究に明け暮れたといって過言でない。暗中模索で始めたテーマだが、本書が一つの区切りになる。もっとも、課題はあまりに多く、今後も研究を継続しなくてはならない。

本書執筆に際しても、多くの方からご協力、ご示唆をいただいた。思いつくままに列挙する（順不同、敬称略）。

金尚均（龍谷大学教授）、楠本孝（三重短期大学教授）、櫻庭総（山口大学准教授）、寺中誠（東京経済大学教員）、明戸隆浩（東京大学情報学環特任助教）、小谷順子（静岡大学教授）、金富子（東京外国語大学教授）、小野沢あかね（立教大学教授）、中野敏男（東京外国語大学名誉教授）、師岡康子、冨増四季、豊福誠二、上瀧浩子、金星姫（以上弁護士）、辛淑玉（のりこえネット共同代表）、金時江（日本軍「慰安婦」問題の解決をめざす北海道の会）、安田浩一（ジャーナリスト）、中村一成（ジャーナリスト）、有田芳生（参議院議員）、糸数慶子（参議院議員）、松原圭、前島照代（以上『部落解放』編集部）、宋恵淑（『人権と生活』編集部）、土松克典（『社会評論』編集部）。そして人種差別撤廃NGOネットワークでともに活動したみなさん。

図表を作成してくれた竹下和貴子、松橋美慧（ともに東京造形大学デザイン学科学生）に感謝する。

いつもと同様、最初の読者として原稿整理を手伝ってくれた妻・弓恵に感謝する。

本書出版にあたって、東京造形大学教育研究助成金（二〇一八年度）の助成を得た。


——二〇一八年一二月一一日、六三歳の誕生日に

前田　朗（Maeda Akira）

1955年、札幌生まれ。中央大学法学部、同大学院法学研究科を経て、現在、東京造形大学教授（専攻：刑事人権論、戦争犯罪論）。朝鮮大学校法律学科講師、日本民主法律家協会理事、NGO国際人権活動日本委員会運営委員、救援連絡センター運営委員。著書に『増補新版ヘイト・クライム』、『ヘイト・スピーチ法研究序説』、『なぜ、いまヘイト・スピーチなのか』［編］、『ヘイト・クライムと植民地主義』［編］、『思想はいまなにを語るべきか』［共著］（以上、三一書房）、『軍隊のない国家』（日本評論社）、『パロディのパロディ――井上ひさし再入門』（耕文社）、『旅する平和学』、『メディアと市民』、『思想の廃墟から』［共著］（以上、彩流社）等。

ウェブサイト：http://www.maeda-akira.net/

E-mail：maeda@zokei.ac.jp

ヘイト・スピーチ法 研究原論

―ヘイト・スピーチを受けない権利―

2019年1月7日　第1版第1刷発行

著　　者　前田　朗

発 行 者　小番　伊佐夫

発 行 所　株式会社 三一書房

〒101-0051 東京都千代田区神田神保町3-1-6
電話：03-6268-9714　FAX：03-6268-9754
メール：info@31shobo.com
ホームページ：http://31shobo.com/

D T P　市川　九丸

装　　丁　salt peanuts

印刷製本　中央精版印刷

ISBN978-4-380-18012-5 C0032
Printed in Japan
定価はカバーに表示しています。
乱丁・落丁本はお取替えいたします。

ヘイト・クライム／ヘイト・スピーチ法研究の第一歩として、
本格的検討の前提となる基礎知識を提供する。

ヘイト・スピーチ法研究序説
——差別煽動犯罪の刑法学

前田 朗

表現の自由を守るためにヘイト・スピーチを刑事規制する。それが日本国憲法の基本精神に従った正当な解釈である。国際人権法もヘイト・スピーチ規制を要請している。ヘイト・スピーチ処罰は国際社会の常識である——本書は以上の結論の前提となる基礎情報を紹介することを主要な課題とする。

ヘイト・スピーチ法に関する基礎研究はほとんど手つかず状態であり、断片的な情報しか存在しない。偶然得られた断片的情報を根拠にして議論がなされ、非常に歪んだ状況がつくられ、およそ国際社会に通用しない通念が形成されてきた。現実を無視し、日本国憲法の基本精神も国際人権法も無視した議論が横行してきた。しかし、日本国憲法の基本精神に従って人格権を尊重し、法の下の平等を確保し、マイノリティの表現の自由を守るためにヘイト・スピーチを刑事規制する必要がある。

本書は、ヘイト・スピーチ法について議論するための最低限の基礎知識を提供する。

A5判ハードカバー791頁　15000-5

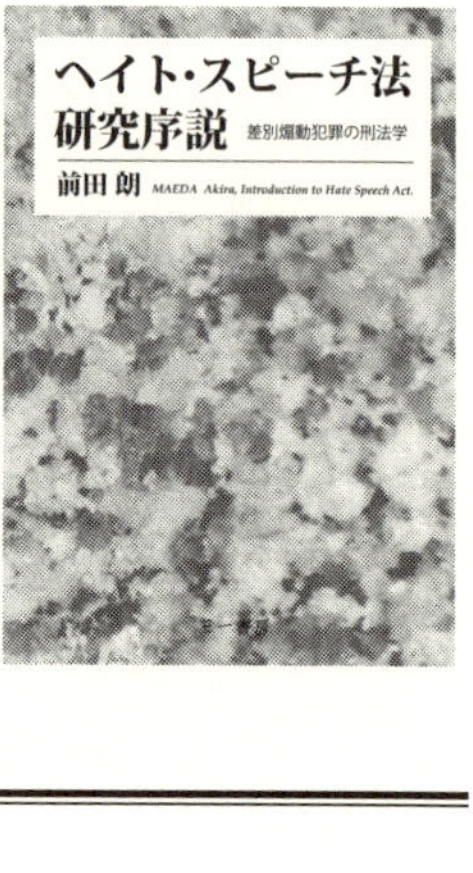

植民地主義を克服するために、18名の執筆者が歴史と現在を往還。
差別と暴力支配の重層構造から私たちはいかにして脱却するのか⁉

ヘイト・クライムと植民地主義

―反差別と自己決定権のために

木村朗　前田朗　共編

四六判　ソフトカバー　303頁　18003-3

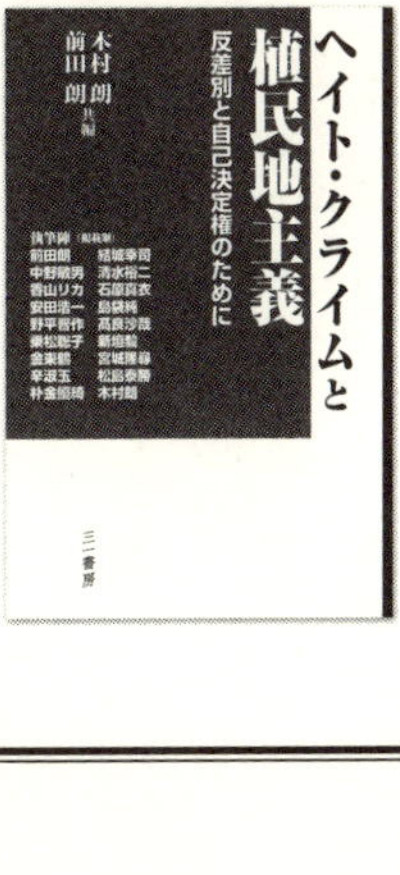

一　序章
1　前田　朗／私たちはなぜ植民地主義者になったのか

二　植民地主義——差別とヘイトの根源を問う
2　中野敏男／「継続する植民地主義」という観点から考える沖縄／3　香山リカ／ネット社会のレイシズム状況／4　安田浩一／ヘイトのこちら側と向こう側―この社会を壊さないために／5　野平晋作／日本の植民地主義の清算とは何か―沖縄、「慰安婦」問題への向き合い方を通して／6　乗松聡子／自らの植民地主義に向き合うこと―カナダから、沖縄へ

三　在日朝鮮人に対する差別とヘイト
7　金東鶴／「高校無償化」制度からの朝鮮学校除外に対する闘い／8　辛淑玉／「ニュース女子」問題とは何か／9　朴金優綺／差別とヘイトに抗して―人種差別撤廃委員会への訴え

四　アイヌに対する差別とヘイト
10　結城幸司／差別に抗するアイヌ民族の思い／11　清水裕二／アイヌ人骨帰還問題をめぐるコタンの会の報告／12　石原真衣／「サイレント・アイヌ」と自己決定権のゆくえ

五　琉球に対する差別とヘイト
13　島袋　純／琉球／沖縄に対する差別に抗して／14　髙良沙哉／琉球／沖縄における植民地主義と法制度／15　新垣　毅／沖縄の自己決定権を求めて／16　宮城隆尋／奪われた琉球人遺骨／17　松島泰勝／新たなアジア型国際関係における琉球独立―日米安保体制からの解放を求めて

六　結章
18　木村　朗／沖縄（琉球）差別の起源と沖縄問題の本質を問う——グローバル・ファシズムへの抵抗と植民地主義への告発

「ヘイト・スピーチ」を克服する思想を鍛えるためのガイドブック！

なぜ、いまヘイト・スピーチなのか――差別、暴力、脅迫、迫害

前田朗編

A5判　13009-0

Ⅰ　なぜいまヘイト・スピーチなのか
ヘイト・スピーチを理解するために　前田朗／コラム①在特会を追いかけて　安田浩一
Ⅱ　憎悪犯罪の被害と対応
京都朝鮮学校襲撃事件　冨増四季／「高校無償化」制度からの排除―朝鮮学校に対する差別政策　金東鶴／水平社博物館差別街宣事件　古川雅朗／フジテレビデモからロート製薬攻撃へ　岡本雅享／アイヌ民族に対する差別　阿部ユポ／沖縄における憎悪犯罪　西岡信之／被害者が受ける苦痛と被害　中村一成／コラム②「レイシズム」を語ることの意味　鵜飼哲／コラム③被害者の魂を傷つける暴言は人権侵害　坪川宏子
Ⅲ　ヘイト・スピーチ規制の法と政策
日本におけるヘイト・スピーチ対策の現状　金尚均／ヘイト・スピーチ処罰は世界の常識　前田朗／人種差別を克服するための国際人権基準に合致する法制度の検討　師岡康子

増補新版　ヘイト・クライム――憎悪犯罪が日本を壊す

前田朗

A5判　13012-0

吹き荒れる差別排外主義に抗するために！　辛淑玉氏、特別寄稿。

第1章　噴き出すヘイト・クライム――京都朝鮮学校事件から見えてきたこと／第2章　朝鮮人差別はいま――9・17以後の硬直した日本／第3章　コリアン・ジェノサイドとは何か――よみがえる関東大震災朝鮮人虐殺／第4章　人種差別との闘い――国際人権法の歩み／第5章　ヘイト・クライムの刑事規制――社会を壊さないために／第6章　人種差別禁止法をつくろう――私は差別をしない、と言うのなら／第7章　ヘイト・スピーチ対策は国際的責務――人種差別撤廃委員会勧告を読む／『増補新版ヘイト・クライム』の刊行に寄せて――「日本人」というストーカー　辛淑玉